Wer hätte **das** gedacht?

Wer hätte das gedacht?

Antworten auf die verblüffendsten Fragen des täglichen Lebens

David Feldman

Reader's Digest
Deutschland · Schweiz · Österreich

Die niemals endende Suche nach Antworten auf die verblüffendsten Fragen des Alltags

Haben Sie sich je gefragt, warum Hunde im Stehen fressen, Katzen dagegen sitzend? Warum Starkstromleitungen summen? Oder wo „Alt"seeland liegt?

Manche Leute kommen sehr gut zurecht, ohne diese Rätsel ergründen zu wollen. Unglücklicherweise gehöre ich nicht zu diesen. Seit meiner frühen Kindheit nervte ich jeden in Hörweite mit einem unablässigen Strom von Fragen, die mit dem gefürchteten „Warum?" begannen.

Eines Samstagmorgens vor mehr als 20 Jahren suchte ich im Supermarkt nach Frühstücksflocken mit niedrigem Kilojoulewert für eine geplante Diät. Bis dahin hatte ich mich nie mit den Nährwerttabellen auf den Packungen beschäftigt, nun stellte ich aber zu meiner Verwunderung fest, dass praktisch alle Frühstücksflocken denselben Kilojoulewert auswiesen: 480 Kilojoule pro 20 Gramm und schon stand wieder eine solche Frage im Raum: Wie ist es möglich, dass Corn Flakes und Frosties gleichviel Kilojoule haben?

Auf dem Heimweg vom Supermarkt dachte ich über die vielen kleinen Geheimnisse des Alltags nach, die wir nie enträtseln, weil wir nicht wissen, wo wir nachschauen sollen, oder weil wir mit wichtigeren Dingen beschäftigt sind, z. B. unserer Arbeit oder der Schule. Ich entschloss mich, all diese Fragen, die sonst ewig unbeantwortet bleiben würden, zu sammeln und den entsprechenden Fachleuten vorzulegen. Der Anspruch war hoch: Keines dieser Rätsel wollte ich ungelöst lassen.

Bei dieser Unternehmung lernte ich eine wichtige Lektion: Die Antworten sind oft einfacher, als man denkt, und außerdem interessanter, als man erwartet. Im Fall der Frühstücksflocken war die Antwort beinahe enttäuschend simpel: Alle Kohlenhydrate und Proteine haben pro Gramm exakt die gleiche Menge Kilojoule, nämlich 16 kJ. Es spielt dabei keine Rolle, ob es sich um die Kohlenhydrate in raffiniertem Zucker oder um die in dem gesündesten Vollkorngetreide des Planeten handelt – im Hinblick auf die Anzahl der Kilojoule sind sie gleich.

In meinem ersten Buch forderte ich die Leser auf, mir ihre kleinen „Mysterien" des Alltags zuzusenden. Seit dieser Zeit bin ich damit beschäftigt,

Antworten auf ihre Fragen zu finden. Die Käufer meiner Bücher teilen sich in zwei Lager: Solche, denen ungelöste Rätsel die Nachtruhe rauben, und andere, die meine Bücher verschenken, um von den ewigen „Warum?"-Fragen ihrer Lieben verschont zu bleiben. (Falls Sie zur ersten Gruppe gehören: Bitte senden Sie mir Ihre Frage an die Adresse feldman@imponderables.com. Wenn Sie der Erste sind, der mit seiner Frage einen Beitrag zu einem neuen Buch geleistet hat, erhalten Sie ein Freiexemplar des Buches und werden in der Danksagung genannt.)

Der vergnügliche Teil meiner Arbeit besteht darin, mit den verschiedensten Fachleuten zu sprechen – vom Polizeibeamten bis zum Teddybärenhersteller, vom Neurologen bis zum Experten für die Geschichte der Piraterie. Diese Menschen, die mir ihre Zeit so großzügig zur Verfügung stellen, sind das Rückgrat meiner Arbeit.

Schon seit langem habe ich allerdings den Anspruch aufgegeben, alle Rätsel zu lösen. Sobald eines geklärt ist, warten schon zwei neue Fragen auf Beantwortung. Aber ich gebe nicht auf: Jedes neue Rätsel stellt eine Herausforderung dar.

Und nachdem ich seit mehr als zwei Jahrzehnten nach Antworten auf verblüffende Alltagfragen suche, muss ich feststellen, dass sich die Dinge nicht immer einfach abhaken lassen: Neue Forschungsergebnisse und wechselnde Experten werfen oft ein anderes Licht auf die ursprüngliche Frage. In meinem vorherigen Buch, „Why Do Pirates Love Parrots?" (Warum Piraten Papageien lieben) veröffentlichte ich Aktualisierungen zu einigen schon früher behandelten Fragestellungen. Manche davon sind auch in dieses Buch eingeflossen.

Ganz gleich, ob Sie nun zu den ewig Wissensdurstigen gehören oder zu den Menschen, die auch einmal Fünfe gerade sein lassen, wenn Sie sich diesem Buch in aller Ruhe widmen, werden Sie dieselbe Entdeckung wie ich machen: So lange man neugierig ist, wird einem niemals langweilig.

David Feldman

Wir Menschen sind seltsam. Warum schmerzt es so sehr, wenn wir uns an einer scharfen Papierkante schneiden? Warum bekommen wir im Gesicht keine Gänsehaut? Warum juckt manchmal die Haut? Warum macht Hitze am Tag müde, lässt uns aber in der Nacht nicht schlafen? Die Antworten hierauf sind oft verblüffender als die Fragen.

Das Rätsel Mensch

Warum tragen viele Blinde dunkle Gläser?

In jedem Jahr veröffentlicht das amerikanische Braille-Institut eine Liste der zehn ungewöhnlichsten Fragen, die dort eingehen. Diese hier war die Nummer neun auf der Liste von 1993.

Mit seiner Antwort auf die Frage neun stellt das Braille-Institut klar, dass die Mehrzahl der anerkannt blinden Menschen noch etwas Sehkraft hat.

> »Nicht jeder offiziell Blinde ist vollkommen blind. Mehr als 75% der Betroffenen haben noch etwas verbliebene Sicht. Blindheit ist das Fehlen von Sehkraft, bedeutet aber nicht notwendigerweise völlige Dunkelheit.«

Alberta Orr von der Amerikanischen Blindengesellschaft ergänzt: „Viele Sehbehinderte sind sehr empfindlich gegenüber hellem Licht und Lichtreflexen. Sie tragen Sonnengläser, um die Lichtmenge, die auf die Netzhaut trifft, zu reduzieren."

Manche Blinde tragen Sonnenbrillen aus kosmetischen Gründen, weil sie nicht sicher sind, wie der Anblick ihrer Augen auf Sehende wirkt. Immer mehr Blinde aber verzichten auf dunkle Gläser, nur wir assoziieren sie mit ihnen, da viele sehbehinderte Prominente, wie z.B. der Musiker Stevie Wonder, stets mit Sonnenbrille auftreten. Aber auch dies ändert sich allmählich – bei einem Fernsehauftritt ließ der bekannte blinde Gitarrist und Sänger José Feliciano kürzlich trotz der gleißenden Bühnenscheinwerfer die Augen ungeschützt.

Was bedeutet es, wenn wir eine Sehschärfe von 20/20 oder 20/40 haben?

Die erste Zahl unseres Sehschärfegrads ist immer 20 – sie bezieht sich auf die Entfernung in Feet (ca. 6m), in der man vor der Augentabelle steht oder sitzt. Dieser Abstand ist nicht zufällig. Wenn der Untersuchte aus einer Entfernung von ca. 6m die Tabelle anschaut, verlaufen die Lichtstrahlen fast parallel. Der Muskel, der in einem gesunden Auge die Form der Linse kontrolliert, befindet sich dann in einem Zustand relativer Ruhe. Das schafft optimale Bedingungen für den Sehtest.

Die zweite Zahl bezeichnet die Entfernung, aus der ein normales Auge in der Lage sein sollte, die Buchstaben in der entsprechenden Zeile zu erkennen. Die dritte Zeile von unten auf der Augentabelle ist in der Regel die 20/20-Linie. Wenn Sie die Buchstaben auf dieser Linie entziffern können, haben Sie 20/20(normale)-Sicht. Eine höhere zweite Nummer bedeutet, dass Ihre Sehschärfe beeinträchtigt ist. Bei einer Sehschärfe von 20/50 z. B. werden die Buchstaben, die Sie erkennen, von Normalsichtigen noch aus mehr als der doppelten Distanz (15 m) gelesen. Erreichen Sie 20/10, das bestmögliche Ergebnis beim Sehtest, erkennen Sie problemlos Buchstaben, die ein Normalsichtiger nur beim halben Abstand zur Tabelle lesen könnte.

Wir erhielten auch eine Erklärung auf eine andere Frage im Zusammenhang mit dem Sehtest: Wie wird der Sehtest bewertet, sollte man nur einen Buchstaben in der Zeile nicht entziffern können? Es genügt völlig, wenn Sie die Mehrzahl der Buchstaben einer Reihe erkennen. Würden doch nur auch unsere Lehrer einmal so großzügig bewerten!

Wer hat das E an den Anfang der Augentabelle gestellt? Und warum?

Hermann Snellen, ein niederländischer Professor für Augenheilkunde, setzte 1862 das E ganz oben auf die Tafel, nachdem seine erste Sehtabelle noch von einem A angeführt wurde.

Snellen war der Nachfolger von Dr. Frans Cornelis Donders als Direktor des Niederländischen Hospitals für Augenpatienten. Damals galt Donders weltweit als führende Autorität auf dem Gebiet der geometrischen Optik. Snellen wollte einen standardisierten Sehschärfetest entwickeln, um zu messen, wann ein kleines Bild vom Auge des Betrachters noch im Detail erfasst werden kann.

Donders' komplizierte Formeln basierten auf drei parallelen Linien; von allen Buchstaben des Alphabets ähnelte der Buchstabe E am meisten den Linien, die Donders so intensiv studiert hatte. Weil Donders zuvor definiert hatte, wie das Auge das E wahrnimmt, ging Snellen beim Großteil seiner mathematischen Arbeit von diesem fünften Buchstaben des Alphabets aus.

Die drei horizontalen Balken des E werden vom gleichen Anteil weißen Zwischenraums getrennt. In Snellens Originaltabelle standen Höhe und Breite der Buchstaben im Verhältnis 1:1, die Balken hatten alle die gleiche Länge (in einigen modernen Augentabellen ist der mittlere Querbalken kürzer).

Louanne Gould von Cambridge Instruments sagt, dass das E, anders als offenere Buchstaben wie das L oder U, den Betrachter dazu zwinge, zwischen Weiß und Schwarz zu unterscheiden, ein wesentliches Kriterium für gutes Sehen. Ohne diese Fähigkeit erscheint das E wie B, F, P oder viele andere Buchstaben.

Natürlich konnte Snellen eine Augentabelle nicht nur mit dem Buchstaben E ausstatten, denn dann hätten alle seine Patienten eine Sicht von 20/10 gehabt. Die gleichen Buchstaben mussten jedoch unbedingt häufig auf der Augentabelle erscheinen, um sicherzustellen, dass der Lesefehler eines Patienten tatsächlich auf einem Sehproblem beruhte und nicht auf der relativen Schwierigkeit einer Abfolge von Buchstaben. Nach Aussage von Ian Bailey, Professor der Optometrie an der University of California in Berkely, ist es nicht so wichtig, welche Buchstaben eine Sehtabelle enthält. Die meisten Augentabellen führen nur zehn verschiedene Buchstaben von sehr geringem Schwierigkeitsgrad auf.

Heute steht bei einigen Augentabellen das E nicht mehr am Anfang, und es gibt auch nichts, was dagegenspräche – dennoch, die meisten Tabellen beginnen weiterhin mit E. Dr. Stephen C. Miller von der Amerikanischen Gesellschaft für Optometrie (Sehkraftbestimmung) gibt zu verstehen, dass dies wahrscheinlich im Interesse der Hersteller standardisierter Augentabellen liegt.

Und wir sind froh über das Anfangs-E. Es ist einfach schön zu wissen, dass wir auch bei miserabler Sehschärfe wenigstens die erste Tabellenzeile immer richtig entziffern können.

Was verursacht schwimmende Teilchen oder Punkte in den Augen?

Das Augeninnere ist mit einer wasserklaren, gallertartigen Flüssigkeit gefüllt, dem Glaskörper. In dieser Flüssigkeit können kleine Protein- oder Pigmentteilchen sowie Rückstände aus dem Embryonalstadium (eingeschlossen im Glaskörper bei der Entstehung des Auges) schwimmen.

Die kleinen Flecken scheinen vorn im Auge zu liegen, weil die halbtransparenten Schwebteilchen nur sichtbar sind, wenn sie in die Sehachse geraten.

Viele Menschen haben möglicherweise solche Sprengsel im Glaskörper, beachten sie aber nicht weiter. Augen können viele Unvollkommenheiten ausgleichen, wie sich zeigt, wenn die Brillengläser einmal nicht so sauber sind. Schwebteilchen werden meistens dann sichtbar, wenn man auf einen neutralen Hintergrund blickt, wie z. B. eine Wandtafel, eine nackte Wand oder den Himmel.

Was macht man gegen solche Schwebteilchen? Gelegentliche Sprengsel sind meist harmlos, sie können aber auch eine

Schädigung der Netzhaut anzeigen. Daher sollten Sie stets einen Arzt zurate ziehen. Bei harmlosen Sprengseln sorgt oft ein einfacher Trick dafür, dass der kleine Fleck nicht zum Ärgernis wird.

Die Amerikanische Akademie für Augenheilkunde empfiehlt:

> „Wenn sich ein Teilchen direkt in Ihrer Sehachse befindet, ist es das Beste, mit den Augen zu rollen. Die Bewegung bringt den Glaskörper zum Rotieren und lässt oft das Sprengsel verschwinden. Wir sind daran gewöhnt, unsere Augen meist seitwärts zu bewegen, Auf-und-Abschauen jedoch verursacht andere Strömungen im Auge und könnte die Teilchen besser außer Sicht bringen."

Obwohl man sich ihrer Gegenwart bewusst ist, erweist es sich oft als überraschend schwierig, Schwebteilchen in der Sehachse zu fokussieren. Sie gehen mit jeder Augenbewegung mit und scheinen zu verschwinden, wann immer man versucht, sie direkt ins Blickfeld zu bekommen.

Wie kommt es, dass Ihre Augen schmerzen, wenn Sie müde sind?

„Couch-Potatoes" sind fleißiger, als Sie glauben. Während sie bequem auf dem Sofa liegen, um ein Buch zu lesen oder das Pantoffelkino zu genießen, trainieren sie vor allem die Muskeln, die, obwohl sehr klein und unauffällig, zu den aktivsten im ganzen Körper gehören.

Unsere Augen enthalten drei Muskelgruppen:

- Jedes Auge hat sechs äußere (extraokulare) Augenmuskeln, die in der Augenhöhle am Augapfel ansetzen. Sie ermöglichen dem Auge, sich in alle Richtungen zu bewegen, und müssen ihre Bewegungen koordinieren, damit beide Augen gleichzeitig in dieselbe Richtung blicken.
- *Musculus sphincter pupillae* und *Musculus dilatator pupillae* öffnen und schließen die Pupille und regeln so den Lichteinfall ins Auge.
- Der *Musculus ciliaris* umschließt die Linse im Inneren des Auges. Wenn er sich zusammenzieht oder entspannt, verändert sich die Krümmung der vorderen Linsenfläche und damit ihre Brennweite.

Konzentriertes Lesen oder lange Bildschirmarbeit stellt Schwerstarbeit für diese Muskeln dar. Das erklärt der Optiker so:

”Das menschliche Auge ist so entworfen, dass es bei perfekter Formung ein klares Bild von entfernten Objekten auf der Netzhaut (dem Augenhintergrund) erzeugt, ohne dabei irgendwelche Muskeln einzusetzen. Um nähere Objekte deutlich zu sehen, müssen aber alle Muskelgruppen arbeiten. Die extraokularen Muskeln richten die Augenstellung ein; der Sphincter-Muskel verkleinert die Pupille; der Ziliarmuskel zieht sich zusammen, um die Linse anzupassen.

Diese unvermeidliche minimale Muskelanstrengung erhöht sich aber noch aufgrund der Tatsache, dass kein menschliches Auge perfekt geformt ist. Weitsichtige z. B. müssen die Ziliarmuskeln stärker beanspruchen. Viele Menschen haben eine gestörte Balance der äußeren Augenmuskeln und fordern diese entsprechend mehr. Jenseits des 40. Lebensjahrs verliert praktisch bei jedem die Linse allmählich ihre Elastizität, und der Ziliarmuskel wird gezwungen, noch mehr zu arbeiten. Lesen bei schlechtem (zu starkem oder zu schwachem) Licht überbeansprucht die Sphincter- und Dilatator-Muskeln.

Genauso wie nach 100 Liegestützen die Armmuskeln schmerzen, lassen die oben beschriebenen Muskelanstrengungen unsere Augen brennen. Bedenkt man, dass nach einigen Stunden angestrengter Arbeit alle Muskeln im Körper allmählich ermüden, so wundert es nicht, wenn bei höherer Beanspruchung auch die Leistungsfähigkeit der Augen zurückgeht: Sie werden müde und schmerzen.“

Augenärzte vermuten, dass viele vermeintliche Ermüdungssymptome der Augen durch Trockenheit entstehen. Dr. Ronald Schachar von der Gesellschaft für Augenheilkunde erklärt, dass bei Ermüdung die Anzahl der Lidschläge sinkt und die Augen nicht mehr ausreichend befeuchtet werden. Anhaltendes Nahsehen, wie z. B. am Computerbildschirm, senkt gleichfalls die Anzahl der Lidschläge. Es wird deshalb empfohlen, wenigstens einmal pro Stunde für kurze Zeit den Platz am Computer zu verlassen und die Augen wieder auf normales, unangestrengtes Sehen einzustellen. Sie können diese Aktion auch unauffälliger gestalten, indem Sie an Ihrem Platz bleiben und den Blick in die Ferne schweifen lassen, als ob Sie intensiv nachdenken. Während die meisten von uns heilfroh sind, nach einigen Liegestützen ihre Muskeln wieder zu entspannen, muten wir unseren Augen beinahe täglich einen Marathon zu.

In welche Richtung blicken unsere Augen im Schlaf?

Normalerweise aufwärts. Die Augenmuskeln entspannen sich im Schlaf und haben die Tendenz, sich über ihre normale Position nach oben zu bewegen, bekannt als „Bell's Phänomen". Dies gilt nicht für den REM-Schlaf (Schlafphasen mit schnellen Augenbewegungen).

Was verursacht Tränensäcke unter den Augen?

Lassen Sie uns die Ursachen in der Reihenfolge ihrer Häufigkeit aufzählen:

1. **Vererbung.** Das stimmt. Niemand braucht auf eine lange Partynacht zu tippen, wenn Ihre Augen etwas verquollen aussehen. Ihre Eltern und Großeltern sind schuld daran! Manche Menschen haben nämlich schon von Geburt an überschüssiges Fettgewebe und Flüssigkeitsstauungen um die Augen.
2. **Rückstau von Flüssigkeit.** An den Augenlidern ist die Haut sehr dünn und zart, viermal so dünn wie die „durchschnittliche" Haut. Flüssigkeit neigt dazu, sich in dünnen Hautarealen zu sammeln. Was verursacht den Rückstau? Unter den Übeltätern sind Arzneimittel, Nieren- oder Leberprobleme, zu hoher Salzkonsum und, sehr häufig, Allergien. Kosmetika verschaffen Dermatologen und Allergologen mehr Arbeit als irgendetwas anderes. Wimperntusche und Eyeliner sind häufig die Allergieauslöser.
3. **Der Alterungsprozess.** Die Gesichtshaut, besonders um die Augen, verliert mit dem Alter an Spannung. Tränensäcke entstehen häufiger auf diese Weise als durch zu wenig Schlaf und Ermüdung.
4. **Zu ausgeprägte Mimik.** Dauerlächeln und Grimassen können nicht nur „Krähenfüße", sondern auch Tränensäcke verursachen.

Dr. Tom Meek von der Amerikanischen Akademie für Dermatologie bietet Trost an: „Oft sind Tränensäcke und dunkle Augenringe nur eine optische Täuschung, hervorgerufen durch die Schatten einer Lichtquelle über Ihrem Kopf."

Warum sehen wir Sterne, wenn wir uns den Kopf stoßen?

Möchten Sie Sterne sehen? Das Beste wäre ein nächtlicher Ausflug aufs Land, wo es nur wenige künstliche Lichtquellen gibt. Schauen Sie dort in einer wolkenlosen

Nacht zum Himmel und Sie werden den viel besungenen Sternenglanz in voller Schönheit genießen können.

Sollten Sie ein noch aufregenderes Sterneerlebnis suchen, bleibt nur, Ihren Kopf außer Gefecht zu setzen. Es kostet Sie nicht viel Anstrengung, verursacht aber beträchtliche Arztrechnungen. Auch ist ein Schlag auf den Kopf nicht so zuverlässig wie der Himmel oder ein Besuch des Observatoriums: Vielleicht sehen Sie Sterne, vielleicht auch nicht. Und dann ist da noch eine Kleinigkeit: die nachfolgenden Kopfschmerzen.

Neurologen und Augenärzte äußerten sich unterschiedlich auf die Frage, ob das Sehen von Sternen durch Verletzung des Auges oder des Gehirns verursacht wird. Überwiegend war man sich jedoch einig, dass meist die Augen dieses Phänomen auslösen.

Lenworth Johnson, Neuro-Opthalmologe vom Mason-Institut für Augenheilkunde an der University of Missouri in Columbia, schrieb uns: Bei einer heftigen Erschütterung des Kopfs wird auch der gallertartige Glaskörper im Auge bewegt. Der Glaskörper grenzt an die Netzhaut und überträgt auf sie die Erschütterungen. Die Netzhaut, die Informationen über Licht, Farbe und Helligkeit zum Gehirn sendet, gibt diese Erschütterung als Signal „Sterne" weiter.

Ähnliches passiert, wenn die Haut gequetscht wird: Von der betroffenen Hautpartie signalisieren Nerven dem Gehirn Schmerz. Die Erschütterung der Netzhaut führt nicht zur Aussendung von Schmerzsignalen, wie Scott Forman vom New York Medical College erklärt:

Was man bei einer Kopfverletzung als „Sterne" sieht, nennen die Spezialisten „Moore's Sternschnuppen" nach demjenigen, der diese Sehstörungen bei plötzlichen Erschütterungen des Augapfels (z.B. bei einem Schlag auf den Kopf) erstmals beschrieb. Diese Erschütterungen bedeuten Schwerkraftverlagerungen, die sich auf den Glaskörper übertragen und zu leichten, wellenartigen Verformungen der Netzhaut führen. Die mechanische Deformierung wird nicht als Schmerz gefühlt, da es in der Netzhaut keine Schmerzrezeptoren gibt. Sie bewirkt aber einen Wechsel der elektrischen Ladung bzw. der Aktivität der Fotorezeptoren (lichtempfindliche Zellen) in der Netzhaut. Die plötzlichen Verformungen haben den gleichen Effekt wie Licht, das die Netzhaut erreicht. Sie sendet Signale zum Sehnerv, die zum Gehirn weitergeleitet werden und dort das Bild von Lichtblitzen oder Sternen erzeugen.

Wenn Sie erleben möchten, wie jemand Sterne sieht, schauen Sie am besten Comics im Fernsehen an. Viele Hinterköpfe sind dort schon mit einem Hammer bearbeitet worden. In der Realität jedoch sehen oft auch Sportler und Unfallopfer nach Gehirnerschütterungen (wenn das weiche Gehirn gegen die harte Oberfläche des Schädels prallt) Sterne. Gemäß einer Studie erblickten ungefähr 30% der Sportler, die Kopfverletzungen durch einen direkten Aufprall erlitten hatten, anschließend Sterne oder ungewöhnliche Farben. Epileptiker sehen manchmal Sterne während oder nach einem Anfall – also durch einen direkten Impuls im Gehirn, ohne Umweg über die Netzhaut.

Sicher ist: Anders als die unverwüstlichen Comichelden werden Sie bei einem Schlag auf den Kopf, der so stark ist, dass Sie Sterne sehen, umgehend zu einem Fall für die Notaufnahme.

Was sind Grübchen? Und warum haben nur einige Menschen sie?

Grübchen ist der Oberbegriff für Einbuchtungen der Haut. Sie entstehen, wenn Muskelfasern an tieferen Hautschichten, z. B. an Wange oder Kinn, ansetzen oder in Bereichen, wo die Haut direkt an Gelenkbändern liegt, wie an Ellbogen, Schulter oder Rücken.

Meistens erscheinen Grübchen dort, wo die Haut besonders dicht am Knochen anliegt. Nach Aussage von Dr. William Jollie, Professor für Anatomie am Medical College of Virginia, entstehen Grübchen wahrscheinlich durch einen Entwicklungsdefekt im Bindegewebe zwischen Haut und Knochen. So sind also diese viel beneideten Grübchen nichts weiter als ein anatomischer Fehler! Und die Neigung zu Grübchen scheint erblich zu sein.

Warum haben wir Weisheitszähne?

Sie stellen eine schöne Einkommensquelle für Zahnärzte dar, die sie meist unverzüglich ziehen, denn dem modernen Menschen sind diese spät erscheinenden hinteren Mahlzähne nicht mehr von Nutzen und machen ihm sogar häufig Schwierigkeiten. Aber da die Natur uns in der Regel nicht mit überflüssigen Attributen ausstattet, lohnt es sich, der Sache nachzugehen.

Die Menschen der Frühzeit aßen so hartes Fleisch, dass ihnen Stücke von luftgetrocknetem Schinken wie Kartoffelbrei vorkommen würden. Die Weisheitszähne waren unseren Vorfahren beim Kauen noch sehr hilfreich.

Im Lauf der Evolution nahm das Gehirn des Menschen an Substanz zu. In der Folge vergrößerte sich der Oberkopf, und die vorspringenden Kieferknochen traten allmählich zurück. Im verkürzten Kiefer blieb für die Weisheitszähne schließlich kaum noch Platz. Heute ist das Gebiss der meisten Menschen zu eng für diese Spätentwickler – sie müssen unter einigen Qualen gezogen werden.

Was bedeutet die kleine Einkerbung in der Mitte unserer Oberlippe?

Schön, zu wissen, dass wir auch gut ohne diese Furche an der Oberlippe auskommen könnten, wie Dr. William Jollie vom Medical College in Virginia erläutert:

> „Die Einkerbung in der Mitte unserer Oberlippe entsteht im Embryonalstadium durch Verschmelzung der beiden Oberlippenteile bei den paarig ablaufenden Prozessen, die den oberen Kiefer formen.
>
> Sie hat keine Funktion so wie andere mittige Verschmelzungslinien unseres Körpers, z. B. auf der Oberfläche der Zunge, unter der Kinnspitze oder in der Mitte des Gaumens. Es gibt sie auch im Genitalbereich, bei Männern wie bei Frauen.
>
> Anatomisch wird die Kerbe auf unserer Oberlippe als Philtrum bezeichnet, ein vom griechischen *philter* abgeleitetes Wort, das so viel bedeutet wie ‚Liebestrank'."

Also wenn wir diese Einkerbung schon nicht brauchen, so ist sie doch zumindest ein Attribut, das uns bezaubernder und liebenswerter aussehen lässt.

Warum machen viele ältere Leute, besonders wenn ihnen Zähne fehlen, ständig Kaubewegungen?

Dr. John Rutkauskas von der Amerikanischen Gesellschaft für Alterszahnheilkunde und seine Kollegen Dr. Saul Kamen und Dr. Barry Ceridan sind der Auffassung, dass diese Kaubewegungen fast ausschließlich bei Menschen vorkommen, denen Zähne fehlen. In Ausnahmefällen können manche Beruhigungsmittel oder Antidepressiva (aus der Familie der Phenothiazine) als Nebeneffekt unkontrollierte Bewegungen von Kiefer, Nase und Lippen hervorrufen.

Meist ist das Kauen, so glaubt Rutkauskas, eine neuromuskuläre Antwort auf Zahnlücken: ein Versuch, in der Mundhöhle eine Art von Gleichgewicht herzustellen. Betroffene können nämlich ihren Ober- und Unterkiefer nicht genau positionieren. Komplette Zahnreihen dagegen halten die beiden Kieferhälften am richtigen Platz.

Die meisten Menschen lösen das Problem durch Zahnersatz und kommen gut damit zurecht. Eine große Zahl von Senioren kann jedoch wegen starken Knochenschwunds kein künstliches Gebiss mehr tragen.

Der Zahnexperte sagt dazu:

> »Sie schließen ihren Mund weit mehr als jemand mit perfektem Gebiss. Es sieht so aus, als berühre die Nasenspitze die Haut. Da die normale Ruhestellung der Kiefer (mit einem Abstand von etwa 2 – 3 mm zwischen den oberen und unteren natürlichen oder künstlichen Zähnen) nicht zu erreichen ist, suchen sie ständig nach dieser Position.«

Viele Träger von Zahnprothesen finden, dass sich dieser Ersatz einfach nicht normal anfühlt. Und diese Irritation führt zum „Luftkauen“, wie der befragte Zahnarzt weiter ausführt:

> »Wenn man zwei Gegenstände in der Hand hat, z. B. zwei Münzen, wird man wahrscheinlich damit herumspielen. Hält man einen Füller oder Bleistift fest, benutzt ihn aber gerade nicht, bewegt man ihn normalerweise in der Hand. Möglicherweise wird eine Zahnprothese von ihrem Träger ständig hin und her geschoben, weil man einfach gewohnt ist, mit gerade nicht einsetzbaren Gegenständen zu spielen.
>
> Ich habe einen Großonkel, der zum Schrecken der Familie seine obere Zahnprothese mitten im Gespräch herunterfallen lässt und sie dann wieder gegen den Gaumen presst.
>
> Und ich kenne einige ältere Patienten, die ihre Zahnprothese nur beim Essen tragen, weil sie sonst diesen Fremdkörper im Mund nicht in Ruhe lassen können.«

Barnet B. Orenstein, Professor für Zahnheilkunde an der New York University, weist darauf hin, dass oft die Zunge für die unkontrollierten Kaubewegungen verantwortlich ist:

> „Man sieht bei älteren Menschen, die ihre unteren Zähne verloren haben, oft eine ständige Kaubewegung, weil ihre Zunge nicht länger auf den Platz im Zahnbogen beschränkt ist, sich ausbreitet und größer wird. Was wie eine Kaubewegung aussieht, ist der unterbewusste Versuch, die Zunge perfekt zu lagern."

Zahnärzte geben gerne auch einmal Auskunft, wenn der gequälte Patient bei einer Behandlung noch die Energie aufbringt, bohrende Fragen zu stellen. Bei einer solchen Gelegenheit stimmte der angesprochene Arzt den oben genannten Erklärungen zu, brachte aber auch einige andere mögliche Ursachen ins Gespräch, wie seltene neurologische Störungen oder extremes Mahlen mit den Zähnen bis zu dem Punkt, dass Ober- und Unterkiefer nicht mehr zusammenpassen.

Er äußerte auch, dass es häufig Probleme mit dem Speichelfluss gäbe und viele ältere Menschen unter Mundtrockenheit litten. Die Kaubewegungen sollten dann wohl Abhilfe bringen.

Wieso sollen wir das Fieberthermometer unter die Zunge legen? Könnten wir nicht auch über der Zunge messen, wenn wir den Mund dabei schließen?

Jeder, der einmal beobachtet hat, wie schwer sich ein Kind damit tut, das Fieberthermometer unter der Zunge festzuhalten, hat sich wahrscheinlich gefragt, warum man Fieber auf so unbequeme Weise messen soll.

Das Ziel beim Fiebermessen ist, die „Körperkerntemperatur" zu ermitteln, die Temperatur im Körperinneren, und da gibt es nur zwei Stellen, an denen man zuverlässige Ergebnisse erhält: Mund und After.

Sie sind die am besten zugänglichen Bereiche zur Messung der Körperkerntemperatur. Gelegentlich misst man auch in der Achselhöhle. Sie ist jedoch in höherem Maße der Umgebungstemperatur ausgesetzt und liefert daher meist niedrigere Ergebnisse.

Zwar kann man, wie viele Schulkinder aus Erfahrung wissen, mit heißen Getränken kurzzeitig die Körpertemperatur erhöhen; von solchen Tricks abgesehen, liefert aber der gut durchblutete Bereich unter der Zunge ähnlich exakte Ergebnisse wie die Messung im After – und ist eine sehr viel angenehmere Prozedur.

Was sind also die Vorteile einer Fiebermessung unter der Zunge? Dazu hier eine kleine Liste:

1. **Genauigkeit.** Unter der Zunge ist das Themometer im Normalfall vor Fremdeinflüssen wie Luft oder Nahrungsresten geschützt. Dr. E. Wilson Griffin äußert sich dazu wie folgt: „Luftbewegung würde sich als Verdunstungskälte im Mund und auf dem Thermometer niederschlagen und die Messergebnisse zu niedrig ausfallen lassen. Es ist wichtig, das Thermometer möglichst weit hinten im Mund unter der rechten oder linken Zungenseite zu platzieren und nicht einfach lose in den Mund zu nehmen, weil ein Quecksilberthermometer sehr genau auf die Temperaturen von Flüssigem oder Festem, das mit ihm in Berührung kommt, reagiert."
2. **Schnelligkeit.** Das weiche Gewebe und die vielen Blutgefäße der Zunge sind ideal zum Fiebermessen. Dr. Frank Davidoff vom Amerikanischen Ärztekolleg erklärt, dass im Gegensatz zur dicken, gering durchbluteten Haut der Achselhöhle das weiche Gewebe unter der Zunge sich dicht um die Thermometerspitze schmiegt und auf diese Weise eine schnelle und exakte Temperaturübertragung gewährleistet wird.
3. **Bequemlichkeit.** Kaum zu glauben, aber es wäre viel unbequemer, das Thermometer einfach im Mund über der Zunge zu halten. Statt in das weiche Gewebe unter der Zunge gebettet zu sein, würde das harte Thermometer gegen das gleichfalls harte Gewebe des oberen Gaumens drücken und kratzen. Etwas muss dabei nachgeben – aber bestimmt nicht das Thermometer.

Davidoff räumt ein, dass es aber auch nicht vollkommen nutzlos ist, über der Zunge die Temperatur zu messen:

> Im Prinzip könnten Sie auch mit einer Messung über der Zunge einigermaßen genaue Ergebnisse erzielen. Sie sollten dabei jedoch nicht durch den Mund atmen und nicht gerade etwas gegessen oder getrunken haben. Sie müssen das Thermometer ziemlich fest zwischen Zunge und Gaumendach pressen und es lange genug dort belassen.

Besonders für Kinder empfehlen sich Thermometer, die die Temperatur elektronisch über einen Sensor erfassen. Sie messen präzise innerhalb von Sekunden, enthalten nicht das giftige Quecksilber und sind weniger zerbrechlich.

Warum klingt die Stimme verzerrt und viel höher, wenn man Helium einatmet?

Vielen ist bekannt, dass jemand, der Helium eingeatmet hat, plötzlich spricht wie Micky Maus – bei Fernsehshows wird z. B. zu diesem Trick gegriffen. Aber was ist der Grund dafür, dass das Gas Helium die Stimme derartig verändert? Alle befragten Chemiker und Ärzte gaben die gleiche Antwort. Die ausführlichste Erklärung kam von George B. Kauffman:

> »Wir hören Geräusche, wenn Schallwellen, die durch die Luft oder durch andere Medien übertragen werden, unseren Hörapparat stimulieren. Geräusche mit niedrigen Frequenzen werden als tiefe Tonlage und solche mit höheren Frequenzen entsprechend als höhere Tonlage wahrgenommen. Die Tonfrequenz hängt ab von der Dichte des Mediums, über das uns die Schallwellen erreichen; je geringer die Dichte, umso höher ist die Frequenz und damit die Tonlage des Geräuschs.
>
> Die Dichte von Gasen ist direkt proportional zu ihrer Molekülmasse (g/mol). Bei Helium liegt die Dichte mit 4 g/mol sehr viel niedriger als bei Luft (einer Mischung von ca. 78 % Stickstoff [28 g/mol] und ca. 20 % Sauerstoff [32 g/mol]). Daher vibrieren die Stimmbänder in Helium viel schneller (in höherer Frequenz) als in Luft, und die Stimme wird in einer höheren Tonlage wahrgenommen.
>
> Bei männlichen Stimmen, die normalerweise in einer tieferen Tonlage angesetzt sind als Frauenstimmen, ist der Effekt drastischer. Die Stimme kann auch tiefer „eingestellt“ werden, und zwar durch Inhalation eines Edelgases (zu denen auch Helium gehört), das schwerer ist als Luft.«

Helium gehört aber stets in die Hände von Fachleuten! Der Versuch, mit Helium aus einem Luftballon zu einer Micky-Maus-Stimme zu kommen, ist lebensgefährlich. Helium verdrängt den Sauerstoff aus der Lunge und kann zum Ersticken führen. Heliummischungen dagegen werden zur Behandlung von Asthma und anderen Atemwegserkrankungen eingesetzt. Patienten mit Atemproblemen können eine Heliummischung leichter ein- und ausatmen als normale Luft, denn die Muskeln der Lunge müssen dabei weniger hart arbeiten als bei Inhalation derselben Menge Sauerstoff.

Wieso haben Frauen meist höhere Stimmen als Männer und kleine Menschen meist höhere Stimmen als hochgewachsene?

Daniel Boone, Professor an der University of Arizona und Experte auf dem Gebiet der Stimmforschung, hat eine Antwort parat: „Die Grundfrequenz bzw. die Tonlage steht in direktem Verhältnis zu Länge und Stärke der Stimmbänder eines Menschen.“ Bei Männern sind diese im Schnitt 18 mm, bei Frauen nur 10 mm lang. Eine hochgewachsene Person wird, unabhängig vom Geschlecht, meist längere Stimmbänder haben als ein kleinerer Mensch.

Weshalb müssen wir würgen, wenn wir ein Haar in den Mund bekommen?

Offenbar haben viele schon einmal diesen sonderbaren Reflex erlebt. Eine Betroffene fasste die Frage in Worte:

> „Wie ist es möglich, dass wir problemlos fast jede Art von Nahrung zu uns nehmen können, dies auch in großen Bissen, und uns andererseits fast zu Tode würgen, wenn uns ein winziges Haar in den Mund gerät? Mir scheint, nicht einmal ein ganzes Stück Pelz im Mund bewirkt eine solch heftige Reaktion.“

Dieses Phänomen können am besten die Zahnexperten erklären, bei denen Patienten nicht selten einen Würgeanfall bekommen (manchmal noch, bevor sie erfahren, dass sie einen großen Teil der Behandlungskosten selbst tragen müssen). Die befragten Fachleute verweisen vor allem auf die hohe Sensibilität im Mundbereich:

> „Unser Mund ist der empfindlichste Teil des Körpers, besonders in der frühen Kindheit. Kinder brauchen ihren Mund zur Nahrungsaufnahme (beim Stillen), zum Trost und zur Beruhigung (Daumenlutschen oder Schnuller), zum Spaß (sehen Sie mal Kindern zu, wie sie, die Finger im Mund, die Umgebung erforschen) und zur Orientierung (Kinder nehmen Gegenstände in den Mund, um sie

kennenzulernen). Diese Verhaltensmuster in Bezug auf den Mund, die bereits in der frühen Kindheit angelegt werden, machen ihn zu einer sehr sensiblen Körperzone. “

Nachdem aufgezeigt wurde, wie empfindlich unsere Mundregion ist, stellt sich die Frage, was denn so besonders schlimm ist an einem Haar, das in den Mund gerät. Zahnarzt Barnet Orenstein vom David-B.-Kriser-Zentrum für Zahnheilkunde an der New York University liefert folgende Erklärung:

” Das Haar hat zwei scharfe Enden, die die sehr empfindliche Schleimhaut der Mundhöhle reizen können. Außerdem hängt ein Haar aufgrund seiner feinen Struktur und Biegsamkeit schnell an der Schleimhaut fest. Es mit der Zungenspitze zu entfernen erweist sich oft als nahezu unmöglich. “

Ein Würgereflex ist bei vollem Mund nicht wahrscheinlicher als in dem Moment, da sich lediglich ein einziges Haar im Mund befindet. Genauso kann die leichte Berührung einer Feder wesentlich mehr kitzeln als kräftige Reibung durch einen kompakten Gegenstand.

Der wahre Schuldige für den Würgereiz sitzt allerdings weit über unserem Hals. Alle befragten Experten stimmen für einen psychisch bedingten Auslöser.

So berichtet einer von ihnen, dass er häufig den Würgereiz bei einem Patienten verschlimmern bzw. beheben konnte, wenn er sich einfach mit ihm oder ihr über das Phänomen unterhielt. Nach seiner Auffassung wird unsere Reaktion davon bestimmt, welche Assoziationen bei uns durch das Objekt im Mund ausgelöst werden.

” Zum Beispiel: Spaghetti fühlen sich, wenn man es recht bedenkt, im Mund nicht wesentlich anders an als Würmer (es sei denn, wir hätten dazu eine fantastische Soße) – schon bei dieser Vorstellung würde sich vielen Menschen postwendend der Magen umdrehen. Herumliegende Haare gelten allgemein als unappetitlich, wie die Reaktion von Restaurantgästen zeigt, die das berühmte Haar in ihrer Suppe finden. “

So ist es also. Vielleicht können Sie den Würgereiz nicht unterdrücken, wenn Ihnen ein Haar in den Mund gerät, aber verfluchen Sie das Haar, nicht den Reflex. Denn Würgen kann gut für Sie sein, wie Dr. Orenstein erklärt:

» Der Würgereflex ist einer der vielen Abwehrmechanismen, mit denen uns die Natur ausgestattet hat. Schon Säuglinge reagieren heftig, wenn der weiche Gaumen gekitzelt wird. Hätten wir diesen Reflex nicht, würden viele ersticken, weil ihnen ein verschlucktes oder eingeatmetes Objekt die Atemwege verlegt. «

Warum bekommt man im Gesicht keine Gänsehaut?

Stimmt nicht – Sie bekommen auch im Gesicht eine leichte Gänsehaut, die Sie zwar fühlen, aber nicht sehen können.

Gänsehaut entsteht nur an behaarten Körperpartien. Der Sinn der Körperbehaarung ist es, uns vor Kälte zu schützen. Wenn das Haar nicht genug gegen Kälte isoliert, zieht sich die glatte Muskulatur um die Haarbälge zusammen und wölbt sie höckerartig vor. Bei Tieren mit dichtem Fell schafft dabei die zwischen den Haaren eingelagerte Luft ein gut isolierendes Polster.

Im Laufe der Evolution haben die Menschen den größten Teil ihrer Körperbehaarung verloren. Wir müssen uns anders warm halten, aber immer noch ziehen sich, wenn wir frösteln, die Muskeln der Haarwurzeln zusammen – die Natur gibt bewährte Mechanismen nicht so schnell auf.

Im spärlich behaarten Gesicht (Wangenflaum, Augenbrauen, Bartwuchs) tritt dieser Reflex nur sehr abgeschwächt auf, weil die Haut dort anders strukturiert ist. Das Unterhautfettgewebe ist stärker ausgeprägt, die Muskulatur dagegen schwächer. Daher frieren wir einerseits im Gesicht nicht so rasch, und andererseits wird die Anspannung der Muskulatur bei Kälte äußerlich nicht sichtbar.

Warum läuft uns bei kaltem Wetter die Nase?

Hals-Nasen-Ohren-Arzt Dr. Steven C. Marks von der Amerikanischen Gesellschaft für Nasenheilkunde erklärt, wie es dazu kommt:

» Das Naseninnere und die Nebenhöhlen sind mit einer Schleimhaut überzogen. Sie enthält schleimproduzierende Drüsen und sogenannte Becherzellen, die ebenfalls ein Sekret des Nasenschleims

> bilden. Schleim wird sowohl von gesunder als auch von infizierter oder entzündeter Schleimhaut produziert. “

Unsere Nase läuft bei gesundheitlichen Problemen, wie viralen oder bakteriellen Infektionen oder Allergien. Bei der Schleimbildung als Reaktion der Nase auf kaltes Wetter spielen sich jedoch, wie Marks erläutert, andere Prozesse ab.

> ” Die Nerven in Nasen- und Nebenhöhlenschleimhäuten regulieren die Menge des Schleims, der produziert wird. Wenn kalte Luft auf die Schleimhäute trifft, senden die Nerven ein Signal an das Gehirn, und dieses antwortet mit einem Impuls, der die Schleimhäute zu vermehrter Schleimbildung anregt. “

Und wem tut eine laufende Nase gut außer den Herstellern von Papiertaschentüchern? Keith Holmes, ein Hals-Nasen-Ohren-Spezialist, hält die vermehrte Schleimabsonderung bei Kälte für einen Schutzmechanismus. Er soll verhindern, dass die warmen Schleimhäute durch Kälte in ihrer Funktion gestört werden. Marks spekuliert, dass „der vermehrte Schleimfluss vielleicht nötig ist, um in kalter Umgebung die ausreichende Befeuchtung der Nase und Reinigung der Atemluft zu gewährleisten".

Was bringt unsere Ohren zum Klingeln?

Falls es nicht gerade wirklich in Ihrer Umgebung klingelt, bedeutet ein solcher Ton, dass Sie einen Tinnitus haben. Menschen, die unter diesem Phänomen leiden, hören Geräusche, ohne dass es dafür eine äußere Quelle gibt. Millionen Betroffene klagen hier über ein chronisches Problem.

Tinnitus ist ein Symptom, keine Krankheit. Nahezu alles, was den Hörnerv irritiert, kann Tinnitus hervorrufen. Da der Hörnerv Schall in Form elektrischer Impulse zum Gehirn transportiert, interpretiert unser Gehirn bei einer Störung des Hörnervs jeden Impuls als Geräusch.

Einige der häufigsten Ursachen für vorübergehende Ohrgeräusche sind:

1. Reaktion auf Lärm.
2. Kreislaufprobleme nach einer körperlichen oder seelischen Verletzung.
3. Allergische Reaktion auf Medikamente. Zum Glück verschwinden die Symptome meist, sobald das Medikament abgesetzt wird.

Die möglichen Ursachen für chronische Ohrgeräusche sind noch wesentlich zahlreicher. Dies sind die häufigsten: Verstopfung des äußeren Gehörgangs mit Ohrenschmalz, eine Entzündung im Ohr, Überdosen von Drogen und Medikamenten, exzessives Telefonieren, Schwindelanfälle, Nährstoffmangel (insbesondere ein Mangel an Spurenelementen), Muskelkrämpfe im Ohr, Infektionen, Allergien.

Bei chronischem Tinnitus leidet der Betroffene nicht nur unter quälenden Dauergeräuschen, sondern meistens auch noch unter einer Beeinträchtigung des Hörvermögens. Bedauerlicherweise gibt es kein Allheilmittel für dieses Problem. Es wird viel darüber geforscht, welche Rolle die Ernährung bei einer Tinnitusbehandlung spielen könnte, aber zurzeit beschränkt sich die Therapie meist darauf, den Patienten Ratschläge für ein besseres Leben mit den lästigen Symptomen zu geben.

Warum klingt unsere Stimme für Zuhörer anders als für uns selbst?

Vermutlich hat jeder schon einmal diese Erfahrung gemacht: Man lauscht einer Tonaufnahme, auf der man selbst im Gespräch mit einem Freund zu hören ist. Dabei klingt unsere eigene Stimme merkwürdig fremd, die des Freundes dagegen recht authentisch. „Im Gegenteil", erwidert der Freund. „du klingst ganz natürlich, aber ich spreche doch nicht so!" Sprachtherapeut Dr. Mike D'Asaro verweist zur Erklärung auf das allgemein verbreitete Verhaltensmuster, die auf Tonaufnahmen gehörte eigene Stimme nicht zu akzeptieren. Die medizinische Erklärung?

Sprache beginnt in der Luftröhre, in der die Schallwellen aufsteigen. Ein Teil des Schalls wird über die Luft weitergeleitet – dies hören Ihre Freunde (und das Tonband), wenn Sie sprechen. Aber auch durch die Gewebe und Körperflüssigkeiten Ihres Kopfes werden beim Sprechen Schallwellen weitergeleitet. Unser Innen- und Mittelohr liegen in Hohlräumen, die von den extrem harten Schädelknochen umgeben sind. Das Innenohr enthält Flüssigkeit, das Mittelohr dagegen Luft, und beide pressen sich eng aneinander. Die Luftröhre ist umgeben von weichem Gewebe voller Flüssigkeit. Schallwellen pflanzen sich in Luft, harten oder weichen Geweben oder Flüssigkeiten sehr unterschiedlich fort. Diese Tatsache ist für fast alle tonalen Unterschiede, die wir bei Aufnahmen der eigenen Stimme hören, verantwortlich.

Wenn wir sprechen, hören wir unsere Stimme nicht nur mit den Ohren, sondern auch innerlich, meist eine Weiterleitung der Schallwellen durch

Flüssigkeiten und Gewebe. Und wer hört dann bei einem Solo auf der elektrischen Gitarre den „echten" Sound? Das Publikum, das die Töne durch Verstärker und Lautsprecher verzerrt empfängt? Der Gitarrist, der eine Kombination des verstärkten und ursprünglich von ihm auf dem Instrument erzeugten Sounds hört? Oder würde ein in der Gitarre eingebautes Tonband die „echte" Musik aufnehmen? Die Frage ist sinnlos. Der Gitarrist produziert mit seinem Solo drei verschiedene Sounds gleichzeitig, und dieses Prinzip gilt auch für die menschliche Stimme. Wir können nicht sagen, dass entweder das Tonband oder der Sprecher die „echte" Stimme wahrnimmt, nur dass die Stimmen tatsächlich unterschiedlich klingen.

Dr. D'Asaro erklärt, dass wir ein inneres „Hörbild" von unserer Stimme im Gehirn haben und dass dieses Hörbild viel klangvoller ist als die Wiedergabe eines Tonbands. Tatsächlich klingt die eigene Stimme von einem Tonband wie eine Lieblingssymphonie, die aus einem schlechten Transistorradio ertönt – die Musik ist erkennbar, aber nur als blasse Imitation einer echten Konzertaufführung.

Wozu haben wir Ohrläppchen?

Die zurate gezogenen Experten antworteten wie aus einem Munde: Ohrläppchen haben eine besondere Funktion. Sie sind ideal zum Aufhängen von Ohrringen.

Gewiss, es gibt Theorien. Hals-Nasen-Ohren-Spezialist Dr. Ben Jenkins erinnert sich an einen Aufsatz, in dem die These vertreten wurde, dass unsere Vorfahren längere Ohrläppchen besaßen, als sie noch auf Händen und Füßen gingen, „und dass sich diese einwärtsdrehten, um den Hörkanal zu schützen". Der Biologe John F. Hertner vom Kearney State College gräbt eine andere entwicklungsgeschichtliche Theorie wieder aus: dass die Ohrläppchen ein Signal bei der Wahl des Sexualpartners darstellten.

Ärzte und Biologen, befragt zu solchen anscheinend unwichtigen anatomischen Details, zucken oft schnell mit den Schultern. Sie geben sich zufrieden mit der Annahme, dass nicht jedes überflüssig gewordene anatomische Detail einfach verschwindet. Tatsächlich ist eher das Gegenteil richtig. Anatomische Details, die aus einer früheren Entwicklungsphase des Menschen stammen, bleiben uns so lange erhalten, bis sie wirklich störend sind. Professor Hertner erklärt: „Die Natur tendiert dazu, genetische Informationen so lange weiterzugeben, bis Selektionsdruck gegen ein bestimmtes Detail entsteht. Unser Körper dient in gewisser Hinsicht als Museum unseres eigenen entwicklungsgeschichtlichen Erbes."

Wie kommt es, dass unsere Finger unterschiedliche Längen haben?

Die körperlichen Merkmale des Menschen sind das Ergebnis einer langen Entwicklung, bei der unnütze oder für den Lebenskampf wenig hilfreiche Attribute ausgesondert bzw. durch Umformung den Erfordernissen angepasst wurden. Auch die unterschiedliche Länge unserer Finger ist in diesem Zusammenhang zu sehen. Dr. William Jollie vom Medical College of Virginia formuliert es so:

> ... anatomisch betrachtet, sind unsere Finger Zehen. Das Merkmal Zehen ist charakteristisch für die Klassen Amphibien, Reptilien und Säugetiere innerhalb der großen Gruppe der Wirbeltiere. Wir Menschen gehören zur Klasse der Säugetiere und dort zur Ordnung der Primaten (Herrentiere). Diese besitzen zu Greiforganen ausgebildete Hände und Füße mit fünf unterschiedlich langen Fingern bzw. Zehen.

Unter den verschiedenen Spezies und sogar unter den Mitgliedern ein und derselben Spezies treten immer auch Varianten auf. So sind z. B. die Ringfinger mancher Menschen deutlich länger als die Zeigefinger, bei anderen haben diese Finger die gleiche Länge. Ebenso kommt es vor, dass die zweite Zehe länger ist als der große Zeh.

Aber gibt es einen Grund für die relativen Längenunterschiede unserer Finger? Dr. Duane Anderson, vom Dayton-Museum für Naturgeschichte betont die Rolle der Finger (und Hände) beim Greifen:

> Schließen Sie die Hand um einen Tennisball – alle Finger scheinen die gleiche Länge zu haben. Die unterschiedliche Fingerlänge der Primaten ist eine Anpassung an das Baumklettern und an das Greifen von Nahrung. Eine Hand mit gleich langen Fingern wäre zu alledem weniger geeignet. So wäre z. B. ein längerer kleiner Finger wesentlich häufiger einer Verletzungsgefahr ausgesetzt.

Nach Meinung des Biologen John Hertner könnten zwei Charakteristika der Zehen und Finger höherer Wirbeltiere eine Erklärung für ihre unterschiedliche Länge liefern. Erstens wurde nachgewiesen, dass kleinere äußere Zehen unsere Beweglichkeit verbessern. Zweitens haben bei vielen höheren Wirbeltieren manche Körperstrukturen die Tendenz, sich zurückzubilden (so besitzen z. B. Pferde heute nur noch einen Zeh pro Fuß, nämlich den Huf).

Wer weiß, vielleicht verlieren in den nächsten paar Millionen Jahren auch die Menschen noch einen oder zwei Finger bzw. Zehen, wenn diese aufgrund irgendwelcher Umstände nicht mehr gebraucht werden.

Was ist der Zweck der weißen Halbmonde an der Basis unserer Finger- und Zehennägel? Warum wachsen sie nicht mit dem Nagel heraus?

Diese Halbmonde werden Lunulae genannt. Die Lunula ist der einzige sichtbare Teil der Nagelmatrix, die den Nagel produziert. Matrix (und Lunulae) bleiben immer an Ort und Stelle, während kontinuierlich neues Nagelmaterial von ihnen weg nach außen wächst. Warum aber hat die Lunula eine helle, fast weiße Farbe? Der Dermatologe Harry Arnold erklärt:

> „Das Nagelbett in der Umgebung der Lunula erscheint rosig, weil direkt unter der Nagelplatte gut durchblutete Haargefäße liegen. Die Lunula dagegen sieht weiß aus, weil die drei Schichten der Nagelplatte an dieser Stelle noch nicht miteinander verschmolzen sind und das Licht daher anders reflektiert wird als am übrigen Nagel. Hinzu kommt, dass die Lunula selbst keine Blutgefäße hat und daher blass ist.“

Warum wachsen Fingernägel schneller als Zehennägel?

Mit der Lösung dieses Rätsels gewinnt man vielleicht nicht gerade den Nobelpreis, dennoch ist die Antwort gar nicht so einfach. Ein Fingernagel braucht im Schnitt 4–6 Monate, um von der Wurzel bis zu seiner normalen Länge zu wachsen, ein Zehennagel dagegen 9–12 Monate.

Zwar ist bisher nicht bekannt, warum eigentlich Zehennägel langsamer wachsen als Fingernägel, eine Reihe von Erklärungen wird jedoch von den Dermatologen geliefert:

1. Verletzungen der Nägel regen ihr Wachstum an. Hautärzte fanden heraus, dass ein Nagel schneller wächst, wenn er vom Patienten dauernd abgebissen wird oder durch einen Unfall ganz verloren geht. Fingernägel kommen im Alltag viel häufiger in Kontakt mit harten oder scharfen Gegenständen und nehmen daher eher Schaden als Zehennägel. Abgesehen von schmerzhaften Verletzungen kann auch einfach häufiges Hantieren mit den Fingern das Nagelwachstum stimulieren.
2. Nägel wachsen im Sommer schneller als im Winter, was den Schluss nahelegt, dass Sonnenbestrahlung das Nagelwachstum fördert. Unsere Zehennägel allerdings sind auch im Sommer viel häufiger von Socken und Schuhen bedeckt.
3. In den Zehen ist die Blutzirkulation wesentlich schwächer als in den Fingern, d. h. das Wachstum verläuft reduzierter.

Weshalb nehmen Menschen offenbar ihren eigenen Körpergeruch nicht wahr?

Wie kommt es, dass an sich rücksichtsvolle Menschen andere mit ihrem Körpergeruch belästigen? Anscheinend merken sie nicht, dass sie oder ihre Kleider schlecht riechen, denn sonst würden sie doch etwas dagegen tun.

Richtig. Im Vergleich zu den meisten Tieren haben Menschen einen eher unterentwickelten Geruchssinn. Laut Dr. Pat Barelli von der Amerikanischen Gesellschaft für Nasenheilkunde „ermüdet der Riechnerv rasch in einer Umgebung mit starken Gerüchen". Um nicht mit Informationen überschwemmt zu werden, blendet unser Nervensystem den eigenen Körpergeruch einfach aus, es sei denn, dieser würde sich plötzlich stark verändern. Ob Sie nun normalerweise frisch riechen wie ein Maiglöckchen oder eher „würzig" nach Ihren letzten Aktivitäten am heimischen Herd werden Sie wahrscheinlich selbst nicht feststellen können – auch wenn Sie sonst immer sehr empfindlich auf die Körpergerüche anderer Personen reagieren.

Dr. Morley Kare, Direktor des Monell-Instituts an der University of Pennsylvania, fügt hinzu, dass viele unserer Sinne diese Schutzfunktion haben. So müssen z. B. Arbeiter in einer Automobilfabrik den Maschinenlärm ausblenden können, um dieser Belastung standhalten zu können.

Wieso geben Frauen Parfüm an ihre Handgelenke?

Wenn wir durch die Parfümerie-Abteilungen der Kaufhäuser schlendern, sehen wir immer wieder Frauen, die Parfüm auf die Innenseite ihrer Handgelenke tupfen oder sprühen und dann intensiv schnuppern. Warum nicht auf die Finger? Den Handrücken? Die Arme? Was wissen sie, was Männer nicht wissen?

Einige der Frauen, die dazu befragt wurden, gaben an, dass sie nicht die geringste Ahnung hätten, warum sie so vorgehen. Hier muss also die unbewusste Nachahmung oft gesehener Handlungsweisen vorliegen oder ein ausgeprägtes Feeling, denn die Damen liegen mit ihrem Dufttest richtig. In der Parfümerie-Abteilung gab die Beraterin folgende Auskunft:

> »Frauen tragen Parfüm innen am Handgelenk auf, weil dort in Pulsnähe die Haut besonders warm ist und Wärme den Duft von Parfüm verstärkt.«

Die Beraterin listete weitere Körperstellen auf, an denen sich Parfüm besonders gut entfaltet: hinter den Ohren, im Nacken, am Dekolleté, in den Ellbogen- und Kniebeugen, an den Knöcheln. Für eine Schnupperkundin ist es natürlich einfacher, Parfüm am Handgelenk aufzutragen, denn dieses ist schließlich am schnellsten „zur Hand".

Dies zu den Frauen. Aber warum tragen Männer ihr Cologne nicht an den Handgelenken auf? Oder tun sie das doch?

Warum stecken auf alten Fotos Männer ihre rechte Hand ins Jackett?

Auf Fotos spezialisierte Historiker vermuten, dass mit dieser als „napoleonische Haltung" bekannt gewordenen Pose das selbstbewusste Auftreten des französischen Kaisers imitiert werden sollte.

Zum anderen, so argumentieren die Experten, sei es nicht nur äußerst schwierig gewesen, während der ziemlich langen Belichtungszeiten ein freundliches Lächeln zu bewahren, sondern auch, die Hände stillzuhalten. Frank Calandra von der Gesellschaft für Historische Fotografie gab dazu folgende interessante Information:

> Die Hand wurde ins Revers oder in die Tasche gesteckt oder aber auf einen stabilen Gegenstand gelegt, damit der Fotografierte sie nicht bewegte und die Aufnahme verwischte. Versuchen Sie mal, Ihre Hände 15 Minuten lang bewegungslos herabhängen zu lassen – das ist gar nicht so einfach.

Wenn es aber nur um eine Ruhehaltung ging, warum steckte man nicht beide Hände in die Jacke? Oder verschränkte die Finger vor dem Körper?

John Husinak, Professor für Kunstgeschichte am Middlebury College, führte dazu aus, dass diese spezielle Pose zu einem Modetrend gehörte, der wesentlich mehr Facetten besaß als nur die der Imitation des siegreichen Feldherrn. So verlieh diese Geste z. B. dem Abgebildeten eine kontrolliertere und auch elegantere Körperhaltung.

Frühe Porträtfotografen verfügten über einen regelrechten Katalog mit verschiedenen Gesten, von denen jede eine ganz bestimmte Bedeutung hatte. In seinem Buch *After Image* über den frühen Fotografen Everett A. Scholfield nennt William E. Parker zwei Beispiele: Zwei Männer, die sich die Hand reichen oder sich an den Schultern berühren, sollten familiäre Beziehungen oder besonders enge Kameradschaft illustrieren. Ein Porträt mit erhobenem Kopf und aufwärtsgerichtetem Blick oder mit gesenktem Kopf und geschlossenen Augen sollte eine nachdenklich-abwägende Haltung zum Ausdruck bringen.

Harry Amdur von der Amerikanischen Gesellschaft für Historische Fotografie berichtet, dass frühe Fotografen einen „malerischen" Stil anstrebten, weil sie als Künstler anerkannt werden wollten. Beschäftigt man sich mit der Porträtmalerei des frühen und mittleren 19. Jahrhunderts, so findet man dort neben Darstellungen Napoleons auch die vieler anderer berühmter Männer mit in der „Hand-im-Jackett"-Pose.

Beliebt war die „napoleonische Haltung" ebenso auf der *carte de visite*, einer Visitenkarte mit Foto. Um 1850 kam diese Art Karten in Frankreich auf und erfreute sich bei Adel und einflussreichen Bürgern größter Beliebtheit. Manche bekannte Persönlichkeiten verkauften sogar ihre Karten – einfache Leute sammelten sie, um ein wenig an deren Glanz teilzuhaben.

Visitenkartenfotos waren genau geplante Darstellungen. Amerikanische *carte de visite*-Studios verwendeten Theaterkulissen, und die Kunden ließen sich in ihrer besten Kleidung ablichten. Die „Hand im Jackett" war nur eine der vielen möglichen Posen: Man hielt einen Brief oder die Bibel in der Hand oder sogar ein Gewehr im Anschlag, oder man wies bedeutungsschwer auf ein im Bild nicht erscheinendes (und wohl auch nicht existierendes) Objekt.

Wieso lächeln auf alten Fotos die Abgebildeten nicht?

Manchmal gibt eine scheinbar simple Frage bei der Suche nach der Antwort immer mehr Rätsel auf. Bei etwa 20 Experten für Fotografie bzw. Geschichte der Fotografie waren die ersten Antworten ziemlich einhellig: Die abgebildeten Personen hatten keineswegs eine triste Grundstimmung, ihre ernsten Mienen gehen vielmehr auf das Konto der langen Belichtungszeiten (in frühen Daguerreotypien bis zu zehn Minuten). Frank Calandra von der Gesellschaft für Historische Fotografie gibt folgenden Kommentar:

> »Die Fotomaterialien im 19. Jahrhundert war nicht annähernd so lichtempfindlich wie heutige Filme. Daher dauerte die Aufnahmezeit nicht Bruchteile von Sekunden, sondern mehrere Minuten. Bei Landschaften, Gebäuden oder Stillleben ergab sich daraus kein Problem, Porträtfotografen mussten dagegen eine Menge Tricks einsetzen, damit die Fotografierten stillhielten, solange die Blende offen war. Die ersten Kameras besaßen noch keine Blende. Stattdessen war über die Linse eine Kappe gestülpt, die der Fotograf zu Beginn der Aufnahme entfernte und am Ende dann wieder auf die Linse setzte.
>
> Es fällt schon sehr schwer, über eine so lange Zeit hinweg zu lächeln, daher der ernste Gesichtsausdruck auf fast allen frühen Porträts. So sehen eben Menschen aus, die nichts anderes tun als geduldig abzuwarten.«

Unter diesen Umständen sollten wir vielleicht versuchen, lieber stets so auszusehen, als würden wir vor Aktivität sprühen.

Ein anhaltendes kommunikatives Lächeln ist jedoch nicht nur anstrengend, es erstarrt leider auch in kurzer Zeit zur Maske und wirkt dann nicht sonderlich ansprechend. Nach Aussage von Fotograf Wilton Wong gilt auch heute:

> »Ein guter Porträtfotograf wird niemanden auffordern, länger als ein paar Sekunden zu lächeln, weil dann das Lächeln gezwungen wirkt. Bei den früheren langen Belichtungszeiten musste ein Lächeln geistesabwesend und eher befremdlich wirken. Schauen Sie doch selbst einmal nach einem 30-Sekunden-Lächeln in den Spiegel!«

Auf dem Briefpapier der Gesellschaft für Historische Fotografie findet sich die Abbildung einer Kopfspange, die eigentlich wie ein Folterinstrument aussieht, aber in den frühen Tagen der Fotografie dazu diente, den Kopf des Porträtierten zu fixieren. Um Unschärfen zu vermeiden, musste man während der gesamten Belichtungszeit den Blick starr auf einen Punkt richten. Sogar eiserne Klammern wurden eingesetzt, um Bewegungen von Nacken und Schenkeln zu verhindern.

In seiner Geschichte der Fotografie von 1839 bis heute erzählt Beaumont Newhall viele Anekdoten über die durch lange Belichtungszeiten verursachten Nöte. So ließ der amerikanische Erfinder Samuel Morse, der von Daguerre (französischer Künstler und Pionier der Fotografie) eine der ersten Kameras erhielt, Frau und Tochter für jedes Foto 10 – 20 Minuten still sitzen. Newhall beschreibt auch die Qualen eines anonymen „Opfers", durchlitten bei einer einzigen Fotoaufnahme:

> ... er saß acht Minuten lang mit dem Gesicht im gleißenden Sonnenlicht. Die Tränen rannen ihm die Wangen herunter, während der Fotograf mit der Uhr in der Hand im Zimmer auf und ab ging und alle fünf Sekunden die Zeit ausrief, bis dem ‚Modell' die Tränen ausgingen.

So weit, so gut! Am 19. August 1839 wurden dann die genauen Details zur Daguerreotypie veröffentlicht, danach waren lange Belichtungszeiten nur noch für eine kurze Zeit erforderlich.

Bereits 1845 kam man mit Belichtungen von sechs Sekunden aus. Zwar wählten Fotografen dennoch immer wieder längere Belichtungszeiten, aber die Technik war nun so fortgeschritten, dass für Porträtfotos niemand mehr lange statuengleich dasitzen musste.

Lassen sich also noch andere Erklärungen für den strengen Gesichtsausdruck der Porträtierten finden? Natürlich. Hier einige plausible Theorien:

1. **Fotografiert zu werden war ein ernsthaftes Geschäft.** Und es war ein seltenes Ereignis, das man sich nicht oft im Leben leistete. Es hatte viel zu tun mit Stand und Würde, ein solches Konterfei empfand man nicht als als amüsant. Ernste Mienen entsprachen im 19. Jahrhundert der Auffassung von Würde, dem Bedürfnis, als ernsthafter, hart arbeitender Mensch gesehen zu werden.
2. **Die Fotografierten imitierten Posen von gemalten Porträts.** Und dort findet man in dieser Zeit kaum jemals eine lächelnde Person. Alle frühen Fotografen betrachteten sich als Künstler. Daguerre z. B. war ausgebildeter Maler. Also hielt man sich auch beim neuen Medium an das Althergebrachte.

3. **„Technik und Sozialgeschichte sind eng miteinander verbunden."** Dieser Kommentar von Roy McJunkin vom Kalifornischen Museum für Fotografie unterstreicht seine Überzeugung, dass George Eastmans Erfindung des Rollfilms und der Bau einer Kleinbildkamera (die man leicht überall mit sich führen konnte), beides vor der Wende zum 20. Jahrhundert, aus den stoischen Mienen der Fotografierten schließlich lächelnde machte. Die Standards für Porträtfotografie änderten sich grundlegend, als die Familien eigene Kameras besaßen.

   In den 50er-Jahren des 19. Jahrhunderts ging man laut McJunkin allgemein davon aus, dass man sich nur wenige Male im Leben fotografieren lassen würde. Mit Kleinbildkamera und Rollfilm konnte dann jeder, der einen Fotoapparat besaß, ohne große Vorbereitungen preiswerte und unkonventionelle Bilder schießen.
4. **Frühe Aufnahmen wurden bewusst für die Nachwelt gemacht.** Sie sollten das Aussehen des Dargestellten genau wiedergeben. Sich fotografieren zu lassen galt nicht nur deshalb als eine ernste Sache, weil es selten vorkam und teuer war, sondern weil die Fotografen mit dem Porträt ein Dokument für die Nachwelt schaffen sollten. Ein Lächeln hätte die Gesichtszüge verunklart.
5. **Wer möchte schon schlechte Zähne zeigen?** Grant Romer, Experte für Fotografie, schließt nicht aus, dass auch der allgemein schlechte Zustand der Zähne für geschlossene Lippen auf frühen Fotos sorgte. Fotograf Kevin Newsome bemerkt: „Backpulver diente den höheren Klassen als Zahnpasta. Was benutzte wohl die Mittelschicht – falls sie sich überhaupt die Zähne putzte."

6. **Historische und psychologische Erklärungen.** Wie einleuchtend die obigen Theorien auch sein mögen, sicher spielen ebenso psychologische, historische und soziologische Aspekte eine Rolle. In einem interessanten Artikel über Fotografie schreibt Michael Lesy, dass sich in Amerika die Fotografie auf dem Höhepunkt der Wirtschaftskrise entwickelte, die 1836 hereinbrach und sechs Jahre andauerte. Lesy bemerkt, dass frühe amerikanische Fotografen nicht als Künstler betrachtet wurden, sondern eher als Hypnotiseure und Anhänger der Phrenologie, die aus der äußeren Form von Schädel und Gesicht Rückschlüsse auf Begabungen und Charakter zu ziehen versuchte:

> Das vor allem von Daguerre entwickelte Fotografieverfahren stand im Ruf einer Art von Magie, mit der man Licht einfing und Dunkelheit benutzte, um die Wahrheit der Seelen zu enthüllen, die hinter den Gesichtern liegt. Diese Fotografen hatten es zu tun mit Menschen mitten in einer wirtschaftlichen, politischen und

moralischen Krise, die eine Generation lang andauerte und mit Gewalt und Mord endete. Sie arbeiteten nicht nur mit einer neuen Technik, sondern erfüllten auch irrationale Bedürfnisse, die nur psychologisch verstanden werden können. “

Keine Frage, dies war wahrhaftig nicht die Zeit, in der Fotografen ihre Kunden zu einem breiten Lächeln oder zu irgendwelchen Faxen für ein witziges Bild aufgefordert hätten.

Bei der Einführung von Eastmans Rollbildkamera dagegen befand sich das festgefügte Weltbild des 19. Jahrhunderts im Umbruch. Um die Jahrhundertwende entstand eine neue Mittelklasse, die es schick fand, sich für die technische Entwicklung zu begeistern. Vergleicht man Fotos der schon aus Gründen der Trauer um ihren geliebten Mann stets ernsthaften englischen Königin Victoria mit denen von „Teddy" Roosevelt, so stellt man fest, dass der beliebte amerikanische Präsident (1901 – 1909) bereits bewusst für die Kamera lächelte: „Er war der erste Medienpräsident – er verstand, welches Kapital man aus einem Foto schlagen konnte", bemerkt Roy McJunkin. Die Politik der Glücksverheißungen war geboren, und mit ihr eine neue Überzeugung, dass auch der normale Arbeiter nicht nur ein Recht auf die Jagd nach dem Glück, sondern auch auf das Glück selbst hatte.

Wie immer gab es auch in der frühen Zeit der Fotografie mit dem ernsthaften, statuarischen Auftreten des Abgebildeten Ausnahmen. Gelegentlich umspielt ein kleines Lächeln die aber fast stets geschlossenen Lippen. Noch weiter geht eine Daguerreotypie von 1854 aus einem amerikanischen Archiv mit einer lächelnden Frau, die gerade auf einem Stuhl einen Kopfstand macht. Sicherlich handelt es sich hier nicht um eine Frau aus besseren Kreisen. Sie dürfte wohl zum fahrenden Volk gehört haben, das mit ungewöhnlichen Aktionen das Publikum in Staunen versetzte. Und so etwas wurde auch dokumentiert.

Wieso wecken uns manchmal Muskelzuckungen, wenn wir gerade eben einschlafen?

Vielleicht kennen Sie das auch: Sie haben es sich unter der Bettdecke gemütlich gemacht und dösen im Halbschlaf. Genau in dem Moment, da Ihr Bewusstsein in süße Träume versinken will, werden Sie plötzlich durch einen kurzen, aber heftigen Muskelkrampf, meist im Bein, wieder hellwach – Sie haben da gerade eine Einschlafzuckung erlebt, ein Phänomen, das der Arzt wie folgt erklärt:

„Das kommt vor, wenn von den zum Bein führenden Nervenfasern ein etwa bleistiftstarkes Bündel plötzlich unisono einen Impuls abgibt. Jeder feine Nerv in dem Bündel bewirkt eine Anspannung der Muskelfasern, die mit ihm verbunden sind. Geht der Impuls gleichzeitig von vielen dieser Fasern aus, zuckt das ganze Bein.“

Schlafforscher konnten die Ursache für diese Art Zuckungen und für ihr Auftreten gerade beim Einschlafen noch nicht feststellen. Manche Menschen erleben dieses Phänomen häufiger, sein Auftreten ist jedoch unvorhersehbar.

Warum macht uns Hitze am Nachmittag, wenn wir arbeiten wollen, schläfrig und lässt uns andererseits nachts nicht zur Ruhe kommen?

Kaum etwas ist so erschöpfend, wie im Winter in einer überheizten Bibliothek (merkwürdigerweise sind sie immer überheizt) zu sitzen und konzentriert zu lesen. Selbst das faszinierendste Buch kann uns dann nicht so sehr fesseln, dass wir nicht bald den dringenden Wunsch haben, unseren harten Stuhl gegen eine bequeme Liege einzutauschen. Schließlich trollt man sich einigermaßen genervt heim in sein überheiztes Haus und freut sich darauf, endlich auszuruhen. Doch dieselbe Hitze, die einem am Nachmittag die Augen zufallen ließ, bewirkt am Abend, dass man sich unruhig und frustriert im Bett hin- und herwälzt und nicht einschlafen kann. Warum?

Ohne Zweifel zehrt Hitze an unserer Energie. Viele Menschen in Asien, Lateinamerika und den Mittelmeerländern halten zur heißesten Zeit des Tages Siesta. Arbeitgeber wissen genau, dass ohne diese Pause am frühen Nachmittag die Produktivität gewaltig absinken würde, die Angestellten aber nach einer kurzen Zeit der Entspannung wieder erfrischt ans Werk gehen. Dennoch, Schlafexperten vertreten folgende Ansicht: Es ist nicht die Hitze, die uns am Nachmittag schläfrig macht. Forscher haben einen generellen Energieabfall in den Nachmittagsstunden unabhängig von der Temperatur festgestellt. Die täglichen Schwankungen unseres Energielevels sind bekannt als „circadianische Rhythmen“. David

L. Hopper, Präsident der Amerikanischen Akademie für Schlafforschung, gibt an, dass der späte Abend und der frühe Nachmittag innerhalb eines 24-Stunden-Rhythmus normalerweise die Zeiten darstellen, zu denen wir am ehesten geneigt sind, uns einem süßen Schlummerstündchen hinzugeben.

Ohne Frage aber beeinflusst die Umgebungstemperatur unseren Schlaf. Die meisten Menschen schlafen besser in einem kühlen Umfeld, daher haben auch viele von ihnen Einschlafprobleme bei höheren Temperaturen, selbst wenn sie sehr erschöpft sind. Ebenso können Temperaturwechsel unseren Schlaf unterbrechen, wie Hopper erklärt:

> Unsere Körpertemperatur ist in den frühen Morgenstunden am niedrigsten und am Abend am höchsten. Während der Tiefschlaf- und der REM-Schlafphasen (Phasen mit schnellen Augenbewegungen – Traumschlaf) sind die Temperaturregulationsmechanismen des Körpers herabgesetzt. Wenn die Umgebungstemperatur nun zu warm oder zu kalt wird, müssen wir aufwachen, damit der Organismus die Körpertemperatur wieder wirksam ausgleichen kann.

Weshalb träumen wir lebhafter während eines kleinen Schlummers als in der Nacht?

Laut Expertenaussage träumen wir nachts ebenso viel wie bei einem Nickerchen am Tag. Allerdings erinnern wir uns besser an die Träume, die wir während eines kurzen Mittagsschlafs hatten.

Wenn wir träumen, ist unser Langzeitgedächtnis unterdrückt. Nachts haben wir normalerweise längere ununterbrochene Schlafzeiten. Träume, die in frühen Schlafstadien auftraten, vergessen wir meist. Je eher wir nach einem Traum aufwachen, desto besser können wir uns an ihn erinnern.

Werden wir kurz nach oder während eines Traums aufgeweckt, so haben wir den Eindruck, wir hätten besonders lebhaft geträumt. Dr. Robert McCarley von der Gesellschaft für Schlafforschung gibt an, dass Frauen im fortgeschrittenen Stadium der Schwangerschaft oft von ungewöhnlich häufigen Traumphasen berichten. Dr. McCarley führt diesen Eindruck nicht auf psychologische Faktoren zurück, sondern darauf, dass in diesem Schwangerschaftsstadium der Schlaf oft durch körperliche Beschwerden unterbrochen wird.

Warum haben wir beim Aufwachen schlechten Mundgeruch?

Schlechter Mundgeruch wird meist von schwefelhaltigen Substanzen in der Mundhöhle verursacht. Wie kommen sie dahin? Und warum tritt das Problem besonders am Morgen auf?

Mikroorganismen im Mund sind nicht wählerisch bei der Auswahl ihrer Nahrung. Sie greifen an:

- Speisereste im Mund,
- Zahnbeläge,
- Speichel zwischen den Zähnen, am Gaumen und auf der Zunge,
- abgestorbene Haut- und Schleimhautzellen in der Mundhöhle und auf der Zunge.

Die Mikroorganismen wandeln ihre Nahrung um zu Aminosäuren und Peptiden, die bei ihrer weiteren chemischen Aufspaltung einen unangenehmen, stechenden Schwefelgeruch entfalten.

Das beste Mittel gegen Mundgeruch ist der stetige Speichelfluss, der beim Sprechen, Kauen oder Schlucken entsteht. Aber dieser Mechanismus funktioniert nur, wenn wir wach sind.

Also heißt es, abends gründlich die Zähne zu putzen, will man den Mikroorganismen ihren Nährboden entziehen.

Dazu gehört unbedingt Zahnseide, mit der zuverlässig Speisereste aus den Zahnzwischenräumen entfernt werden können. Auf diese Weise verhindern Sie schlechten Atem am Morgen und gleichzeitig noch Karies.

Wie kann denn Wärme Schmerz lindern?

Warum das so ist, scheint nicht zum Allgemeinwissen zu gehören, obwohl bei vielen Wehwehchen automatisch zur Wärmflasche gegriffen wird.

Zum besseren Verständnis des Problems stellen Sie sich vor, unter Ihrem Fenster lärmt ein Presslufthammer, und Sie haben die Wahl: Entweder Sie tun gar nichts und warten geduldig, bis die Maschine stoppt. Oder Sie hören in voller Lautstärke Rockmusik. Der Presslufthammer ist dann immer noch genauso laut – vielleicht hören Sie ihn sogar trotzdem noch, aber die Musik lenkt Sie ab (und Ihre Nachbarn hoffentlich auch).

Physiotherapeut Daniel N. Hooker betont, dass fast alle Menschen Wärme mit angenehmen Erfahrungen in der Kindheit verbinden. Wenn wir eine schmerzende Stelle wärmen, melden Nervenrezeptoren dem Gehirn, dass sich die Temperatur geändert hat. Das stellt den Schmerz nicht ab, aber die Ablenkung lässt ihn uns weniger wahrnehmen. Sobald sich der Körper an die Wärme gewöhnt hat, brauchen wir dann aber Nachschub für ein neues Ablenkungsmanöver. Von jeder neuen Wärmebehandlung erwarten wir Besserung – und deshalb verspüren wir sie auch.

Was passiert im Körper, wenn der Magen knurrt?

Wir haben immer Gase im Magen, auch wenn wir nichts davon merken. Luft gelangt beim Essen und Trinken sowie beim Schlucken von Speichel in den Verdauungstrakt. Auch bakteriell bedingte Gärung führt zu Gasen im Magen.

Stellen Sie sich Ihren Magen als eine Waschmaschine vor. In der Waschtrommel wirbeln Kleidungsstücke, Wasser und Waschmittel herum, in Ihrem Magen feste und flüssige Nahrungsbestandteile, Wasser, Verdauungssäfte und Gase. Die Magenbewegungen kneten und vermischen Nahrungsbrei und Magensaft und leiten so die weitere Verdauung ein.

Damit die Nahrung weiter aufgeschlossen werden und dem Körper zugutekommen kann, muss sie den Magen wieder verlassen. Kontraktionen befördern sie weiter in den Darm. Dr. Frank Davidoff vom Amerikanischen Ärztekolleg beschreibt den Weg der Gase im Magen:

> „Wenn sich Luftblasen und Flüssigkeiten in einem muskelbesetzten Hohlkörper vermischen, der durch wellenförmige Kontraktionen seinen Inhalt weiter durch enge Darmpassagen hindurchbefördert, entstehen Geräusche – Blubbern, Rumpeln, Knurren, wie immer man sie bezeichnen möchte.
>
> Der Magen scheint mehr zu knurren, wenn Sie hungrig sind, weil das Hungergefühl eine verstärkte Muskelaktivität der Verdauungsorgane hervorruft, so als ob diese sich vorbereiten wollten auf die fällige Mahlzeit.“

Also, wenn bei Ihnen der Magen knurrt, noch dazu im unpassenden Moment, dann entschuldigen Sie sich am besten mit Ihrer neuen Diät und sorgen schnellstens für eine kleine Zwischenmahlzeit. Das bringt meist erst mal Ruhe.

Wozu haben wir den Blinddarm? Und was nützen uns unsere Mandeln?

Einleitend muss gesagt werden, dass das, was umgangssprachlich als „Blinddarm" bezeichnet wird, keineswegs der medizinische Blinddarm ist, sondern sein Wurmfortsatz (Appendix). Dem Appendix geht es wie unseren Mandeln. Beide haben eine große Chance, vom Chirurgen entfernt zu werden, und danach scheinen sie uns nicht zu fehlen. Aber wozu sind dann Organe wie Appendix und Mandeln gut?

Tatsächlich haben Appendix und die Mandeln vieles gemeinsam. Beide enthalten lymphatisches Gewebe, das weiße Blutzellen (Lymphozyten) produziert. William P. Jollie, Professor für Anatomie an der Virginia Commonwealth University, erklärt die Bedeutung des Appendix:

> „Bei den Lymphozyten handelt es sich um eine bestimmte Art weißer Blutzellen; sie produzieren Antikörper, das sind Proteine, die zwischen körpereigenen Proteinen und körperfremden, den sogenannten Antigenen, unterscheiden können. Die Antikörper deaktivieren Antigene.
>
> Es gibt zwei Typen von Lymphozyten: B- und T-Lymphozyten. T-Lymphozyten werden in der Thymusdrüse gebildet. Es gibt Hinweise darauf, dass im Appendix B-Lymphozyten produziert werden, sie werden aber auch im Knochenmark gebildet."

Die aus dem Appendix stammenden Abwehrstoffe arbeiten vor allem gegen Krankheiten, die in Ländern mit niedrigem Hygienestandard vorkommen, haben bei uns also nur geringe Bedeutung. Andere Organe, z. B. auch die Milz, decken unseren Bedarf an Lymphozyten.

Da über den Mund viele Krankheitserreger in den Körper eintreten, kommt den Mandeln bei der Bekämpfung von Infektionen wohl eine ziemliche Bedeutung zu. Ganz genau ist ihre Rolle jedoch nicht geklärt. Und es sieht auch so aus, als bekämen wir ohne Mandeln keine sonderlichen Probleme. Man tendiert jedoch heute dazu, die Mandeln nur bei chronischer Entzündung zu entfernen. Denn ein solcher Infekt ist mit seinen möglichen Komplikationen an Herz, Nieren und Gelenken äußerst gefährlich. Ebenfalls folgenschwer kann eine akute Appendizitis („Blinddarmentzündung") sein, die häufig zu einem Durchbruch von Eiter in die offene Bauchhöhle und z. B. zu einer Bauchfellentzündung führt.

Halten wir also Mandeln und „Blinddarm" in Ehren. Wenn es allerdings hart auf hart kommt, geht es zum Glück auch ohne.

Warum tut der Schnitt einer Papierkante oft mehr weh als eine tiefere Verletzung?

Da haben wir wieder einmal etwas in unseren Unterlagen gesucht oder wollten in „hinterhältiger" Absicht einen flotten Papierflieger basteln – plötzlich ein feiner, intensiver Schmerz und unsere Absichten sind vorerst schnöde durchkreuzt von nichts als einem kleinen Stück Papier. Der Finger blutet, tut scheußlich weh, ein Pflaster muss her. Wir wollen es einfach nicht glauben: Wie kann eine oberflächliche Verletzung derart schmerzen? Doch nicht nur, weil sie uns ärgert?

Die schmerzempfindlichen Nervenendigungen liegen dicht unter der Hautoberfläche, und an den Händen finden sie sich in großer Zahl. Dr. John Cook von der Georgia Haut- und Hautkrebsklinik bemerkt dazu: „Eine leichte Verletzung wie ein Schnitt an Papier irritiert lediglich die Nervenendigungen, aber schädigt sie kaum." Regelrecht verletzte Nervenendigungen können dagegen schlimmere Folgen haben, schmerzen aber oft weniger als irritierte.

Dr. Cook sowie Dr. Elliot von der Amerikanischen Gesellschaft für Dermatologie geben zu bedenken, dass die meisten Betroffenen den Schnitt einer Papierkante weniger sorgfältig behandeln als eine tiefere Schnittwunde. Doch nach jeder Schnittverletzung ziehen sich die eintrocknenden Hautränder zurück und legen dabei Nervenendigungen bloß.

In eine schlecht versorgte Schnittwunde dringen leicht Seife, Flüssigkeiten, Schweiß oder Schmutz ein. Ein Pflaster lässt die Wunde zwar nicht schneller heilen, sie schmerzt aber weniger, solange die Schnittränder nicht eintrocknen.

Warum sind wir nach einem üppigen Mahl schläfrig?

Nach einer opulenten Mahlzeit konzentriert sich das Blut um die Verdauungsorgane herum im Bauchraum und steht anderen Körperbereichen vermindert zur Verfügung. Unser Energieumsatz sinkt ebenso wie unser Antrieb. Ebenso entscheidend: Während des Verdauungsvorgangs wird die Nahrung in viele chemische Substanzen aufgeschlossen. So entstehen Aminosäuren wie das 1-Tryptophan, das schlaffördernd wirkt. Serotonine, die die Blutgefäße verengen, machen ebenfalls müde. Wenn die Mahlzeit von alkoholischen Getränken begleitet wurde, sorgt auch das oft für Schläfrigkeit.

Wieso schrumpelt die Haut an den Händen und Füßen nach einem Bad? Und warum nur dort?

Obwohl es so aussieht, zieht sich die Hand an Ihren Handflächen und Fußsohlen nach einem Bad oder nach längerem Schwimmen nicht zusammen. Im Gegenteil, sie dehnt sich aus. Die äußerste, schützende Schicht der Haut besteht aus verhornten, abgestorbenen Zellen. An Handflächen und Fußsohlen ist diese Hornhaut besonders dick und damit fit für die starke tägliche Beanspruchung in diesen Bereichen. Mit Wasser gesättigt, quillt die verhornte Hautschicht auf und wirkt dann schrumplig.

In anderen Körperbereichen zeigt sich der gleiche Effekt, wenn die Haut längere Zeit Feuchtigkeit ausgesetzt wird. Allerdings dauert es dort wesentlich länger, bis sie schrumpelt, weil die Hornhaut dünner ist und die weichere Oberhaut Feuchtigkeit besser absorbiert. Nach Aussage eines Arztes schrumpelt z. B. die Haut an den Füßen von Soldaten, die lange in feuchten Stiefeln herumlaufen, überall dort, wo sie bedeckt ist.

Warum juckt es uns manchmal?

Kurz gesagt: Wir wissen es nicht.

Juckreiz ist ein mysteriöses Phänomen. Wenn ein Patient über Juckreiz klagt und der Arzt einen Hautausschlag feststellt, kann er diesen behandeln und das Jucken lindern. Aber häufig tritt Juckreiz ohne erkennbare Ursache und ohne Zusammenhang mit einer Erkrankung auf.

Wissenschaftler können Juckreiz hervorrufen, indem sie die Haut bis dicht an die Schmerzgrenze erwärmen, oder durch die Gabe von chemischen Stoffen, insbesondere Histaminen (das erklärt, warum Ärzte gegen Juckreiz Antihistamine verschreiben). Aber deshalb wissen sie noch lange nicht, wie der Juckreiz entsteht.

Was bekannt ist: Es gibt dicht unter der Hautoberfläche Sensoren, die Signale zum Gehirn senden. Juckreiz scheint auf demselben Weg vermittelt zu werden wie Schmerz.

Laut Dr. George F. Odland, Professor für Dermatologie an der University of Washington, sind Schmerzrezeptoren relativ flexibel und leiten neben Schmerz auch Juckreiz an das Gehirn weiter. Schmerzrezeptoren sind die häufigsten Sensoren unseres Nervensystems. Wenn ihre Aktivität nur gering ist, scheinen sie eher ein Jucken als eine Schmerzempfindung weiterzuleiten.

Viele Forscher haben sich gefragt, welche Funktion der Juckreiz hat. Einige glauben, Juckreiz sei eine Warnung vor einem Schmerz, der droht, wenn wir nicht aktiv der Gefahr begegnen. Andere vermuten, Juckreiz sei in der Frühzeit des Menschen ein wichtiges Signal dafür gewesen, dass es Zeit sei, sich von Haut- und Haarparasiten zu befreien. Juckreiz kann auch ein Frühsymptom ernster Erkrankungen sein, wie z. B. von Diabetes mellitus oder der Hodgkin'schen Krankheit.

Juckreiz hat nichts mit dem Gefühl zu tun, dass es kitzelt. Letzteres finden zumindest manche vergnüglich, Juckreiz dagegen ist selten angenehm. Tatsächlich können die meisten Menschen Juckreiz viel schlechter ertragen als Schmerz. Patienten mit starkem Juckreiz kratzen sich bis aufs Blut die Haut auf, um die quälenden Symptome loszuwerden.

Warum sehen Venen blau aus, obwohl Blut doch rot ist?

Zu dieser Frage gibt Dr. Frank Davidoff vom Amerikanischen Ärztekolleg folgende Informationen:

> Die blau erscheinenden Venen sind relativ große Blutgefäße, die das Blut transportieren, nachdem es den Sauerstoff abgegeben hat. Sie liegen so dicht unter der Hautoberfläche, dass man die blaue Farbe dieses Bluts erkennen kann. Der sauerstofftragende Farbstoff in unseren roten Blutzellen, die etwa 40 % des Blutvolumens ausmachen, ist das Hämoglobin. Während die roten Zellen unsere Lungen passieren, nimmt das Hämoglobin Sauerstoff auf und bindet ihn. Dabei färbt es sich leuchtend rot und wird zu Oxyhämoglobin. Das Herz pumpt unter Druck dieses Oxyhämoglobin durch die großen elastischen Arterien.
>
> Im Gewebe setzen die roten Blutzellen mit dem Oxyhämoglobin ihren Weg bis in die feinsten Blutgefäße, die Kapillaren, fort und geben dort den Sauerstoff an die Zellen ab, die ihn für ihren Stoffwechsel brauchen. Die Haut hat viele Kapillaren, deshalb erscheint helle, gesunde Haut rosig; ein plötzlicher Schub von Oxyhämoglobin in erweiterte Hautgefäße lässt uns erröten.
>
> Wenn Hämoglobin den Sauerstoff abgegeben hat, nimmt es eine blauviolette Farbe an – Deoxyhämoglobin – und strömt über

immer größer werdende Venen zum Herz zurück. Die größten Venen liegen tief im Gewebe und verlaufen dort meist parallel zu den größten Arterien, während einige von mittlerer Stärke so dicht unter der Haut liegen, dass man ihre blaue Farbe bei blasser Haut gut erkennen kann. “

Weshalb sind Tätowierungen fast immer blau (gelegentlich ein wenig rot)?

Die meisten Tätowierungen sind nicht blau, sondern schwarz. Da aber der aus Kohlenstoff gewonnene, tiefschwarze Farbstoff unter der Haut liegt, wirkt die Tätowierung zusammen mit der gelblichen bis bräunlichen Haut der meisten Hellhäutigen blau. Rot ist die zweitbeliebteste Farbe für solche Hautritzzeichnungen, es stehen aber zahlreiche andere Farben zur Wahl.

Schwarz ist die stärkste und auffälligste Farbe und daher die beliebteste, denn wer sich für eine Tätowierung entschieden hat, möchte diesen Schmuck im Allgemeinen auch vorzeigen. Bei Albinos aber, Menschen mit Pigmentmangel oder völlig fehlender Pigmentbildung, erscheint eine schwarze Tätowierung wirklich tiefschwarz und nicht blau.

Wie können Amputierte Empfindungen in fehlenden Körperteilen haben?

Fast alle Amputierten kennen solche „Phantomreize“. Viele berichten, dass die Empfindungen in dem fehlenden Arm oder Bein genauso intensiv sind wie in der noch vorhandenen Gliedmaße. Eine Frau, deren Unterarm abgenommen worden war, hatte das Gefühl, nach wie vor mit der Hand winken, sie zur Faust ballen oder einen Finger heben zu können. Das Phantomglied kann Kälte, Hitze, Nässe, Juckreiz oder Schmerz empfinden. Am häufigsten verspüren Amputierte in dem fehlenden Körperteil ein Kribbeln oder eine Spannung.

Das Phänomen tritt meist erstmals auf, wenn der Patient nach der Operation aus der Betäubung erwacht, und dann unterschiedlich lange immer wieder. Während manche Patienten in wenigen Monaten die Phantomreize verlieren, bleiben sie anderen lebenslang, wenn auch meist in abgeschwächter Form, erhalten. In den rumpfnahen Bereichen (Oberarm, Oberschenkel) verlieren sich diese Reize als Erstes, in den Extremitäten (Finger und Zehen) melden sie sich länger zu Wort. Der Amputierte hat oft das Gefühl, das Phantomglied würde sich direkt an den Stumpf anschließen.

Nicht nur bei der Amputation von Gliedmaßen kann dieses Phänomen auftreten. Manche Frauen machen nach einer Brustentfernung ähnliche Erfahrungen; plastische Chirurgen berichten über das gelegentliche Auftreten von Phantomreizen nach Fettentfernungen oder Nasenkorrekturen.

Phantomreize können körperliche und seelische Ursachen haben. Für eine organische Ursache spricht, dass das Phänomen bei fast allen Amputierten auftritt und die Betroffenen im Vergleich zu Nichtbetroffenen keinerlei psychische Auffälligkeiten zeigen.

Die meisten Theorien bringen Phantomreize in Verbindung mit Sensoren der Hirnrinde. Dafür spricht vieles: Am ausgeprägtesten tritt das Phänomen in amputierten Fingern und Zehen auf, insbesondere in Daumen und großem Zeh, für die es in der Hirnrinde die meisten Sensoren gibt. Oberschenkel und Oberarme dagegen sind in der Hirnrinde mit einer geringeren Anzahl von Sensoren repräsentiert. Das würde erklären, warum es bei der Amputation dieser Gliedmaßen seltener zum Auftreten von Phantomreizen kommt und warum sie dort auch am schnellsten wieder verschwinden.

Die Theorie von den peripheren Auslösern schreibt das Auftreten von Phantomreizen Nervenirritationen im verbliebenen Stumpf zu. Die Theorie von den zentralen Auslösern geht davon aus, dass benachbarte Areale der Hirnrinde den Teil des Gehirns stimulieren, der früher über Sensoren mit dem amputierten Glied verbunden war.

Die Ärzte stimmen in der Auffassung überein, dass das Gehirn Empfindungen, die eine nicht mehr vorhandene Gliedmaße betreffen, an den Stumpf übermitteln kann. Solche Empfindungen sind also nicht nur eingebildet, sie haben vielmehr eine ganz reale organische Ursache.

Psychologische Ansätze zur Erklärung des Phänomens beziehen meist die organischen Auslöser mit ein. Betont wird der traumatisierende Effekt einer Amputation, der bei der überwiegenden Zahl der Patienten einhergeht mit dem Drang, nach einer verstümmelnden Operation ihr Selbstbild neu zu definieren. Viele Amputierte fühlen sich nicht mehr als vollständiger Mensch und empfinden Scham und Ärger über den Stumpf.

Der Psychiater Thomas Szasz betont das Bedürfnis, die „Integrität des Körperbildes" zu bewahren, und betrachtet das Phantomglied als den Versuch, einerseits den Verlust zu leugnen und sich andererseits mit der unwiderruflichen Tat-

Warum?

Warum kann man einen Mückenstich weder fühlen noch sehen, bevor es juckt?

Wir würden gerne glauben, dass Mutter Natur uns eine Gnade damit erweisen will, dass wir den Stich einer Mücke nicht spüren. Denn es wäre sehr unangenehm, bewusst mitzubekommen, wie der Blutsauger in unser Fleisch piekst und sich dann dort ungerührt gütlich tut.

Eine weibliche Mücke hält nichts von Fast Food. Bevor sie zusticht, macht sie es sich erst mal für mindestens eine Minute mit allen ihren sechs Beinen auf unserer Haut gemütlich. Mücken wiegen so wenig und stechen so geschickt zu, dass die meisten Menschen nichts von dem Vorgang bemerken, obwohl das Insekt vielleicht fünf Minuten und länger verweilt.

Wenn die Mücke sich endlich dazu entschließt, ihre Stechwerkzeuge in eine schöne, saftige Kapillare zu versenken, braucht sie dafür etwa eine Minute. Sie feuchtet ihre Mundpartie mit ihrem Speichel an und saugt ca. drei Minuten lang Blut, bis ihr Magen zum Bersten gefüllt ist. In wenigen Sekunden zieht sie ihren Rüssel aus dem Einstich, fliegt weg und legt ihre Eier ab, damit Mücken auch ja nicht auf der Liste der bedrohten Tierarten erscheinen.

Sehr empfindliche Seelen spüren sofort, wenn sie von einer Mücke gestochen werden. Erst wenn die Mücke längst weg ist, stellt sich Juckreiz oder ein Brennen ein. Diese Reaktion geht nicht auf den Stich, sondern auf den Speichel der Mücke zurück. Er ist einerseits eine Art Gleitmittel für den Stechrüssel und wirkt zum anderen auf das Opfer wie ein kurzzeitiges lokales Betäubungsmittel. Überwiegend enthält die Speichelflüssigkeit gerinnungshemmende Stoffe und Histamin. Diese Substanzen rufen bei den meisten Menschen allergische Reaktionen, wie Juckreiz und Schwellungen, hervor – und dann noch die drängende Frage, warum wir mit diesen Plagegeistern gestraft sind.

sache auseinanderzusetzen. Die Empfindungen im Phantomglied konzentrieren die Aufmerksamkeit auf den Verlust und leugnen ihn gleichzeitig (Wenn ich es fühlen kann, kann es nicht weg sein). Auch wenn das Auftreten des Phänomens an sich nicht psychisch bedingt ist, meinen Psychologen, dass z. B. Phantomschmerzen häufig Syptome einer Depression sind. Schmerzen in Stümpfen symbolisieren den nach innen gerichteten Ärger und Kummer. In einigen Fällen konnten Phantomschmerzen „geheilt" werden, als man den Patienten einfach gegen Depressionen behandelte.

Die alternative Heilmethode Biofeedback half auch gelegentlich, was vielleicht Szasz' Theorie widerspricht, Patienten müssten sich auf den Stumpf konzentrieren, um ihr verletztes Selbstbild wiederherzustellen.

Ein weiterer Hinweis auf eventuelle psychische Ursachen für das Auftreten von Phantomschmerzen ist die Beobachtung, dass viele Amputierte solche Symptome über längere Zeit völlig vergessen, sie aber sofort wieder spüren, wenn sie darauf angesprochen werden.

Warum haben die Menschen den größten Teil ihrer Körperbehaarung verloren?

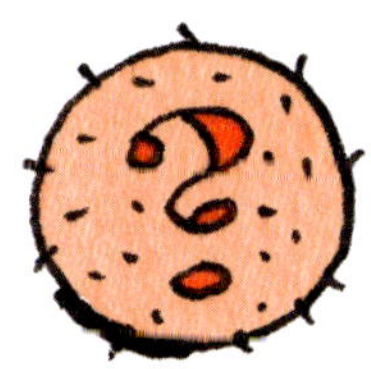

Anthropologen diskutieren dieses Thema seit Langem. Für die meisten Lebewesen ist das Fell ein wichtiges Mittel, um den Körper warm zu halten. Also muss es schon wichtige Gründe geben, warum der Mensch im Laufe der Evolution diese Isolierschicht verloren hat.

Es gibt verschiedene Theorien zur Frage, warum der Verlust der Körperbehaarung für den Menschen sinnvoll gewesen sein kann. Ebenso hierzu äußert sich Desmond Morris in seinem Buch *Der Nackte Affe*.

1. Der Verlust der Haare machte es dem Menschen der Frühzeit leichter, mit den Myriaden von Parasiten, wie Zecken, Maden und Würmern, fertigzuwerden. Parasiten sind nicht nur lästig, sondern sie verbreiteten auch gefährliche Infektionskrankheiten. Diese Theorie macht zwar Sinn, erklärt aber nicht, warum andere Primaten, die ebenso von Parasiten geplagt werden, nicht ebenfalls ihr Fell verloren haben.
2. Nackte Haut könnte eher ein soziales Kennzeichen als eine zweckgebundene Veränderung gewesen sein. Die meisten Spezies haben ein paar besondere Charakteristika, die sie von anderen Spezies unterscheiden und die Desmond Morris „Erkennungszeichen" nennt. Morris bezweifelt aber im

vorliegenden Fall die Gültigkeit der „Erkennungszeichen-Theorie", weil der Verlust der Körperbehaarung eine zu gravierende Veränderung ist und zur Unterscheidung des Menschen von anderen Primaten in keiner Weise erforderlich wäre.

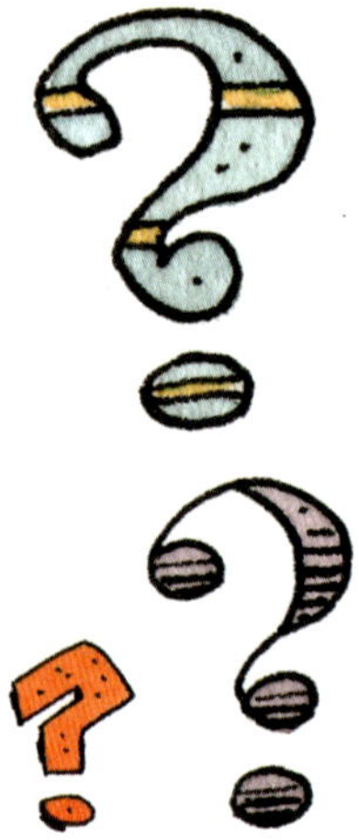

3. Die Gründe für den Haarverlust könnten auch auf dem Gebiet der Fortpflanzung und Sexualität liegen. Männliche Säugetiere haben generell ein dichteres Fell als die Weibchen. Solche geschlechtsspezifischen Unterschiede dienen dazu, auf das andere Geschlecht anziehender zu wirken. Morris erwähnt auch, dass nackte Haut durch ihre höhere Berührungssensibilität sexuell erregbarer macht. Bei all den heutigen Bemühungen in vielen Teilen der Welt, die Geburtenrate zu senken, wird allzu leicht vergessen, dass die Natur auf Fortpflanzung ausgerichtet ist, und dazu liefert sie auch bestimmte Anreize.
4. Einige Anthropologen sind der Ansicht, die Menschen hätten, bevor sie zu Jägern in den weiten Savannen Ostafrikas wurden, in Küstennähe gelebt und ihre Nahrung an tropischen Stränden gesucht. Mit unbehaartem Körper konnten sie besser schwimmen oder im Wasser waten. Dieser Lebensraum wäre auch eine Erklärung dafür, warum uns eine beachtliche Kopfbehaarung geblieben ist: Bei längerem Aufenthalt im Wasser benötigte der Kopf einen Schutz gegen die starken Strahlen der Sonne.
5. Sollte es diese „Wasser-Phase" nie gegeben haben, so half der Verlust der Behaarung bei der Regulierung der Körpertemperatur, als die Menschen den Wald verließen und in der Savanne auf die Jagd gingen. Morris stellt diese Theorie infrage, weil andere Säugetiere, wie z. B. Löwen und Schakale, ebenso in offeneres Terrain wechselten, ohne ihr Fell zu verlieren. Auch waren die Menschen ohne Körperbehaarung viel stärker der gefährlichen ultravioletten Strahlung ausgesetzt.
6. Der Haarverlust bewahrte den Menschen der Frühzeit davor, sich bei der Jagd zu überhitzen. Dies ist Morris' bevorzugte Theorie. Als unsere Vorfahren zu Jägern wurden, erhöhte sich ihre körperliche Aktivität enorm. Der Verlust der dichten Körperbehaarung sowie die Zunahme der Fett- und Schweißdrüsen in der Haut führten dazu, dass die Menschen schneller und besser abkühlten.

Auch wenn uns heute die Probleme unserer Primatenvorfahren reichlich fernliegen, unsere Gene werden immer ein Hindernis sein bei dem Versuch, uns kulturell höher zu entwickeln, glaubt Desmond Morris. „Unsere Gene werden hinter unserer Entwicklung herhinken, und wir werden immer daran erinnert, dass der Mensch trotz all seiner Errungenschaften im Grunde noch ein sehr nackter Affe ist."

Welchen Zweck hat gelocktes Schamhaar?

Wenn Sie die anatomischen Gründe dafür wissen möchten, können wir Ihnen helfen. Dr. Joseph P. Bark vom Amerikanischen Amt für Hautgesundheit erklärt:

> »Schamhaare sind gelockt, weil sie genetisch bedingt keinen runden, sondern eher ovalen Querschnitt haben. Kopfhaar mit exakt rundem Querschnitt, wie man es z.B. bei den Indianern findet, ist glatt und zeigt keinerlei Wellen. Dagegen haben die krausen Haare der Afrikaner einen ovalen Querschnitt. So verhält es sich auch mit den Schamhaaren.«

Auf die Frage, welche Funktion eine lockige Schambehaarung hat, wurde allerdings bisher noch keine schlüssige Antwort gefunden. Mehr als die Vermutung, Schamhaar sei lockig, weil gerade wachsende, kräftige Haare die benachbarten Hautareale reizen würden, war den Dermatologen nicht zu entlocken. Für andere Hautspezialisten endet beim Zustand der Schamhaare offenbar der sonst rege Forscherdrang. So gab ein Dermatologe auf die weiterführende Frage, warum Scham- und Achselhaare nicht so rasch wachsen wie das Haupthaar, die launige Antwort, dass lange Achsel- und Schambehaarung „nicht nur ziemlich unsportlich in der Gemeinschaftsdusche des Fitnesszentrums aussieht, sondern wir auch dauernd darüber stolpern würden". Dies zur Auflockerung der Thematik!

Übrigens: Schamhaare sind nicht immer lockig. In der frühen Pubertät sind sie weich und glatt. Und in China oder Japan wäre diese Frage vermutlich nie gestellt worden, denn das Schamhaar von Asiaten ist im Allgemeinen spärlicher und wesentlich glatter als das von Weißen oder Schwarzen.

Warum wächst auf Impfnarben kein Haar?

Eine Impfung hinterlässt Narbengewebe. Sie verursacht eine lokale Entzündung, die in ihrer nächsten Umgebung die Haarfollikel zerstört. Genauso gehen auch bei jeder tieferen Hautverletzung Haarfollikel zugrunde. Man kann Haare auf eine Impfnarbe transplantieren, aber man wird niemals ein abgestorbenes Haarfollikel wiederbeleben.

Warum sind wir an manchen Körperstellen kitzliger als an anderen?

Die Experten für diese Frage betonten, dass Kitzligkeit wahrscheinlich eine segensreiche Einrichtung ist, denn was wir jetzt als mildes Kitzeln verspüren, stellte womöglich irgendwann während unserer Entwicklungsgeschichte ein Warnsignal bei Gefahr von ernsten Verletzungen dar.

Der Biophysiker Joe Doyle bemerkt, dass manche unserer Körperbereiche mit mehr Nerven ausgestattet sind als andere – so z. B. die kitzligen Zonen in den Achselhöhlen und an den Fußsohlen oder die Hände und Finger.

Für diese Tatsache gibt die Evolutionstheorie eine Erklärung: Der Grund für die erhöhte Sensibilität mancher Körperteile liegt darin, dass sie uns Überlebensvorteile sichert.

Aber welchen Vorteil bringt uns Kitzligkeit in der Achselhöhle? Neurochirurg Sean F. Mullan von der University of Chicago erklärt: „Ein Reiz dort würde uns vor einer möglichen Verletzung des Plexus brachialis (ein wichtiger Nervenstrang) warnen, die zu einer Lähmung des Arms führen könnte." Andere sensible Areale, wie Nasenmuscheln, Ohrkanäle und der Augenbereich, sind gefährdet durch Fremdobjekte bzw. fliegende oder kriechende Insekten.

Und was ist mit unseren Fußsohlen? Mullan bleibt hier in seinen Aussagen sehr zurückhaltend:

> ” Die Kitzligkeit der Fußsohlen ist schwerer zu erklären. Vielleicht sollte sie ein Warnreiz gegen an Baumstämmen hinaufkriechende Schlangen sein, als wir noch hoch im Geäst lebten. Möglicherweise sind unsere Fußsohlen aber auch überempfindlich geworden durch den Verlust von Hornhaut; dieser stellte sich ein, nachdem wir angefangen haben, Schuhe zu tragen. “

Wieso schwellen im Flugzeug die Füße an?

Über dieses unangenehme Phänomen klagen Fluggäste immer wieder. Die befragten Spezialisten für Flugmedizin gaben an, nicht atmosphärische Veränderungen während des Fliegens seien der Grund, warum die Füße anschwellen. In der Luft wie auch am Boden ist ganz einfach Bewegungsmangel die Ursache für solche Schwellungen an Beinen und Füßen.

Nicht nur das Herz arbeitet im Körper als Pumpe; auch die Beinmuskeln haben diese Aufgabe. Laufen oder Anspannen der Beinmuskulatur bewirkt einen Pumpeffekt. Im Flugzeug ist jedoch nicht nur die Bewegungsfreiheit eingeschränkt, sondern man muss auch mit aufgestellten Beinen sitzen. Ohne Aktivität der Beinmuskulatur sammeln sich nach einiger Zeit Blut und andere Körperflüssigkeiten, dem Gesetz der Schwerkraft folgend, in den Füßen.

Eigentlich spielt es keine große Rolle, ob Sie Ihre Schuhe während eines Flugs anbehalten oder ausziehen. Wenn Sie sie anlassen, unterstützen sie die Füße von außen, schränken aber auch die Blutzirkulation ein. Die Schuhe verhindern jedoch nicht, dass Ihre Füße anschwellen, und werden bald zu eng. Ziehen Sie sie dann aus, schafft Ihnen das zwar im Moment Erleichterung, später aber wird es schwierig, wieder in die Schuhe hineinzukommen.

Flüssigkeitsstaus in den Füßen treten genauso auf, wenn Sie in einem Bus, Zug oder im Büro sitzen. Bei den meisten Menschen schwellen die Füße im Lauf des Tages an, deshalb wird empfohlen, Schuhe am Nachmittag zu kaufen. Morgens lässt man sich leicht dazu verführen, etwas kleineres Schuhwerk auszuwählen.

Wenn Ihre Füße im Flugzeug stark anschwellen, sollten Sie unbedingt Bewegungsübungen machen. Bei längeren Strecken in einem Großraumflugzeug werden ein paar Runden Ihren Füßen guttun und Ihren Appetit auf das köstliche Bordmenü ungemein steigern.

Warum ist Stehen ermüdender als Gehen? Warum ist es schwer, auf den Beinen still zu stehen?

Eigentlich sind wir gerne mal faul, und dann fühlen wir uns erst richtig wohl, wenn wir uns so wenig wie möglich bewegen. Das gilt aber nur für die sitzende oder liegende Position. Denn kaum sind wir gezwungen, längere Zeit still zu stehen, werden wir ganz kribbelig und unruhig.

Die Unruhe mag auch psychologische Gründe haben, vorwiegend scheinen aber körperliche Ursachen den Ausschlag zu geben. Beim Stehen sinken durch die Schwerkraft die Körperflüssigkeiten nach unten. Sie können sich in Beinen und Füßen stauen, Druck auf die Muskeln ausüben und Schmerzen verursachen.

Wenn wir in Bewegung sind, pumpen Muskelkontraktionen die Körperflüssigkeiten nach oben, und die Venen senden das Blut Richtung Herz zurück.

Gehen erhöht nicht nur den Rückfluss des Blutes zum Herz, sondern auch zu sämtlichen Organen einschließlich unseres Gehirns.

Was bedeutet die Aufforderung des Arztes beim Verdacht auf Eingeweidebruch: „Wenden Sie den Kopf zur Seite und husten Sie"?

Sie müssen husten, wenn der Arzt die Atemwege abhört, aber ebenso, wenn er einen Eingeweidebruch (Hernie) vermutet, eine Schwachstelle oder Lücke im Bindegewebe, das unsere feste Körperhülle bildet.

Solche Lücken kommen häufig bei Männern in der Leiste vor (Leistenbruch), und zwar tritt der Bruchsack entlang der Samenleiter oberhalb des Hodensacks heraus oder ragt in ihn hinein. Bei manchen Männern ist von Geburt an eine Bruchpforte vorhanden, sie kann aber auch erst später erworben werden. Laut Dr. Frank vom Amerikanischen Ärztekolleg besteht beim Leistenbruch folgende Gefahr:

> » Wiederholter Druckanstieg in der Bauchhöhle, wie er bei starkem oder chronischem Husten oder beim Heben schwerer Gewichte usw. vorkommt, drückt Eingeweideanteile in die Bruchpforte und vergrößert sie. Schließlich bildet sich dort eine dauerhafte Ausbuchtung mit ausgetretenen Inhalten des Unterleibs.
>
> Leistenbrüche sind recht häufig und können lästig und bei entsprechender Größe entstellend sein. Wirklich gefährlich sind aber kleine Brüche, bei denen Darmschlingen austreten und dann abgeklemmt und blockiert werden. In einer großen Bruchöffnung können sie dagegen ungehindert vor- und zurückgleiten. Ärzte suchen daher besonders gründlich nach kleinen Hernien, die häufig äußerlich nicht sichtbar sind, wenn der Bauchraum entspannt ist.
>
> Damit Eingeweidebrüche nicht unentdeckt bleiben, muss der Druck im Bauchraum erhöht werden – sie wölben sich dann vor. Dies erreicht der Arzt am schnellsten und einfachsten, wenn er den Patienten auffordert zu husten. Dabei wird das Zwerchfell nach oben gedrückt und Luft aus den Lungen gepresst. Die Muskeln des Unterleibs ziehen sich zusammen und bringen so die erforderliche Druckerhöhung im Bauchraum. «

Wenn der Arzt beim Husten keine Auswölbung in der Leiste tasten kann, hat der Patient mit einiger Sicherheit keine Hernie.

Und aus welchem Grund soll man dann noch den Kopf abwenden? Hierfür gibt es eine ganz einfache Erklärung: Damit der Patient nicht all seine Krankheitskeime Richtung Arzt abhustet.

Wie kommt es, dass früher Frauen häufiger in Ohnmacht fielen als heute?

Die häufigste Ursache für eine Ohnmacht ist eine zu geringe Blutversorgung des Gehirns durch einen plötzlichen Blutdruckabfall. Ernste Herzprobleme, wie z. B. Rhythmusstörungen bzw. Kammerflimmern, kommen als Ursache infrage oder auch – seltener – neurologische Störungen. Manche Menschen fallen beim Anblick von Blut oder einer Schlange in Ohnmacht, auch dies liegt am jähen Blutdruckabfall.

Verblüffend beim Lesen eines Romans aus dem 19. Jahrhundert ist die Feststellung, dass die Heldinnen häufig ohnmächtig werden, wenn sie sich fürchten, wenn sie aufgeregt oder traurig sind und vor allem, wenn ein solcher „Auftritt" gut in ihr Kalkül passt. Was ist nur aus dieser reizenden Sitte geworden!

Als häufigster Ohnmachtsverursacher wurde ein Folterinstrument namens Korsett ausgemacht – ein außerordentlich einengendes Wäschestück. In ihrer kleinen Geschichte des Korsetts erklärt die Autorin Lynda Stretton:

> „Im Teenageralter war es für ein Mädchen von Stand unmöglich, ohne stützendes Korsett aus robustem Stoff, verstärkt mit Fischbein- oder Stahleinlagen, zu sitzen oder zu gehen. Das starre Korsett deformierte innere Organe und machte es unmöglich, tief durchzuatmen. Deshalb bekamen die Frauen häufig Schwächeanfälle oder wurden ohnmächtig."

Wozu war diese Folter gut? Als Hauptmerkmal einer schönen Frau galt eine extrem schmale Taille. Stretton berichtet, dass in der Literatur zwar für erwachsene Frauen (mit Korsett) Taillenumfänge von 30 – 45 cm erwähnt werden, diese Zahlen aber wahrscheinlich reine Fantasie sind:

> „Wie die Überprüfung von Korsetts aus Modemuseen ergab, hatten die meisten dieser Wäschestücke aus der Zeit zwischen 1860 und 1910 eine Weite von 50 – 55 cm. Das sagt aber noch nichts darüber, wie eng die Korsetts geschnürt wurden. Durch lockere Schnürung konnten sie leicht um etliche Zentimeter weiter gestellt werden – und sie wurden es vermutlich auch, denn es war schick, sehr enge Korsetts zu kaufen."

Ob enger oder ein bisschen weiter – eine Taille 15 oder 20 cm schmaler zu schnüren, als die Natur sie geschaffen hatte, war in jedem Fall für den Kreislauf sehr schädlich. Abgesehen von exzentrischen Showstars, trägt heute keine Frau mehr ein Schnürkorsett. Gibt es keine Ohnmachten mehr? Aber ja doch. Wie Louis E. Rentz vom Amerikanischen Kollegium für Neuropsychiatrie erklärt, gehören Ohnmachtsanfälle „zu den häufigsten Beschwerden, deretwegen Patienten einen Arzt aufsuchen, und sind sicher die alltäglichsten Symptome, mit denen Neurologen und Kardiologen konfrontiert werden. Ohnmachten kommen in allen Altersgruppen relativ häufig vor."

Zwei amerikanische Studien mit mehr als 5000 gesunden Probanden ergaben, dass 3–6 % innerhalb eines längeren Zeitraums (zehn Jahre in der einen, 26 in der anderen Studie) mindestens einmal in Ohnmacht gefallen waren. Interessanterweise hatten Männer nahezu ebenso häufig Ohnmachtsanfälle wie Frauen. Könnten etwa all die Berichte aus dem 19. Jahrhundert über ohnmächtig werdende Frauen falsch oder übertrieben sein?

Frauen von Stand galten in dieser Zeit als zarte und schwache Wesen. Korsetts trug man nicht nur, um attraktiver zu wirken, sondern auch aus, wie man glaubte, medizinischen Gründen (in England steckte man bereits drei- bis vierjährige Kinder in Korsetts, in der Annahme, auf diese Weise würde die Muskulatur gestützt und die Haltung verbessert).

Noch bizarrer waren die Ansichten über die „hohe Sensibilität" der Damen. Die Society for the Reformation of Manners (Gesellschaft zur Reform der Umgangsformen), 1690 in London gegründet, hatte zunächst gegen Prostitution und Alkoholismus gekämpft, beschäftigte sich dann aber im 19. Jahrhundert mit der „Reinhaltung" der Sprache. *Bloody* (blutig) wurde ein Tabuwort, und kein Gastgeber hätte es gewagt, einer Dame ein blutiges Steak vorzusetzen, aus Angst, diese würde bei einem solchen Anblick ohnmächtig auf das nächste Sofa sinken. In ihrem Rückblick auf Benimmbücher der Epoche, *The Best Behavior*, gibt Esther B. Aresty an, dass man glaubte, Frauen allein mit Worten schon großen Schaden zufügen zu können:

> Gut erzogene Engländer sprachen niemals davon, ‚zu Bett zu gehen', sie zogen sich zurück. Ein weibliches Wesen eine ‚Frau' zu nennen war höchst beleidigend, und so konnte ein Ausländer eine Ohnmacht hervorrufen, wenn er eine Lady als ‚Frau' ansprach … Man trieb die Prüderie derart auf die Spitze, dass in Lady Gough's Buch *Etiquette* sogar gefordert wurde, die Bücher weiblicher und männlicher Autoren strikt voneinander getrennt auf verschiedenen Regalen einzuordnen – es sei denn, die Schriftsteller seien zufällig miteinander verheiratet.

Frauen lebten im 19. Jahrhundert in einem Umfeld, das Ohnmachtsanfälle als Attribut der Weiblichkeit betrachtete. Alexis de Tocqueville, der als junger Mann um 1830 nach Amerika kam, stellte fest, dass europäische Frauen „verführerische und anfällige Wesen seien ... [die] es beinahe als Privileg betrachteten, sich oberflächlich, schwächlich und scheu zu zeigen ... Die Frauen in Amerika nehmen Privilegien dieser Art nicht in Anspruch."

Warum sollte man es dann einer Frau verdenken, wenn sie „zufällig" genau in dem Augenblick ohnmächtig wurde, da ihr Auserwählter nahte? Und wenn eine Dame eine konfliktreiche Auseinandersetzung scheute, warum dann nicht einfach in Ohnmacht fallen?

Nach anderer Meinung waren Ohnmachtsanfälle in erster Linie eine Zeiterscheinung, eine milde Form von Massenhysterie. Zweifellos behinderten Korsetts die Durchblutung, was sich besonders bei Frauen mit niedrigem Blutdruck auswirkte. Aber die Gesellschaft der Zeit belohnte auch Schwächeanfälle – sie galten als weibliches und attraktives Verhalten. Eine Ohnmacht war die Allzweck-Entschuldigung, um schwierigen Verpflichtungen zu entkommen, mit dem Zusatzgewinn von Aufmerksamkeit und Sympathie.

Was ist am Gähnen ansteckend?

Dies ist fürwahr ein rätselhaftes Phänomen, über das man sich immer wieder wundert und für das es eine Fülle von Erklärungen gibt. Man kann sie in drei Kategorien einteilen.

1. **Physiologische Theorie.** Ihre Anhänger behaupten, es sei wissenschaftlich erwiesen, dass wir gähnen, um mehr Sauerstoff aufzunehmen oder um uns von einem Überschuss an Kohlendioxid zu befreien. Gähnen ist ansteckend, weil mehrere Menschen in einem Raum vermutlich zur selben Zeit viel zu wenig frische Luft bekommen.
2. **Langeweiletheorie.** Wenn viele Leute gleichzeitig eine langweilige Rede hören, warum sollten nicht auch alle ungefähr gleichzeitig gähnen, fragen sich die Verfechter dieser Auslegung.
3. **Evolutionstheorie.** Hier wird eine Entsprechung gesehen von menschlichem Gähnen und dem Zähnezeigen vieler Tiere als Einschüchterungsgeste und Hinweis auf einen Revieranspruch. Ein Anhänger dieser Theorie argumentierte, dass Gähnen ursprünglich vielleicht andere herausfordern sollte, aber im Lauf der Evolution seine aggressive Bedeutung verloren hat.

Dr. Robert Provine, Psychologe mit dem Spezialgebiet Psychobiologie und anerkannter Forscher zum Thema Gähnen, gibt zu, dass wir immer noch nicht allzu viele sichere Erkenntnisse über dieses Phänomen haben.

Provine definiert Gähnen als eine lange Einatemphase mit weit geöffnetem Mund, gefolgt von einer kürzeren Ausatemphase. Diese Beschreibung scheint die These zu unterstützen, dass der Sinn des Gähnens in erhöhter Sauerstoffaufnahme liegt. Doch Provine widerspricht und beruft sich auf ein Experiment, bei dem er den Mund der Probanden mit Klebeband verschloss. Sie hatten die Möglichkeit zu gähnen, auch ohne den Mund zu öffnen, empfanden dies aber als unbefriedigend. Da ihre Nase frei geblieben war, konnten sie jedoch ebenso viel Sauerstoff aufnehmen wie beim Gähnen mit offenem Mund. Aus diesem Experiment schließt Provine, dass der Sinn des Gähnens nicht im Bereich der Atmung liegt.

Durch weitere Experimente bewies Provine, dass Gähnen nichts zu tun hat mit der Aufnahme von Sauerstoff oder der Abgabe von Kohlendioxid. Er verabreichte Probanden z. B. reinen Sauerstoff, ohne dass dies auf die Häufigkeit ihres Gähnens Einfluss hatte.

Provines Forschung bestätigt den Zusammenhang zwischen Langeweile und Gähnen. Eine Probandengruppe, die auf dem TV-Schirm 30 Minuten lang ein Testbild anschaute, gähnte deutlich häufiger als eine zweite Gruppe, der man 30 Minuten lang Videos von Rockkonzerten vorsetzte. Gähnten die Probanden aus psychischen Gründen (weil ihnen langweilig war) oder aus physiologischen Gründen (weil Langeweile sie schläfrig machte)?

Provine konnte nach Auswertung eines „Gähn-Tagebuchs" seiner Studenten einige Verhaltensmuster erkennen. Gähnen trat am häufigsten auf in der Stunde vor dem Zubettgehen und ganz besonders in der Stunde nach dem Aufwachen. Und es gab eine eindeutige Verbindung zwischen Gähnen und dem Strecken des Körpers. Die Menschen gähnen gewöhnlich, wenn sie sich strecken, sie strecken sich andererseits nicht immer, wenn sie gähnen.

Gähnen kommt im gesamten Tierreich vor. Vögel gähnen. Menschenaffen gähnen. Und, wenn sie nicht gerade schlafen, gähnen auch Fische. Sogar menschliche Föten konnten bereits im Alter von nur elf Wochen beim Gähnen beobachtet werden. Nach Aussage des Kinderpsychologen Piaget werden Kinder ab etwa zwei Jahren für den Ansteckungseffekt des Gähnens empfänglich. Provine hält Gähnen für ein standardisiertes Verhaltensmuster, bei dem eine begonnene Aktion nach vorgegebenem Muster abläuft. Aber was ist der Zweck dieser Aktion?

Provine behauptet nicht, zu wissen, warum wir gähnen. Er vermutet, dass Gähnen und Sich-Strecken einmal zum gleichen Reflex gehörten (man könnte Gähnen auch als ein Strecken des Gesichts interpretieren). Für diese Theorie spricht, dass dieselben Überträgerstoffe im Nervensystem, die Gähnen auslösen, auch ein Sich-Strecken provozieren.

Eine „Gähnepidemie" hat fast jeder schon erlebt. Laut Provine kann nahezu alles, wozu Gähnen irgendwie passt, ein Gähnen hervorrufen. Zur Stützung dieser Aussage fasste er einige Daten zusammen:

- 55 % aller Personen, die eine fünfminütige Serie von 30 Gähnaktionen beobachteten, konnten sich innerhalb dieser fünf Minuten das Gähnen nicht mehr verkneifen. Demgegenüber fühlten sich bei einem fünfminütigen Video, in dem ein Mann 30-mal lächelt, nur 21 % der Probanden zu einem freundlichen Verziehen des Gesichts veranlasst.
- Blinde gähnen häufiger, wenn ihnen eine Tonaufnahme von gähnenden Personen vorgespielt wird.
- Menschen, die über Gähnen etwas lesen, beginnen oft zu gähnen. Menschen, die nur ans Gähnen denken, müssen schon gähnen. Selbst der Schreiber dieses Satzes hatte den unwiderstehlichen Drang zu gähnen, kaum dass der Satz beendet war.

Provine spricht dem Gähnen auch eine soziale Funktion zu. Es kann eine gemeinsame körperliche Befindlichkeit herstellen, außerdem Blutdruck und Herzschlagfrequenz in einer Gruppe auf den gleichen Wert bringen (Letztere z. B. kann um 30 % ansteigen).

In der Frühzeit des Menschen war Gähnen vielleicht das Signal für die Mitglieder einer Sippe, sich zum Schlafen vorzubereiten. Provine zitiert eine Passage aus Dr. Eibl-Eibesfeldt. Der bekannte österreichische Verhaltensforscher berichtet, dass beim Stamm der Bakairi in Zentralbrasilien Gähnen ein sozial akzeptiertes Verhalten ist:

> „Wenn sie genug von all den Gesprächen hatten, begannen sie ganz ungeniert und ohne sich die Hand vor den Mund zu halten zu gähnen. Offensichtlich war dieser Reflex, ein Zeichen der Entspannung, ansteckend. Einer nach dem anderen erhob sich und ging, bis ich allein zurückblieb."

Dennoch möchte Provine auch die Evolutionstheorie nicht ganz verwerfen. Vielleicht war das Entblößen der Zähne, das oft mit dem Gähnen einhergeht, tatsächlich einmal eine Drohgebärde. Genauso gut ist es möglich, dass sich eine Gruppe mit Gähnen und Strecken auf die Anstrengungen von Arbeit oder Kampf vorbereitete. Eventuell aber brachte ein herzhaftes Gähnen einfach nur Befreiung und Erfrischung.

Warum haben schwangere Frauen oft seltsame Essgelüste? Und warum verabscheuen sie plötzlich Nahrungsmittel, die sie immer gern mochten?

Was macht eine Schwangerschaft mit einer Frau, dass sie plötzlich eine Leidenschaft für saure Gurken entwickelt? Oder für Kekse mit einem Klecks Senf?

Einige wenige Sozialwissenschaftler sind der Meinung, Schwangere würden sich solche Gelüste einfach einbilden, aber eine ganze Reihe von Ärzten und Ernährungsexperten widerspricht. Essgelüste in der Schwangerschaft sind überall in der Welt bekannt: Nach den Ergebnissen zahlreicher Studien beobachten 50 – 90 % aller Schwangeren das Phänomen an sich selbst, zu einer Häufung kommt es bei 65 – 70 %.

Solche Essgelüste sind vermutlich auf hormonelle Umstellungen zurückzuführen, die das Geschmacksempfinden verändern. Ein deutliches Indiz dafür ist die Tendenz vieler Frauen, auch in den Wechseljahren bestimmte Essgelüste oder starken Widerwillen gegen einzelne Nahrungsmittel zu entwickeln, also ebenfalls in einer Zeit hormoneller Umstellungen. Janet Pope, Assistentin für Ernährungswissenschaft erklärte, dass Schwangere Geschmacksnuancen anders als sonst wahrnehmen und daher ausprobieren, was ihnen jetzt schmecken könnte. Hinzu kommt, dass der Fötus einen Teil der von der Mutter aufgenommenen Nährstoffe verbraucht. „Sie essen jetzt für zwei," so das gängige Klischee. Die meisten Ernährungsexperten sind allerdings der Meinung, dass eine Frau in der Schwangerschaft bei ausgewogener Ernährung durchschnittlich nur etwa 1250 Kilojoules pro Tag zusätzlich braucht. Die Vermutung liegt nahe, dass der Fötus den Nährstoffpegel der Mutter ins Ungleichgewicht bringt und daher plötzliche Gelüste oder Aversionen bei ihr aufkommen. Äthiopische Frauen glauben, dass sie nur dann eine Abneigung gegen ein zuvor geschätztes Nahrungsmittel haben, wenn ihr Baby es nicht mag. Rein im Hinblick auf die Nährstoffe sind manche Vorlieben von Schwangeren relativ leicht erklärbar. So fehlt z. B. einer Frau, die Lust auf Oliven oder Salzgurken hat, Kochsalz. Wer plötzlich dringend Erdnussbutter will, braucht vielleicht zusätzliches Eiweiß, Fett und B-Vitamine. Kochsalz ist aber auch in Knabbergebäck enthalten. Eiweiß, Fett und B-Vitamine kann man auch durch eine Fisch- oder Fleischmahlzeit bekommen.

Studien weisen darauf hin, dass die meisten werdenden Mütter Gelüste auf Lebensmittel haben, die sie sonst nicht essen. Im Westen stoppen viele Schwangere ihren Fleischverzehr; in Ländern, in denen

Fleisch geschätzt wird, aber Mangelware ist, entwickeln werdende Mütter sehr häufig Heißhunger darauf. Manchmal steckt hinter dem Experimentieren mit neuen Nahrungskombinationen auch der Versuch, Schwangerschaftsbeschwerden wie z. B. morgendliche Übelkeit zu lindern.

Beinahe genauso verbreitet unter Schwangeren wie Essgelüste sind auch die Abneigungen gegen manche Nahrungsmittel. Eine Theorie besagt, dass die Natur durch eine abwechslungsreiche Kost der Mutter die optimale Versorgung des Fötus sicherstellen will. Dies könnte erklären, warum arme Frauen in Entwicklungsländern häufig gegen die Getreidearten eine Aversion entwickeln, die sonst ihr Grundnahrungsmittel darstellen. Oft beinhaltet nämlich ihre übliche Ernährung zu viel Getreide und Stärke und zu wenig Eiweiß und Fett.

Auch schützt eine plötzliche Abneigung der Mutter gegen bestimmte Genuss- oder Nahrungsmittel den Fötus vor Stoffen, die ihm gefährlich werden könnten. So mancher Kettenraucherin oder Kaffeesüchtigen fällt es erstaunlich leicht, während der Schwangerschaft auf diese Drogen zu verzichten. Sie reden sich vielleicht ein, sie würden aus purem Verantwortungsgefühl Verzicht leisten. Studien belegen jedoch, dass die Abneigung gegen Kaffee und Nikotin bereits zu den häufigsten Aversionen Schwangerer gehörte, als die potenzielle Gefahr dieser Stoffe für den Fötus noch gar nicht bekannt war. Ebenso verabscheuen viele werdende Mütter rohes Fleisch, Sushi (mit rohem Fisch) oder Schimmelkäse, die bei falscher Lagerung oder Zubereitung Gefahren bergen.

Manche Essgelüste bringen allerdings nicht den geringsten Ernährungsvorteil. So haben schwangere Frauen häufig richtig Lust auf einen schönen Eisbecher oder auch nur auf pures Wassereis. Nach Aussage der Ernährungswissenschaftlerin Ella Lacey kann ihr niemand erklären, warum Frauen Heißhunger auf Lebensmittel mit nur wenigen bis gar keinen Nährstoffen haben. Vielleicht, so vermutet sie, handelt es sich hier rein um die Befriedigung eines Bedürfnisses, das aus den mit der Schwangerschaft verbundenen Einschränkungen erwächst.

Besonders ausgefallene Essgelüste wurden unter der Bezeichnung Pica zusammengefasst, ein Phänomen, das überwiegend in den amerikanischen Südstaaten und in Zentralamerika verbreitet ist. Wer unter Pica leidet, entwickelt Heißhunger auf nicht ernährungstaugliche Stoffe wie Erde, Lehm oder Kreide. Am häufigsten davon betroffen sind in diesen Gebieten schwangere Frauen.

Pica kommt vor allem in armen Bevölkerungsschichten vor, bei denen häufig Nährstoffmangel herrscht. Deshalb vermuten einige Ernährungswissenschaftler, insbesondere der Verzehr von Erde oder Lehm sei ein instinktiver Versuch, während der Schwangerschaft den Bedarf an Eisen oder Kalzium zu decken. Nach der Geburt des Babys legen sich diese merkwürdigen Gelüste meist.

Wieso schlafen Babys so viel? Warum schlafen sie viel tiefer als Erwachsene oder ältere Kinder?

Endlich herrscht Ruhe in Babys Körbchen – süßer Schlummer umfängt den geliebten kleinen Tyrannen. Was kann das anderes sein als ein Geschenk von Mutter Natur, damit Eltern nicht verrückt werden?

Es gibt aber auch noch eine andere Antwort. Dr. David Hopper, Präsident der Amerikanischen Akademie für Schlafforschung, erläutert, dass Schlaf äußerst wichtig ist für die Gehirnentwicklung von Neugeborenen. Durchschnittlich schlafen die Kleinen 16–18 Stunden pro Tag. Bis zu 60 % dieser Zeit verbringen sie im REM-(rapid eye movement)Schlaf, der Schlafphase mit schnellen Augenbewegungen, die bei Erwachsenen weniger als 30 % ausmacht. Was bedeutet dieser erhöhte Anteil an REM-Schlaf? Dr. Hopper erklärt:

> »REM-Schlaf ist die Schlafphase, in der Träume auftreten. Die Gehirnwellen zeigen ein besonders aktives Muster, das dem des Wachzustands ähnlich ist. Daher spricht man gelegentlich auch von paradoxem Schlaf, denn das Gehirn ist hellwach, während der Mensch in tiefem Schlaf liegt. Im Alter von einem Jahr ist das Gehirn von Babys schließlich so weit entwickelt, dass sich ein Schlafzyklus zeigt, in dem sich vier Non-REM-(non-rapid eye movement)Phasen ablösen mit REM-Phasen.«

Schlafforscher kennen die Zusammenhänge noch nicht genau, eines können sie aber mit Sicherheit sagen: REM-Schlaf ist unerlässlich für die Entwicklung des zentralen Nervensystems von Neugeborenen. Auch während des ruhigen Non-REM-Schlafs ist die Natur aktiv – in dieser Phase werden die wichtigsten Wachstumshormone ausgeschüttet.

Neugeborene haben einen einzigartigen Schlafrhythmus. Meist schlafen sie wie ein Murmeltier, weil sie 50–60 % der Zeit im REM-Schlaf verbringen. In dieser Phase ist ein Kind schwer zu wecken, dasselbe Baby kann aber in allen anderen Schlafphasen sehr leicht gestört werden. Wie schön wäre es für die Eltern, wenn sie den genauen Unterschied erkennen könnten!

Der Anteil des REM-Schlafs gegenüber dem Non-REM-Schlaf geht dann im ersten Lebensjahr allmählich zurück, und die Schlafperioden verlängern sich. Nach der Entwöhnung von der Mutterbrust können die kleinen Erdenbürger aber wieder unruhiger werden und häufiger aufwachen, denn die Ernährung mit Muttermilch trägt dazu bei, dass Säuglinge gut und fest schlafen.

Wie kommt es, dass Babys seltener blinzeln als Erwachsene?

Babys blinzeln oft nur ein- bis zweimal pro Minute und damit deutlich seltener als Erwachsene. Zweck des Blinzelns ist es, die Tränenflüssigkeit auf der Augenoberfläche zu verteilen. Bei Erwachsenen fällt die Blinzelfrequenz individuell sehr unterschiedlich aus. Außerdem können Faktoren wie Augenirritationen, Trockenheit, ins Auge geratene Fremdkörper, Trauer und Aufregung die Lidschlagrate noch drastisch erhöhen.

Augenärzte lieferten zahlreiche Theorien zur obigen Frage, aber keine definitive Antwort. James P. McCulley, Professor für Augenheilkunde, hebt hervor, dass die Nervenstruktur des Auges bei Neugeborenen noch sehr unentwickelt ist. Babys produzieren in ihrem ersten Lebensmonat nicht einmal Tränenflüssigkeit. Bei ihnen besteht also offensichtlich nicht die Gefahr, dass die Augen austrocknen und schmerzen, wie es bei Erwachsenen der Fall wäre, wenn sie so selten blinzeln würden.

Augenarzt Samuel Salamon sinnt über andere mögliche Erklärungen nach:

> „Es ist erstaunlich, dass die Augen von Säuglingen nicht trocken werden. Die Kleinen verbringen zwar noch nicht so viel Zeit mit offenen Augen, und vermutlich reicht das bisschen Schleim, das das Auge produziert, aus, um den vorderen Teil der Augenoberfläche, die Hornhaut, feucht zu halten. Vielleicht brauchen Babys auch deshalb nur selten zu blinzeln, weil die Augenöffnungen bei ihnen noch so klein sind. Aufgrund der kleineren Augen sowie der Form ihres Schädels ist nur ein geringer Teil der Augenoberfläche den Einflüssen der Umgebung ausgesetzt. So trocknen die Augen langsamer aus und brauchen weniger Befeuchtung.“

Manche Augenärzte sind auch der Meinung, bei Babys unterliege das Blinzeln seltener emotionalen Einflüssen als bei Erwachsenen. Mag schon sein, aber Eltern, deren Säugling aus unerklärlichen Gründen stundenlang schreit, werden sich wohl kaum vorstellen können, dass Babys nur wenigen seelischen Belastungen ausgesetzt sind.

Warum dunkelt helles Haar bei Babys und Kindern mit den Jahren meist nach?

Unsere Haarfarbe wird durch die Gene bestimmt, manchmal aber entwickelt sich die endgültige Haarfarbe erst beim Eintritt ins Erwachsenenalter. Während der frühen Kindheit sind die Melanozyten, pigmentspeichernde Hautzellen, die dunkle Pigmente herstellen und ablagern, noch nicht voll aktiv. Bei vielen Kindern funktionieren sie erst richtig gegen Ende der Pubertät.

Die Wissenschaft versteht noch nicht genau, warum das Haar im Lauf der Kindheit und Jugendzeit in Schüben nachdunkelt. Hautarzt Joseph Bark, Autor eines Buchs zur Hautpflege, schreibt, dass das allmähliche Nachdunkeln der Haarfarbe offenbar eher ein „langsamer Reifungsprozess als ein hormonbestimmter Vorgang ist, also nichts zu tun hat mit den zahlreichen anderen hormonell bedingten Hautveränderungen von Jugendlichen während der Pubertät".

Wie so oft bei interessanten medizinischen Fragen ohne praktischen Nutzen, wird auch dieses Rätsel vermutlich nie ganz geklärt werden. Dies gibt Hautarzt Samuel Selden Anlass zur Freude: „Ich glaube nicht, dass auf diesem Gebiet viel geforscht wurde, und solange das nicht passiert, kann ich bei der Beantwortung solcher Fragen nach Herzenslust spekulieren."

Warum machen Babys ein Bäuerchen, wenn man ihnen auf den Rücken klopft?

Hungrige Babys wollen Milch – und zwar schnell. Im Eifer des Gefechts verschlucken dann besonders Flaschenkinder beim Trinken auch Luft, mit dem Ergebnis unangenehmer Blähungen. Genauso ergeht es Erwachsenen, die zu viele kohlensäurehaltige Getränke konsumieren.

Es gibt nur zwei Wege, auf denen das Baby die Luftblasen wieder loswird. Entweder entweicht die Luft zusammen mit der Nahrung aus dem Magen in den Dünndarm, aber diese Passage ist kurz nach der Mahlzeit blockiert, damit die Nahrung im Magen gründlich aufgeschlossen wird. Oder die Luft steigt zurück durch die Speiseröhre zum Mund. Ein „Ventil" am Mageneingang verhindert, dass Nahrungsbrei aufsteigt. Wenn jedoch eine ausreichende Menge Luft im Magen ist, drückt sie das Ventil auf, und das Baby macht ein Bäuerchen.

Die meisten Erwachsenen können einen Rülpser erzwingen, aber Babys brauchen dazu ein bisschen Hilfe. Kinderärzte sind sich einig, dass sanftes Klopfen auf den Rücken meist genügt, um in der Speiseröhre und im Magen gefangene Luftblasen aufsteigen zu lassen. Dann hören wir das Geräusch, das wir bei Babys so niedlich finden und für das wir Erwachsene tadeln.

Haben eineiige Zwillinge identische Fingerabdrücke?

Eines ist sicher: Wenn eineiige Zwillinge identische Fingerabdrücke hätten, dann wäre schon längst ein spannender Kriminalfilm rund um dieses Thema ausgesponnen worden.

Eineiige Zwillinge kommen zur Welt, wenn sich die Eizelle einer Frau nach der Befruchtung teilt und beide Embryonen heranreifen. Diese Zwillinge stammen von derselben Ei- und derselben Samenzelle ab – daher haben sie die gleiche DNA, die gleiche genetische Ausstattung.

Da ihre DNA absolut identisch ist, haben eineiige Zwillinge immer das gleiche Geschlecht, dieselbe Augenfarbe und denselben Rhesusfaktor. Zweieiige Zwillinge dagegen werden geboren, wenn gleichzeitig zwei Eizellen von zwei Spermien befruchtet werden. Ihre DNA wird keine größere Übereinstimmung aufweisen als bei anderen Geschwisterpaaren derselben Eltern. Zweieiige Zwillinge müssen sich nicht besonders ähnlich sehen, sie können unterschiedliche Geschlechter haben und auch unterschiedliche Rhesusfaktoren.

Auch wenn eineiige Zwillinge die gleiche DNA haben – sie sind keine exakten Kopien. Eltern und nahe Freunde können sie im Allgemeinen problemlos voneinander unterscheiden. In ihrer Persönlichkeit fallen sie unter Umständen sehr unterschiedlich aus. Und sie haben unterschiedliche Fingerabdrücke. Wenn nun hierfür die Gene nicht ausschlaggebend waren, was dann? Warum sind die Fingerabdrücke nicht identisch?

Die Umgebung des heranwachsenden Embryos im Mutterleib spielt eine Rolle bei der Ausformung des Fingerabdrucks. Genetiker unterscheiden zwischen dem „Genotyp" (die Gesamtheit der Gene, die eine Person erbt, ihre DNA) und dem „Phänotyp" (die Merkmale einer Person als Ergebnis der Wechselwirkungen von Genen und Umwelteinflüssen). Eineiige Zwillinge sind immer vom gleichen Genotyp, ihr Phänotyp aber zeigt Abweichungen, weil sie im Mutterleib unterschiedliche Erfahrungen gemacht haben.

Edward Richards von der Louisiana State University schreibt:

> Die Gene bestimmen das Grundmuster der Fingerabdrücke. Wenn sich die Haut der oberen Fingerglieder entwickelt, zeigt sie zunächst diese generellen Charakteristika. Doch sie kommt dann auch in Kontakt mit anderen Bereichen des Fötus und des Uterus, denn die Position der Finger ändert sich mit den Bewegungen des Fötus und seinen Reaktionen auf Haltungswechsel der Mutter.
>
> Die Mikroumgebung der heranwachsenden Hautzellen an den oberen Fingergliedern ist also in Bewegung und unterscheidet sich immer ein wenig von Hand zu Hand und von Finger zu Finger. Diese Mikroumgebung bestimmt die feinen Details der Fingerabdrücke. Zunächst sind diese Unterschiede äußerst delikat. Schließlich kann man sie mit bloßem Auge erkennen und die Abdrücke eineiiger Zwillinge voneinander unterscheiden.

Faktoren wie die Ernährung der Mutter, die Position im Mutterleib und individueller Blutdruck tragen alle dazu bei, dass die Fingerabdrücke eineiiger Zwillinge voneinander abweichen. Nach Aussage von Richards werden die körperlichen Unterschiede von eineiigen Zwillingen mit den Jahren auffallender: „In mittlerem und hohem Alter sehen dann eineiige eher wie zweieiige Zwillinge aus."

Ungefährt 2 % aller Geburten sind Zwillinge, nur ein Drittel davon aber eineiige. Mit ihren Fingerabdrücken verhält es sich ähnlich wie mit Schneeflocken: Auf den ersten Blick wirken sie absolut gleich, aber unter einem Mikroskop erkennt man mühelos die Unterschiede.

Warum läuft Kindern öfter die Nase als Erwachsenen?

Die häufigste Ursache für Schniefnasen sind Infektionen der Nasenschleimhaut, Allergien und allgemeine Erkältungen. Generell haben Kinder diese Beschwerden im Vergleich zu Erwachsenen relativ oft. Der Hals-Nasen-Ohren-Spezialist Keith M. Holmes schreibt dazu: „Man kann durchaus sagen, dass Kinder anfälliger sind für Infektionen der Nasenschleimhaut. Diese Anfälligkeit lässt nach, während das Kind heranwächst." Laut Stephen C. Marks von der Amerikanischen Gesellschaft für Nasenheilkunde haben Forschungen Folgendes ergeben:

> „Ein Kind ist im Jahr durchschnittlich sechsmal erkältet, ein Erwachsener dagegen im Durchschnitt nur zweimal. Der Grund dafür könnte sein, dass Kinder ein schwächer entwickeltes Immunsystem haben als Erwachsene. Möglicherweise erlangt eine Person auch mit jeder Erkältung größere Immunität gegen eine Folgeinfektion durch denselben Erreger. Mit der Zeit würde sich so die Immunabwehr gegen verschiedene Virenstämme immer mehr verstärken, und man wäre seltener krank. Als dritte Möglichkeit könnte man einbringen, dass Kinder in viel engeren Kontakt miteinander treten als Erwachsene und so Virusinfektionen leichter von Kind zu Kind ‚weitergereicht' werden."

HNO-Spezialist Dr. Ben Jenkins weist auf die immer wieder übersehene Tatsache hin, dass viele ständig verschnupfte Kinder Probleme mit Nasenpolypen haben, was bei Erwachsenen nur selten vorkommt.

Bei alledem sollte man aber nicht vergessen, dass Kinder keine so sonderlichen Ansprüche an Hygiene und Ästhetik stellen wie Erwachsene. Kinder achten sehr viel weniger auf ihre laufende Nase als Erwachsene. Oft haben kleine Kinder auch noch nicht gelernt, sich richtig die Nase zu putzen. Und lebhaft tobende und spielende Kinder bemerken häufig überhaupt nicht, dass ihre Nase tropft – oder es ist ihnen schlicht und einfach egal.

Wieso haben hungernde Kinder aufgetriebene Bäuche?

Wir kennen diese Bilder von kleinen Kindern, die dem Hungertod nahe sind, mit ausgezehrten Gesichtern und aufgetriebenem Bauch. Warum tritt bei diesen völlig unterernährten Kindern die Bauchpartie so hervor?

Aufgeblähte Bäuche sind Symptom einer eiweißarmen Fehlernährung. Viele dieser Kinder verhungern aufgrund eines allgemeinen Nährstoffmangels zusammen mit akutem Eiweißmangel. Andere leiden an „Kwashiorkor", einem Mangelzustand, bei dem sie zwar eine ausreichende Menge an Kilojoules zu sich nehmen, aber nicht genug Eiweiß. Kwashiorkor kommt vor allem in Entwicklungsländern vor, deren Grundnahrungsmittel Reis ist und wo die traditionellen Eiweißquellen (Fleisch, Fisch, Hülsenfrüchte) nicht zum Ernährungsplan gehören oder zu teuer sind.

Unzureichende Eiweißversorgung führt zu ernsten Beschwerden – sie äußert sich in einem energielosen Zustand, wie er aus dem passiven, unbeteiligten Gesichtsausdruck dieser Kinder herauszulesen ist. Eiweißmangel schwächt alle Organe, besonders schädlich wirkt er sich aber auf die Bauchspeicheldrüse, die Leber, das Blut und das Lymphsystem aus.

Aus den Blutgefäßen eines gesunden Menschen tritt immer ein wenig Flüssigkeit aus, die über die Lymphbahnen abgeführt wird. Ist die Funktion des Lymphsystems beeinträchtigt, sammelt sich diese Flüssigkeit im Unterhautgewebe, und es bilden sich Ödeme.

Bei Kindern mit akutem Eiweißmangel staut sich Flüssigkeit in der Bauchhöhle, daher schwillt der Bauch so stark an. Etwas Flüssigkeit in der Bauchhöhle ist normal und polstert die inneren Organe. Eine erhöhte Flüssigkeitsansammlung geht aber häufig einher mit einer Leberschädigung. Oft schwächt Eiweißmangel auch Zellmembranen und Gefäßwände, was die Flüssigkeitsansammlung in der Bauchhöhle noch verstärkt.

Die Leber ist eines der größten Körperorgane, sie macht normalerweise 2–3% unseres Körpergewichts aus. Eine geschädigte Leber schwillt gerne an und kann damit zu einem aufgeblähten Bauch beitragen.

Nicht nur bei kleinen Kindern führt Mangelernährung zu einem aufgetriebenen Bauch, auch Erwachsene zeigen diese Erscheinung. Sie ist z.B. in westlichen Ländern zu beobachten bei kranken Menschen, die in kurzer Zeit sehr viel Gewicht verloren haben.

Warum weinen wir beim Happy End?

Heureka! Hier haben wir etwas, bei dem alle Psychologen endlich einmal einer Meinung sind: „Glückstränen" gibt es nicht! Wir weinen beim Happy End keineswegs, weil wir darüber so glücklich sind, sondern weil bei diesem eigentlich schönen Anlass unangenehme Gefühle aufgewühlt werden und uns plötzlich wieder zu Bewusstsein kommen.

Die meisten Erwachsenen können den Drang zu weinen unterdrücken, verbrauchen dabei aber eine ganze Menge an seelischer Energie. Wenn ein Happy End deutlich macht, dass unser Kummer nicht mehr angebracht ist, lässt die zur Unterdrückung von Tränen aufgewendete Energie schlagartig nach, und die Seele macht sich Luft – manchmal mit einem Lachen, häufiger aber in Form der unterdrückten Traurigkeit, mit Tränen.

Warum schließen wir die Augen, wenn wir niesen?

Man kommt mit der Antwort auf diese Frage keineswegs so leicht voran, wie es zunächst aussieht. Sicherlich, ein echtes Rätsel kann nicht durch kurzes Blättern in einem Nachschlagewerk gelöst werden, aber ein wenig Recherche in medizinischen Texten sollte doch weiterhelfen. Weit gefehlt! Zu erfahren war lediglich, dass Niesen normalerweise die körperliche Reaktion auf einen Reiz ist, dass es einen Fachausdruck für das Niesen gibt (sternutatorischer Reflex) und dass fast alle Tiere niesen. Aber was passiert genau, wenn wir niesen? Hier ein kurzer Auszug aus einer der Quellen:

> „Wenn die Nasenschleimhaut durch einen Reiz irritiert wird, übernimmt der Trigeminusnerv die Rolle des Bindeglieds für die Impulse zur Pons, und medulläre präganglische Fibern verlassen die beiden letzeren Strukturen über den intermediären Nerv…“

Wie bitte? Bis jemand *Nasenheilkunde für Begriffsstutzige* veröffentlicht, sollte lieber der Rhinologe Dr. Pat Barelli zu Wort kommen. Er versteht die Fachbücher und schreibt dennoch wie ein normaler Mensch. Er erklärt, dass der Niesreflex eine Schutzfunktion hat:

> „Niesen reinigt die Nase und befördert schlagartig Sauerstoff in die Zellen. Beim Niesen stehen alle Körperfunktionen zurück. Niesen setzt den Körper unter enormen Stress, besonders die Augen.“

Dr. G. H. Drumheller von der Internationalen Gesellschaft für Nasenheilkunde sagt zur obigen Frage: „Wir schließen die Augen beim Niesen, damit sie nicht hervortreten.“ Es liegt also mehr als ein Körnchen Wahrheit in der Volksweisheit, dass wir mit geschlossenen Augen niesen, damit sie uns nicht herausfallen.

So kommt es auch, dass Menschen mit stoischer Miene einen herzzerreißenden Film anschauen, beim darauffolgenden sentimentalen Werbespot aber in Schluchzen ausbrechen. Ein Happy End beschwört oft eine idealisierte Welt voller Güte und Liebe herauf, die wir als Kinder für unsere Zukunft hielten. Kinder weinen selten bei einem Happy End, weil sie noch nicht so desillusioniert sind.

Für den Erwachsenen ist ein Happy End ein „Kurzurlaub" in die unschuldige Kindheit – die Tränen kommen von der Erkenntnis, dass wir in die harte Realität zurückkehren müssen. Ein Kind, noch ohne Verständnis für den Tod, sieht ein Happy End als Bestätigung der unendlichen Möglichkeiten des Lebens.

Die Tendenz, beim Happy End zu weinen, beschränkt sich nicht auf Filme oder Romane. So weinen die Verwandten eines todkranken Patienten oft nicht vor oder während einer schwierigen Operation, sondern nachdem diese erfolgreich abgeschlossen wurde. Das Happy End ermöglicht hier, endlich alle Trauer und Angst herauszulassen, ohne den Patienten zu beunruhigen.

Psychologen bestreiten sogar, dass die Tränen, die bei Anlässen wie Hochzeiten oder Schulabschlussfeiern vergossen werden, Glückstränen sind. Eben weil solche Zeremonien Übergänge und Veränderungen für das Leben junger Menschen bedeuten, wühlen sie bei den Angehörigen unterdrückte Ängste in Bezug auf die Vergangenheit auf (Warum war meine Hochzeitsfeier nicht so fröhlich?), Unsicherheit über die Gegenwart (Warum habe ich nicht die große Liebe gefunden wie dieses Paar?) und Ängste im Hinblick auf die Zukunft (Wie soll ich weiterleben, wenn meine Kinder das Haus verlassen?).

In unserer Gefühlswelt sind wir bedürftig, selbstsüchtig und fordernd. Wir weinen über uns selbst beim Happy End, nicht für andere – aber dies bedeutet nicht, dass wir unfähig wären, uns über das Glück anderer ehrlich zu freuen. Tränen beim Happy End enthüllen unsere idealistische Seite, den Teil in uns, der sich nach der Einfachheit und Liebe sehnt, die wir früher einmal für möglich hielten, und der nicht aufhören kann, die Unerreichbarkeit dieses Ideals zu beklagen.

Was lässt Hitze in uns aufsteigen, wenn wir erröten?

Wir erröten – meist aufgrund einer Emotion wie Verwirrung oder Scham –, weil sich die Blutgefäße im Gesicht erweitert haben. Dort erhöht sich der Blutzufluss, und die Haut rötet sich.

Wir denken bei Erröten vorwiegend ans Gesicht, aber auch Nacken und Oberkörper sind von dem verstärkten Blutzufluss betroffen. John Hertner, Professor für Biologie am Kearney State College, erklärt:

> Der erhöhte Blutzufluss bringt die Wärme des Körperinneren an die Hautoberfläche, wo sie von Nervenrezeptoren wahrgenommen wird. Unser Gehirn gibt uns dann die Information ‚Wärme' als Antwort auf die von den Hautrezeptoren erhaltenen Signale.

Da Rezeptoren und Gehirn eng verbunden sind, empfinden wir genau dort, wo unsere Haut gerötet ist, auch Wärme.

Warum schauen wir aufwärts, wenn wir nachdenken?

Ärzte haben eine schlechte Angewohnheit. Man stellt ihnen eine besonders knifflige Frage, und sie antworten einfach: „Ich weiß es nicht." Medizinische und wissenschaftliche Forschung beschränken sich überwiegend auf Gebiete, wo Resultate zu erwarten sind, die Ärzten und Klinikpersonal praktische Hilfen bieten. Warum Menschen nach oben schauen, wenn sie nachdenken, scheint nicht gerade zu den weltbewegenden Problemen zu gehören.

Eine Gruppe von Psychologen schrieb sich diese Frage jedoch auf ihre Fahne, und sie fanden nicht nur eine Lösung, sondern auch eine sehr praktische Anwendung dafür. Diese Psychologen sind bekannt als Neurolinguisten.

Nach der Auffassung von Neurolinguisten gehen viele unserer Kommunikationsprobleme darauf zurück, dass die Menschen nicht den gedanklichen Rahmen der Personen verstehen, mit denen sie sich unterhalten.

Die meisten Menschen – so die Neurolinguisten – nehmen das Leben vorwiegend über einen dominanten Sinn wahr: entweder über das Sehen, das Hören oder das Tasten. Es gibt viele Hinweise auf die spezielle Sinnesorientierung einer Person, am deutlichsten bei der Wortwahl zur Darstellung von Gedanken oder Gefühlen.

Personen mit unterschiedlicher Sinnesorientierung benutzen für den gleichen Sachverhalt unterschiedliche Verben, Adjektive und Adverbien. Beispielsweise wird eine auf Hören orientierte Person sagen: „Ich höre, was du sagst, aber mir gefällt dein Ton nicht." Der visuell Orientierte sagt vermutlich eher: „Ich sehe, was du meinst, aber ich durchschaue deine wahren Absichten." Die berührungsorientierte Person (Neurolinguisten nennen sie Kinästhet) würde sagen: „Ich habe ein gutes Gefühl bei deinen Worten, aber was du sagst, scheint nicht in Verbindung mit deinen wahren Absichten zu stehen."

In Neurolinguistik ausgebildete Psychologen glauben ihre Patienten besser verstehen und ihnen eher helfen zu können, wenn sie deren dominanten Sinn herausfinden (das sogenannte Repräsentationssystem).

Alle drei oben genannten Aussagen hatten dieselbe Bedeutung: „Ich verstehe dich, aber deine Worte verleugnen deine wahre Einstellung." Jedes Gefühl lässt sich also mit Wörtern aus den Bereichen Sehen, Hören oder Tasten darstellen. Neurolinguisten passen sich bei der Wahl ihrer Wörter dem Repräsentationssystem des Patienten an und stellen so eine Vertrauensbasis her sowie eine reibungslose Ebene für Verständigung. Der Psychologe kommt dem Patienten entgegen. Das ist der logische und einfachste Weg, um zu verhindern, dass sich die Sprache als Barriere für die Kommunikation erweist.

Sucht der Mensch nach der Lösung einer Frage, so bewegt er sich gedanklich und sprachlich meistens im Rahmen eines der drei beschriebenen Sinne. Wenn Sie drei Menschen danach fragen, über welche Telefonnummer sie im Alter von zwölf Jahren zu erreichen waren, werden sie sich beim Überlegen höchstwahrscheinlich in den drei verschiedenen gedanklichen Kategorien des Sehens, Hörens oder Tastens bewegen. Einer versucht vielleicht, sich die Wählscheibe des Telefons bildlich vorzustellen, ein anderer versucht, sich an das Geräusch des Wählens zu erinnern, und der Dritte versucht, sich das „Fingerspitzengefühl" in Erinnerung zu rufen, das er beim Wählen dieser Nummer hatte.

In diesem Fall bemühten sich alle drei Personen, ein Bild, ein Geräusch oder ein Gefühl aus der Vergangenheit in ihre Erinnerung zurückzurufen. Es gibt jedoch auch einen gedanklichen Rahmen, in dem mit der Erfindung neuer Bilder, Geräusche oder Gefühle gearbeitet wird. Neurolinguisten haben bei ihren Untersuchungen eine interessante Erfahrung gemacht. Sie konnten, noch bevor ihre Patienten den Mund öffneten, allein an den Augenbewegungen erkennen, welches Repräsentationssystem die Patienten einsetzten und ob sie neue Bilder schufen oder sich an alte erinnerten.

Diese Augenbewegungen wurden nun entschlüsselt. Es gibt sieben grundlegende Augenbewegungen, von denen jede mit dem Gebrauch bestimmter Sinnesfunktionen korrespondiert. Bitte beachten Sie, dass diese Entschlüsselungscodes für den Durchschnitts-Rechtshänder gelten, die Augen von Linkshändern bewegen sich üblicherweise genau zur anderen Seite.

Außerdem, „links-rechts"-Zuschreibungen geben die Richtung aus der Perspektive des Beobachters an.

Richtung	**Denkprozess**
oben rechts	bildhaft Erinnertes
oben links	bildhaft neu Konstruiertes
gerade rechts	vom Gehör her Erinnertes
gerade links	vom Gehör her Konstruiertes
unten rechts	innerer Dialog
unten links	Tastempfindungen sowie Geruchs- oder Geschmacksempfindungen

Es gibt einen weiteren Typ Augenbewegung oder eher Nichtbewegung. Sie stellen jemandem eine Frage, und er blickt bewegungslos geradeaus, mit verschleierten Augen und ohne den Blick zu fokussieren. Das bedeutet, dass er bildhafte Informationen abruft.

Testen Sie die Entsprechung von Gedanken und Augenbewegung an Ihren Freunden. Es funktioniert. Allerdings gibt es noch eine Menge Ausnahmen und hier nicht genannte Faktoren, die oben angeführte Form der neurolinguistischen Methodologie ist sehr vereinfacht. Wenn Sie z. B. jemanden bitten, sein erstes Fahrrad zu beschreiben, dürfte man erwarten, dass der Befragte nach oben rechts schaut bei dem Versuch, sich daran zu erinnern, wie dieses Fahrrad aussah. Versucht die Person aber, sich das Rad an dem Ort, an dem sie beide sich gerade aufhalten, vorzustellen, wird sie nach oben links schauen, weil sie ein neues Bild mit einem alten Objekt konstruiert. Am leichtesten finden Sie den gedanklichen Ablauf heraus, wenn Sie Ihren Freund einfach fragen, wie er vorgegangen ist, um seiner Erinnerung auf die Sprünge zu helfen.

Neurolinguistik ist ein faszinierendes, aber noch relativ neues und in weiten Teilen unerforschtes Wissensgebiet. Der größte Teil der hier beschriebenen Informationen stammt aus einem Werk von Richard Bandler und John Grinder. Wenn Sie mehr über dieses Thema erfahren möchten, sollten Sie sich deren Buch *Frogs Into Princes* beschaffen.

Um zur ursprünglichen Fragestellung zurückzukommen – warum schaut man nach oben, wenn man nachdenkt? Es liegt wohl daran, das die meisten Menschen sehr häufig versuchen, zunächst visuelle Informationen abzurufen, wenn sie eine Frage beantworten wollen.

Tier

Sagten wir, der Mensch gebe verblüffende Rätsel auf? Erst recht gilt das für Katzen. Und Hunde. Und Elefanten, Eidechsen, Pinguine und Kühe. Wir lieben unsere Haustiere und ebenso die Tiere der Wildnis, aber wir verstehen ihr seltsames Verhalten oft nicht. Sie selber können uns nichts erklären, ein paar Antworten gibt es aber doch.

Tierwelt

Wann lebten wilde Pudel auf der Erde?

Die Vorstellung, Pudel hätten in grauer Vorzeit als Wildtiere um ihr Überleben kämpfen müssen, lässt uns schon einigermaßen schaudern. Man kann sich kaum ausmalen, wie die putzigen Wollknäuel sintflutartige Wolkenbrüche oder die sengende Hitze der Wüste überstanden oder Beute erjagt haben sollen (von Dosenfutter war ja schließlich weit und breit noch keine Spur). Und dann die schreckliche Bedrohung durch große Raubtiere!

Für einen Säbelzahntiger wäre so ein Pudel sicher gerade mal ein Snack gewesen. Als Delikatesshäppchen allerdings hätte der Pudel wohl kaum die Chance gehabt, bis heute zu überleben, und dann hätte sich die Frage nach dem Erdzeitalter des wilden Pudels schlichtweg von selbst erledigt. Dazu die Biologin Nancy Purtill von der University of California in Los Angeles:

> „Es gibt zwar keine dummen Fragen, aber diese kommt einer solchen schon sehr nahe. Pudel existierten ebenso wie Chihuahuas niemals als Wildtiere. Die heutigen Hunderassen stammen durch selektive Züchtung ursprünglich von den Wildhunden ab."

Sally Kinne vom Amerikanischen Pudel-Club äußerte sich ausführlicher:

> „Natürlich hat es niemals wild lebende Pudel gegeben! Diese Rasse tauchte erst auf, als die zu den Wildhunden gehörenden Wölfe schon längst domestiziert waren. Man weiß zwar nicht, wann die ersten Pudel gezüchtet wurden, aber sie sind bereits häufig in Gemälden europäischer Maler des 15. Jahrhunderts, z. B. bei Albrecht Dürer, abgebildet. Mit Sicherheit hat es sehr, sehr lange gedauert, bis sich aus Wölfen Pudel entwickelten."

Nach Ansicht der meisten Forscher wurde der Pudel in Deutschland gezüchtet, um Jagdbeute aus dem Wasser zu apportieren. Daher auch die auffällige Schur, sie sollte den Wasserwiderstand beim Apportieren verringern. Der Name Pudel ist eine Ableitung von dem mundartlichen Wort „puddeln", das so viel heißt wie „im Wasser planschen". Mit deutschen Soldaten gelangte der Pudel vermutlich nach Frankreich, wo er zum Modehund wurde, den man wie ein kleines Kind verzärtelte. Gern setzte man Pudel auch zur Trüffelsuche ein, häufig zusammen mit Dachshunden. Seine feine Spürnase führte den Pudel zu den Trüffeln, der kurzbeinige Dachshund grub die kostbaren Pilze dann aus.

Zoologen stimmen darin überein, dass alle Haushunde vom Wolf abstammen, mit dem sie sich bis heute paaren und fortpflanzen können. Die Geschichte des Haushundes ist schwer nachzuvollziehen, unter anderem deshalb, weil sich an Knochenfunden kaum feststellen lässt, ob sie nun von Wölfen oder Hunden stammen. Man vermutet, dass es etwa von der Mittleren Steinzeit an im größten Teil Europas und im Mittleren Osten Haushunde gab, und zwar direkte Nachkommen einer Unterart des grauen Wolfs. Allerdings gehen die Zeitangaben hier weit auseinander – von 10 000 – 25 000 v. Chr.

Wie wurden nun die Wölfe zu Haustieren? Man geht davon aus, dass weniger aggressive Wölfe die frühen Siedlungen der Menschen nach Abfällen durchsuchten, als jagende und fischende Stämme ihre nomadische Lebensweise aufgaben.

Für die sesshaften Jäger stellten diese Wölfe dank reichlich vorhandener anderer Jagdbeute nicht unbedingt eine Nahrungsquelle dar. Man gewöhnte sich an sie, entdeckte ihre nützlichen Eigenschaften und setzte die Tiere entsprechend ein. Schließlich wurden sie zahm. Diese Beziehung zu beiderseitigem Nutzen, die dann zu einer Art Freundschaft führte, ist wohl ziemlich einzigartig im Tierreich. In seinem Buch über Leben und Geschichte des Hundes vertritt der Hundeexperte Fernand Méry die Ansicht, dass unser Verhältnis zu Hunden sich grundlegend von dem zu jedem anderen Haustier unterscheidet – alle anderen Arten wurden zunächst gewaltsam eingefangen, gezähmt und fortgezüchtet:

> „Der Wolf folgte dem Menschen zunächst aus der Ferne, so wie der domestizierte Hund später Armeen auf ihren Märschen folgte. Er gewöhnte sich daran, in immer größerer Nähe zu diesen Wesen zu leben, die ihn nicht jagten. Bei ihnen fand er Sicherheit und regelmäßiges Futter in Form von Resten der Jagdbeute, und er hielt sich deshalb lange in der Nähe menschlicher Behausungen auf. Irgendwann überschritt der zahme Wolf die Türschwelle und wurde nicht verjagt – die Allianz war besiegelt.“

Nach der selektiven Domestikation des Wolfes lag es nahe, neue Rassen zu züchten, die man bei der Jagd, beim Fischen oder beim Hüten von Weidetieren einsetzen konnte. Das war allerdings noch lange nicht die Zeit des Pudels. Diese Zuchtform entsprang einem ganz anderen Bedürfnis des Menschen, dem nach einem „wasserfesten" Apportierer von Jagdbeute. Später wurde er der treue Freund zum Verwöhnen.

Warum haben Hunde schwarze Lefzen?

Würde Ihnen Lila etwa besser gefallen? Irgendeine Farbe müssen die Lefzen von Hunden schließlich haben, und Schwarz macht mehr Sinn als jede andere.

Wie beim Menschen schützt auch bei Tieren starke Hautpigmentierung vor Schäden durch die UV-Strahlung der Sonne. Da Hunde um das Maul herum viel schwächer behaart sind als am Körper, spielt hier die Pigmentierung eine besonders wichtige Rolle als Sonnenschutz.

Dr. Kathleen J. Kovacs vom Amerikanischen Tierärzte-Verband merkt an, dass die Pigmentierung dem Einfluss von Erbfaktoren unterliegt. Das Gen für Schwarz ist dominant gegenüber den anderen Pigmentgenen. So werden die Welpen zweier reinrassiger Hunde mit schwarzen Lefzen mit an Sicherheit grenzender Wahrscheinlichkeit ebenfalls schwarze Lefzen haben.

Doch nicht alle Hunde haben schwarze Lefzen. Bei einigen Rassen sind die Lefzen sowie die Mundhöhle unpigmentiert. James D. Conroy, Veterinärpathologe an der Mississippi State University, gibt an, dass manche Hunde dort auch ein scheckiges Muster pigmentierter und unpigmentierter Haut zeigen. Die einzige Rasse mit ungewöhnlicher Lefzenfarbe ist der Chow-Chow: Bei ihm sind sie blau. Der blaue Schimmer von Lefzen, Zunge und Mundhöhle dieser Rasse hängt zusammen mit der Lage der Pigmentzellen im Mundgewebe.

Weshalb gehen Hunde ein paarmal im Kreis herum, bevor sie sich hinlegen?

Die häufigste und auch logische Erklärung für dieses Phänomen lautet, dass Wildhunde durch dieses Kreisen einen Platz vorbereiteten, wo sie zwischen hohem Gras, Blättern und Felsen schlafen konnten. Manche Fachleute sind auch der Auffassung, Hunde würden auf diese Weise ein Territorium markieren, um so ihren Machtbereich festzulegen. Elizabeth Crosby Metz, Autorin von Hundebüchern, erklärt diese sonderbare Angewohnheit folgendermaßen:

> Ich glaube, das Kreisen dient auch dazu, den eigenen Geruch um den Ruheplatz zu verteilen und zu signalisieren: ‚Bleib fern, dies

ist mein Areal!‘ Als Hundezüchterin weiß ich, dass eine Hündin mit Welpen viele Male um ihr Nest kreisen wird, bevor sie sich niederlegt und ihre noch blinden und tauben Neugeborenen säugt. So verteilt sie ihren Geruch und teilt den hilflosen Welpen mit, wo sie selbst ist und wie weit es die Kleinen zur mütterlichen Nahrungsquelle haben. “

Wieso strecken Hunde beim Fahren so gern ihren Kopf aus dem Autofenster, hassen es aber, wenn man ihnen in die Ohren pustet?

Es ist schon merkwürdig – bei einer schnellen Autofahrt strecken viele Hunde mit Begeisterung den Kopf zum Fenster hinaus. Sie jaulen aber beleidigt auf, wenn man ihnen spielerisch ein wenig in die Ohren pustet. Hundekenner wissen, dass beide Vorgänge nicht miteinander zu vergleichen sind.

Die Hunde konnten leider nicht befragt werden. Fachleute meinten aber übereinstimmend, dass Hunde einfach aus Neugierde gern zum Autofenster hinausschauen und weil sie alles beobachten wollen. Viele Hunde sind nicht groß genug, um vom Beifahrersitz aus einen guten Rundblick zu haben. Und um vom Rücksitz aus nach vorn oder zurückzuschauen, sind die meisten Hunde zu klein. Strecken sie dagegen den Kopf aus dem Fenster, genießen sie gleichzeitig freie Sicht und eine frische Brise.

Andererseits kann aber bereits ein sanftes Pusten ins Ohr für den Hund schmerzvoll sein, nicht wegen der Empfindlichkeit der Haut oder der Nerven, sondern aufgrund des Geräuschs. Tierärzte blasen Hunden durch einen Trichter leicht ins Ohr, um ihr Gehör zu prüfen; wenn der Hund dies ruhig über sich ergehen lässt, ist er wahrscheinlich taub.

Was wir als harmloses Spiel ansehen, verursacht im Ohr des Hundes ein Geräusch, das so klingt, als würde jemand mit dem Fingernagel über eine Wandtafel kratzen. Die Frequenz dieser Schallwellen ist für ihn unerträglich.

Nach Aussage von Dr. William E. Monroe vom Amerikanischen Kolleg für Innere Tiermedizin sind Hundeohren von zahlreichen sensorischen Nerven durchzogen und daher äußerst empfindlich. Diese Nerven sollen Verletzungen verhüten und das Gehör schützen: „Staub und Sandkörnchen, die in den Gehörgang geraten, können das Innenohr und das Gehör schädigen. Luftzug in den Ohren zu vermeiden ist also überlebenswichtig." Auch die schönsten Schlappohren werden aber nicht vor all dem herumwirbelnden Staub schützen, wenn sie im Fahrtwind flattern.

Übrigens, eigentlich ist die obige Frage nur noch prinzipiell von Interesse. Hundehalter sind nämlich verpflichtet, ihren Liebling im Auto angemessen zu sichern. Damit dürfte es mit dem Vergnügen vorbei sein – wenn das nicht hundsgemein ist!

Warum haben Hunde feuchte Nasen?

Mit diesem erstaunlichen Phänomen haben sich offenbar schon viele Hundeliebhaber und Experten befasst. In einer Reihe von Büchern über den besten Freund des Menschen fand sich auch eine Erklärung für die feuchte Hundenase. In mehreren Büchern wurde erklärt, dass die Nase mit zahlreichen Flüssigkeit absondernden Schweißdrüsen ausgestattet ist. Beim Ausatmen durch die Nase wird ein Anteil dieser Flüssigkeit in Form von Wasserdampf ausgestoßen und befeuchtet die Nase. Daraus ergibt sich ein abkühlender Effekt auf den Organismus.

Klingt zwar ganz gut, aber diese Erklärung reicht noch nicht aus.

Weitere Nachforschungen gestalten sich jedoch nicht ganz einfach. Wie heißt es so schön? „Schlafende Hunde soll man nicht wecken." Die zahlreichen befragten Tierärzte und Zoologen verfügten alle über einen großen Fundus an Wissen und lieferten interessante Erklärungen, aber sie legten sich nicht fest.

Die Hundeexperten beharrten darauf, dass wir näher daran seien, Menschen zu klonen, als das Geheimnis der feuchten Hundenase zu lüften.

Hier also eine Zusammenfassung dessen, was man weiß. Gesunde Hunde haben fast immer eine feuchte Nase. Ist die Nase trocken, hat das Tier möglicherweise in einem geheizten Raum geschlafen oder über längere Zeit seine Nase zwischen die Vorderpfoten gesteckt. Es kann aber auch sein, dass der Hund unter momentanem Flüssigkeitsmangel leidet, oft das erste Anzeichen für eine Erkrankung. Was verursacht die feuchte Nase? Hier die drei Haupttheorien:

1. Das seitliche Drüsengewebe in der Hundenase sondert eine Flüssigkeit ab. Einige der Drüsen befinden sich in der Nähe der Nasenöffnungen und könnten als Ursache für die Feuchtigkeit infrage kommen. Niemand weiß aber, wie dieses Sekret auf die Nasenspitze unseres Vierbeiners gelangt (auf der Außenseite der Nase gibt es keine Drüsen).
2. Dr. Howard Evans von der Cornell University glaubt, die Feuchtigkeit entstehe wahrscheinlich durch die Sekrete sowohl des seitlichen als auch des vorderen Drüsenepithels der Nase.
3. Dr. Don Adams von der Iowa State University, Spezialist für das Atemwegssystem von Hunden, fügt hinzu, dass sich Hunde oft mit der Zunge über die

Nase fahren. Vielleicht handelt es sich bei der Feuchtigkeit also weniger um Nasensekrete als vielmehr um Speichel.

Und welche Funktion könnte die Feuchtigkeit auf der Nase haben? Auch hierzu gibt es mehrere Theorien:

1. Höchstwahrscheinlich hilft das Sekret der Nasendrüsen dabei, den Körper abzukühlen. Hunde schwitzen nicht wie wir Menschen. Sie geben überschüssige Hitze dadurch ab, dass sie mit heraushängender Zunge hecheln. In dieser Zeit atmen sie durch die Nase ein, über die wesentlich besser Wasserdampf ausgeschieden werden kann als über das Maul. Der Zoologe Knut Schmidt-Nielsen berichtet:

> Bei den von uns untersuchten Hunden wurde durchschnittlich ein Viertel der durch die Nase eingeatmeten Luft auch wieder auf demselben Weg ausgeatmet, die restlichen drei Viertel durch das Maul. Die Verteilung dieses Luftausstoßes schwankte aber erheblich. So konnten jederzeit zwischen 0 und 100 % der inhalierten Luft durch die Nase ausgeatmet werden.

Schmidt-Nielsens Studien ergaben, dass Hunde, die nur gering überhitzt sind, oft überhaupt nicht hecheln. Mit Hecheln, also Ausatmen durchs Maul, können sie aber bei stärkerer Überhitzung doppelt so viel Körperwärme abgeben. Schmidt-Nielsen kam zu der Auffassung, dass die Hauptfunktion des Drüsenepithels der Nase vermutlich darin besteht, Feuchtigkeit zur Wärmeregulierung zu liefern.

2. Das seitliche Drüsenepithel enthält duftbindende Partikel, die die Geruchsaufnahme unterstützen. Dr. Dieter Dellman von der Cornell University weist darauf hin, dass alle Tiere Gerüche, die von einer feuchten Oberfläche ausgehen, besser wahrnehmen. Ob aber die Feuchtigkeit im äußeren Bereich der Nase den Geruchssinn von Hunden ebenfalls unterstützt, ist nicht geklärt.
3. Dr. Adams könnte sich vorstellen, dass das seitliche Drüsenepithel mit der Speichelbildung in Verbindung steht. Der Gedanke kam ihm bei der Messung der Nasendrüsensekretion eines seiner vierbeinigen Probanden. Der arme Hund, dem zu diesem Zweck der Kopf in einen Halskragen gezwängt worden war, erhielt zum Trost ein Stück Wurst. Bis zu diesem Zeitpunkt war das Nasensekret stetig getröpfelt, bei dem Belohnungshappen aber kam es plötzlich reichlich in Fluss. Der genaue Zusammenhang ist noch nicht geklärt, weshalb eine definitive Antwort der Wissenschaftler aussteht.

Das Rätsel der feuchten Hundenase ist also noch nicht gelöst. Nehmen wir's gelassen, es trägt auf jeden Fall zum Wohlbefinden der Vierbeiner bei.

Weshalb leiden Hunde nicht unter Halsentzündung, wundem Rachen, Heiserkeit oder anderen Beschwerden, wenn sie viel bellen?

Es ist wirklich zum Junge-Hunde-Kriegen. Da kläfft der allein gelassene Bello des Nachbarn stundenlang, und kein Halsschmerz stoppt ihn. Eigentlich müssten dem Tier die Stimmbänder ebenso wehtun wie dem empörten Anrufer die Ohren.

William E. Monroe vom Amerikanischen Kolleg für Innere Tiermedizin hat dazu eine Antwort parat:

„Gelegentlich bekommen Hunde nach exzessivem Bellen eine Halsentzündung oder Stimmveränderungen. Allerdings treten solche Erscheinungen seltener auf als beim Menschen, weil die Motorik der Stimmbänder bei Hunden weniger fein abgestimmt ist. Der Tonumfang der Hundestimme ist geringer und ihr Dauergebrauch vermutlich weniger strapaziös.

Da Bellen für die meisten Haushunde nicht im selben Maß zum Alltag gehört wie das Sprechen für die Menschen, werden Stimmveränderungen durch eine Halsentzündung bei Hunden nur selten bemerkt – obwohl sie vorhanden sein können.“

Wieso zappeln Hunde mit den Hinterbeinen, wenn man sie am Bauch oder an der Brust kratzt?

Womöglich stellen sich ja auch Hunde insgeheim die Frage, warum bei Menschen der Unterschenkel hochschnellt, sobald man auf einen Punkt unterhalb der Kniescheibe klopft. Sie wären dann einer Gemeinsamkeit von Hund und Mensch auf der Spur. Unser unwillkürlicher Knie-Sehnen-Reflex entspricht nämlich dem Kratzreflex der Hunde, der sich im Zappeln ihrer Hinterbeine äußert.

Robert E. Habel von der Tiermedizinischen Fakultät der Cornell University gibt an, dass der Kratzreflex bei Hunden für den Tierarzt ein wichtiger Anzeiger für eventuelle neurologische Probleme ist:

„Da sich die Rückenmarksnerven bis in die Brustmitte und den Bauch hinabziehen, kann der Kratzreflex durch Stimulation am oberen Rücken, an der Brust oder der Bauchmittellinie ausgelöst

Warum fressen Hunde im Stehen, Katzen aber oft im Sitzen?

Weder Hund noch Katze wollten sich dazu äußern, sodass wieder einmal der Mensch mit seiner Vorstellungskraft herhalten musste: Für alle Experten lagen die Wurzeln dieses Verhaltens unserer Haustiere bei ihren wilden Vorfahren.

Die interessanteste Antwort kam von einem Tierarzt, der in der Forschung und Produktentwicklung eines großen Tierfutterherstellers arbeitet. Dr. Vondruska weist darauf hin, dass Hunde Rudeltiere sind, deren Vorfahren in der Wildnis zusammen jagten. Als Haustiere betrachten Hunde die Familienmitglieder als ihr Rudel und das „Herrchen" als den dominanten Anführer.

> „Die Wildhunde lebten im Rudel und gingen gemeinsam auf die Jagd oder teilten sich auch verendete Wildtiere. Beim Fressen von Aas mussten sie mit den anderen Mitgliedern des Rudels um die Beute konkurrieren. Da es dabei häufig zu Kämpfen kam, fraßen die Tiere im Stehen, so konnten sie ihr Futter besser verteidigen. Unsere Haushunde haben das zwar nur noch selten nötig, dieses Verhalten ist ihnen jedoch bis heute geblieben."

Katzen sind dagegen viel mehr Jäger als Aasfresser. Ihre Haltung beim Fressen entspricht der anderer jagender Raubtiere, die meist über ihrer Beute hocken, während sie sie verzehren.

Mit Ausnahme der afrikanischen Löwen, die im Rudel leben, mussten Katzen in der Wildnis selten mit Artgenossen oder anderen Rivalen um ihr Futter konkurrieren. Dies erklärt vielleicht, warum Hauskatzen sich beim Fressen sicher fühlen und ihr Futter meist in einer entspannten sitzenden oder hockenden Position zu sich nehmen. Außerdem ist dies wohl auch der Grund dafür, dass sie es im Allgemeinen sehr gemächlich tun. Hunde dagegen fressen meist in einem Tempo, als ob jeder Bissen der letzte sein könnte, den sie ergattern.

Dr. Vondruska erwähnt noch, dass das Fressen in hockender Position einen großen Vorteil für Katzen und Hunde hat: „Nur in dieser Stellung können die Tiere ihr Futter mit den Pfoten festhalten, was z. B. beim Abnagen von Knochen nötig ist."

werden. Auf diese Weise lassen sich die sensorischen Funktionen zahlreicher Rückenmarksnerven sowie die Motorik der zu den Hinterbeinen verlaufenden Nerven prüfen. Bewegt der Hund die Hinterbeine, so ist das ein Zeichen dafür, dass das Rückenmark zwischen dem Ansatz des stimulierten Nervs und dem Ansatz des Lendenwirbel- und ersten Kreuzbeinnervs keine Verletzung aufweist. Das Rückenmark kann dann allerdings noch oberhalb der stimulierten Region geschädigt sein. “

Doch auch wenn der Hund keinen Kratzreflex zeigt, ist er unter Umständen völlig gesund. Dr. Habel berichtet, dass z. B. sein eigener Hund gar nicht reagiert.

Wozu dient überhaupt der Kratzreflex? Niemand weiß das genau, aber man hat einige Theorien. Der Hundezüchter und -erzieher Fred Lanting glaubt, das Gezappel sei ein schwacher bzw. halbherzig ausgeführter Versuch, den Bereich, in dem gekratzt wird, mit den Pfoten zu erreichen. Ebenso wie Kratzen bei uns selbst manchmal Reaktionen an anderen Körperpartien hervorruft, tut es das vielleicht auch bei Hunden, vermutet Lanting.

Die Hundeexpertin Jeanette Hayhurst vertritt die faszinierende Theorie, der Kratzreflex bei Hunden sei eine wichtige Überlebenshilfe. Die Bewegungen der Hinterbeine bei Stimulation des Reflexes ähneln dem heftigen Strampeln eines Welpen, der schwimmen lernt. Der Kratzreflex könnte eine Reaktion bei Druck auf den Bauch sein, quasi ein Trick der Natur, der einem Welpen hilft zu überleben, falls er ins Wasser fällt. Neugeborene Welpen müssen auch mit den Hinterbeinen strampeln, um sich zu den Milchzitzen der Mutter hinzubewegen.

Weshalb riechen nasse Hunde so streng?

Die Erfahrung, dass manch alter Pelzmantel einen wenig herrschaftlichen Duft verströmt, wenn er nass wird, könnte zu der Vermutung führen, beim nassen Hund sei das Fell die Wurzel des Geruchsübels. Fachleute sind sich aber einig: Der merkwürdige Geruch geht eher auf Hautprobleme des Hundes zurück.

Zunächst einmal: Nicht alle Hunde riechen streng, wenn sie nass werden. In etlichen Büchern über Hundehaltung und -pflege ist zu lesen, dass manche Rassen einen besonders intensiven Körpergeruch ausströmen. Dazu zählen vor allem Cockerspaniel und Terrier (vor allem Scotchterrier), weil sie sehr häufig unter Hautproblemen leiden (Cockerspaniel haben z. B. oft sehr fettige Haut).

Nach Aussage von Hundeexperten sind vor allem Ausschläge und Hautirritationen die Ursache für die unangenehmen Gerüche, die von Feuchtigkeit noch verstärkt werden. Erfahrungsgemäß sind insbesondere Schnauzer sehr empfänglich für Hautirritationen.

Natürlich riechen nasse Hunde gelegentlich auch deshalb nicht so gut, weil sie sich in irgendetwas Verrottetem oder Verdorbenem gewälzt haben. Aasgeruch entsteht z. B. häufig durch Wälzen auf einem frisch gedüngten Rasen. Regelmäßige Fellpflege und Baden lösen im Allgemeinen das Geruchsproblem. Machen Sie also nicht das nasse Fell, sondern den etwas zu bequemen Hundehalter verantwortlich.

Es gibt Zwerghunde. Warum gibt es keine Zwergform der Hauskatze?

Richtig, es gibt Hunderassen, die von der Größe her eher Nagetieren ähneln als Hunden. Wenn Pudel so leicht in Kleinformen gezüchtet werden können, warum dann nicht auch Siamkatzen? In der Größe rangieren Hunde von Pekinesen im Handtaschenformat und wurstförmigen Zwergdackeln bis hin zu nahezu meterhohen Barsois und Bernhardinern. Weshalb unterscheiden sich Katzen dagegen so wenig in der Größe?

Laut Enid Bergstrom, Herausgeberin einer amerikanischen Hundezeitschrift, liegt die Antwort in den Genen. Hunde haben von allen Säugetieren die variabelsten Gene und sind am leichtesten im Hinblick auf erwünschte Charakeristika zu züchten. Das Erbmaterial von Katzen ist dagegen weit weniger breit angelegt. Paart man z. B. zwei Katzen verschiedener Rassen, so ist der Nachwuchs meist kurzhaarig und gefleckt, d. h., die Urform der Hauskatze schlägt wieder durch.

Helen Cherry von der Amerikanischen Föderation der Katzenfreunde meint, durch das Einkreuzen besonders kleiner Katzen könne eventuell eine in der Größe leicht reduzierte Rasse entstehen. Sie ging aber vor nicht langer Zeit noch davon aus, dass einfach kein Interesse an Minikatzen bestehe. Helen Cherry prophezeite sogar, Zwergkatzen würden niemals in ein Zuchtregister oder in eine Katzenschau aufgenommen, kurz: Eine Anerkennung solcher Rassen erschien ihr unmöglich. Aber die Zeiten und Vorlieben ändern sich.

Aktualisierung

Grundsätzlich lässt sich die Frage nach der Züchtung von Katzen in Miniaturformat folgendermaßen beantworten: Zum einen besitzen Katzen eine weniger flexible Erbmasse, und zum anderen gab es lange Zeit keine Nachfrage nach solchen Formen.

Inzwischen aber treten doch besonders kleine Katzenrassen auf. Der Größenunterschied zwischen einer durchschnittlichen Hauskatze und einer Zwergkatze ist zwar immer noch relativ gering im Vergleich zu dem zwischen Bernhardiner und Chihuahua. Die bekannteste Zwergkatze ist bislang wohl die „Munchkin". Sandra Hochenedel aus dem amerikanischen Bundesstaat Louisiana fand Anfang der 1980er-Jahre unter ihrem Auto eine trächtige Kätzin mit extrem kurzen Beinen, die sie Blackberry nannte. Etwa die Hälfte der Kätzchen aus Blackberrys erstem sowie den folgenden Würfen erbten die Kurzbeinigkeit ihrer Mutter. Munchkins können durchaus gut rennen und klettern, haben aber nicht die Springfähigkeit ihrer langbeinigen Artgenossen.

Von Natur aus sehr klein ist die Singapura, in ihrer Heimat auch als „Abflusskatze" bekannt (viele von ihnen lebten in den Abwässerkanälen Singapurs). Ausgewachsene Singapura-Kätzinnen wiegen höchsten 2 – 3 kg.

Eine Reihe von amerikanischen Züchtern hat sich seit einiger Zeit darauf spezialisiert, beliebte Rassen wie Perser- und Siamkatzen auch in besonders kleiner Form zu vermehren.

Noch ist es zwar nicht so weit, dass man als modisches Accessoire ein Minikätzchen im Abendtäschchen mit sich führt – aber der Weg dazu ist bereitet.

Wirkt Katzenminze auch auf Großkatzen wie Löwen und Tiger aufregend?

Katzenminze *(Nepeta cataria)* ist eine aromatisch duftende Staude, deren Geruch die meisten Hauskatzen in freudige Erregungszustände versetzt. Diesen Effekt hat man vermutlich zuerst bei Großkatzen in der Wildnis beobachtet, die von den Pflanzen angezogen wurden.

Die Reaktion auf Katzenminze läuft üblicherweise wie folgt ab:

1. Die Pflanze wird beschnüffelt.
2. Die Katze leckt und kaut und schüttelt dabei den Kopf.
3. Sie reibt Kinn und Wangen an der Pflanze.
4. Sie rollt sich kopfüber am Boden und reibt ihren Körper an dem Kraut.

Das volle Programm dauert weniger als 15 Minuten. Manche Katzen geben anschließend auch Laute von sich, vermutlich als Antwort auf Sinnestäuschungen. Zwar ähnelt die Reaktion auf Katzenminze dem Verhalten einer rolligen Katze, doch die Pflanze scheint weder das sexuelle Interesse noch die sexuelle Aktivität zu erhöhen. Auch werden Katzen, wenn sie rollig sind, nicht stärker von der Pflanze angezogen als sonst.

Die Forscher haben allerhand herausgefunden darüber, wie Hauskatzen auf Katzenminze reagieren. Die meisten Katzen interessieren sich erst ab einem Alter von 6–8 Wochen für die Pflanze; manche sogar erst ab dem dritten Lebensmonat. Alle Studien des Cornell-Gesundheitszentrums für Katzen weisen darauf hin, dass die Reaktion auf Katzenminze unabhängig ist von Rolligkeit oder Trächtigkeit der Katze. Die Empfänglichkeit für den Geruch der Pflanze wird nicht über die Geschlechtschromosomen vererbt. Etwa ein Drittel aller Hauskatzen reagiert auf Katzenminze überhaupt nicht.

Auch Zweibeiner schätzen die aromatische Pflanze. Katzenminze wird seit alters her verwendet in Form von Tee, Saft oder Tinkturen sowie für Umschläge. Das Kraut wurde auch geraucht und gekaut wegen seiner therapeutischen, halluzinogenen oder euphorisierenden Wirkung.

Für die Wissenschaftler von großem Interesse war die Wirkung der Katzenminze auf Groß- und Wildkatzen und andere Tierarten. Die bedeutendste Studie hierzu lieferte ein eindeutiges Ergebnis: Obwohl bei fast jeder Art einzelne Tiere irgendwie auf Katzenminze reagierten, wirkte sie auf Katzen am häufigsten und stärksten.

Von 16 getesteten Löwen reagierten 14 ebenso wie Hauskatzen auf die Pflanze. Beinahe die Hälfte der 23 in der Studie erfassten Tiger zeigten überhaupt keine Reaktion, von der anderen Hälfte zeigten viele mäßiges Interesse: Manche schnüffelten, einige wenige leckten, einzelne rieben ihr Kinn an der Pflanze, keines der Tiere wälzte sich am Boden. Junge Tiger reagierten allerdings extrem stark auf Katzenminze. Die meisten Leoparden, Jaguare und Schneeleoparden zeigten das komplette Reaktionsmuster der Hauskatzen. Es ist bekannt, dass verschiedene Luchsarten von Katzenminze angezogen werden, das Kraut wird daher als Köder für Fallen verkauft.

Mungos und Zibetkatzen, die nicht zu den Katzen gehören, verhielten sich Katzenminze gegenüber gleichgültig, einige schnüffelten nur daran. Eine frühere Studie kam zu dem Ergebnis, dass Hunde, Kaninchen, Mäuse, Ratten, Meerschweinchen und Hühner auf ein Katzenminzepräparat in Pulverform keine Reaktion zeigten. Im Gegensatz zu dieser Studie berichtete

jedoch eine ganze Reihe von Hundehaltern, dass ihre Vierbeiner durchaus an Katzenminze interessiert seien.

Rick Barongi, Direktor des Kinderzoos in San Diego, gab an, dass die Tierpfleger als Spielzeug für die Großkatzen Holzscheite mit Katzenminzeduft präparieren. Barongi teilt die Auffassung, dass alle Katzen in einem gewissen Maß auf die Pflanze reagieren. Nach seiner Beobachtung fällt diese Reaktion aber bei jungen Katzen stärker aus als bei ausgewachsenen Tieren und beim ersten Kontakt mit Katzenminze wesentlich intensiver als bei weiteren Erfahrungen.

Warum machen Kaninchen unablässig Schnupperbewegungen mit ihrer Nase?

Kaninchen schnuppern nicht ganz so ununterbrochen, wie wir meinen, auf jeden Fall aber so ausdauernd, dass uns sofort auffällt, wenn sie es einmal nicht tun. Erstaunlicherweise hat dieses putzige Verhalten eine Schlüsselfunktion für das Atemwegssystem der Kaninchen. Es gibt mindestens vier gute Gründe, warum Kaninchennasen in Bewegung sind:

Weshalb mögen Katzen nicht schwimmen?

Viele Menschen glauben, Katzen hätten Angst vor dem Wasser. Das ist aber keineswegs der Fall. So kann man durchaus beobachten, wie eine Katze spontan ins Wasser springt. Dokumentarfilme zeigen, dass viele größere Verwandte unserer Hauskatzen, wie z. B. Tiger und Jaguare, liebend gern und auch sehr gut schwimmen. Jaguare tauchen sogar in Flüssen und greifen Alligatoren an. Verwilderte Hauskatzen fischen in Flüssen und Teichen.

Warum aber stecken Hauskatzen nicht mal ein Samtpfötchen in den Gartenteich? Ganz einfach: Sie sind Putzfetischisten, und sie sind faul. Mieze mag nicht nass werden, denn es ist ja viel zu aufwendig, sich für ein fragwürdiges Planschvergnügen anschließend putzen und trocknen zu müssen. Wenn Sie sie nicht aushungern und Ihren Teich mit Fischen besetzen, wird sie wohl klug im Trockenen bleiben.

1. Das Schnuppern aktiviert die Talgdrüse (auf der Nasenschleimhaut) und hält die Schleimhäute feucht und gesund. Wie auch andere Tiere, z.B. Hunde, können Kaninchen Gerüche auf einer feuchten Oberfläche wesentlich besser wahrnehmen.
2. Häufiges Schnuppern weitet die Nasenöffnungen, sodass das Kaninchen mehr Luft bekommt. Laut Dr. T. E. Reed vom Amerikanischen Kaninchenzüchterverband hilft das Schnuppern auch dabei, an warmen Tagen die Körpertemperatur zu regulieren:

> Die Tiere können sich nur abkühlen, indem sie überschüssige Wärme mit der Atemluft und über die geringer behaarten Ohren abgeben. Es ist für sie ungemein wichtig, ausreichend Luft zu inhalieren.
>
> Beim Hauskaninchen beträgt die normale Atemfrequenz ca. 20 Atemzüge pro Minute. Extrem heißes Wetter dagegen führt zu einer Steigerung auf 300–350 Atemzüge. Nur so kann eine Überhitzung bei dem mit einem dichten Fell ausgestatteten Tier vermieden werden.
>
> Die Weite der Nasenlöcher bestimmt die Luftmenge, die ein Kaninchen einatmet. Um das Einatemvolumen zu erhöhen, setzt das Tier die kleinen Muskeln rund um die Nasenlöcher in Bewegung und erweitert dabei die Öffnungen.

3. Werden die Schnurrbarthaare eines Kaninchens berührt, setzen sich ebenfalls die Nasenmuskeln in Bewegung – die Folge ist eine bessere Geruchswahrnehmung.
4. Ausdauerndes Schnuppern kann beim Kaninchen ein Zeichen für Nervosität sein. Dazu Dr. Reed:

> Wenn ein Kaninchen entspannt ist und sich unbeobachtet fühlt, bleibt im Allgemeinen auch seine Nase ruhig. Wird das Tier aber unruhig, erhöhen sich sofort die Puls- und die Atemfrequenz, und spezielle Nervensignale setzen die Nasenmuskulatur in Bewegung – die ‚Schnuppernase' tritt in Aktion.

Die gelegentlich von Kaninchenfreunden geäußerte Vermutung, das Schnuppern hänge mit dem stetigen Wachstum der Schneidezähne zusammen, trifft nicht zu. Alle befragten Experten verwarfen diese Idee.

Wieso trinken Nagetiere, die als Haustiere gehalten werden, problemlos aus der Flasche?

Sie tun es notgedrungen, wenn wir ihnen nichts anderes als Flaschen anbieten. Ratten oder Meerschweinchen würden selbstverständlich genauso aus entsprechend angepassten Näpfen trinken. Schließlich decken sie in freier Natur ihren Wasserbedarf mit vorgestrecktem bis gebeugtem Kopf aus Teichen und Flüssen an leicht zugänglichen Stellen sowie aus Regenpfützen. Oft nehmen sie sogar Tautropfen von Pflanzen ab.

David M. Moore, Tierarzt an der Virginia Tech University, berichtete, dass für Labortiere Wasserflaschen mit Tropfröhrchen entwickelt wurden, um die Nager durch bessere Hygiene gesund zu halten. Wenn ein Nagetier im Käfig die Wasserschüssel verunreinigt, entwickeln sich rasch Bakterien, und die Tiere erkranken. Bei einer Wasserflasche kann das nicht passieren.

Haustierbesitzer haben die Wasserflasche oft nicht nur aus hygienischen Gründen übernommen, sondern auch, um sich unangenehme Reinigungsarbeiten zu ersparen. Dafür muss man nun aber ständig darauf achten, dass die putzigen Nager auch ausreichend mit Trinkwasser versorgt sind – wenn das nicht echte Tierliebe ist!

Wie und warum schlafen Pferde im Stehen?

Bei Pferden sind die Sehnen und Knochen der Beine zu einer Art Netz verbunden, das das Körpergewicht bei völliger Entspannung der Muskeln trägt. Pferde brauchen deshalb nicht bewusst Energie einzusetzen, um auf den Beinen zu bleiben – sie stehen sicher, auch wenn sie schlafen.

Den größten Teil ihrer Schlafenszeit verbringen Pferde stehend, aber es gibt Unterschiede. Laut Aussage von Tierärzten ist es nicht ungewöhnlich, dass sich Pferde sogar über einen Monat lang niemals hinlegen. Da Pferde bei hohem Körpergewicht relativ zarte Knochen haben, bekommen sie bei längerem Liegen in derselben Position leicht Muskelkrämpfe.

Experten sind überwiegend der Meinung, dass Wildpferde in der freien Natur aus Gründen der besseren Verteidigung im Stehen schliefen, denn der beste Schutz vor Räubern war die schnelle Flucht. Ein stehendes Wildpferd konnte nicht so leicht angegriffen werden, außerdem war es sofort startklar, wenn die Rettung darin lag, das Weite zu suchen.

Aktualisierung

Pferde haben die körperlichen Voraussetzungen, um im Stehen zu schlafen, und das war ihnen in der Wildnis sehr nützlich. Es hat sich aber herausgestellt, dass sie sich doch häufiger niederlegen als vermutet.

Pferdebesitzer und Forscher beobachten Pferde im Allgemeinen beim Schlafen im Stehen. Kommen die Tiere aber in die REM-(rapid eye movement-) Schlafphase, knicken ihre Beine oft einfach ein, und die schlafenden Pferde legen sich meist für 2 – 4 Stunden auf die Seite. Ist kein ausreichender Platz zum Ausstrecken vorhanden, wie in vielen Stallboxen, lehnen sie sich gern an eine Wand oder ein anderes stabiles Objekt.

Die Physiologin Katherine A. Houpt von der Tiermedizinischen Fakultät der Cornell University äußerte in einem Zeitungsinterview die Vermutung, dass Wildpferde nicht so sehr aus Verteidigungsbereitschaft im Stehen schlafen, sondern eher, weil sie in der Wildnis bei geringeren Futterreserven Tag und Nacht weiden. Im Sommer, wenn das Gras reichlich sprießt, legen sie sich häufig nieder. Laut Houpt bleibt dann stets ein Pferd der Gruppe als Wächter auf den Beinen.

Wieso wird die Höhe eines Pferdes von der Schulter aus gemessen und nicht vom Scheitel?

David Moore vom Virginia Tech's Office für Fragen des Tierbestands vergleicht den Versuch, ein Pferd zu messen, damit, die Körpergröße eines unruhigen Kindes zu bestimmen. Ein Kind kann man wenigstens an eine Wand stellen, und wenn es dann noch Rücken, Beine und Kopf gerade hält, kommt man zu einer einigermaßen genauen Messung:

> Ein Pferd dagegen, dessen Wirbelsäule parallel zum Boden verläuft, kann man mit keinem Mittel dazu bringen, Kopf und Hals in einem bestimmten Winkel aufrecht zu halten. Messungen vom Scheitel fallen daher stets unterschiedlich aus und bringen keine präzisen Werte.

Dr. Wayne O. Kester vom Amerikanischen Verband der Pferdeärzte gibt dagegen an, dass sich der höchste Punkt des Widerrists (des Rückgratbereichs über der Schulter) immer in exakt derselben Höhe befindet, wenn ein Pferd gleichmäßig auf allen vier Beinen steht. Daher sei dieser Punkt die ideale Stelle für genaue Messungen. Kester schätzt, dass dagegen Messungen vom Kopf aus 60 – 180 cm voneinander abweichen können.

Wer kam auf die Idee, Hufeisen zu schmieden? Wozu sind Hufeisen nötig? Was wäre, wenn man Pferde nicht beschlagen würde?

Es waren die Römer, die dem „barfüßigen" Leben der Pferde ein Ende setzten. Lange galoppierten die Reittiere fröhlich ohne Hufeisen durch die Landschaft, bis die Herrscher des Römischen Reichs auf die Idee kamen, gepflasterte Straßen zu bauen. Ohne Schutz aber wären die Pferdehufe auf den harten Steinplatten rissig geworden und wären gesplittert.

Mit dem Ausbau der Straßen wurden die Pferde, die man ursprünglich nur ritt, immer mehr zu Lastenträgern und Zugtieren. Da dies zusätzlich die Pferdehufe belastete, setzten die Römer als Hufschutz zunächst Strohmatten ein.

Laut Karen L. Glaske von der Vereinigung der Berufsreiter kommen manche Pferde auch heute noch recht gut ohne Hufeisen aus, obwohl die Hufe im Lauf ihrer Entwicklung an Härte verloren haben:

> „Hufeisen sind nicht unbedingt nötig für ein Pferd, das nur auf der Weide steht oder nur gelegentlich ausgeritten wird. Bei den Belastungen, die Pferdehufe dagegen beim Springen, bei Rennen, bei Shows oder beim Ziehen einer Kutsche auszuhalten haben, muss der Halter das Pferd zum Schutz beschlagen."

Warum bohren Kühe ihre Zunge in die Nasenlöcher?

Dass sie dazu in der Lage sind, ist nicht verwunderlich, denn zum Abreißen ihrer pflanzlichen Nahrung besitzen sie eine lange Zunge, so lang, dass sie sie problemlos in ihre Nase stecken können. Aber warum tun sie das? Eine erste Vermutung wäre, dass Kühe auf diese Weise ihre Nase befeuchten. Falsch geraten – Kühe bohren aus zwei wichtigen Gründen mit der Zunge in der Nase:

Rinder haben Drüsen im Nase-Lippen-Bereich, die direkt unter der Hautoberfläche liegen. Diese Drüsen produzieren ein wässriges Sekret, das die Nase der Tiere feucht hält. Dazu Michael T. Smith von der Vereinigung der Nationalen Viehhalter:

> „Sie stecken häufig ihr Maul ins Futter und anschließend, während des Wiederkäuens, fahren sie mit der Zunge in die Nase und über das Maul. So verteilen sie die Drüsensekrete im Maul. Die chemische Zusammensetzung des Sekrets ist der des Speichels sehr ähnlich und unterstützt den Verdauungsprozess."

Rinder leiden häufig an Atemwegsinfektionen mit schnupfenähnlicher Sekretion aus der Nase. Von diesen Sekreten werden die Tiere sehr gequält, und sie wollen sie daher entfernen. Aber Kühe haben weder Finger noch Taschentücher. Deshalb benutzen sie ganz einfach ihre Zunge, um die Nase zu reinigen.

Können Elefanten springen?

Eine merkwürdige Vorstellung – wie sollte ein solcher Koloss seinen gewichtigen Körper in die Luft bringen? Die meisten Zoologen waren der Ansicht, dass Sprünge körperlich für einen ausgewachsenen Elefanten unmöglich seien; nur Elefantenbabys konnte man schon bei Sprüngen beobachten, wenn sie provoziert wurden. Ausgewachsene Elefanten dagegen wiegen nicht nur zu viel, um auf allen vieren landen zu können, ihre Beine sind auch nicht auf Sprungkraft ausgelegt. Laut Mark Grunwald vom Philadelphia Zoo können Elefanten aufgrund ihrer Knochenstruktur die Beine nicht so stark beugen, dass sie genug Sprungkraft entwickeln, um sich vom Boden hochzuschnellen.

Dennoch gibt es Berichte über springende Elefanten. In S. K. Ettinghams Buch *Elephant* wird die wissenschaftliche Meinung bestätigt: „Wegen seines großen Gewichts kann ein Elefant nicht springen, denn er muss immer mindestens einen Fuß am Boden haben." In J. H. Williams' Buch *Elephant Bill* dagegen wird die Beobachtung beschrieben, dass eine Elefantenkuh über einen Abgrund sprang „wie ein Jäger über einen Bach".

Die Dickhäuter haben demnach noch einige Geheimnisse. Sicher ist jedenfalls, und auch das wird vielleicht manchen erstaunen: Elefanten können trotz ihrer Körpermasse sehr schnell rennen – wehe dem, der einem solchen wütenden, angreifenden Koloss im Weg steht! Ausgewachsene Elefanten haben zwar keine natürlichen Feinde, denen sie entkommen müssten, junge und kranke Tiere sind aber durchaus gefährdet. Und bei den starken sozialen Bindungen in einer Elefantenherde wird jedes Mitglied rigoros verteidigt. Da kann es im Eifer des Gefechts vielleicht auch einmal so aussehen, als würde einer der Dickhäuter im schnellen Lauf die Bodenhaftung verlieren.

In Indien zieht man traditionell Gräben, um Elefanten innerhalb eines bestimmten Terrains zu halten. Tierarzt Myron Hinrichs berichtet, dass diese Gräben mindestens 2 m tief, oben 2 m und am Grund 1,5 m breit sein müssen, um eine wirksame Barriere darzustellen.

„Dennoch werden diese Gräben häufig überwunden, weil Elefanten sie einfach mit Erde zuschütten und dann darüberspazieren. Und große Elefantenbullen können sogar in solche Gräben hinein- und auf der anderen Seite wieder herausklettern."

Ja, man muss sich nur zu helfen wissen! Und Elefanten sollen ziemlich schlau sein.

Weshalb bleiben Rehe wie angewurzelt im Scheinwerferlicht stehen, wenn sich ein Auto nähert?

Wir kennen sie gut, die Schilder mit dem springenden Reh: Wildwechsel! Nur, die Rehe springen nicht immer davon. Erwischt das Scheinwerferlicht sie in einem Moment des Innehaltens, dann bleiben sie stehen. Und nun wird es gefährlich, für den Autofahrer wie für das Tier. Aber warum flieht es nicht? Hier drei Antworten:

1. Das Verhalten der Rehe wird durch Angst ausgelöst. Der Zoologe Richard Landesman von der University of Vermont erläutert:

„Viele Säugetiere, einschließlich der Menschen, reagieren auf eine plötzliche existenzielle Bedrohung für ein paar Sekunden mit völliger Aktionslosigkeit: Sie sind starr vor Schreck. In dieser Zeit werden Stresshormone ausgeschüttet, und es fällt die Entscheidung, ob Flucht oder Angriff die richtige Antwort ist. In vielen Fällen dauert diese Phase zu lang, das Auto ist schneller."

Diese Angstreaktion kann nicht aufgrund eines Lernprozesses ausgeschaltet werden – sie ist durch Erfahrung nicht beeinflussbar.

2. Die Tiere bleiben reglos stehen, weil sie geblendet sind. Rehe werden eher geblendet als kleinere Tiere wie Hunde oder Katzen, weil das Scheinwerferlicht in sehr ungünstigem Winkel auf ihre Augen trifft. Würde man Sie blenden und hörten Sie, wie sich ein Auto mit hoher Geschwindigkeit nähert, was erschiene Ihnen sicherer: still stehen oder blindlings loslaufen?
3. Es ist die natürliche Reaktion von Rehen, bei jeder Gefahr zu erstarren. Die ersten beiden Theorien erklären nicht, warum Rehe so viel häufiger als andere Tiere ihrer Größe mit Fahrzeugen kollidieren. Ein Forstwirt, Mitarbeiter in einem Nationalpark, berichtet, dass Rehe und Eichhörnchen wesentlich häufiger von Autos erfasst werden als andere Tiere, und er hat dafür folgende Erklärung:

   Was haben diese beiden Tierarten gemeinsam? In der Wildnis sind sie eher Opfer als Verfolger. Da sie zur Verteidigung schlecht ausgerüstet sind, unterlassen sie jede Bewegung, um von einem Angreifer nicht erspäht zu werden. Sie ergreifen erst dann die Flucht, wenn sie sich entdeckt fühlen und ihnen keine Alternative mehr bleibt. Wehrlose Kitze fliehen nicht einmal, wenn sie direkt angegriffen werden. Diese Strategie zwingt den Verfolger, die Tiere aufzustöbern, während die Bedrohten versuchen, mit ihrer Umgebung optisch zu verschmelzen.

   Zurück zum Straßenverkehr: Er ist nun mal keine naturgemäße Bedrohung, auf deren Bewältigung Rehwild genetisch gepolt wäre. Außerdem ist er noch viel zu „jung", als dass sich bei den Tieren eine spezielle Überlebensstrategie in dieser Richtung entwickelt haben könnte.

Meinen Stinktiere, dass Stinktiere stinken?

Stinktiere können üble Gerüche verbreiten. Aber wie vertragen sie ihr eigenes „Parfüm"?

Wenn Sie Stinktiere nur aus Trickfilmen kennen, werden Sie überrascht sein zu erfahren, wie umsichtig die Tiere mit ihrem berüchtigten Duftspray umgehen. Nina Simone, die viel Erfahrung mit Stinktieren hat, erklärt:

> „Stinktiere verspritzen ihr Sekret nur zur Verteidigung. Es ist ihr letztes Abwehrmittel, wenn sie sich angegriffen fühlen. Jedes

Stinktier hat seine individuelle Angstschwelle, bei deren Überschreitung es zu diesem Mittel greift. Manche stampfen zur Warnung erst dreimal auf, bevor sie ihre übel riechende Ladung auf den Angreifer abfeuern. “

Was genau passiert, wenn ein Stinktier spritzt? Jerry Dragoo von der Abteilung Säugetiere des Museums für die Biologie des Südwestens in Albuquerque, New Mexico, kennt sich bestens aus:

” Die Duftdrüsen des Stinktiers befinden sich an der Schwanzwurzel auf beiden Seiten des Afters. Sie sind von einer dünnen Muskelschicht überdeckt, die über eine Nervenverbindung vom Gehirn Signale empfängt. Das Tier entschließt sich bewusst zum Einsatz dieser Waffe. Daraufhin zieht sich das weiche Muskelgewebe zusammen und drückt das Duftsekret durch Kanäle in Spritzdüsen, die sich direkt am Darmausgang befinden. Diese stülpen sich nach außen und können auf ein Ziel ausgerichtet werden.

Wenn ein Stinktier von einem Angreifer verfolgt wird, den es nicht genau lokalisieren kann, wird es das Duftsekret in einer Wolke versprühen. Der Duftnebel setzt sich nur langsam, sodass der Verfolger wahrscheinlich hindurchlaufen wird und, so parfümiert, von der Jagd ablässt. Ich nenne das die ‚Schrotgewehr-Methode'. Wenn das Stinktier dagegen in die Enge getrieben wurde, schießt es sein Sekret in einem Strahl ab, der meist direkt auf das Gesicht des Angreifers gerichtet ist. Das beißende Sekret brennt in den Augen und nimmt dem Verfolger vorübergehend die Sehfähigkeit. Dies bezeichne ich als die ‚357-Magnum-Pistolen-Methode'. “

Aber schreckt der Gestank des Sekrets auch andere Stinktiere ab? Fachleute behaupten: Ja. Nina Simone berichtet, dass Stinktiere sehr aufgeregt werden, wenn sie den Duft eines Artgenossen in die Nase bekommen. Unklar ist dabei, ob in diesem Fall eine chemisch bedingte Reaktion vorliegt oder ob der Geruch das Signal „Gefahr" auslöst. Sie vergleicht das Verhalten von Stinktieren in solchen Fällen mit dem von Hunden kurz vor einem Erdbeben.

Geht man davon aus, dass Stinktiere das Duftsekret ihrer Artgenossen nicht mögen, dann muss man sich allerdings fragen, warum sie diese außerordentlich wirksame Waffe nur selten bei ihren „internen" Auseinandersetzungen gebrauchen. Dazu ein Zoologe:

> Tatsächlich können Stinktiere den Geruch ihres Duftsekrets nicht ausstehen, und solange ein Tier nicht versehentlich in die Schusslinie eines Artgenossen gerät, wird es niemals von einem anderen angespritzt. Es scheint eine Art von Abkommen zu bestehen, sich nicht gegenseitig zu besprühen.

Wenn nur wir Menschen so solidarisch wären!

Doch leider erweist sich bei näherer Betrachtung das Waffenstillstandsabkommen unter Stinktieren als doch nicht ganz so unverbrüchlich. Am häufigsten verstoßen Jungtiere dagegen. Janis Grant, Vizepräsident der Vereinigung zum Schutz der Wildtiere North Alabamas, schreibt:

> Nur ein einziges Mal konnte ich gegenseitiges Bespritzen beobachten, und zwar als ich mehrere Würfe junger Stinktiere zusammenbrachte. Ungefähr sechs Minuten lang feuerten sie in einer Dauerkanonade das Duftsekret aufeinander ab, begleitet von Knurren, Quieken und Fußaufstampfen. Dann ließen sie sich friedlich nebeneinander nieder. Ich weiß nicht, ob auf diese Weise eine Rangfolge ausgekämpft wird oder ob es nur darum geht, dass alle gleich riechen – keines der Tiere versuchte jedenfalls, der Auseinandersetzung zu entgehen. Alle spritzten ein paarmal und kamen dann zur Ruhe.

Jerry Dragoo merkt an, dass gelegentlich auch ein schwächeres Stinktier einen stärkeren jungen Rivalen anspritzt, wenn es sich von diesem „schikaniert" fühlt. Auch spritzen Jungtiere manchmal ein ausgewachsenes, ihnen nicht bekanntes Stinktier an, weil ausgewachsene Männchen oft junge Stinktiere töten.

Laut Dragoo reagieren Stinktiere auf einen Beschuss mit Duftsekret ihrer Artgenossen ebenso wie andere Tiere: „Sie reiben das Gesicht am Boden, um den Geruch abzuwischen. Außerdem putzen sie sich: Sie lecken ihre Pfoten und reiben das Gesicht damit ab."

Sind Stinktiere, ähnlich wie Menschen, unempfindlicher gegen ihren eigenen Geruch als gegen den anderer? Laut Dragoo ist das nicht der Fall:

„Das Stinktier verspritzt sein Duftsekret, ohne auch nur einen Tropfen davon selbst abzubekommen. Die Tiere haben keinen schlechten Körpergeruch. Nur die von ihnen getroffenen Ziele riechen ‚wie ein Stinktier'. Wird ein Stinktier tatsächlich vom eigenen Sekret getroffen, dann liegt eine Situation vor, die es kaum überleben wird. So z.B. wenn es von einem Auto angefahren wurde oder aber mitten in einem Kampf mit einem Raubtier, das vom Sekret nicht abgeschreckt werden konnte. Im äußersten Notfall spritzt ein Stinktier immer, auch wenn es Gefahr läuft, selbst getroffen zu werden.

Die chemische Zusammensetzung des Duftsekrets ist bei allen Stinktieren gleich. Geringfügige individuelle Abweichungen sind möglich, die geruchsgebenden Komponenten bleiben jedoch dieselben. Der eigene Duft muss für ein Stinktier also genauso unangenehm sein wie der seiner Artgenossen. Nur ist es nicht wahrscheinlich, dass es diesen direkt ins Gesicht bekommt."

Haben Pinguine Knie?

Sicherlich haben die Pinguine Knie, man sieht die Gelenke nur nicht, weil sie unterm Federkleid verborgen sind. Bei allen Vögeln zeigen die Beine eine große anatomische Ähnlichkeit, nur in der Größe der einzelnen Knochen weisen sie von Art zu Art Unterschiede auf.

Bei Pinguinen unterteilen sich wie bei anderen Vögeln die Beine in drei Segmente. Das obere Segment, vergleichbar unserem Oberschenkel, sowie das mittlere Segment, das unserem Schienbein entspricht, sind bei Pinguinen relativ kurz. Wenn wir Flamingos oder andere langbeinige Vögel beobachten, kommt es uns so vor, als seien ihre Knie nach rückwärts gerichtet – aber was wir da sehen, sind nicht ihre Knie. Pinguine, Flamingos und andere Vögel haben Kniegelenke und Kniescheiben, die ganz ähnlich funktionieren und sich auch beugen wie beim Menschen.

Dr. Don Bruning, Kurator der Ornithologischen Abteilung am New York Zoological Park, erklärt, dass die scheinbar nach hinten gerichteten Knie der Flamingos deren Knöchel sind, die Füße und Unterschenkel verbinden. Anders ausgedrückt: Pinguine (und andere Vögel) stehen auf ihren Zehen wie Balletttänzer.

Lebenselement der Pinguine ist das Wasser, nicht wie bei anderen Vögeln die Luft. An Land watscheln sie ziemlich unbeholfen, schwimmen und tauchen können diese drolligen Kameraden jedoch hervorragend. Dabei setzen sie ihre großen Füße wie Ruder ein, während die Flügel wie Propeller arbeiten.

Seien Sie also beruhigt: Pinguine haben Knie – sie stecken nur gut warm unterm schwarz-weißen „Frack" dieser Vögel.

Warum erfrieren Pinguinen in der Antarktis nicht die Füße?

Der Kaiserpinguin mit seinem typischen goldgelben Nackengefieder, die größte Pinguinart, verbringt sein ganzes Leben in Schnee und Eiswasser. Sein dichtes Federkleid schützt ihn. Aber wie kann er die eisige Kälte an seinen Füßen aushalten, wenn Menschen bei „warmen" Wassertemperaturen von 15 °C nicht mal einen Zeh freiwillig ins Meer stecken?

Pinguinfüße sind perfekt an ihren Lebensraum angepasst. Sie setzen so weit hinten am Körper an, dass die schwarz-weißen „Frackträger" aufrecht laufen können, vor allem aber eignen sich die mit Schwimmflossen ausgestatteten Füße zum Schwimmen. Gleich nach den Delfinen sind Pinguine die schnellsten Schwimmer der Meere. Ihre Füße setzen sie im Wasser als Ruder und Bremse ein.

Während der Brutzeit und der Aufzucht der Küken taucht das Pinguinpaar abwechselnd im Meer nach Futter. Laut *Encyclopaedia Britannica* entspricht dabei die Abkühlung, die die Tiere im Meerwasser erfahren, etwa einer Lufttemperatur von −20 °C bei Windstärken von 110 km/h. Rechnet man dann noch die Schwimmgeschwindigkeit des Pinguins von 15–30 km/h dazu, ergibt das äußerst ungemütliche Lebensbedingungen. Den Pinguin schützen eine Fettschicht und Daunen unter seinem Federkleid – die Füße dagegen kommen direkt mit dem Wasser in Berührung.

Wenn ein Pinguin von der Futtersuche zurückkehrt und seinen Partner am Nest ablöst, muss er, nachdem er sich im kalten Wasser immerhin bewegt hat, nun für einige Zeit auf eisigem Schnee stehen. Wie können seine Füße das aushalten?

Pinguinfüße werden sehr kalt, man hat Temperaturen um den Gefrierpunkt gemessen. Das muss auch so sein, denn wären sie wärmer, würde über die Füße ständig Körperwärme abgegeben.

Die niedrige Temperatur der Füße wird durch das einzigartige Kreislaufsystem der Pinguine aufrechterhalten. Direkt neben den Arterien, die warmes Blut zu den Zehen transportieren, verlaufen Venen, die abgekühltes Blut zum Herz zurücktransportieren. Diese beiden Blutströme tauschen ihre Temperaturen genau so aus, dass nicht zu viel Körperwärme verloren geht und andererseits an den Füßen keine Erfrierungen mit Gewebeschäden entstehen. Pinguine haben nur wenige Muskeln an den Füßen, dafür aber ein ausgedehntes Netz von Sehnen, die bei Kälte weniger schmerzempfindlich sind als Muskeln.

Natürlich gibt es auch eine andere Erklärung, warum Pinguine keinen Kälteschmerz an den Füßen zeigen: Sie sind einfach keine Heulsusen und viel härter im Nehmen als wir Menschen.

Schwitzen Vögel?

Nein – nicht einmal, wenn sie nervös sind.

Vögel haben keine Schweißdrüsen und können folglich auch nicht schwitzen. Aber sie haben viele Methoden, um sich abzukühlen. Vögel sind Warmblüter wie wir, und ihre normale Körpertemperatur ist sogar ein wenig höher als unsere.

Vermutlich haben Sie das noch nie gehört, aber Vögel können hecheln wie Hunde, dabei geben sie überschüssige Körperwärme ab. Und wenn sie ihre Federn aufplustern, tun sie das nicht nur aus Imponiergehabe, sondern auch, um frische Luft an die Haut zu lassen. Dies sind die beiden üblichen Wege, wie Vögel ihre Körpertemperatur regulieren.

Das Umherfliegen bei der Futtersuche (ganz zu schweigen von den Tausenden Flugkilometern, die Zugvögel hinter sich bringen) verbraucht sehr viel Energie. Hypothermie, das Absinken der Körpertemperatur unter normales Niveau, stellt daher für viele Vogelarten eine weit ernstere Gefahr dar als Überhitzung. Einige Arten haben aus diesem Grund ganz besondere Mechanismen entwickelt, um ihre Körpertemperatur konstant zu halten.

Haben Sie schon einmal gesehen, wie der fleischige Teil eines Vogelschnabels vibriert? Bei Reihern sieht man das am deutlichsten, aber viele andere Arten, wie z. B. Tölpel und Kormorane, regulieren ihre Körperwärme durch ein Flattern mit dem Zungenbein und den umgebenden Rachenmuskeln. Dies hat einen ganz ähnlichen abkühlenden Effekt wie das Hecheln.

Viele andere Vögel aus warmen Klimazonen kühlen sich über ihre Füße ab. Martha Fischer vom Ornithologischen Labor in Cornell erklärt:

> Reiher und Möwen leiten viel Körperwärme über ihre Füße ab. Die Venen und Arterien in Vogelbeinen und -füßen sind so miteinander verflochten, dass das von den Arterien zufließende warme Blut durch das zurückströmende kühlere Venenblut abgekühlt wird. Man nennt dies Gegenstromaustausch. Enten sind aufgrund dessen auch in der Lage, auf Eisflächen zu stehen, ohne dass ihre Füße erfrieren.

Fischer fügt hinzu, dass Vögel entwicklungsgeschichtlich den Reptilien nahestehen, die auch nicht schwitzen.

Woran liegt es, dass manche Vögel laufen, andere aber hüpfen, wenn sie gerade nicht fliegen?

Vögel gehören zu den wenigen Wirbeltieren, die sowohl laufen als auch fliegen können. Physiologisch gesehen, ist Fliegen wesentlich anstrengender als Laufen. Eine Vogelart, die in ihrem natürlichen Umfeld keine Angreifer fürchten muss, verliert im Laufe der Zeit häufig die Flugfähigkeit. Neuseeland, eine Insel mit nur wenigen Raubtieren, hat flugunfähige Kormorane, Tauchvögel, Zaunkönige und sogar Kakapos (Eulenpapageien) hervorgebracht. Joel Carl Welty erklärt im Buch *The Life of Birds* (Das Leben der Vögel):

> Wozu braucht man prächtige Flügel, wenn man auf den Beinen bestens durchs Leben kommt? Vögel, die gute Läufer sind, können daher oft schlecht oder gar nicht fliegen. Und umgekehrt sind einige der besten Flieger, wie z.B. Segler, Kolibris und Schwalben, völlig hilflos auf ihren Füßen. Die meisten Vögel aber laufen nicht, sondern hüpfen. Arten, die laufen oder rennen, haben typischerweise lange Beine und leben in weiten, offenen Landschaften. Vögel, die sich vorwiegend auf Büschen und Bäumen bewegen, besitzen an jedem Fuß vier Zehen, viele Laufvögel dagegen nur zwei oder drei. Erstere hüpfen meist, weil sie auf diese Weise leichter von Zweig zu Zweig gelangen. Und wer im Baum hüpft, tut das auch am Boden! Jeder Hüpfer bringt weiter als ein Schritt, strengt aber auch mehr an.

Tierarzt Robert Altman hebt hervor, dass manche Vögel beides tun – hüpfen und laufen: „Hüpfen mag für einen Vogel einfacher sein, wenn er die Absicht hat, nur eine kurze Strecke zu überwinden. Liegt sein Ziel weiter entfernt, wird er eher laufen oder rennen."

Woher kommt das pfeifende Geräusch bei Tauben, die zum Flug abheben?

Was man da hört, geht von den Flügeln aus, nicht von der Stimme der Taube. Dieses Pfeifen entsteht, wenn der Wind durch die gespreizten Federn fährt und die Taube zum Abheben mit den Flügeln schlägt. Es ist allgemein bekannt, dass die schönen Kolibris mit ihrem raschen Flügelschlag einen sirrenden Pfeifton in hoher Frequenz erzeugen. Bei vielen anderen Vögeln kommt es zu ähnlichen Geräuschen, wenn sie flattern oder fliegen. Das klingt dann in etwa so, als ob der Wind durch die Zweige eines Baums streicht.

Warum krähen Hähne am Morgen?

Natürlich weil die Menschen im Umkreis geweckt werden müssen.

Ornithologen sind da selbstverständlich anderer Meinung. Es steht fest, dass das Krähen territoriale Ansprüche des Hahns verkündet und jedem Konkurrenten eindeutig klarmachen soll: „Komm mir bloß nicht in die Quere, und bleib meinen Hennen fern – dies ist mein Misthaufen." Aber warum gerade frühmorgens? Janet Hinshaw von der Wilson-Gesellschaft für Ornithologie meint dazu:

> Hähne krähen in der Morgenfrühe am intensivsten, genauso wie andere Vögel zu dieser Tageszeit besonders laut und anhaltend singen. Sie informieren sich gegenseitig über ihre Revieransprüche. Viele Vogellaute, die man am späteren Tag hört, haben einen anderen kommunikativen Zweck, beispielsweise den Zusammenhalt eines Vogeltrupps. Genauso kann es sich um Lockrufe bei der Partnersuche handeln oder um Standortinformationen einzelner Vögel, wenn sich die Mitglieder eines Schwarms aus den Augen verloren haben.

Weshalb verlieren Vögel nicht die Balance, wenn sie auf einer Telegrafenleitung schlafen?

Eine Telegrafenleitung ist nur Ersatz für einen Zweig. Die meisten Vögel halten sich vorwiegend auf Bäumen und Büschen auf und schlafen dort.

Unsichtbare „Sicherheitsgurte“ der Vögel sind die speziellen Sehnen, die ihre Zehen steuern. Diese Sehnen liegen an der Vorderseite des Kniegelenks und an der Rückseite des Knöchels. Sitzt der Vogel, so strecken sich die Sehnen aufgrund seines Körpergewichts, die Zehen krümmen sich und umgreifen schließlich fest den Zweig. Weitere Sehnen unter den Zehenknochen sorgen dafür, dass ein schlafender Vogel nicht vornüberkippt und fällt. Auf der Unterseite jeder dieser Sehnen befinden sich Hunderte kleiner Vorsprünge, die sich wie bei einem Reißverschluss mit anderen entsprechenden Vorsprüngen im Gewebe verzahnen. Das Körpergewicht des Vogels sorgt dafür, dass die Verbindungen sich nicht lösen. Laut Vogelkundlerin Barbara Linton sind diese Mechanismen bei Waldvögeln besonders entwickelt, nicht aber bei Arten, die am Boden oder auf dem Wasser schlafen.

Warum stehen Vögel häufig auf einem Fuß, wenn sie schlafen? Und wieso stecken sie dabei meist den Kopf unter den Flügel?

Der oben beschriebene Klammermechanismus der Zehen ermöglicht den Vögeln, auf einem Bein genauso gut zu stehen wie auf beiden. Diesen Vorteil nutzen sie, indem sie im Schlaf und im Wachzustand gelegentlich auf einem Bein stehen, vor allem, um das andere zu schonen. Ein weiterer wichtiger Aspekt ist die Energieeinsparung, wie Nancy Martin vom Institut für Naturwissenschaften in Vermont erklärt:

> Die Füße der Vögel sind nicht von Federn bedeckt, daher verlieren die Tiere über diese Gliedmaßen viel Körperwärme, besonders wenn sie auf Schnee stehen oder in kaltem Wasser. Vögel haben aber einen intensiven Stoffwechsel und brauchen außerdem viel Energie zum Fliegen. Wenn sie auf einem Bein stehen, ist das ein kleines Energiesparprogramm.

Übrigens, genau aus dem gleichen Grund stecken Vögel ihren Kopf unter die Flügelfedern: Es soll so wenig Körperwärme wie möglich verloren werden.

Wieso sehen wir nur selten tote Vögel?

Im Garten und in der freien Natur begegnen uns ständig munter zwitschernde Vögel, ab und an treffen wir auch auf ein totes Exemplar am Straßenrand, erfasst von einem Auto – aber warum entdecken wir kaum jemals einen Vogel, der auf natürliche Weise gestorben ist? Verstecken sich Vögel irgendwo, um zu sterben?

Nein, sie suchen sich keinen besonderen Platz. Wir sehen so selten tote Vögel, weil ihre Überreste sehr schnell von Aasfressern beseitigt werden. Was für uns ziemlich grausam klingt, ist eine überaus sinnvolle Einrichtung der Natur. Vögel sind auch nach dem Tod noch ein wertvolles Glied der Nahrungskette. Tote Vögel werden von Katzen, Hunden, Ratten, kleinen Insekten und genauso von Bakterien gefressen.

Die Vogelexpertin Starr Saphir berichtet, dass sie bei einer vogelkundlichen Wanderung auf dem Hinweg einen toten, aber noch intakten Vogel am Boden sah; als sie eine Stunde später zurückkam, war der größte Teil des Körpers bereits verzehrt. Vermutlich bleibt von den meisten toten Vögeln, egal ob in der Stadt oder auf dem Land, nach 24 Stunden nur noch ein Häuflein Federn übrig.

Richard C. Banks, Vizepräsident der amerikanischen Ornithologen-Union, vermutet, dass manche Vögel sogar im Flug sterben (obwohl er selbst das noch nie beobachten konnte). Die wahrscheinlichsten Kandidaten dafür sind erschöpfte Zugvögel, die übers Meer fliegen, weitab von Nahrungsquellen und geeigneten Landeplätzen. Kranke Vögel fliegen im Allgemeinen gar nicht erst auf.

Weshalb imitieren Papageien und andere Vögel die menschliche Sprache und andere Laute?

Sollten wir uns einmal in einem tropischen Dschungel verirren, wäre es nicht wunderbar, wenn uns ein Gelbkopfpapagei zu Hilfe käme mit einem rechtzeitigen: „Halte dich links!"? Wunderbar – aber leider sehr unwahrscheinlich. Selbst wenn so gesprächige Vögel wie Papageien und Mainas frei reden könnten, in der Wildnis würden sie nie menschliche Laute von sich geben, wohl aber andere Laute, z. B. die von anderen Vögeln.

Wild lebende Vögel imitieren Geräusche aus verschiedensten Gründen. Unter Umständen können die nachgemachten Laute einer anderen Tier- oder Vogelart neugierige Geschlechtspartner anlocken, Raubtiere in die Irre führen oder Revier- und Futterkonkurrenten abwehren.

Das menschliche Ohr erkennt meist, ob es sich um eine Imitation oder um echten Vogelgesang handelt – also werden Vögel mit ihrem feineren Gehör wohl erst recht zwischen Original und Fälschung unterscheiden können. Aber sie vermeiden lieber eine mögliche Gefahr oder Konkurrenzsituation, und daher funktioniert Imitation.

Vögel leben in Trupps oder Schwärmen. Die Nähe zu anderen Artgenossen ist auch für Papageien lebenswichtig: Während ein Papagei Nahrung sucht, halten andere nach Angreifern Ausschau. Vögel, die als Haustiere gehalten werden, fühlen sich ihren Haltern zugehörig. Sprachimitationen sollen wohl das Zusammengehörigkeitsgefühl mit den menschlichen „Schwarmgefährten" stärken. Todd Lee Etzel von der Gesellschaft der Papageienzüchter und -aussteller berichtet:

> Der Käfigvogel wird geprägt durch die Laute der menschlichen Stimme, und Sprachimitation ist als Ausdruck des Bedürfnisses zu verstehen, Teil eines Trupps oder Schwarms zu sein. Die meisten Papageienarten sind sehr sozial. Ihr Bedürfnis nach Gesellschaft ist so groß, dass sich angeborene Verhaltensmuster in Anpassung an die Situation ändern können.

Wenn Käfigvögel Stimmen imitieren um der Geselligkeit willen, warum „reden" sie dann auch, wenn ihre Halter das Zimmer verlassen? Der Verhaltensforscher W.H. Thorpe bietet folgende Theorie an:

> Im Lauf der sich entwickelnden Beziehung zu ihren menschlichen Haltern lernen die Käfigvögel, dass Sprachimitationen ihnen erhöhte Aufmerksamkeit und Zuwendung sichern. Dies erklärt, warum ein Papagei oft noch gesprächiger wird, wenn man ihn allein lässt – es ist, als ob er versuchen würde, seine Betreuer zurückzuholen.

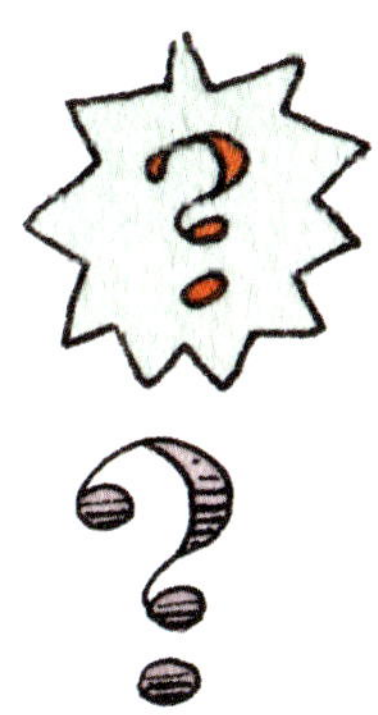

Man könnte durchaus sagen, dass Vogelpsychologie sich nur wenig von Kinderpsychologie unterscheidet. Dr. Irene Pepperberg, Professorin an der Brandeis University, hat intensiv das Verhalten afrikanischer Graupapageien studiert, insbesondere das ihres eigenen Papageis Alex. So wie andere Forscher die Fähigkeit von Menschenaffen zu komplexer Kommunikation nachwiesen, gelang es Pepperberg zu beweisen, dass Papageien noch viel mehr können, als nur Laute imitieren. Wenn man Papagei Alex zwei gleich große Klötze unterschiedlicher Tönung zeigte und ihn fragte, wo der Unterschied sei, antwortete er: „Farbe". Er begriff Zahlen,

Formen, Orte sowie die Namen von Gegenständen, und er hat gelernt, um diese zu bitten, oder vielmehr, sie zu fordern. „Wenn er sagt, er möchte eine Traube, und Sie geben ihm eine Banane, wird das Obst auf Ihrem Kopf oder Ihrer Kleidung landen", warnt Pepperberg. Nach ihrer Schätzung entsprechen Alex' kognitive Fähigkeiten etwa denen eines vier- bis sechsjährigen Kindes, seine emotionale Reife der eines Zweijährigen.

Pepperberg spielt eine Variante des Hütchenspiels mit Alex und anderen Papageien, indem sie Nüsse unter einer von drei Tassen versteckt. Gewöhnlich findet Alex die Nuss, solange die Forscherin fair spielt. Manchmal schummelt sie die Nuss rasch unter eine andere Tasse, während sie den Papagei ablenkt:

> Alex hebt die Tasse an, unter der er die Nuss vermutet, und findet dort nichts; er hämmert dann heftig mit seinem Schnabel auf den Tisch und wirft die Tassen um. Dieses Verhalten zeigt, Alex weiß, dass die Nuss eigentlich dort hätte sein müssen, wo er sie suchte. Er demonstriert überzeugend, dass er eine Täuschung vermutet und seine Erwartungen und seine Aufmerksamkeit in die Irre geführt wurden.

In der Wildnis brauchen Papageien ihren Verstand, um Angreifern zu entkommen sowie um Nahrung und einen Partner zu finden. Das Bedürfnis, Probleme zu lösen, ist Papageien vielleicht ebenso angeboren wie ihre Imitationskünste. Pepperberg appelliert an die Halter von Papageien, die kognitiven Fähigkeiten ihres „Hausfreundes" nicht verkümmern zu lassen:

> Ich versuche sie zu überzeugen, dass man einen Papagei nicht einfach acht Stunden am Tag im Käfig einsperren kann ohne jede Unterhaltung. Ich meine damit nicht nur menschliche Gesellschaft oder die anderer Vögel; Papageien brauchen für ihren Verstand immer neue Herausforderungen.

Etzel glaubt, dass Papageien und andere Vögel unsere Sprache und andere Laute in ihrer Umgebung imitieren „einfach, weil sie es können. Vielleicht ist es sogar unterhaltsam für sie." Möglicherweise denken Papageien, während wir sie „trainieren", auch im Stillen: „Mein Halter macht sich doch lächerlich mit seinem ewigen ‚Möchte Polly einen Keks?'. Na gut, spiele ich eben mit, Hauptsache, es gibt am Ende etwas Gutes zu schnabeln."

Warum bekommen Eidechsen und andere Tiere keinen Sonnenbrand?

Eidechsen mögen unscheinbare Kreaturen sein, aber sie wissen besser als wir, wie man es in der Sonne aushält. Wenn wir uns zu lange am Strand sonnen, schält sich unsere Haut. Dies ist bei allen Säugetieren so, wenn die äußere Hautschicht (Epidermis) abstirbt.

Reptilien dagegen können sich den ganzen Tag auf heißen Steinen der Sonne aussetzen. Dr. Norman J. Scott Junior, ehemaliger Präsident der Studiengesellschaft für Amphibien und Reptilien, erklärt: „Bei Reptilien bleibt die äußere Schicht abgestorbener Hautzellen so lange erhalten, bis sich eine neue Schicht gebildet hat. Erst dann wird sie abgestoßen." Scott betont, dass die Epidermis von Eidechsen, und zwar die abgestorbene wie die lebende, dick und hornig ist und ultravioletter Strahlung viel mehr Widerstand leistet.

Außerdem schützt, wie beim Menschen, das Hautpigment Melanin gegen schädliche Strahlen. Dr. R. Anderson vom Amerikanischen Kolleg für Veterinär-Dermatologie gibt an, dass stark pigmentierte Tiere sogar noch in weit höherem Maß vor der Sonne geschützt sind als dunkelhäutige Menschen. Andererseits kommt es auch bei Tieren zu Schäden durch zu viel Sonneneinstrahlung, selbst bei Tieren, die durch ein Fell geschützt sind. So können z. B. viele Tiere auch an Hautkrebs erkranken. Hunde entwickeln selbst bei dichtem Fell Karzinome. Weißohrige Katzen bekommen häufig Tumoren an den Ohrspitzen. „Aus irgendeinem Grund scheinen Bullterrier Sonnenbäder besonders zu lieben und holen sich dabei gelegentlich Geschwüre auf der Bauchseite", bemerkt Anderson.

Sollte sich hier eine Marktlücke auftun, und zwar für Haustier-Sonnenschutzmittel? Lieber nicht! Unsere vierbeinigen Freunde würden die liebevolle Pflege keineswegs schätzen.

Wozu strecken Schlangen ihre Zunge aus dem Maul?

Wer im Zoo eine züngelnde Schlange beobachtet, hat meist die Vorstellung, sie bereite den Angriff auf ein ahnungsloses Opfer vor. Die wie eine Gabel gespaltene Zunge ist aber völlig harmlos und keine Waffe.

Bei Schlangen hat die Zunge die Funktion eines Sinnesorgans und ist für das Reptil unverzichtbar. Es spürt Beutetiere auf, indem es mit seiner Zunge den Boden

Warum ist mitten im ansonsten weißen Vogelkot ein schwarzer Punkt zu entdecken?

Eine weltbewegende Frage, auf die Ornithologen zum Glück eine Antwort parat haben. Besagter schwarzer Punkt ist der Kot des Vogels, die weiße Substanz ist die Entsprechung zum Urin. Urin und Kot kommen im Vogelkörper zusammen und werden gleichzeitig durch dieselbe Körperöffnung ausgeschieden. Der Kot befindet sich meist in der Mitte, weil der etwas klebrige Urin rundum festhaftet.

abtastet und dabei winzige organische Partikel ausliest, die ihm den Weg zu einer Nahrungsquelle weisen können.

Man fand Hinweise darauf, dass die Zunge auch Schallvibrationen wahrnehmen kann und die Schlange so auf Beutetiere oder Angreifer aufmerksam wird.

Weshalb schließen Frösche beim Schlucken ihre Augen?

Die großen, eindrucksvollen Froschaugen haben einen Nachteil. Sie wölben sich nicht nur nach außen stark vor, sondern auch nach innen. Auf seiner Rückseite ist der Augapfel von einer Gewebemembran überzogen, die bis in die Mundhöhle reicht. Bei jedem Bissen, den Frösche hinunterschlucken, setzen sie ihre Augen ein, um die Nahrung tiefer in den Schlund zu befördern. Richard Landesman, Zoologe an der University of Vermont, führt aus:

> Um schlucken zu können, müssen Frösche die Nahrung erst einmal vom Mund in die Speiseröhre schieben. Menschen setzen dazu die Zunge ein, Frösche dagegen ihre Augen. Beim Schließen der Lider werden die Augäpfel nach innen gedrückt und befördern damit die Nahrung tiefer in den Rachen. Die Frösche setzen diesen Mechanismus auch zum Atmen ein, da sie kein Zwerchfell besitzen.

Wenn wir uns mit der Nahrung von Fröschen begnügen müssten, würden wir wahrscheinlich ebenfalls beim Essen die Augen schließen.

Warum fliegen einige Insekten in gerader Linie und andere im Zickzack?

Insektenkundler Randy Morgan vom Cincinatti Insectarium sieht das so: „Das Flugverhalten erklärt sich aus der Notwendigkeit, während der Suche nach Futter oder nach Partnern möglichen Angreifern auszuweichen." Morgan beschreibt die Problematik, die sich bei der Auswertung der Flugmuster von Insekten auftut. Ein Insekt wird zickzack fliegen, weil es versucht, einem Angreifer zu entkommen, oder weil es eine Futterquelle nicht richtig sehen kann. Ein räuberisches Insekt fliegt vielleicht in gerader Linie, weil es andere Angreifer nicht fürchtet oder weil es schnell ein bestimmtes Ziel erreichen will. Das gleiche Insekt auf Futtersuche könnte im Zickzack fliegen, weil es seine Beute noch nicht anvisiert hat.

Die Direktorin der Abteilung Insekten bei der Zoologischen Gesellschaft von San Francisco berichtet, dass sich die Flugmuster von Insekten stark unterscheiden können:

> Flugmuster werden normalerweise bestimmt durch Stimulation des Gesichts-, Gehör- oder Geruchssinns. Bienen und Schmetterlinge orientieren sich z. B. an der Farbe und Größe der Blumen, Libellen an ihrem Beuteangebot; Motten orientieren sich an speziellen vom Wind herangetragenen Gerüchen, und zwar normalerweise an Pheromonen (Sexuallockstoffen).

Es gibt also viele Gründe, warum ein Insekt in der einen oder anderen Form fliegt. Sie können prinzipieller Natur sein oder einer momentanen Erfordernis entsprechen. Ziemlich schwierig, die Ursachen im Einzelfall auszuloten! Eines ist sicher: Das Insekt weiß, was es tut.

Macht eine Fliege einen Looping oder eine Rolle, um kopfüber an der Decke zu landen?

Das Problem liegt nach Aussage eines Biologen darin, dass Fliegen, wie die meisten Flugzeuge, ihren Auftrieb verlieren, wenn sie versuchen, mit der Unterseite nach oben durch die Luft zu fliegen. Das wäre ein möglicher Denkansatz, aber noch keine Antwort. Dr. M. M. Galloway vom Kanadischen Flugzentrum kann als Fachmann für Fragen des Fliegens eine präzise Antwort geben: „Eine Fliege landet, indem sie ihre

Vorderbeine über den Kopf hebt, Kontakt zur Decke aufnimmt und dann ihre mittleren und hinteren Beine hoch zur Decke streckt. Mit einem Ruck ist sie gelandet." Die besondere Effektivität dieser Technik ist:

> Sobald die beiden Vorderbeine Kontakt zur Decke haben, wird die Fliege akrobatisch den Rest ihres Körpers nachziehen und zur Decke schnellen lassen. Nach diesem Manöver steht sie kopfüber an der Decke, hat aber keine volle Umdrehung ausgeführt.

Kann eine Spinne im Netz einer anderen Spinne gefangen werden?

Ja, gelegentlich geht eine Spinne einer anderen ins Netz. Und das ist normalerweise kein erfreuliches Ereignis für sie. Theoretisch müsste sie das Netz einer anderen Spinne durchwandern können, aber sie hat wohl selten Gelegenheit dazu. Spinnen greifen andere Spinnen an, dabei sind die Tiere gegenüber Artgenossen wesentlich aggressiver als gegenüber Vertretern anderer Arten. Normalerweise wird die Netzbesitzerin den Eindringling ergreifen, beißen und Gift in seinen Körper injizieren.

Die Betäubung, die das Gift verursacht, macht es dem Opfer unmöglich, sich zu verteidigen. Es stirbt, und oft genug wird es dann ohne viel Federlesens mit Appetit verspeist.

Andere Arten benutzen spezielle Strategien, um ihre Beute zu überwältigen. Expertin Karen Yoder erwähnt hier die *Mimetidae* oder Piratenspinnen:

> Sie jagen ausschließlich andere Spinnen. Die angreifende Piratenspinne attackiert, indem sie den Eigentümer des Netzes durch Ziehen an einigen Fäden anlockt. Die Spinne beißt dann in eine Gliedmaße des Opfers und saugt es an der Bissstelle aus, bis nur die leere Hülle zurückbleibt. Die jäh zuspringende Spinne überwältigt Artgenossen sowie andere Spinnen und bemächtigt sich zusätzlich der in den Netzen gefangenen Beutetiere. Diese Vorgehensweise wird Netzräuberei genannt.

Andere Spinnen fangen ihre Opfer, indem sie sie packen, beißen und dann in Spinnfäden wickeln. Leslie Saul-Gershenz, Leiterin der Insektenabteilung des San Francisco Zoo, berichtet von anderen Beispielen:

> Bestimmte Arten setzen Spinnfäden ein, um sich über die Anwesenheit von Beute zu informieren. Die Arancidae-Spinne hat Fangfäden, die mit Klebetropfen benetzt sind. Die Fangfäden der Uloborid-Spinne haben die Struktur eines feinmaschigen Netzes. Die *Dinopis* wirft ein rechteckiges Netz über ihre Beute, und diese verwickelt sich in den Fäden.

Rainer F. Foelix, Autor eines Buches über die Biologie der Spinnen, fasst zusammen: „Die Hauptfeinde der Spinnen sind die Spinnen selbst." Aber nicht alle Spinnen greifen sich gegenseitig an. Es gibt rund 20 Arten sozialer Spinnen, die in Kolonien friedlich zusammenleben.

Warum saugen nur weibliche Stechmücken menschliches Blut? Was fressen die männlichen?

Nein, männliche Stechmücken essen nicht auswärts Steak und Kartoffeln, während die Weibchen sich eifrig am Blut ahnungsloser Menschen gütlich tun.

Die Hauptnahrung beider Geschlechter ist der Nektar von Blumen. Dieser Nektar wird in Glykogen umgewandelt, einen Brennstoff, der ihre Muskeln fürs Fliegen mit Energie versorgt. Mücken besitzen auch ein Organ, in dem der Zucker gespeichert und bei Bedarf in „Flugbrennstoff" umgewandelt wird. Männliche Mücken leben nur von Nektar. Sie besitzen keinen Stechapparat.

Die Weibchen jedoch sind anatomisch so ausgerüstet, dass sie stechen können, sie haben nämlich einen wichtigen Job: Sie müssen Eier legen. Bei einigen Arten sind weibliche Mücken gar nicht in der Lage, Eier zu legen, ehe sie nicht eiweißreiches frisches Blut bekommen. Ihre Organe verwandeln die Lipide des Bluts in Eisen und Protein, das ihre Fruchtbarkeit sehr erhöht.

Eine Stechmücke würde ohne die Aufnahme von Blut 5 – 10 Eier legen, mit einem Spritzer vom Typ Blutgruppe 0 kann sie 200 produzieren. Wir vermissen das bisschen Blut nicht, das die Stechmücke uns nimmt, für das Insekt aber ist es ein Festmahl. Oft konsumiert der Quälgeist locker eine Blutmenge, die das eigene Körpergewicht übersteigt.

Nehmen wir es nicht persönlich. Einige Studien haben ergeben, dass Stechmücken das Blut von Kühen dem von Menschen vorziehen und dass sie im Urwald eher einen Affen oder Vogel stechen als einen Menschen. So sehr mögen sie uns wohl doch nicht.

Weshalb werden Stechmücken offensichtlich von einigen Menschen stärker angezogen?

Zunächst nahm man an, dass die verschiedenen menschlichen Blutgruppen vielleicht eine Rolle spielen könnten bei den kulinarischen Vorlieben der Stechmücken. Laut Dr. Steven Schutz von der University of California wurde diese Theorie mittlerweile aber verworfen. Er führt aus:

> »Fast jeder, der mit Stechmücken leben muss oder über sie forscht, stellt fest, dass sie anscheinend manche Menschen mehr stechen als andere. Zum Teil mag das daran liegen, dass die Empfindlichkeit für Mückenstiche unterschiedlich ist. Manche Menschen nehmen mehr Notiz davon.
>
> Aber es ist wissenschaftlich bewiesen, dass manche Individuen für Stechmücken tatsächlich attraktiver sind als andere. Wenn Sie zwei Personen in zwei getrennten Hütten unterbringen, kann es sein, dass die eine in höherem Maß Stechmücken anzieht als die andere. Und dieses Muster zeigt sich wiederholt in Versuchen. Das bedeutet aber nicht notwendigerweise, dass die attraktivere Person häufiger gestochen wird; es könnte auch, unabhängig von der Attraktivität des Opfers, Gründe dafür geben, das Blut unterschiedlicher Individuen aufzunehmen.«

Nach Aussage von Insektenforschern gehören zu den Faktoren, die das Stechverhalten beeinflussen könnten, Hitze und ein optischer Reiz, beide allerdings schwer zu überprüfen. So scheint z. B. die Aëdes-Mücke besonders von warmen Körpern angezogen zu werden, sobald die Außentemperatur unter 15 °C liegt.

Fast sicher aber ist, dass Stechmücken vor allem auf Geruch ansprechen. Wir wissen, dass die meisten dieser Insekten von Kohlendioxidgeruch angelockt werden. Da wir Menschen aber alle bei jedem Atemzug CO_2 ausatmen, würde das nicht die besondere Anziehungskraft bestimmter Individuen erklären. Möglicherweise sind andere Gerüche die bestimmenden Faktoren, z. B. solche, bei denen Milchsäure und Octenol eine Rolle spielen. Von diesen beiden Chemikalien ist eine entsprechende Wirkung bekannt. Und vielleicht sind die Plagegeister ja auch genauso individualistisch und eigenwillig wie manchmal der Mensch. Dazu Leslie Saul-Gershenz vom San Francisco Zoo:

> Wir alle riechen ein bisschen unterschiedlich, abhängig von unserer individuellen Körperchemie. Genauso, wie wir einige Düfte anderen vorziehen, können auch Mücken mit ihren ausgezeichneten Chemorezeptoren (Geruchssinneszellen) Nuancen wahrnehmen. Ganz nach ihren Vorlieben suchen sie dann passende ‚Blutspender' aus und beglücken diese häufiger.

Nach Aussage von Dr. Schutz ist es schwierig, die einzelnen Komponenten herauszufinden, die die Stechmücken anlocken. Würde man sie kennen, könnte man bessere Abwehrmittel entwickeln und jene Leute herausfiltern, die besonders gefährdet sind durch Krankheiten übertragende Stechmücken. Dazu gehört z. B. die Anopheles-Mücke, die beim Stechen den Malaria-Erreger weitergibt.

Die meisten Abwehrmittel funktionieren entweder nach dem Prinzip, Gerüche, die Mücken anziehen könnten, zu kaschieren, oder aber Gerüche zu verströmen, die auf die Insekten abstoßend wirken. In neuerer Zeit hat man bereits mehr als zehn unterschiedliche chemische Substanzen ausgemacht, die den Eigengeruch von Menschen verdecken und so Stechmücken abwehren oder verhindern, dass sie den Geruch entdecken.

Zum Trost dafür, dass sie häufiger Mückenstiche davontragen, behaupten viele Menschen mit einem Augenzwinkern, sie seien einfach „süßer" als andere. Glauben wir es ihnen doch ruhig! Es macht sie interessanter, und das hilft ihnen vielleicht, die lästigen Mückenattacken besser zu verkraften. Ob die Plagegeister der schönen Sommerabende ihr Opfer so sehen, sei dahingestellt.

Wieso kann in Mehl oder Früchten plötzlich Ungeziefer auftauchen?

Sie glauben also, dass Ihr Haus oder Ihre Wohnung ein ruhiges und sauberes Refugium gegen das Chaos der Welt da draußen sind. Da sind Sie aber gewaltig auf dem Holzweg! Denn in Ihren vier Wänden ist Tag und Nacht so richtig was los. Überall wuselt und krabbelt es, nur sind diese Mitbewohner zum Glück so winzig, dass Sie sie nicht sehen. Sonst würde Ihnen schon der ein oder andere Schauer über den Rücken laufen. Im Fokus des Interesses stehen seit einiger Zeit z. B. die Hausstaubmilben, die Allergien auslösen können. Bis zu zehn Millionen dieser mikroskopisch kleinen Tiere leben allein in einer Matraze und ernähren sich dort in aller Ruhe von Hautschuppen und Haaren – eine schöne Vorstellung!

Jedes Mal, wenn Sie eine Zeitung auf Ihrem Esstisch zerknüllen oder Deodorant im Badezimmer versprühen, traumatisieren Sie Tausende dieser Krabbeltiere. Es ist nicht überraschend, dass die Insekten in unserem Haus sich auch noch für anderes Futter interessieren. Rohes Mehl erscheint uns nicht gerade von kulinarischem Interesse, aber Milben sind da offenbar anderer Ansicht.

Viele Insekten legen auch ihre Eier in Lebensmitteln ab, oft noch bevor diese verpackt wurden. Lebensmittelkontrolleure kennen dieses üble Problem. In der Nahrungsmittelindustrie kann man nicht völlig ausschließen, dass einmal ein Insekt oder Nagetierhaar in bestimmten Waren auftaucht.

Auch wenn sich noch keine Insekten im Mehl oder in den Früchten befinden, die Sie einkaufen, zu Hause warten schon einige darauf, sich in den Waren einzunisten. Viele der Insekten, die z. B. Mehl befallen, sind für das Auge kaum sichtbar. Und im Übrigen ist es für ein Insekt, das weniger als 3 mm groß ist, sehr leicht, in eine Packung hineinzukommen, besonders nachdem sie geöffnet wurde.

Wir stehen also von vornherein auf verlorenem Posten. Besser, wir kümmern uns um die Tierchen, die wir sehen – und versuchen, an die anderen nicht zu denken.

Niesen Schmetterlinge und andere Insekten?

Alle befragten Insektenforscher waren sich einig: Schmetterlinge und andere Insekten niesen nicht. Und zwar bereits deshalb, weil sie keine richtigen Nasen haben.

Aber wie ist es mit der Atmung der Insekten? Leslie Saul-Gershenz, Leiterin der Insektenabteilung des San Francisco Zoo, erklärt:

> Bei Schmetterlingen und anderen Insekten erfolgt die Atmung durch Löcher an den Körperseiten. Diese Atemlöcher sind mit ventilähnlichen Sperrmechanismen ausgestattet, die Wasser und Schmutz nicht in den Körper lassen. Andere Insekten, wie Fliegen, Maikäfer, Grashüpfer und vor allem die zischende

Madagaskarschabe, machen sich bemerkbar, indem sie Luft durch ihre Atemlöcher ausstoßen. Auf diese Weise entsteht dann ein fauchendes bis zischendes Geräusch. “

Eine andere Insektenexpertin stellt klar, dass es nicht möglich ist, mit unbewehrtem Ohr Insekten atmen zu hören:

„ Solange ich Insektenforschung betreibe, habe ich nie ein Insekt atmen hören. Sicher könnte man aber mit einem speziellen Verstärker den Gasaustausch im Organismus von Insekten hören, nicht jedoch ohne ein solches Hilfsmittel. “

Um das Fauchen der Madagaskarschabe *(Gromphadorhina portentosa)* zu hören, braucht aber niemand ein Stethoskop. In einer Zeitschrift für Insektenkunde beschreibt der Insektenspezialist Randy Morgan die einige Dezibel umfassende Lautäußerung dieser 5 – 8 cm großen Kakerlake.

Die Madagaskarschabe produziert ihr Fauchen oder Zischen durch Zusammenziehen des Unterleibs, während sie gleichzeitig die Luft aus den verengten Atemlöchern ausbläst; das Geräusch kann aus mehreren Metern Entfernung gehört werden. Während andere Schaben Angreifern ein Schnippchen schlagen, indem sie weglaufen, fortfliegen oder unangenehme Sekrete produzieren, hat *Gromphadorhina portentosa* eine andere Methode. Ihre heimliche Lebensweise und die Fähigkeit zu zischen scheinen sie ausreichend zu schützen. Morgan berichtet von einem Lemur, der eine Schabe vertilgen wollte. Als er ein Zischen hörte, glaubte er sich einer Schlange oder einem ähnlich gefährlichen Tier gegenüber und machte sich schnellstens davon. In den Blättern setzte die zischende Schabe ihre Mahlzeit fort, unbeeindruckt davon, dass sie selbst beinahe gefressen worden wäre. Obwohl die Schabe ihren Todfeind anscheinend gar nicht zur Kenntnis genommen hatte, war die Flucht des Lemuren kein Zufall. Das Zischen ist ein spontaner Reflex, den die Schabe nur einsetzt, wenn sie in Gefahr durch Angreifer ist oder wenn sie um Partner wirbt.

Wo bleiben Schmetterlinge, wenn es regnet?

Es ist nicht einfach so, dass Schmetterlinge nur lieber an sonnigen Tagen unterwegs sind, sie brauchen vielmehr Sonnenlicht, um ihre Körpertemperatur zu regulieren. Ob es regnet oder nicht, wenn die Sonne hinter Wolken verschwindet oder bei Sonnenuntergang suchen sie sofort Schutz.

Gerade so, wie sich Menschen unter die Krone eines Baums flüchten, suchen auch Schmetterlinge Schutz unter natürlichem Material. Zu den beliebtesten Plätzen gehören die Unterseiten von Blättern und Ästen sowie Grasbüschel. Der Körper der Schmetterlinge ist extrem empfindlich, deshalb hat die Natur die schönen Wiesengaukler auch besonders gegen Regen geschützt. Wenn sie ruhen, verhindert die tropfenförmige Gestalt ihres Körpers, dass sich Wasser auf Flügeln oder Körper sammelt, zudem ist die Haut wasserdicht. Laut Richard Zack von der Washington State University könnten viele Schmetterlinge einen Flug durch heftigen Regen nicht überleben. Der Wind würde sie aus der Bahn werfen und ihre Flügel beschädigen, ebenso wären dicke Regentropfen ein großes Risiko.

Warum kriechen Würmer aus der Erde, wenn es regnet?

Was glauben Sie, warum sie herauskommen? Wegen ihrer Gesundheit? In der Tat, das ist es. Abgesehen von den parasitär lebenden Arten, halten sich Würmer überwiegend in kleinen Hohlräumen auf, die sie in den Boden graben. Regnet es, so füllen sich diese mit Wasser, und die Würmer laufen Gefahr zu ertrinken. Deshalb retten sie sich nach oben und suchen festen Boden „unter den Füßen", z.B. einen Pfad oder Weg. Dort sind sie, wenn es richtig nass wird, sicherer als in weicher Erde oder im Gras. Untersucht man das Gras neben dem Fußpfad, würde man auf viele Würmer stoßen, die versuchen, über Wasser zu bleiben, und die wahrscheinlich wünschen, sie hätten es bis zum Pfad geschafft.

Wieso werden Motten vom Licht angezogen, und was bezwecken sie, wenn sie wie verrückt um die Glühbirne kreisen?

Motten verbringen viel Zeit mit Schlafen sowie mit Futter- und Partnersuche. Die meisten Motten schlafen am Tag, in der Nacht sind sie dann aktiv.

Wenn Motten vom Licht angezogen werden, warum fliegen sie dann nicht der Sonne entgegen?

In der Frage selbst liegt schon ein kleiner, aber bedeutsamer Fehler. Sogar wenn die Motten gern zur Sonne fliegen würden, sie hätten nicht die Gelegenheit dazu, denn die große Mehrheit dieser Insekten sind nachtaktive Tiere. Am Tag ruhen sie in ihrem dunklen Versteck. Denken Sie nach: Wann haben Sie zuletzt eine Motte bei Tageslicht vorbeiflattern sehen?

Über Jahrmillionen haben die Motten Mond und Sterne zur Navigation genutzt, wenn es darum ging, die besten Plätze zum Fressen oder für ein Rendezvous zu finden. Sie orientieren sich beim Fliegen, indem sie sich in einem bestimmten Winkel zu einer Lichtquelle halten. Zum Unglück für die Insekten führten die Menschen künstliches Licht ein, und nun sehen Motten in einer Glühbirne ihren natürlichen Bezugspunkt. Versuchen sie jetzt, einen festen Winkel zu diesem Punkt zu halten, so endet ihre Flugbewegung nach der Hypothese des englischen Biologen R. R. Baker in immer engeren, konzentrischen Kreisen, bis sie schließlich auf der Lichtquelle sitzen. Baker spekuliert, dass Motten nahe zum Licht fliegen, weil sie glauben, es sei Tag, und versuchen zu ruhen. Dabei haben sich schon viele verbrannt. Andere werden so desorientiert, dass sie nicht wegfliegen, bis das Licht ausgeschaltet ist oder es Tag wird.

Glauben Sie also nicht, dass die Motten einfach vom Licht angezogen werden. Sie folgen nur ihren vorprogrammierten Verhaltensweisen und umschweben die leuchtende Terrassenlampe, weil sie die weiße Glühbirne mit dem Mond verwechselt haben. Welch trauriges Schicksal! Viel lieber würden sie herumkreuzen und nach Futter und verführerischen Partnern Ausschau halten.

Schlafen Fische? Und wenn ja, wann schlafen sie?

Im Wörterbuch wird Schlaf als ein natürlicher, regelmäßig wiederkehrender Zustand bezeichnet, eine Rast für Körper und Geist, bei der die Augen normalerweise geschlossen sind und es wenige oder keine bewussten Gedanken oder Bewegungen gibt. Solche strategisch doppelsinnigen Worte machen es schwer, die obige Frage mit Ja oder Nein zu beantworten. Der Verfasser des Nachschlagewerks hatte wohl auch nicht Fische im Sinn, als er seine Definition von Schlaf niederschrieb.

Zum Ersten ist festzustellen, dass, abgesehen von Fischen mit knorpeligem Skelett wie Haien und Rochen, Fische keine Augenlider haben. Also können sie auch keine schließen, und wir können schwer beurteilen, ob sie schlafen. Undurchsichtige Augenlider wären für Fische nicht geeignet, da sie die Sicht blockieren und verhindern würden, dass Fressfeinde frühzeitig erkannt werden. Einige Fische besitzen jedoch eine transparente Membran, die ihre Augen vor Irritationen und Verletzungen schützt.

Im offenen Meer lebende Fische, wie z. B. Thunfisch, Blaubarsch und Marlin, hören niemals auf zu schwimmen. Auch ein Küstenfisch fällt nicht in den Schlaf wie wir Menschen. Fischspezialist Gerry Carr berichtet über einige geniale Strategien, mit denen Fische versuchen, einen kurzen Schlummer zu tun:

> ,, Einige Riff-Fische werden einfach inaktiv und stehen im Wasser, als ob sie schliefen, aber sie sind stets wachsam und achten auf drohende Gefahr. Andere, wie einige Papageien- und Napoleonfische, sondern nachts eine schleimige Membran ab, die ihren Körper komplett bedeckt – so, als wären sie in Plastikfolie verpackt. Sie zwängen sich in eine Spalte des Riffs, packen sich ein und ruhen dort während der Nacht in einem komaartigen Zustand.
>
> Ihre Augen bleiben offen, aber ein Taucher kann sich ihnen nähern und, wenn er vorsichtig ist, sie auch aufnehmen. Schon eine hastige Bewegung genügt aber, und sie huschen davon. Um Gefahr zu registrieren, sind sie immer wach genug. ‘‘

Von der außerordentlichen Findigkeit der Natur zeugt außerdem die Tatsache, dass manche Süßwasserfische in ihrer Ruhephase die Körperfarbe wechseln, um von Räubern nicht entdeckt zu werden.

In mancher Beziehung ähnelt der Schlaf der Fische der Art und Weise, wie wir durch unseren Alltag trotten, wenn wir wach sind. Unsere Augen sind offen, aber wir wählen unbewusst aus, welche Sinneswahrnehmungen wir in unserem Gehirn registrieren. Ein plötzliches ungewöhnliches Ereignis würde unsere Aufmerksamkeit wachrufen. Aber wenn uns jemand danach fragen würde, wie das Haus aussieht, an dem wir gerade vorbeigegangen sind, oder was für ein Auto eben über die Kreuzung gefahren ist, müssten wir wahrscheinlich passen.

Gehen wir also davon aus, dass ein solcher Dämmerzustand für Fische die Schlafphase darstellt. Wann diese Ruhephase eingelegt wird, ist ganz unterschiedlich.

Viele Fische sind nachtblind oder sehen zumindest nachts sehr schlecht – sie ruhen konsequenterweise in dieser Zeit. Andere Fische, wie z. B. Muränen, Zackenbarsche oder Makrelen, sind dagegen nachtaktiv und schlafen daher eher am Tag. Es gibt auch Fische, die sich zusätzlich den Jahres- und Temperaturverhältnissen anpassen und dann längere Ruhephasen einlegen. So halten viele unserer Seefische, z. B. Karpfenartige, in der kalten Zeit Winterruhe.

Aktualisierung

Es hat sich erwiesen, dass auch einige Meeresäugetiere nicht „richtig" schlafen. Ein Team des Siegel Laboratoriums am Zentrum für Schlafforschung der University of Los Angeles berichtete 2005, dass neugeborene Flaschennasen-Delfine und Killerwale in den ersten Monaten ihres Lebens kein Auge zutun. Vielleicht aus lauter Verzweiflung verzichten in dieser Zeit auch ihre Mütter auf Schlaf.

Diese Erkenntnis verblüffte Schlafspezialisten, denn nach der bis dahin herrschenden Theorie ist der sogenannte REM-Schlaf erforderlich für die Entwicklung des Gehirns bei Säugetieren. Außerdem hieß es, die für das Wachstum wichtigen Hormone würden während des Schlafs ausgeschüttet.

Während beim Menschen die Babys fest schlafen und ihre Mütter jede Gelegenheit wahrnehmen, um auch etwas Schlaf zu bekommen, haben Wale und Delfine vielleicht diese Wachperiode, damit ihre Jungen in der risikoreichen Zeit Angreifern besser entkommen können. Wahrscheinlich gibt es im Wasser kaum irgendwo einen sicheren Platz.

Wenn ältere Wale und Delfine schlafen, treiben sie meist an der Oberfläche des Wassers oder liegen auf dem Grund. Die Jungen aber schwimmen ständig und legen erst ab dem vierten oder fünften Monat Schlafphasen ein.

Warum setzt man einem tropischen Aquarium Sauerstoff zu, obwohl Fische im Meer offenbar kein Sauerstoffproblem haben? Wieso sieht man Sauerstoffpumpen eher in Salzwasser- als in Süßwasseraquarien?

Ein Mitglied der Nordamerikanischen Fischereigesellschaft beantwortet den ersten Teil der Frage kurz und bündig: „Man muss Sauerstoff in jedes Aquarium geben, dessen Pflanzen und Algen nicht ausreichen, um die enthaltenen Fische mit Sauerstoff zu versorgen."

In den meisten natürlichen Gewässern gibt es eine Fülle von Sauerstoff produzierenden Pflanzen – im Vergleich dazu kommt das Pflanzenleben in einem Aquarium einem Zweig Petersilie gleich. Ozeane haben ein reicheres Pflanzenleben als Süßwasserlebensräume. Das Fehlen ausreichender Vegetation ist aber nicht der einzige Grund, warum Salzwasseraquarien Sauerstoffzufuhr benötigen.

Dr. Robert Rofen vom Wasserforschungsinstitut erklärt:

> Salzwasseraquarien brauchen mehr Belüftung als Süßwasseraquarien, damit ihre Bewohner am Leben bleiben, denn der Sauerstoffgehalt in Salzwasser ist niedriger. Die vorhandenen zusätzlichen Salzmoleküle lassen weniger Raum für Sauerstoff. Salzwasser absorbiert weniger Sauerstoff als Süßwasser.

Wieso nehmen Fische in Aquarien Steine vom Boden auf und spucken sie aus?

Menschen sollten da ruhig mal ihre eigenen Verhaltensweisen überdenken! Auch wir nehmen Merkwürdiges in unseren Mund, wie unsere Fingernägel, Kautabak und Fruchtgummi. Ansonsten geht es hier aber um die Fische. Unsere Aquarienexperten bieten drei Erklärungen an:

1. Es gilt, einen Partner zu finden? Da sollte man etwas zu bieten haben! Die Biologin Glenda Kelley schreibt darüber:

> Einer der Gründe, weshalb Fische im Aquarium Steine vom Boden ins Maul nehmen, um sie später wieder auszuspucken, ist, den Laichplatz auszuwählen oder zu säubern, bevor sie ein Weibchen anlocken, das dort laichen soll. Beim Fortpflanzungsverhalten einiger Fischarten spielen die Verfügbarkeit und die Auswahl von Nestbaumaterial eine große Rolle. Die Fische testen in vielfältiger Weise geeignetes Material für die Laichablage, sie nehmen es ins Maul, ‚setzen' sich auf den Boden und tasten es ab, oder reinigen den Platz schon einmal.

2. Lecker! Es ist zwar nicht so, dass der Fisch das Futter, das Sie ihm von oben hereinwerfen, nicht mag, aber Abwechslung ist die Würze des Lebens. In der Freiheit, bei einer reichen und komplexen Pflanzenauswahl, können Steine

mit allen möglichen Delikatessen besetzt sein. Viele Fische suchen Futter, indem sie Sand, Schmutz und kleine Steine aufnehmen, Essbares von der Oberfläche ablesen und das, was nicht verwertbar ist, wieder ausspucken. Man könnte das vergleichen mit der Angewohnheit der Menschen, das Fruchtfleisch von Kirschen oder Oliven zu essen und die Steine auszuspucken.

3. **Hygienische Maßnahme.** Auch Fische müssen von Zeit zu Zeit Mundhygiene betreiben. Steine und Sand könnten hierbei äußerst nützlich sein als Mittel, sich von Parasiten im Maul zu befreien.

Urinieren Fische?

Bei so viel Wasser fällt ein bisschen Wasserlassen kaum auf. Aber natürlich urinieren Fische. Nicht alle tun das auf die gleiche Weise. Süßwasserfische müssen sich von dem Wasser befreien, das ständig aufgrund von Osmose in ihrem Körper zirkuliert. Die Nieren von Süßwasserfischen scheiden ausgiebige Mengen verdünnten Urins aus, um ihr Gewebe vor dem Aufschwemmen zu schützen. Im Vergleich dazu produziert Meeresfisch, der Wasser durch Osmose verliert, nur geringe Mengen Urin. Er muss vielmehr Wasser trinken, um die Flüssigkeit zu ergänzen, die er durch Osmose verloren hat. Fischexpertin Kelley erklärt:

> Dieser Wasserverlust wird hauptsächlich kompensiert durch das Trinken großer Mengen Meerwasser. Das zusätzliche Salz verursacht aber ein Problem. Die Fische befreien sich selbst von diesem Überschuss, indem sie aktiv Salz ausscheiden, hauptsächlich über ihre Kiemen.

Dr. Robert R. Rofen vom Wasserforschungsinstitut erklärt, dass Fische nicht nur durch die Kiemen, sondern auch durch die Haut Flüssigkeit ausscheiden können, ein Äquivalent zum menschlichen Schwitzen.

Sind Hummer beidhändig?

Haben Sie je, wenn Sie einen Hummer verzehrt haben, festgestellt, dass eine Schere deutlich größer ist als die andere? Gerade so, als hätte eine Schere ständig

Was ist mit Ameisen, die von ihrer Kolonie getrennt werden?

Wie wir schon in der Schule gelernt haben, sind Ameisen soziale, Staaten bildende Insekten. Die Königin legt die Eier. Aus Eiern, die mit Samen befruchtet wurden, den sie in ihrem Körper bevorratet hat, entstehen die Arbeiterinnen. Aus unbefruchteten Eiern werden Männchen, die nach der Begattung sterben.

Die Arbeiterinnen bauen das Nest aus und versorgen die Eier, Larven und Puppen; das bedeutet, sie müssen Nahrung herbeischaffen. Bei all ihren Tätigkeiten sind sie aufeinander angewiesen. Die Arbeiterinnen helfen sich z. B. bei der Futterbeschaffung, indem sie von der Futterquelle zum Nest mithilfe von Pheromonen (Sexualduftstoffen) den Weg markieren. Eine von der Kolonie getrennte Ameise wird versuchen, solchen chemischen Pfaden zu folgen, um wieder zum Nest zu kommen.

Drei Risiken läuft eine einsame Ameise. Das erste ist Futtermangel. Ameisen sind daran gewöhnt, von anderen Ameisen Hinweise zu bekommen, wo sie nach Futter suchen sollen. Eine einzige Ameise würde es nicht schaffen, genug Futter zu bevorraten, um länger zu überleben. Außerdem fressen Ameisen das Futter nicht immer in der Form, wie sie es gesammelt haben. Die Blattschneiderameise findet Pflanzen und bringt die Blätter zum Nest, wo sie zerkleinert und in den Pilzgarten der Kolonie gebracht werden. Die Ameisen ernähren sich dann von den fruchtigen Pilzkörpern. Ohne die tatkräftige Hilfe der Kolonie beim Zerkleinern und Transportieren hat solch ein Blatt keine Bedeutung für die Blattschneiderameisen. Sie könnten damit nicht ihren Hunger stillen.

Die zweite Gefahr ist Kälte. Ameisen sind Kaltblüter, also Tiere, die Wärme brauchen, sie aber nicht selbst erzeugen können. Wenn es kalt ist, suchen die Arbeiterinnen den Schutz des Nestes auf.

Ganz auf sich selbst gestellt, wird eine solche Ameise versuchen, einen Stein oder einen Spalt zu finden, der sie eventuell vor dem Erfrieren rettet. Das dritte Problem der einsamen Ameise wäre, dass es Kreaturen gibt, die sie sich gut als Abendessen vorstellen können.

Eisen gestemmt, während die andere sich mit dem Umblättern von Buchseiten beschäftigte. Die große Schere wird „Beißzange" genannt und die schmale Schere der „Abschneider". Die Beißzange hat breitere und größere Zähne, bewegt sich allerdings relativ langsam. Der Abschneider hat winzige, sägezahnartige Zähne und bewegt sich schnell. Die beiden Scheren sind nicht von Anfang an merkbar unterschiedlich. Hummer werfen ihren Panzer häufiger ab – bereits im Larvenzustand machen sie drei Häutungen durch. Wenn Hummer geschlüpft sind, sehen ihre beiden Scheren identisch aus, aber mit jeder weiteren Entwicklungsstufe werden die Unterschiede ausgeprägter. Nach der fünften Häutung zeigt sich deutlich, dass die Scheren unterschiedlich sind.

Wie Sie vielleicht schon vermutet haben, braucht das Tier die Beißzange, um sich gegen Angreifer zu verteidigen, der Abschneider dagegen erweist sich als sehr nützlich beim Fressen. Hummerscheren werden bei Unfällen und in Kämpfen oft abgerissen. Bei den meisten Arten regenerieren sich jedoch verletzte Scheren. Eine erstaunliche Leistung der Natur ist Folgendes: Wenn die verbliebene Schere eines verletzten Hummers ein Abschneider ist, wird bei den meisten Arten diese Schere zur Beißzange, vielleicht weil die Beißzange wichtiger zum Überleben ist. Die später nachwachsende Schere wird dann automatisch ein Abschneider.

Laut Darryl Felder von der University of Louisiana, Lafayette, sind Hummer weder Links- noch Rechtshänder. Die Beißzange kann sowohl an der rechten als auch an der linken Seite eines Hummers sitzen. Die Tiere benutzen beide Scheren mit gleicher Leichtigkeit.

Haben Seesterne ein Gesicht?

Seesterne sind klassifiziert als *Echinodermata* (Stachelhäuter), vom selben Stamm der Wirbellosen wie die Seewalzen und Seeigel. Wegen ihrer Form haben Seesterne für uns etwas Märchenhaftes und Liebenswertes, sie sind aber unersättliche Räuber und stets auf Futtersuche.

Wie soll man ein Gesicht haben, wenn man nicht mal einen Kopf hat! Anders als Tiere mit Kopf zeigen Seesterne wie alle *Echinodermata* eine fünfstrahlige Radiärsymmetrie. Sie haben einen Rumpf und fünf Arme mit einer Ober- und einer Unterseite, aber keiner Vorder- oder Rückseite. Sie bewegen sich problemlos in jede Richtung, so gut sie es eben können mit fünf oder mehr Armen und absolut keiner Vorstellung von vor- oder rückwärts. Mit bloßem Auge sind die sensorischen Organe des Seesterns kaum zu erkennen, die Stachelhäuter besitzen aber viele der

Fähigkeiten, die auch Tiere mit Köpfen haben. Was ihnen fehlt, ist die Fähigkeit zu hören. Zur Wahrnehmung von Licht befinden sich an jeder Armspitze an einem Tentakel Gruppen von punktförmigen Lichtsinneszellen. Seesterne heben oft einen Arm hoch, um diese Ozellen freizulegen, damit sie Licht oder Bewegungen im Wasser erkennen.

Vom Mund aus, der auf der Unterseite in der Mitte des Rumpfs liegt, zieht sich bis zu jeder Armspitze die offene Ambulacralfurche, beidseitig besetzt mit Hunderten von winzigen röhrenförmigen Füßchen, an denen Saugscheiben sitzen. Diese Füßchen dienen der Fortbewegung, der Seestern kann sich aber auch mit den Saugscheiben am Boden festhalten und sich durch abwechselndes Ansaugen und Vorwärtsziehen bewegen. Das letzte Füßchen an der Armspitze ist zur Tentakel umgeformt und ohne Saugscheibe. An dieser Tentakel sitzen die Lichtsinneszellen, aber auch Sinneszellen, mit denen das Tier „riecht", wenn Beute in der Nähe ist. Seesterne halten sich gern in der Nähe von Gestein auf. In den dunklen Winkeln unter oder hinter Felsen können sie sich am besten vor Angreifern verbergen.

Keine Augen, keine Nase, keine Ohren, kein Kopf, ja haben sie denn gar nichts, was an ein Gesicht erinnert? Doch, sie haben einen Mund mitten auf der Unterseite des Körpers. Viele Seesterne sind spezialisierte Muschelfresser. Sie nehmen aber auch Korallen, Fische und andere Tiere, die am Meeresboden leben. Während wir einige Übung und spezielles Werkzeug brauchen, um eine Auster zu öffnen, haben Seesterne eine meisterhafte Technik entwickelt; sie setzen sich mit ihren Saugfüßchen an den Muschelrändern fest und ziehen, bis der Schließmuskel der Auster erlahmt. Sobald sich die Schale nur eine Spur öffnet, stülpt der Seestern die zarthäutigen Teile des Magens aus dem Mund hervor und zwängt sie in die Schale der Auster. Die Verdauungssäfte des Magens fließen durch den Riss, während der von innen nach außen gedrehte Magen des Seesterns sein Opfer verdaut. Dann kehrt der Magen durch den Mund ins Körperinnere zurück. Es kann 24 Stunden dauern, bis der Seestern sein Festmahl abgeschlossen hat. Aufnahme und Speicherung der Nährstoffe erfolgen in fünf Magenanhängen, die in die Arme ziehen. Wer solch schreckliche Essgewohnheiten hat, ist vielleicht besser gesichtslos!

Wieso ruhen Fledermäuse mit dem Kopf nach unten? Was schützt sie vor dem Herunterfallen?

Fledermäuse sind etwas exzentrisch. Als einziges Säugetier können sie fliegen. Während der Nacht flattern sie umher, erhaschen verschiedene Insekten im Flug, und während des Tags hängen die meisten Fledermausarten kopfüber in einem sicheren Versteck und schlafen.

Dass sie auf diese ungewöhnliche Art ruhen können, liegt an ihrer spezialisierten Muskulatur. Wenn wir Menschen versuchen, etwas mit den Händen zu greifen, z. B. um an einem waagerechten Balken zu hängen, verkrampfen wir unsere Muskeln und strengen uns an, um unsere Finger und Handflächen geschlossen zu halten. Dabei belasten wir unsere Schultern und Arme. Bei Fledermäusen ist das genaue Gegenteil der Fall. Wenn eine Fledermaus einen geeigneten Rastplatz findet, öffnet sie ihre Klauen und packt mit ihren Krallen zu; dabei verkrampft sie nicht ihre Muskeln, sondern entspannt sie. Das Gewicht des Körpers hält die Krallen geschlossen. Für die Fledermaus bedeutet das Ganze also nicht mehr Anstrengung, als in einem Schaukelstuhl zu sitzen.

In dieser Haltung, die sie nur wenig Energie kostet, halten die Fledermäuse auch Winterschlaf. Ebenso wie an kühlen Sommertagen senken die kälteempfindlichen Fledertiere während des Winterschlafs ihre Körpertemperatur ab, reduzieren den Stoffwechsel und fallen in eine Kältelethargie. Die europäischen Fledermäuse, die reine Insektenfresser sind, überstehen auf diese Weise in Felshöhlen, Baumhöhlen oder Gebäuden die kalte und nahrungsarme Zeit. Für die hängende Position brauchen Fledermäuse nur wenig Kraft. So findet man oft auch tote Fledermäuse noch hängend, und sie sehen dann aus, als machten sie gerade ein Nickerchen. Hängen ist für Fledermäuse der entspannte Zustand. Muskelarbeit fällt erst an, wenn sie von ihrem Rastplatz abheben.

Eine weitere anatomische Besonderheit, die den Fledermäusen hilft, kopfüber von der Decke zu hängen, ist ihr extrem flexibler Hals. Wenn sie nach hinten schauen wollen, können sie ihren Kopf um 180° drehen. Die Hinterbeine sind außerdem so angesetzt, dass die Knie nach hinten zeigen.

Die meisten Fledermäuse sind nicht in der Lage, kopfüber zu gebären, sie hängen dann an ihren Vorderbeinen, so wie sie es auch tun, wenn sie urinieren oder koten, und das kostet Kraft.

Nun wissen wir, wie Fledermäuse bequem hängen, aber warum tun sie es?

1. **Die Beine der Fledermäuse sind schwach.** Mutter Natur hat die Fledermäuse mit ungewöhnlich kraftlosen Beinen ausgestattet und mit leichten, schwachen Knochen – schließlich können sie ja fliegen! Leichte Beine erlauben schnelleres Fliegen, verringern aber die Fähigkeit zu stehen, zu gehen oder das eigene Gewicht zu tragen. Fledermäuse können daher nicht hocken wie Vögel.
2. **Die hängende Position erleichtert den Abflug.** Obwohl sie effiziente Flugmaschinen sind, wenn sie sich in der Luft befinden, haben Fledermäuse zu schwache Flügel, um wie die Vögel vom Boden abzuheben. Wenn Fledermäuse

von Angreifern attackiert werden, können sie aus der Ruheposition heraus schnell entkommen, indem sie sich einfach fallen lassen – selbst bei Kältelethargie. Einige Forscher glauben, dass die Fledermäuse während ihrer Evolution einmal Gleiter gewesen sind und keine Flieger, da ihr Fluchtverhalten besser zu flugunfähigen Tieren passt.

3. **Angriffe werden vereitelt.** Die Feinde der Fledermäuse sind Eulen, Falken und Schlangen, an vielen Orten auch die Menschen. Fledermäuse sind vor vielen ihrer Verfolger schon deshalb sicher, weil sie aktiv werden, wenn ihre Feinde schlafen. Und ihre Gewohnheit, kopfüber hoch in Höhlen oder Gebäuden zu hängen, macht sie meist unerreichbar für ihre Feinde.

Warum trommeln Gorillas auf ihrer Brust?

In freier Wildbahn schlagen sich Gorillas aus einem wichtigen Grund auf den Brustkasten: Die Gebärde schreckt andere Gorillas ab, so wie sie auch auf uns bedrohlich wirkt. In seinem Buch über Berggorillas berichtet G. B. Schaller über ein neunstufiges Aggressionsritual, das in genau festgelegter Reihenfolge abläuft: johlendes Schreien, symbolisches Füttern, sich erheben (der Gorilla steht auf zwei Beinen), werfen (normalerweise Pflanzen in die Luft werfen), auf die Brust trommeln (im Allgemeinen 2–20-mal, mit offenen Händen – manchmal auch begleitet von Schlägen auf Magen oder Schenkel), treten (oft kicken Gorillas ein Bein in die Luft, während sie sich auf die Brust klopfen), rennen (für gewöhnlich seitwärts, erst auf zwei Beinen, dann auf allen vieren), auf Pflanzen einschlagen und sie zerreißen, auf den Boden stampfen (ein einzelnes Aufstampfen mit einem oder beiden Füßen beendet gewöhnlich das Ritual). Nur männliche Silberrückengorillas zeigen alle neun Verhaltensweisen, nahezu jedes Brusttrommeln wird aber von mindestens einer dieser Verhaltensweisen begleitet. Auch bei weiblichen Gorillas in der Wildnis wurde dieses Verhalten beobachtet. Also wann und warum tun sie es?

1. Wenn ein männlicher erwachsener Silberrücken, der eine Gruppe von weiblichen Gorillas führt, auf einen potenziellen Rivalen trifft, der sich für seine Partnerinnen interessiert. Normalerweise ist der Rivale ein einsamer Silberrücken, seltener hat auch er einen Harem.
2. Dominante Gorillas setzen das Brusttrommeln ein, um ihren Status als Anführer innerhalb der Gruppe zu etablieren.
3. Durch Brusttrommeln markieren Gorillas ihr Territorium, wenn sie durch eine andere Gruppe herausgefordert werden.

4. Kontaktaufnahme. Wenn ein männlicher Gorilla sich auf den Brustkasten schlägt, wird ihm meistens geantwortet. So mag einer der Gründe für dieses Trommeln sein, die Gruppe zusammenzuhalten und Kontakte mit anderen, weniger freundlich gesinnten Gruppen von Tieren zu vermeiden.
5. Gorillas führen ihr Ritual oft vor, wenn sich Menschen nähern.
6. Das Trommeln auf den Brustkasten kann auch Erregung oder Alarm signalisieren.

Gorillas imitieren gelegentlich das Brusttrommeln von Artgenossen und scheinen es als ein Spiel zu betreiben. Offenbar können Gorillas deutlich machen, wann es sich beim Trommeln um Abschreckung oder Spiel handelt. In zoologischen Gärten sieht man oft junge Tiere, die sehr ungeschickt Ältere nachahmen. Aktuell sind sich die Experten nicht einig, ob Brusttrommeln eventuell ein angelerntes Verhalten ist. Andere stimmen für eine angeborene Verhaltensweise, weil auch Gorillas, die isoliert in Gefangenschaft gehalten werden, dieses Trommeln zeigen.

Die vielleicht interessanteste Antwort gab Francine Patterson, Präsidentin und Projektleiterin einer Gorilla-Stiftung. Enorme Aufmerksamkeit erregte deren Projekt „Koko" zur Kommunikation zwischen verschiedenen Spezies.

Das Forschungsprojekt Koko begann 1972 als ein lang angelegter Versuch, das Gorilla-Weibchen Koko in amerikanischer Zeichensprache zu unterrichten. Neben zwei anderen Gorillas zeigte Koko die größten intellektuellen Fähigkeiten. Sie hat ein abrufbares Vokabular von mehr als 500 Zeichen und kann mehr als 400 davon selbst vorführen. Koko versteht ungefähr 2000 Wörter und hat einen getesteten IQ von 70–95 auf der für Menschen entwickelten Skala.

Sogar die intellektuelle Koko und ihre zwei männlichen Gorilla-Mitschüler schlagen sich auf die Brust, wenn sie miteinander und mit ihren menschlichen Wärtern kommunizieren. Hier ein kleiner Dialog zwischen Koko und der inzwischen verstorbenen Barbara Chiller, einer der Gründerinnen der Stiftung:

BARBARA: Also, kannst du mir sagen, wie Gorillas sprechen?

(Koko trommelt auf ihre Brust.)

BARBARA: Was sagen Gorillas, wenn sie sich freuen?

KOKO: Gorillas umarmen sich. [ausgedrückt durch Zeichensprache]

BARBARA: Was sagen Gorillas zu ihren Babys?

(Koko trommelt auf ihre Brust.)

Tiere verspeisen einfach das, was sie in der Natur finden. Wir dagegen bauen Nahrungsmittel an, verarbeiten sie weiter, verpacken sie, geben ihnen Namen, frieren sie ein und kochen sie. Wir richten unser Essen dekorativ an und sprechen endlos darüber. Sogar merkwürdige Mützen setzen wir auf, wenn wir kochen. Also sollten wir rund um die Ernährung eine ganze Menge wissen. Hier finden Sie einige Antworten.

Essen und Trinken

Warum haben manche Eier zwei Dotter? Weshalb haben Eidotter manchmal rote Punkte?

In den Eierstöcken weiblicher Küken befinden sich bereits beim Schlüpfen mehrere Tausend winziger Eizellen, die wie eine Traube zusammenhängen. Ein follikelstimulierendes Hormon im Blut sorgt für die Reifung dieser Eizellen, die zusammen mit den Speicherstoffen (Proteinen, Fetten und Kohlenhydraten) schließlich zu Dottern werden. Wenn ein solches Dotter reif ist, reißt die Eihaut und entlässt es in den Eileiter, wo es noch seine Eiweißumhüllung und die Schale erhält.

Gelegentlich reifen zwei Dotter gleichzeitig und wandern in den Eileiter – auf ähnliche Weise kommt es beim Menschen zu Zwillingsgeburten. Am häufigsten passiert das allerdings bei sehr jungen bzw. sehr alten Legehennen; bei jungen, weil ihr Legezyklus sich noch nicht stabilisiert hat, und bei älteren, weil diese generell größere Eier legen. Und aus unbekannten Gründen haben größere Eier häufiger zwei Dotter.

Wenn ein Huhn aufgescheucht wird, während sich gerade ein Ei bildet, können winzige Blutgefäße in der Eihülle reißen und kleine Blutflecken im Dotter hinterlassen. Das beeinträchtigt aber nicht den Wert des Eis als Lebensmittel.

Wieso lässt Hefe Brot aufgehen? Warum müssen die meisten Brotteige geknetet werden?

Backhefe wird aus Pilzen der Familie *Saccharomyces* hergestellt. Eigentlich sieht so ein Päckchen Backhefe nach gar nichts aus, aber lassen Sie sich nicht täuschen. Dieser gepresste Würfel ist ein lebender und äußerst quirliger Organismus. Die Hersteller von Hefekulturen isolieren eine einzige winzige Hefezelle, füttern sie mit Nährstoffen und können dann zuschauen, wie sie sich zu Tonnen von Hefe vervielfältigt. Ein Gramm frischer Hefe enthält ungefähr zehn Billionen lebender Zellen; die Vermehrungsgeschwingigkeit, die Hefepilze vorlegen, sucht ihresgleichen.

Zur Herstellung von Backhefe werden die Pilze fermentiert, was ein konzentrierteres Produkt ergibt. Dazu werden sie bei starker Belüftung mit einer zuckerhaltigen Nährlösung, meist mit Melasse, „gefüttert" und teilen sich dann munter weiter. Laut Aussage eines Hefeherstellers entstehen aus nur einer 200-g-Kulturflasche Hefe unter idealen Bedingungen in fünf Tagen sage und schreibe etwa 150 Tonnen Hefe, genug, um ungefähr zehn Millionen Brotlaibe zu backen.

Wenn sich die Hefe zu blasenförmigen Gebilden entwickelt hat, werden Melasse und Wasser abgetrennt, dann wird die Hefe zentrifugiert, gewaschen und entweder zu Würfeln geformt oder zu Hefegranulat getrocknet. Wenn der Bäcker das Granulat in Wasser auflöst, werden die Pilze reaktiviert – und auch ihr ungeheurer Appetit erwacht wieder. Bei frischer Backhefe scheinen die Hefepilze schon auf Nahrung zu warten, und wenn dem Wasser dann noch Zucker zugefügt und alles warm gehalten wird, führen sie einen regelrechten Freudentanz auf – der Vorteig quirlt und schäumt.

Hefepilze lieben den Zucker und das Mehl im Brotteig. In Verbindung mit Zucker fermentiert die Hefe, und es entstehen Alkohol und Kohlendioxid. Der Alkohol verdampft beim Backen im Ofen, aber die kleinen Kohlendioxid-Blasen bleiben im Teig gefangen.

Das Kohlendioxid schließt das im Mehl enthaltene Klebereiweiß auf, das aufgrund seiner Quellfähigkeit und seiner Zähigkeit eine Art Gerüst für den aufgehenden Teig bildet, ohne die Kohlendioxid-Blasen entweichen zu lassen. Wenn der Teig zu doppelter Größe aufgegangen ist, steckt er voller Gasblasen, die sich im Backofen durch die Erhitzung noch weiter ausdehnen. Man nennt das den Nachtrieb oder Ofentrieb. Hefebrot hat daher eine deutlich lockerere Beschaffenheit als Brot, das ohne Hefe gebacken wird.

Durch Kneten des Brotteigs festigt der Bäcker die Struktur des Klebereiweißes, das dem Druck der sich ausdehnenden Kohlendioxid-Blasen standhalten muss. Nur dann hat frisches Brot die lockere, aber auch feste Konsistenz, die wir an ihm so lieben.

Warum nimmt das Dotter hart gekochter Eier manchmal eine grünliche oder graue Farbe an?

Die Verfärbung entsteht durch Eisen- und Schwefelbestandteile im Ei, die sich konzentrieren, wenn Eier zu lange gekocht werden. Grünliches Eigelb sieht zwar wenig appetitlich aus, Eisen und Schwefel beeinträchtigen aber weder den Geschmack noch den Nährwert. Meist kommt es zu Dotterverfärbungen, weil die Eier nach dem Kochen im heißen Wasser gelassen wurden. Man sollte also die gekochten Eier entweder unter kaltem Wasser sofort kurz abschrecken oder sie in Eiswasser ganz auskühlen lassen. So bleiben die Dotter gelb, und außerdem lassen sich die Eier viel leichter schälen.

Warum wird weiches Brot härter, wenn es alt ist, hartes Brot wie Knäckebrot dagegen weicher?

Wie jeder Bäcker weiß, enthält ein typisches Weißbrot 32–38 % Feuchtigkeit. Unverpackt oder in luftdurchlässiger Umhüllung gelagert, wird es hart, wenn der Feuchtigkeitsgehalt auf etwa 14 % gesunken ist. Aber warum verliert Brot Feuchtigkeit und wird altbacken? Die Lebensmitteltechniker kennen zwar noch nicht alle Ursachen für diese bedauerliche Tatsache, sprechen aber von einem Prozess der „Retrogradation", bei dem Veränderungen der Stärkestruktur im Brot verbunden mit Wasserverlust stattfinden. Brot soll eine weiche Krume und harte Kruste besitzen, während der Retrogradation wandert aber Feuchtigkeit aus dem Brotinneren nach außen und macht die Kruste weicher, während die Krume austrocknet.

Tom Lehmann vom Amerikanischen Bäckerei-Institut fügt hinzu, dass bei längerer Lagerung von Brot ein Teil der im Mehl enthaltenen Stärke auskristallisiert, was das Brot allmählich härter macht. Einige Teigbestandteile wie Enzyme und Monoglyzerid verlangsamen zwar diesen Prozess, dennoch wird unverpacktes, an der Luft gelagertes Brot sehr rasch altbacken.

Knäckebrot und Kekse sind knusprig, weil sie bis zu einer sehr geringen Restfeuchtigkeit, und zwar 2–5 %, gebacken werden. Wenn sie weich werden, ändert sich nicht die Struktur des Stärkegerüsts wie bei weichen Brotsorten. Sind sie nicht dicht verpackt, nehmen sie Feuchtigkeit aus der Luft auf. Ihre Knusprigkeit haben sie verloren, wenn der Feuchtigkeitsgehalt etwa 9 % erreicht.

Weshalb schwimmen zwei Cornflakes in Milch immer wieder aufeinander zu, wenn sie nur wenige Zentimeter voneinander getrennt werden?

Diese Frage ist schon etwas spitzfindig, aber vielleicht haben sich bereits viele Frühstücksfreaks darüber gewundert, was da in ihrem Schüsselchen passiert, wenn sie zwischen Traum und Tag einmal ihren Blick von der Morgenzeitung hinüber auf die Cornflakes-Zubereitung lenkten.

John Kepplinger von der Abteilung Produktforschung bei der Firma Kellog's konnte erfreulicherweise mit einer Erklärung aufwarten:

„Die Hauptursache dafür, warum zwei Cornflakes in Milch sich gegenseitig ‚anziehen', liegt in der Oberflächenspannung der

Flüssigkeit. Rund um jede Cornflake, die noch nicht vollgesogen und abgesunken ist, entsteht aufgrund ihres Gewichts eine kleine Einbuchtung. Wenn sich Cornflakes einander annähern, verschmelzen diese Einbuchtungen und bilden eine Vertiefung zwischen den Flocken, in die diese hinein- und aufeinanderzugleiten. “

Um ganz sicherzugehen, sprach Kepplinger auch noch mit Physikern über das Phänomen. Er erhielt von dieser Seite eine Bestätigung seiner Erklärung anhand eines anschaulichen Beispiels, das auch Frühstücksmuffel überprüfen können:

„ Die Cornflakes sind vergleichbar mit zwei Laubblättern, die in einem Teich schwimmen. Diese treiben ziellos im Wasser umher, bis sie zufällig nahe zusammengeraten. Durch den Druck, den jedes Blatt auf die Wasseroberfläche ausübt, gibt der glatte Wasserspiegel rund um das Blatt ein wenig nach. Sobald sich die um sie herum entstandenen ‚Täler‘ treffen, gleiten die beiden Blätter aufeinander zu. “

Ein weiterer Experte bezweifelte allerdings, dass die Bewegungen der Cornflakes bzw. die von Laubblättern im Teich nur zufällig sind. Und tatsächlich nannten die befragten Physiker viele mögliche Faktoren, die zusätzlich die Bewegung der leichten Fracht auf der Milch beeinflussen könnten. So gab man zu bedenken, dass sowohl die Bewegungen der Cornflakes als auch die Oberflächenspannung temperaturabhängig sind, es also eine Rolle spielt, wie kalt bzw. warm die Milch ist. Außerdem können leichte Luftbewegungen sowie durch den Löffel, durch Zucker oder andere Zutaten ausgelöste Wellen Einfluss auf die Bewegungen der Cornflakes haben.

Ein weiterer Physiker wies noch darauf hin, dass manchmal kaum wahrnehmbare, unwillkürliche Bewegungen des Frühstückenden die Knusperflocken zum Wandern bringen:

„ Auf den Tisch zu schlagen hat ebenso einen Effekt, wie mit dem Löffel an die Schüssel zu klopfen. Auch geraten die Flocken bereits dadurch in Bewegung, dass man sie in die Schüssel streut. Auf einer glatten Oberfläche, wie die Milch sie zeigt, wäre es schwierig, zwei Cornflakes so zu platzieren, dass sie zunächst ganz ruhig liegen. “

Ganz ähnlich gelagert und ebenfalls im Bereich Frühstück angesiedelt ist ein anderes Phänomen: Warum zeigen Teeblätter die Tendenz, sich in der Mitte und am Boden einer Tasse zu sammeln? Die einhellige Antwort der Experten war: Wenn Teeblätter in der Tasse umgerührt werden, sammeln sie sich in der Mitte, weil sich die Flüssigkeit dort langsamer bewegt als im äußeren Bereich und deshalb in der Mitte die Reibungskräfte geringer sind.

Zurück zu den Cornflakes. Der Physiker Andrew De Weerd führte an, dass die Oberflächenspannung zwar eine Erklärung dafür liefert, warum die Cornflakes zusammenkommen, sobald sie nah genug sind. Dass sie aber überhaupt aufeinander zuwandern, habe vermutlich dieselbe Ursache wie bei den Teeblättern. Der beim Eingießen oder Umrühren auf die Milch ausgeübte Druck wird die Flüssigkeit fast stets entweder mit dem oder gegen den Uhrzeigersinn in Bewegung setzen. De Weerd schreibt:

> „Ich gehe davon aus, dass in einem solchen Fall die Strömungsgeschwindigkeit der Milch am Schüsselrand größer ist – dadurch entsteht ein Sog zur Mitte hin. Hinzu kommt, dass sich die Cornflakes langsam um sich selbst drehen, und zwar in der selben Richtung wie die Milch.“

Nach den nächsten beiden Beiträgen zu schließen, wird Ursachenforschung in Bezug auf die Zweierbeziehung von Cornflakes am intensivsten und mit größtem Einsatz von Humor – bekanntlich einer landestypischen Eigenschaft – in Großbritannien betrieben. Den folgenden Bericht lieferte Robert J. Hill von der Firma Krisalis Software. Er erwärmte kalte Milch vom Schüsselrand her, um herauszufinden, ob es dabei zu einem Transport von Energie kommt, die dann die Cornflakes zusammentreibt:

> „Ich habe für mein Experiment eine Schüssel kalter Milch aus dem Kühlschrank genommen und zwei Cornflakes hinzugefügt. Sie bewegten sich in der Milch herum, aber nur wenig aufeinander zu. Ich legte meine Handflächen um die Schüssel, und innerhalb weniger Minuten waren die beiden Flocken vereint. Vielleicht wäre das auch ohne die Wärme meiner Hände geschehen, aber ich glaube, ich bin auf dem richtigen Weg zu einer neuen Entdeckung.“

Dennoch, der eigentliche Entdeckerruhm gebührt dem Briten Ian Russell, von Interactive Science, einer Gruppe, die wissenschaftliche Ausstellungen organisiert. Er berichtete über die folgende kleine Versuchsreihe:

> „In meiner Küche standen zwar keine Cornflakes zur Verfügung, aber ich kann berichten, dass schwimmende Rice Krispies denselben Drang haben, sich einander zu nähern. Und jetzt kommt das Interessante: Kleine Stückchen von Wasser abweisendem Kerzenwachs treiben genauso aufeinander zu. Mit den Wasser aufnehmenden Rice Krispies wollen sie aber nichts zu tun haben, beide stoßen einander ab. Ich vermute, Kerzenwachs wird sich genauso wenig von Cornflakes angezogen fühlen wie umgekehrt.“

Wie wird verhindert, dass die Rosinen in Müslimischungen sich am Boden der Packung sammeln?

Die unumstößliche Popcorn-Gesetzmäßigkeit, wonach sich hart gebliebene Maiskörner am Boden der Tüte oder Schüssel sammeln, hat schon viele Zähne gerettet. Für das Verhalten des Popcorns gibt es eine simple Erklärung: Harte Maiskörner fallen nach unten, weil sie eine höhere Dichte haben als geplatzter Mais und weil wir die zum Absinken nötigen Hohlräume schaffen, wenn wir in der Tüte oder Schüssel nach der Nascherei angeln.

Es gibt viele Entsprechungen zum Popcorn-Gesetz, so z. B. die Eisbecher-Regel: Egal, mit wie viel oder welcher Art von Fruchtsoßen, Nuss- oder Schokoladenstreuseln man einen Eisbecher krönt, es wird sich alles am Boden des Bechers zu einem großen Mischmasch sammeln.

Nach diesen grundlegenden Feststellungen erscheint es allerdings merkwürdig, dass sich Rosinen in Müslipackungen offenbar anders verhalten. Sollten sich die kleinen, getrockneten Weintrauben etwa dem Gesetz der Schwerkraft entziehen? Linda E. Belisle von General Mills, einem amerikanischen Hersteller von Frühstücks-Getreideprodukten, lieferte eine einfache und elegante Antwort.

Rosinen werden der Müslimischung erst zugefügt, wenn die Packung schon mehr als halb voll ist. So können sich die Getreideflocken setzen und etwas verdichten. Unter normalen Transportbedingungen werden die Verpackungen leicht geschüttelt, dabei verteilen sich die Rosinen gleichmäßig im Schachtelinhalt. Der Tatsache, dass sich Getreideflocken in der Packung setzen, wird meist mit einem

Hinweis auf der Verpackung Rechnung getragen. Eine nicht bis zum Rand gefüllte Schachtel ist kein Reklamationsgrund, da nur das Gewicht des Inhalts, wie auf der Packung angegeben, von Belang ist.

Warum schmeckt Milch aus dem Kühlschrank nie so kalt wie Wasser oder gekühlte Limonade?

Tatsächlich wird Milch genauso kalt wie Wasser oder Limonade – das kann man sehr einfach mit einem Thermometer nachprüfen.

Milch mit der gleichen Temperatur wie Wasser oder Limonade empfinden wir deshalb als weniger kalt, weil sie feste Fettbestandteile enthält. Feste Nahrungsbestandteile kommen uns wärmer vor als Flüssigkeiten.

Folgendes Experiment wird Sie überzeugen: Stellen Sie Sahne-Eiscreme sowie einen Becher fettreduzierten Joghurt in Ihr Gefrierfach. Wenn Sie beides nach dem Gefrieren probieren, werden Sie feststellen, dass der Joghurt wesentlich kälter wirkt als die Sahne-Eiscreme.

Für den Fall, dass Ihnen ein einziger Test als Beweis nicht ausreicht und Sie nicht einen allzu großen Widerwillen gegen Eiscreme empfinden, hätten Sie nun einen guten Grund, das Experiment mit den verschiedenen Sorten und Geschmacksrichtungen fortzuführen. Die Wissenschaft fordert auch Opfer!

Wieso bekommt Milch eine Haut, wenn man sie erhitzt, während dickere Flüssigkeiten, wie gebundene Soßen, dabei ihre Haut verlieren?

Eiweiße und Stärke reagieren unterschiedlich auf Hitze. Wenn Milch erhitzt wird, gerinnt das Eiweiß; die Fettmoleküle sind dann nicht mehr in der Flüssigkeit verteilt, sondern sammeln sich an der Oberfläche, weil sie leichter sind als Wasser.

Der Mitarbeiter einer Molkerei führte dazu aus, dass die Fettmoleküle sich miteinander verbinden und auf der Oberfläche eine Haut bilden, sobald die Milch aufhört zu kochen. Wird dagegen eine mit Mehl oder Stärke gebundene Soße erhitzt, zerfällt die Stärke, die auf der kalten Flüssigkeit eine Haut gebildet hat. Stärke ist löslicher als Eiweiß und geht daher völlig in der Soße auf. Dasselbe passiert, wenn eine angedickte und gekühlte Suppe wieder erhitzt wird.

Warum bringen uns Zwiebeln zum Weinen?

Lassen Sie uns das aus Sicht einer Zwiebel betrachten. Sie verhält sich völlig harmlos, solange wir nicht mit einem Messer auf sie losgehen. Dann aber wird ein Gas aktiviert, Propanethiolsulfoxid, das gemeinsam mit in der Zwiebel enthaltenen Enzymen eine Schwefelverbindung freisetzt. Das Resultat: Während Sie schneiden, steigt das Gas auf und verbindet sich mit der Tränenflüssigkeit im Auge zu Schwefelsäure. Die Augen reagieren darauf wie immer, wenn sie von einer fremden Substanz irritiert werden: Sie tränen. Sich nun mit den Händen die Augen zu reiben ist so ziemlich das Schlimmste, was Sie tun können, weil Ihre Hände wahrscheinlich ebenfalls mit den reizenden Stoffen in Berührung gekommen sind.

Es gibt allerlei Hausmittel gegen das Problem, vom Abreiben der Zwiebel mit einer Zitrone über das Abwaschen oder Wässern der Zwiebel vor dem Schneiden bis hin zur Empfehlung, beim Schneiden eine Taucherbrille zu tragen. Wir plädieren aber für schlichtes: Durchhalten!

Warum?

Warum schlafen manche Menschen besser ein, wenn sie warme Milch trinken?

Es fehlt eine wissenschaftliche Bestätigung, aber einiges weist darauf hin, dass Milch tatsächlich schlaffördernd wirken kann. Milch enthält Tryptophan, eine Aminosäure und Vorstufe des Neurotransmitters Serotonin. Dieses Serotonin ist an der Steuerung einer ausgeglichenen Stimmungslage und an der Regulation des Schlaf-Wach-Rhythmus beteiligt.

Aber enthält Kuhmilch genug Tryptophan, um Entspannung zu bringen und schläfrig zu machen? Dafür steht der Beweis noch aus. Vertreter der Molkereiindustrie wären sicher die Ersten, die solche Vorteile der Milch mit großem Werbeeinsatz anpreisen würden, sie halten sich jedoch bedeckt und äußern sich eher skeptisch hinsichtlich einer schlaffördernden Wirkung.

Jean Naras, Pressesprecher beim Amerikanischen Molkereiverband, bezweifelt zwar, dass Milch ruhigstellende Eigenschaften habe, wies aber auf Forschungsergebnisse hin, nach denen ab einer „Dosis" von ca. zwei Litern möglicherweise eine schlaffördernde Wirkung eintritt. Wer so viel Milch trinkt, der wird wahrscheinlich vor Erschöpfung einschlafen, mit Sicherheit aber von seiner vollen Blase bald wieder geweckt werden.

Könnte denn warme Milch eher schlaffördernd wirken als kalte? Ja, wenn Sie ernsthaft daran glauben – allerdings war keiner der befragten Experten in der Lage, eine logische Erklärung dafür zu liefern.

Woraus besteht die Flüssigkeit, die sich auf Joghurt absetzt? Ist es einfach Wasser, oder enthält sie Nährstoffe? Soll man sie abgießen oder unterrühren?

Bei der wässrig-milchigen Flüssigkeit handelt es sich um Molke. Wenn sich die Milchsäurebakterien während der Joghurtherstellung vermehren, gerinnt die Milch. Die Proteine (Eiweiße) ballen sich zusammen zu einer relativ festen Masse und befördern dabei die dünnflüssige Molke nach außen. Molke hat zwar eine wässrige Konsistenz, enthält aber wertvolle Bestandteile, wie Mineralien, Eiweiß und Milchzucker (Laktose). Man sollte die Molke auf keinen Fall wegschütten, sondern wieder mit den festeren Bestandteilen des Joghurts verrühren.

Warum trägt saure Sahne ein Verfallsdatum? Kann sie noch saurer werden?

Die Frage ist gar nicht so abwegig, und vielleicht haben auch Sie schon mal Ihre Zweifel am Verfallsdatum gehabt. Sauer macht zwar lustig, aber sauer ist nicht gleich sauer, und irgendwann ist eben Schluss mit lustig. Probieren Sie es aus: Wenn Sie meinen, frische saure Sahne schmecke schlicht sauer, dann lassen Sie einfach mal einen Becher zu lange im Kühlschrank, und probieren Sie dann. Wenn das Verfallsdatum zu lange überschritten wurde, wird das Milchprodukt durch die Arbeit von Bakterien ungenießbar sauer und bitter. Irgendwann bildet sich auch noch Schimmel darauf, selbst bei vorschriftsmäßiger Kühlung.

Saure Sahne hält sich etwa einen Monat lang im Kühlschrank. Warten Sie noch länger, dann wollen Sie mit Sicherheit nicht mehr probieren, wie sauer saure Sahne werden kann.

Weshalb schmeckt Orangensaft so furchtbar, wenn man sich gerade vorher die Zähne geputzt hat?

Catherine Clay vom Kontrollamt für Zitrusfrüchte des Staates Florida wartet mit folgendem Ratschlag dazu auf:

> „Zahnärzte empfehlen, erst nach dem Genuss von Orangensaft die Zähne zu putzen und davor noch den Mund mit Wasser zu spülen. Für die Zahngesundheit ist es ja in jedem Fall besser, Säuberungsaktionen nach dem Essen oder Trinken vorzunehmen. Was die unguten Geschmacksempfindungen betrifft, wenn man Orangensaft nach dem Zähneputzen trinkt, so werden sie auf diese Weise problemlos umgangen.“

Vielleicht haben Sie schon einmal die abgemilderte Version des „Zahnpasta-Orangensaft-Syndroms" erlebt, als Sie nach dem Verzehr von Zuckergebäck Limonade getrunken haben. Letztere schmeckt dann wie ungesüßt.

Das „Zahnpasta-Orangensaft-Syndrom" funktioniert auch umgekehrt. So schmecken Orangen ganz besonders süß, wenn man zuvor einige sauer eingelegte Gurken gegessen hat. Diese „Geschmacksabhängigkeiten" können gut oder schlecht ausfallen (Weinexperten würden sagen, dass ein Bordeaux und ein rosa gebratenes

Steak ihre Aromen gegenseitig ergänzen und verstärken), haben aber wohl nichts mit einer tatsächlichen chemischen Reaktion zu tun. Zahnpasta enthält chemische Substanzen wie z. B. Natriumhydrogenkarbonat, während in Orangensaft und anderen Zitrusfruchtsäften Zitronensäure zu finden ist. Die befragten Fachleute waren nicht sicher, ob eine chemische Reaktion dieser Komponenten den Geschmack des Orangensafts so verändert.

Clay hält eher den Pfefferminzgeschmack der meisten Zahnpasten für den Schuldigen:

» Orangensaft schmeckt auch scheußlich, wenn man zuvor ein Pfefferminzbonbon oder Kaugummi im Mund hatte. Die meisten Zahnpasten sind so zusammengesetzt, dass der Minzegeschmack auch noch möglichst lange anhält, um einem die Illusion frischen, reinen Atems zu geben. «

Höchstwahrscheinlich ist für die ungenießbare Aufeinanderfolge Zahnpasta-Orangensaft eine in den meisten Zahnpasten enthaltene Substanz verantwortlich: Sodiumlaurylsulfat oder SLS. Man findet SLS nicht nur in Zahnpasta, sondern auch in Shampoo, Rasiercreme, Seife, Betonreiniger, Maschinenentfettern und Autoreinigern. Was diese Produkte gemeinsam haben? Sie sollen schäumen. SLS, entstanden aus Kokosöl, ist ein Detergens (reinigender Zusatz). Es bricht die Oberflächenspannung von Wasser und entfaltet mit viel Schaum reinigende Tiefenwirkung.

Laut Linda Bartoshuk vom Fachbereich Medizin der Yale University nehmen wir Geschmack über Geschmacksknospen wahr, die im Zungenepithel liegen. Diese äußere Gewebeschicht besteht aus Phospholipiden:

» Wissen Sie, was passiert, wenn Sie eine Lipid-(Fett-)Schicht einem Detergens aussetzen? Die Fähigkeit, Süßes zu schmecken, nimmt stark ab, und alles, was normalerweise süß ist, bekommt einen bitteren Beigeschmack.Genau das findet statt, wenn Sie sich mit Zahnpasta die Zähne putzen. «

SLS beeinträchtigt auch den Geschmack von salzigen Nahrungsmitteln. Wenn Sie nach dem Zähneputzen z. B. Kartoffelchips essen, werden diese nur schwach oder gar nicht salzig schmecken, jede bittere Nuance wird dagegen verstärkt.

Sollten Sie nicht leben können, ohne Orangensaft nach dem Zähneputzen zu trinken, können Sie in Apotheken und Bioläden nach einer Zahnpasta ohne SLS

Ausschau halten. Obwohl bisher in keinem Land der Einsatz von SLS verboten ist, gibt es im Internet besorgte Stimmen bezüglich möglicher schädlicher Wirkungen der Substanz. Gewarnt wird vor Beeinträchtigungen der Haut, der Augen, der Haare sowie des Immunsystems durch SLS.

SLS unterstützt zwar die Zahnreinigung, aber viele andere Detergenzien sind ebenso effektiv. Also entweder wieder einmal die Spürnase im Bereich Warenkunde aufsetzen oder einfach den Weg des geringeren Widerstands wählen. Das hieße: Orangensaft nur vor dem Zähneputzen.

Wieso „raucht" es aus der Flasche, sobald man ein sprudelndes Getränk öffnet?

Wer sollte diese Frage besser beantworten können als Lori A. McManes, Kundenberaterin bei Coca-Cola?

> „Im Hals einer Limonadeflasche befinden sich zwischen oberem Flüssigkeitsspiegel und Verschluss Wasserdampf und Kohlensäure. Beim Öffnen entweichen diese Gase unter Druck. Der jähe Druckausgleich verursacht im Bereich der Flaschenöffnung einen Temperaturabfall, der den Wasserdampf kondensieren lässt. Er wird als Nebel sichtbar."

Warum wird Butter dunkler und härter im Kühlschrank, wenn das Paket geöffnet ist?

Butter verfärbt sich aus demselben Grund, aus dem Äpfel oder Bananen braun werden, er heißt Oxidation. Zwar wird Butter nicht durch eine Schale vor der Luft geschützt, aber von einer umhüllenden Folie. Erst wenn diese entfernt wird, beginnt das Milchprodukt dunkler zu werden.

Warum wird sie härter? Die niedrige Kühlschranktemperatur lässt die Feuchtigkeit in der Butter verdunsten. Viele andere Lebensmittel verlieren im Kühlschrank ebenfalls an Geschmeidigkeit, weil sie austrocknen.

Christine Jones von der Firma Pepsi weist darauf hin, dass wir diesen Effekt der Kondensation auch sehr gut beobachten können, wenn an einem Wintertag im Freien unser warmer Atem in die frostige Umgebungsluft entweicht. Wir „qualmen", aber eigentlich ist uns richtig kalt.

Warum haben Hühnchen im Gegensatz zu anderem Geflügel weißes und dunkles Fleisch?

Viele Geflügelarten, die wir verzehren, wie z. B. Wachteln oder Enten, haben nur dunkles Fleisch. Hühner und Truthähne dagegen gehören zu einer kleinen Gruppe von Vögeln, deren Fleisch an Brust und Flügeln weiß ist.

Bei Vögeln gibt es zwei verschiedene Arten von Muskelfasern: rote und weiße. Die roten Muskelfasern enthalten mehr Myoglobin, ein Muskeleiweiß mit rotem Pigment. Muskeln mit einem hohen Myoglobinanteil können länger und stärker belastet werden als die mit weniger Myoglobin ausgestatteten weißen Fasern. Es lässt sich leicht erraten, welche Vögel aufgrund ihrer Ernährungs- und Fluggewohnheiten wohl hellere Muskelfasern haben.

Die meisten Vogelarten legen größere Entfernungen zurück, bei der Futtersuche oder auf ihren jahreszeitlich bedingten Zügen. Sie brauchen daher das Myoglobin, das ihnen dafür die Kraft und die Ausdauer liefert. Alle Vögel mit eigentlich nur weißem Fleisch besitzen auch einige rote Muskelfasern. Im Gegenzug findet man bei allen Vögeln mit stärker myoglobinhaltigem und daher dunklem Fleisch zumindest einige weiße Fasern. Die große Ausnahme sind hier die von Blütennektar lebenden Kolibris. Sie haben für ihren Schwirrflug mit sehr hoher Flügelschlagfrequenz einen extremen Energiebedarf, den höchsten aller flugfähigen Wirbeltiere. Ihre Brustmuskeln bestehen daher nur aus roten Fasern.

Das Haushuhn oder der Truthahn lebt dagegen äußerst geruhsam. Auch frei laufend, in ihrer natürlichen Umgebung nehmen Hühner ihr Futter immer vom Boden auf und fliegen nur ihr Nest an, größere Ausflüge unternehmen sie nicht, wie der Betriebsleiter eines großen Geflügelbetriebs erläuterte. Normalerweise bewegen sich Hühner laufend oder rennend und haben daher dunkelfleischige Beine und Schenkel.

Da sie so selten fliegen, braucht ihre Flügel- und Brustmuskulatur kein Myoglobin. Das Fehlen von Myoglobin in Flügel und Brust ist sogar von Vorteil für die Hühner. Janet Hinshaw, von der Wilson Ornithologischen Gesellschaft, erklärt, warum die Muskulatur von Hühnern und Truthähnen perfekt angepasst ist:

> „Sie verbringen die meiste Zeit auf den Beinen. Wenn ihnen Gefahr droht, fliegen sie rasch und mit hoher Geschwindigkeit auf und landen sehr bald wieder auf dem Boden. Daher brauchen sie Flugmuskeln, die kurzfristig viel Kraft aufbringen können, Energie für längere Zeitspannen muss nicht bereitgestellt werden."

Wieso ändert frisches Fleisch seine Farbe von dunkel nach heller? Und kommt dieses Rot vom Blut? Was ist dann mit gekochtem Fleisch?

Viele Menschen, die kein rohes Fleisch mögen, begründen dies so: „Ich kann kein Blut sehen." In Wahrheit ertragen sie aber nicht den Anblick von Myoglobin. Denn es ist vor allem dieses wasserlösliche Protein, das die rote Farbe vieler Fleischsorten verursacht.

Wer den Verzehr eines (fast) rohen Steaks für Vampirismus hält, wird überrascht sein von den Aussagen der Abteilung für Fleischforschung an der University of Wisconsin: In einem Steak aus dem Supermarkt sind nur noch weniger als 20 % der Blutmenge enthalten, die sich in lebendem Gewebe finden würde. Myoglobin hat große Ähnlichkeit mit Hämoglobin. Hämoglobin transportiert Sauerstoff von den Atmungsorganen zu den Orten des Verbrauchs im Körpergewebe (und Kohlendioxid in umgekehrter Richtung); Myoglobin dient dann im Gewebe als Sauerstoffspeicher.

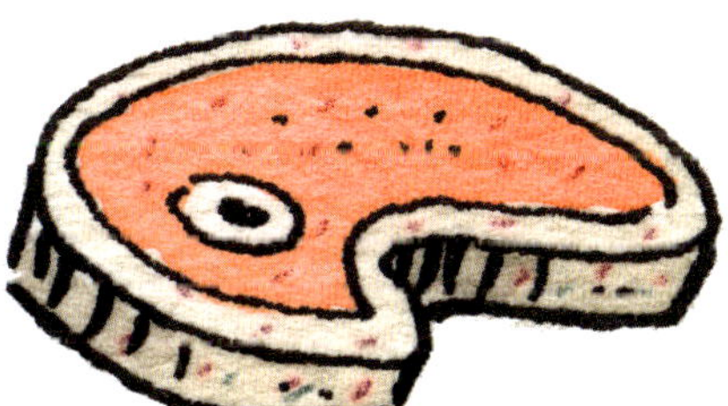

Aber Myoglobin ist auch ein Chromoprotein (Pigmenteiweiß). Es gibt dem Fleisch Farbe. Wenn Fleisch gerade frisch geschnitten und noch nicht dem Einfluss von Sauerstoff ausgesetzt ist, hat es eine braunrote Farbe; unter Lufteinfluss wird das Muskelgewebe sehr schnell heller rot.

Diese rote Farbe finden wir bei rohem Fleisch in der Auslage beim Metzger. Auch wenn es so aussieht, als sollte die Frischhaltefolie über Fleischstücken im Supermarkt vor Sauerstoffeinfluss schützen, ist laut Dennis Buege von der University of Wisconsin das Gegenteil der Fall: Es wird luftdurchlässige Folie verwendet, damit das Fleisch so schön rot bleibt, wie die Konsumenten es erwarten. Die unterschiedliche Zufuhr von Sauerstoff erklärt auch, warum das Äußere eines Hackfleischbergs in der Ladentheke leuchtend rot, das Innere aber dunkelrot ist – bis ins Innere drang kein Sauerstoff vor, und dort blieb daher die natürliche Fleischfarbe erhalten.

Warum werden Hummer rot, wenn man sie kocht?

Würden Sie etwa nicht rot werden, wenn Sie in einen Topf mit kochendem Wasser getaucht würden? Aber im Ernst, vor dem Kochen hat der Hummer eine dunkel braunrot-blaue Färbung. Im Panzer dieser Krustentiere (und auch im Panzer von Krabben) findet sich jedoch ein Pigment, das zu den Karotinoiden gehörende Astaxanthin. Es tritt beim Kochen in Aktion.

Robert Rofen, vom Meeresforschungsinstitut, und Ray Bauer, von der biologischen Fakultät der University of Louisiana at Lafayette, erklärten, dass das Astaxanthin an ein Eiweiß gebunden ist. Wenn Sie Hummer kochen, trennt sich das Pigment von dem Eiweiß und oxidiert zum roten Astacin. Und dies ist das leuchtende Rot, das Hummer und viele andere Krustentiere nach dem Kochen zeigen.

Buege beklagt die Vorliebe der Konsumenten für „rotes" Fleisch, denn sie ist verantwortlich für ein schnelleres Verfallsdatum. Wenn frisches Fleisch sofort vakuumverpackt würde und damit unter Luftabschluss bliebe, könnten wir zwar nicht unter vielen wunderbar roten Fleischpackungen auswählen, aber Frischfleisch aus der Verkaufstheke würde nicht nur höchstens vier, sondern 10–14 Tage lang haltbar sein.

Warum verfärbt sich gegartes Fleisch nicht unter Lufteinfluss? Laut Janet Collins Williams, Vizepräsidentin für Forschung und Technik am Amerikanischen Institut für Fleischverarbeitung, kann die durch Sauerstoffeinwirkung ausgelöste Farbveränderung in frischem Muskelfleisch sogar unter bestimmten Umständen rückgängig gemacht werden. Sobald Fleisch jedoch gekocht wird, bleibt seine Farbe:

> »Eine Pigment-Rückverwandlung ist nur so lange möglich, wie ausreichend gespeicherte Energie für einen solchen Prozess im Muskel verbleibt. Sobald diese allerdings verbraucht ist und/oder der Eiweißanteil des Pigments erhitzt wurde (durch Kochen), ist die Farbe unwiderruflich festgelegt. Abhängig vom Grad der Erhitzung des Gewebes (je nachdem, wie durchgegart es wurde), ist das Eiweiß denaturiert und seine ursprüngliche Farbe zerstört. Deshalb ändert gegartes Fleisch seine Farbe unter dem Einfluss von Sauerstoff nicht mehr.«

Welcher Unterschied besteht zwischen Olivenöl „vergine“ und „extra vergine“?

Über Abrüstung kann sich die Welt nur schwer einigen, beim Olivenöl ging das zum Glück viel leichter: Ergebnis war das Internationale Oliven- und Olivenöl-Abkommen von 1986. Darin sind die Begriffe „vergine" und „extra vergine" definiert.

Jedes Olivenöl mit der Bezeichnung „vergine" muss aus den Olivenfrüchten durch mechanische oder andere physikalische Methoden gewonnen werden, aber nicht durch einen Erhitzungsprozess. Das Öl darf nicht raffiniert oder verdünnt werden, es kann gewaschen, dekantiert und gefiltert werden.

Der niedrigste Grad von „Olio vergine" ist halbfeines Olivenöl, das im Geschäft als „vergine" verkauft wird. Dieses Öl soll einen feinen Geschmack haben und darf nicht mehr als 3 g freie Ölsäure pro 100 g Öl aufweisen. Der nächste Grad, feines „vergine", darf nicht mehr als 1,5 g Ölsaure pro 100 g haben und sollte exzellent schmecken. Olivenöl „extra vergine" sollte ein absolut perfektes Aroma haben und nicht mehr als 1 g Ölsäure pro 100 g. Laut José Luis Perez Sanchez, Handelsattaché der spanischen Botschaft, wird Olivenöl „extra vergine" häufig noch mit Kräutern und Gewürzen versetzt und ist nicht gerade billig, wovon man sich im Feinkostgeschäft mühelos überzeugen kann.

Wie bei vielen anderen Lebensmitteln, gewinnt Olivenöl „extra vergine" seine Qualität vor allem durch Weglassen. Weil es frei von Zusatzstoffen oder hohem Säuregehalt ist, schafft es, was eigentlich nicht so schwierig sein sollte: einfach nach Oliven zu schmecken.

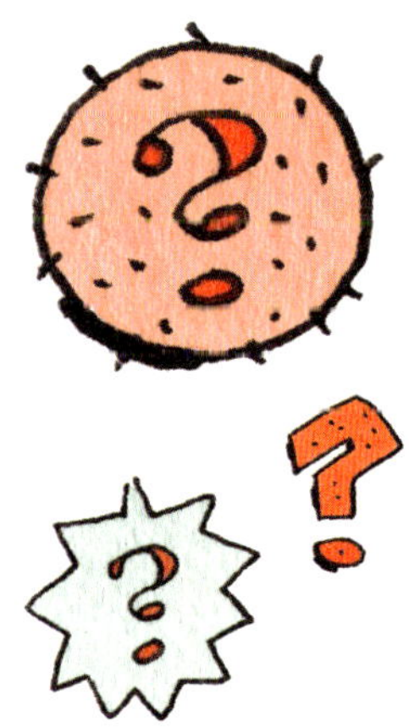

Was passiert mit Oliven, nachdem das Öl entfernt wurde?

Öl aus Oliven zu gewinnen ist etwas komplizierter, als eine Grapefruit oder Orange auszupressen. Oliven enthalten bei Weitem nicht so viel Flüssigkeit wie Zitrusfrüchte und außerdem steinharte Kerne.

Der erste wichtige Verarbeitungsschritt, nachdem die Oliven von Schmutz, Blättern und anderen Fremdstoffen gesäubert wurden, besteht darin, sie samt den Kernen zu einer feinen Paste zu zermahlen. Normalerweise werden die Kerne in den Oliven belassen, weil sie den Geschmack des Produkts nicht beeinträchtigen. Sie liefern allerdings auch kaum Öl, eine Entkernung würde jedoch die Ölgewinnung unnötig verteuern.

Nach dem Mahlen wird die Olivenpaste ungefähr eine halbe Stunde lang gerührt, damit sich größere Ölblasen zusammenschließen. Der nächste Schritt ist der entscheidende – das Öl muss vom Wasser in der Paste getrennt werden. Dies erfolgt im Allgemeinen mithilfe einer Presse oder einer Zentrifuge. Man versetzt den Presskuchen dann mit heißem Wasser und erhält hieraus ein einfaches Speiseöl.

Die nach der Extraktion des hochwertigen Öls verbliebenen Rückstände werden weiterverwertet. Paul Vossen, Landwirtschaftsberater von der University of California, berichtet, was mit dem restlichen sogenannten Trester geschieht:

» Der Trester kann kompostiert werden, oder man lässt ihn trocknen und verwendet ihn nach dem Entfernen der Steinfragmente als Viehfutter. In Europa, Nordafrika und im Mittleren Osten entzieht man dem Trester per Lösungsmittel noch die letzte Restmenge Öl; dieses wird raffiniert und als Tresteröl verkauft. Die dann noch verbleibenden Rückstände werden gewöhnlich verbrannt, um den frischen Trester zu erhitzen und zu trocknen. Diesem wird mit Lösungsmitteln nun ebenfalls das letzte Tröpfchen Öl entzogen. «

Öl „vergine" und „extra vergine" werden nicht nur wegen ihres ausgezeichneten Geschmacks und des geringen Säuregehalts geschätzt, sondern auch wegen der schonenden Verarbeitung bei ihrer Gewinnung. Das Tresteröl ist unter Fachleuten jedoch umstritten. Es wird bei der Seifenherstellung eingesetzt und dient als Maschinenöl. Lampantöl kommt jedoch, obwohl es nur für industrielle Zwecke bestimmt ist, gelegentlich auch ganz legal als einfaches, natives Olivenöl in den Handel.

Kenner von guten Speiseölen sind daher auf dieses Tresteröl nicht gut zu sprechen. Betty Pustarfi, Inhaberin einer Olivenölhandlung in Pebble Beach, Kalifornien, meint, es schade dem Ruf des Olivenölhandels, dass Trester-Olivenöl auch als Speiseöl verkauft werden darf:

» Man mischt es mit hochwertigem Öl und verkauft das Ganze dann als Premium-Qualität. Häufig wird es auch in der Gastronomie oder Nahrungsmittelindustrie verwendet. Tresteröl ist ein Schmiermittel und kein Lebensmittel, obwohl es die meisten gesundheitlichen Vorzüge des hochwertigeren Olivenöls ebenfalls besitzt. Man kann es als Trägersubstanz für bessere Olivenöle akzeptieren, sofern es offen als solches deklariert wird. «

Warum entsteht beim Kochen von Nudeln auf dem Kochwasser Schaum?

Nudeln werden aus Durum-Weizen hergestellt, einer besonders harten Getreideart. Genauer gesagt, Nudeln bestehen aus Hartweizengrieß, feinen Körnchen, die aus dem viel gröberen Getreide gewonnen werden. Die Verarbeitung zu Grieß ist hauptsächlich verantwortlich für den Schaum, der beim Kochen der Nudeln entsteht, wie Farook Taufiq, Vizepräsident der Qualitätssicherung bei einem großen amerikanischen Nudelhersteller, erklärt:

» Hartweizengrieß besteht aus Kohlenhydraten (Stärke) und Eiweiß. Beim Vermahlen von Getreide zu Grieß werden einige Stärkeverbindungen aufgebrochen. Kochen die Nudeln, so quellen diese Stärkepartikel und nehmen winzige Luftblasen und Wasser auf.

Sie steigen dann zur Wasseroberfläche und erscheinen dort als Schaum. Dieser besteht demnach aus Stärkemolekülen, Wasser und Luft. «

Weshalb wird Fett beim Abkühlen fest und weiß?

Jede Hobbyköchin kennt das vom Frittieren: Nach dem Abkühlen hat das Frittieröl die goldgelbe, klare Konsistenz verloren und wird zu einer wachsartigen, weißlichen Masse. Warum ist Fett als Öl transparent und im erstarrten Zustand undurchsichtig?

Wenn das Öl abkühlt, ändern sich seine physikalische Eigenschaften, ähnlich, wie klares Wasser undurchsichtiger wird, wenn es zu Eis gefriert. Bill DeBuvitz, Physiker am Middlesex County College in New Jersey, erklärt:

» Wenn das Fett abkühlt, verwandelt es sich von einer Flüssigkeit in eine feste Masse. Seine Moleküle

können aufgrund ihrer Beschaffenheit keine rein kristallinen Strukturen bilden. Stattdessen formen sich ‚amorphe‘ Bereiche und ‚Teilkristalle‘. Diese unregelmäßig geformten Strukturen brechen weißes Licht und lassen das Fett milchig trüb erscheinen.

Wenn sich Fett zu einem echten Kristall verfestigen würde, bliebe es viel klarer – so wie Glas. Die Paraffine im Kerzenwachs verhalten sich übrigens genauso wie Fett: Sie sind in flüssiger Form klar und in fester milchig trüb. “

Warum lässt uns Pfeffer niesen?

Andere scharfe Gewürze brennen in der Kehle, lassen uns nach Luft schnappen und nach kalten Getränken greifen. Aber warum müssen wir von Pfeffer niesen?

Der als Gewürz außerordentlich beliebte Pfeffer erhält sein typisches Aroma von ätherischen Ölen, wie Polly Murphy, Kundenbetreuerin bei dem Gewürzhersteller McCormick, erklärt. Diese Öle, die aus den Beeren der Pfefferpflanze gewonnen werden können, verwendet man zum Würzen von Wurstwaren, Soßen, Salatdressings, Fleischerzeugnissen und vielen anderen Nahrungsmitteln.

Den scharfen, beißenden Geschmack des Pfeffers verursacht das Alkaloid Piperin, das in weißem und schwarzem Pfeffer vorkommt. Bei unsachgemäßer Lagerung verdunsten die ätherischen Öle des Pfeffers, seine Schärfe aber verliert er nicht. Thomas F. Burns von der Amerikanischen Gesellschaft für Gewürzhandel, erklärt:

„ Piperine bewirkt das angenehm prickelnd-beißende Gefühl, das mit dem Pfefferaroma einhergeht. Da Piperine auf der Zunge beißt, beißt es auch auf den Nasenschleimhäuten. “

Chiliarten enthalten ebenfalls Substanzen, die ähnlich wie Piperin „beißen". Wir verwenden Pfeffer meist fein gemahlen. Wenn Partikel von schwarzem Pfeffer durch die Nase eingeatmet werden, versucht unser Körper, sie so schnell wie möglich hinauszubefördern – wie auch andere Staubpartikel. Da die Nasenschleimhaut durch die Schärfe stark gereizt wird, erfolgt die Reaktion prompt.

Zur Vermeidung von Niesattacken schlägt Burns vor: „Nase weg vom Pfeffer! Man soll ihn schmecken, nicht schnüffeln. Sein delikates Aroma kann man nur würdigen, wenn man es langsam auf der Zunge zergehen lässt."

Wieso ist Safran so unwahrscheinlich teuer?

Die Safranfäden, mit denen insbesondere in der orientalischen Küche viele Gerichte gefärbt und gewürzt werden, sind die orangeroten Narbenäste des Herbstkrokus aus der Gattung der Schwertliliengewächse. Herbstkrokusse gehören nicht gerade zu den seltenen Pflanzen. Warum also ist Safran so teuer?

Dafür gibt es zwei Gründe. Die Krokusblüten müssen von Hand gepflückt werden, will man die Narbenäste ernten. Um gerade mal 1 kg Trockenmasse zu gewinnen, müssen 150 000 – 200 000 Narben gesammelt werden.

Die Krokusblüten werden geerntet, sobald sie sich öffnen. Man zwickt mit den Fingernägeln die Narbenäste heraus und trocknet sie an der Sonne oder in einem Ofen. Während des Trocknungsprozesses verliert der Safran etwa 80 % seines Gewichts.

Safran könnte in westlichen Ländern angebaut werden und wird es auch noch im Mittelmeerraum – aber wo könnte man im Westen noch Arbeitskräfte finden, die Safran so billig produzieren, dass der so hoch erscheinende, tatsächlich aber niedrige Preis zu halten wäre?

Weshalb lässt ein lauter Knall oder das Öffnen und Schließen der Ofentür manchmal Aufläufe und Kuchen im Ofen zusammenfallen?

Laut Tom Lehmann vom Amerikanischen Bäckerei-Institut geht Rührteig beim Backen etwas höher auf, als dann der fertig gebackene Kuchen sein wird. Das in den Rührteig eingearbeitete Backpulver erzeugt Kohlendioxid, und dieses bildet Bläschen, die den Teig ausdehnen. „In dem Moment, in dem der Rührteig zu seiner maximalen Höhe aufgegangen ist, Stärkekleisterbildung und Eiweißgerinnung sich aber noch nicht stabilisiert haben, ist der Kuchen sehr anfällig."

Kuchen ist zu diesem Zeitpunkt am empfindlichsten, weil, wie der Backingenieur Simon S. Jackel ausführt, „die Blasen mit dem eingeschlossenen Kohlendioxid sehr dünn und schwach sind".

Nicht alle, aber die meisten Kuchen werden zusammenfallen, wenn ein Flugzeug die Schallmauer durchbricht oder es sonstwie knallt, während sich der Teig gerade in dieser sensiblen Phase des Backprozesses befindet. Soufflés sind allerdings immer in Gefahr. Joe Andrews, Pressesprecher einer großen Backwarenfirma, erklärt:

» Die Grundstruktur eines Soufflés entwickelt sich aus Ei-Proteinen, die zu Schaum geschlagen wurden und dann beim Backen fest werden. Beim Aufschlagen des Eiweißes bilden sich große Blasen, und in diesem Prozess wird das Albumen, ein Eiweißanteil, teilweise denaturiert, es wird fester. Bei Erhitzung im Ofen festigt sich das Eiweiß weiter (gleichzeitig mit der Ausbreitung der Luftblasen). Öffnet man den Ofen in dieser Phase, verändern sich Luftdruck und Temperatur, und das so schön aufgegangene Soufflé fällt, wenn man Pech hat, total zusammen. «

Am ehesten knallt natürlich beim Öffnen und Schließen die Ofentür. Jeder, der schon einmal bei einem Rockkonzert neben einem Lautsprecher stand, weiß, dass starke Tonvibrationen gefühlt werden. So können auch für Soufflés oder Kuchen laute Geräusche in der Nähe einfach „schockierend" sein. Dies gilt vor allem für Kuchen, die geschlagenes Eiweiß enthalten, so wie z. B. ein Biskuit.

Bei in Schichten aufgebauten Torten wird im Allgemeinen mehr Mehl verwendet. Ein Zusammenfallen muss hier beim Öffnen der Ofentür nicht befürchtet werden – es sei denn, man macht die Tür zu früh auf, und zwar noch während des Backprozesses (das sind meist die ersten 20 Minuten). Dann hat sich nämlich der Teig noch nicht verfestigt.

Erst wenn die Innentemperatur eines Kuchens 70 – 80 °C erreicht hat, ist Ihre gemütliche Kaffeestunde gesichert, denn nun hat „der flüssige Rührteig eine solide Konsistenz", wie Jackel betont.

Warum haben Ketchup-Flaschen so enge Hälse, dass Löffel nicht hineinpassen?

Die Firma HEINZ hat das Ketchup-Geschäft in der westlichen Welt mehr als ein Jahrhundert lang dominiert. So ist die Geschichte der Ketchup-Flaschenhälse eigentlich die Geschichte von HEINZ-Ketchup-Flaschenhälsen. Und obwohl man sich immer etwas ärgert, dass die rote Soße so langsam tröpfelt, macht die Firma HEINZ heute gerade wie zum Trotz Reklame mit der Schwierigkeit, das ziemlich zähflüssige Ketchup auszugießen.

Als HEINZ-Ketchup 1876 auf dem Markt eingeführt wurde, hatte es eine erheblich dünnere Konsistenz. Es wurde in einer achteckigen Flasche mit engem Hals herausgebracht, der ein zu rasches Ausgießen verhindern sollte. Vor der Einführung der HEINZ-Flaschen verkaufte man Würzsoßen meist in Tongefäßen und relativ scharfkantigen Flaschen, die sehr schlecht zu handhaben waren.

In den letzten gut 130 Jahren hat sich das Design der HEINZ-Ketchup-Flaschen nur wenig verändert. Die heutige Flasche sieht der von 1914 sehr ähnlich. Nach einer Rezepturänderung hatte das Ketchup dann eine dickere Konsistenz. HEINZ blieb jedoch weiter bei der dünnhalsigen Flasche, obwohl klar war, dass das Ketchup nicht so leicht herauslief.

Genauso wusste man aber, dass die Verbraucher das dickere Ketchup vorzogen und gleichzeitig auf die so vertraute Flaschenform nicht verzichten wollten.

Die Lösung des Problems war der zusätzliche Vertrieb einer 350-ml-Flasche mit weiterer Öffnung, die 1960 eingeführt wurde. Gary D. Smith aus der PR-Abteilung von HEINZ-Ketchup gab an, dass die weithalsige Flasche, in die gut ein Löffel hineinpasst, das am wenigsten populäre Mitglied der HEINZ-Ketchup-Familie ist. Er fügte hinzu, dass die Firma dieses Produkt trotzdem nicht vom Markt nimmt, weil die kleine Gruppe von treuen Konsumenten, die es genießen, ihr Ketchup herauszulöffeln, energisch protestieren würde.

1983 hat HEINZ flexible Plastikflaschen auf den Markt gebracht und auf diese Weise für den Großverbrauch das Ausgieß- und das Zerbrechlichkeitsproblem gelöst. Die 1,9-l-Plastikflasche hat aber im Verhältnis zu ihrer Größe einen relativ dünnen Hals.

Bis 1888 wurden HEINZ-Flaschen mit einem Korken verschlossen. Die Banderole oben an der Flasche bildete ursprünglich mit der Folienkappe, dem Korken und der Wachsversiegelung einen sicheren Verschluss. Obwohl sie durch die Einführung von Drehverschlüssen überflüssig wurde, blieb die Banderole als ein Markenzeichen von HEINZ-Ketchup erhalten.

Wieso wachsen reifende Bananen – anders als alle anderen Fruchtsorten – nach oben?

Sobald Sie über den aufregenden Entwicklungsweg der Banane informiert sind, werden Sie vielleicht milder gestimmt sein, wenn Sie beim nächsten Einkauf auf einige zerdrückte Exemplare stoßen.

Die zu den Bananengewächsen gehörende Banane ist eine große, Milchsaft führende Staude, die sich durch knollige Rhizome (in der Erde kriechende Sprosse, wie

z. B. bei den Schwertlilien) vermehrt. Aus den Rhizomen wachsen die immer höher werdenden Blattscheiden (ähnlich wie bei Gräsern).

Prächtig wirkt solch eine palmenähnliche Bananenstaude, aber sie hat nicht das Stehvermögen, das man ihr zutrauen möchte: Die Banane ist die größte Pflanze der Erde ohne verholzten Stamm, denn aus den langen, übereinandergreifenden Blattscheiden bildet sie einen innen hohlen Scheinstamm, der zu 93 % aus Wasser besteht und daher auch nicht sehr stabil ist. Bananenstauden erreichen schon in einem Jahr eine Höhe von 5 – 10 m, und bereits mäßige Winde können den weichen Stamm umknicken.

Nach einem Jahr Entwicklungszeit beginnt eine Bananenstaude bereits zu fruchten. Mitten durch den Scheinstamm schiebt sich der Blütenstand. An ihm sitzen fest umschlossen von Deckblättern die weiblichen Blüten mit ihren langen Fruchtknoten.

Pro Deckblatt bilden sich dann später 10 – 16 Früchte, eine sogenannte Hand. Solange sich der Blütenstand seinen Weg durch den Stamm bahnt, sind die einzelnen bereits angelegten Mini-Bananen nach oben gerichtet – bis sie an der Spitze der Pflanze zum Vorschein kommen.

Sobald sich das ganze Bananenbüschel völlig herausentwickelt hat aus seiner Blattumhüllung – noch zeigen die Früchte nach oben –, fallen die Deckblätter ab, die die „Hände" bedecken. Ab dieser Entwicklungsphase werden die Früchte schnell größer. Ihr wachsendes Gewicht biegt langsam den Stängel des Fruchtstands. Die Bananen, die nun nach unten zeigen müssten, biegen sich aber innerhalb von 7 – 10 Tagen nach oben.

Dr. Pedro Sole von „Chiquita" weist darauf hin, dass in der Vergangenheit „Wildformen der Bananen nach oben gewachsen sind – wie die Samenstände der meisten Gräser, die eine Ähre bilden."

Zum Auf und Ab in der Entwicklung der Banane verweist Jack D. DeMent von der Dole Company auf die Wildform, nicht auf die Kulturform:

> »Am Ende jeder Banane befindet sich eine Blüte, von der wir nichts mehr sehen, da sie beim Verpacken der Früchte entfernt wird. Sie ist aber noch während der ganzen Fruchtentwicklung vorhanden. Wachsen Bananen nach oben, so ist die Blüte besser zugänglich für Insekten und auf Nektarnahrung spezialisierte Vögel und Fledermäuse. Normalerweise würden diese Tiere bei der Befruchtung des Blütenstands helfen. Die heutigen Kulturbananen sind jedoch steril und produzieren nur noch selten oder nie lebensfähige Samen.«

Warum wechseln Äpfel und Birnen nach dem Schälen so schnell ihre Farbe?

Eltern, Lehrer und Ernährungswissenschaftler haben uns eingetrichtert, dass bei Äpfeln und Birnen die Schale sehr wertvoll ist, eine Quelle von Vitaminen und Ballaststoffen. Womöglich konnten sie auch diese beliebten Früchte davon überzeugen, die nun vor Ärger über menschlichen Unverstand einfach braun werden, wenn man sie schält, genauso wie der Mensch gelegentlich vor Ärger rot wird. Amüsante Vorstellung, aber die Natur kümmert sich nicht um unsere Ideen – sie hat ihre eigenen Gesetze, und in diesem Fall sind sie chemischer Natur.

Das Wort haben die Pomologen, die Fachleute für Obstbau: Laut ihrer Aussage wird die Verfärbung des Fruchtfleischs bei Äpfeln und Birnen, außerdem bei Pfirsichen, Aprikosen und Bananen, durch Oxidation verursacht. Diesen Oxidationsprozess setzt das Enzym Polyphenoloxidase in Gang.

Laut John B. Williams von einem Obst verarbeitenden Unternehmen enthalten alle süßen Früchte in unterschiedlicher Menge Polyphenoloxidase. „Die vorhandene Menge dieses Enzyms bestimmt, wie schnell eine Frucht braun wird. Bei den meisten Früchten lässt die Schale nicht genug Sauerstoff passieren, um den Oxidationsprozess in Gang zu setzen."

Die Schale der Banane ist nicht so dicht strukturiert wie die von Äpfeln oder Birnen und lässt etwas Sauerstoff ans Fruchtfleisch. Die feste, glatte Apfelschale dagegen verhindert das Eindringen von Sauerstoff. Solange sie nicht verletzt oder abgeschnitten wird, kann sich das Fruchtfleisch nicht verfärben.

Weshalb werden Macadamianüsse nicht in ihren Schalen verkauft?

Macadamianüsse haben sehr wohl Schalen. Aber sie in Schalen zu verkaufen wäre für ihren Absatz keineswegs förderlich. Nur Superman käme in den Genuss dieser äußerst gehaltvollen Nüsse. Nach Auskunft der Manna Loa Macadamia Nuss Company, dem größten Macadamiaproduzenten der Welt, ist ein enormer Druck erforderlich, um eine Schale zu zerbrechen.

Der Macadamiabaum aus der Familie der Silbergewächse hat mit 5 – 6 m bereits ein beachtliches Kaliber. Er stammt ursprünglich aus den Regenwäldern Australiens und ist die einzige Nahrungspflanze dieses Kontinents, die in größerem Umfang auf dem Weltmarkt gehandelt wird. Man findet den Macadamiabaum heute auch in anderen klimatisch passenden Regionen. Mittlerweile ist Hawaii der größte Macadamiaproduzent.

Wie wird nun Superman das Monopol auf die Vitamin-D-reichen Nüsse, die auch Kalzium, Eisen und Phosphor enthalten, entrissen? Zunächst einmal erntet man die Nüsse vom Boden. Danach werden die Hüllen entfernt und die Nüsse einige Monate lang gut belüftet gelagert, um ihren Wassergehalt zu reduzieren. Der Trocknungsprozess hilft dabei, den Kern von der Schale zu lösen. Ohne diese Trennung wäre es unmöglich, den notwendigen Druck zum Aufbrechen der Schale auszuüben, ohne den Nusskern zu zerstören. Die Nüsse werden dann durch gegenläufig rotierende Stahlwalzen gegeben, deren Abstand voneinander sicherstellt, dass nur die Schalen zerbrochen werden.

Wen wundert es jetzt noch, dass diese Nüsse auch ihren – recht hohen – Preis haben? Übrigens sind sie nicht nur zum Verzehr bestimmt. Man stellt aus ihnen ein exklusives und ebenfalls nicht billiges Körperöl her.

Warum wachsen immer zwei Erdnüsse in einer Schale?

Botanik für Anfänger: Eine Erdnuss ist keine Nuss, sondern eine Hülsenfrucht, also einer Erbse und einer Bohne näher als einer Walnuss oder Haselnuss. Ursprünglich stammt die bis zu 60 cm hohe, krautige Pflanze aus Südamerika und wurde von den Indianern genutzt – eine andere Art Gold der Inkas. Im Rahmen der frühen Globalisierungsaktivitäten von Abenteurern und Händlern wurde die Pflanze mit den wohlschmeckenden und stark ölhaltigen Nüssen zunächst nach Südostasien und dann als Nebenprodukt des Sklavenhandels nach Westafrika „verschleppt".

Jede Schote der Erdnusspflanze umhüllt normalerweise eine Nuss. Heute enthalten die Schoten im Allgemeinen zwei Nüsse, Valencia-Erdnüsse weisen sogar 3 – 5 Nüsse pro Schale auf.

Die Züchter haben sich aber aus praktischen Erwägungen dafür entschieden, zweikernige Schoten zu züchten: Diese sind viel leichter zu schälen. Nach Charles Simpson von der Landwirtschaftlichen Versuchsstation in Texas gibt es nur geringe Geschmacksunterschiede zwischen den verschiedenen Arten von Erdnüssen. Die dreikernigen sind allerdings ziemlich schwer zu schälen, ohne gleichzeitig die Früchte zu beschädigen, da sie einen stärkeren Druck beim Öffnen verlangen.

Aber was haben Erdnüsse eigentlich mit der Erde zu tun? Das ist nun sehr interessant: Nach Selbstbestäubung der Blüten wächst ein Teil des unter dem Fruchtknoten sitzenden Blütenstiels nach unten und schiebt die Fruchthülse vor sich her in die Erde. Man vermutet, dass sich die Erdnusspflanze auf diese Weise über die immer wieder auftretenden Brände hinwegretten will.

Woher kommen grünliche Schattierungen auf Kartoffelchips?

Die Kartoffelpflanze gehört zu den Nachtschattengewächsen wie die in unseren lichten Wäldern vorkommende Tollkirsche und der Bittersüße Nachtschatten. Vor den giftigen Früchten beider Pflanzen wird in jedem Naturführer gewarnt. Die giftigen Stoffe sind verschiedene Alkaloide.

Auch die Kartoffelpflanze enthält Alkaloide, und zwar vor allem Solanin. Diese giftige Verbindung findet sich in allen oberirdischen Pflanzenteilen sowie in belichteten Keimen. Unsere heiß geliebte, im Dunkeln still vor sich hin wachsende Kartoffelknolle ist dagegen praktisch frei von Solanin. Manchmal aber sind Kartoffeln, die eigentlich schön brav unter der Erde bleiben sollten, vorwitzig und schauen aus dem Boden heraus, oder wir lagern sie ohne ausreichende Abdeckung. In beiden Fällen bekommen sie zu viel Licht und werden grün. An diesen Stellen entsteht das grüne Chlorophyll und gleichzeitig Solanin in einer für den Menschen schädlichen Konzentration.

Und was it nun mit den grünlichen Schattierungen auf Kartoffelchips? Nach Auskunft von Beverly Holmes, Pressereferentin bei einem Chipshersteller, werden bei der Chipsroduktion grüne Kartoffeln aussortiert.

> „Wir lagern unsere Kartoffeln in dunklen Räumen und haben Arbeiter an den Produktionsbändern, die grünliche Kartoffelchips aussortieren. Dennoch können schon mal ein paar leicht grünliche Chips der Aufmerksamkeit entgehen."

Sollten Sie also in der nächsten Chipstüte, mit der Sie sich gemütlich in eine Sofaecke zurückgezogen haben, eine grünliche Kartoffelscheibe entdecken, essen Sie sie einfach nicht – damit sind Sie dann immer auf der sicheren Seite.

Warum sind Kartoffelchips gebogen?

Lassen wir ihre Form einmal beiseite, die Entstehung der Kartoffelchips verdanken wir einem Zufall – dem Schlagabtausch von Gast und Koch in einem Restaurant. Der populäre Snack wurde 1853 von George Crum, Koch in der Moon Lake Lodge, einem exklusiven Resort in Saratoga Springs, New York, entdeckt. Ein Gast reklamierte, dass die Bratkartoffeln, die Crum ihm zubereitet hatte, zu dick seien. (Es ist belegt, dass der Gast der Eisenbahnmagnat C. Vanderbilt war.) Als Vergeltung für die, wie er fand, hochmütige Forderung, schnitt der Koch Kartoffeln papierdünn und frittierte sie.

Doch die Retourkutsche ging ins Leere. Vanderbilt oder wen immer Crum hier ärgern wollte, war begeistert von den sogenannten „Saratoga Chips" – das neue Gericht wurde ein Renner. Im Osten der USA übernahmen viele Restaurants die Idee. Kartoffelchips wurden erst für den Hausgebrauch produziert, als jemand in Cleveland, Ohio, die erste Fabrik für dieses Produkt in einer umgebauten Scheune aufmachte. Die Form der Chips war ganz einfach das Ergebnis der Frage, wie man Kartoffeln auf die rationellste Weise schneidet. Von der frühen Vermarktung des Produkts bis heute orientieren sich alle Maschinen für das Waschen, Schälen, Schneiden, Braten und Verpacken an der natürlichen runden Form der Kartoffelscheibe. Nur so erhält man ein Minimum an Abfall. Dazu eine Expertin aus der Lebensmittelindustrie:

» Je ähnlicher in Größe und Form die Kartoffeln sind, desto weniger Vorbereitung ist nötig, um einheitliche Kartoffelchips zu bekommen, und das führt zu einem größeren Ausstoß an perfekter

Warum werden Cashews nie in der Schale verkauft?

Der Kaschu-, Acajou- oder Nierenbaum ist ein 10–12 m hoher, immergrüner Laubbaum. Er stammt ursprünglich aus Brasilien und wird heute überall in den Tropen angebaut. Nach der Blüte vergrößert sich der fleischige, gelbe bis rote Fruchtstiel stark und wird wie Obst genutzt. An diesem sogenannten Kaschuapfel, der eine Scheinfrucht ist, hängt die eigentliche Frucht, die Kaschu- oder Cashewnuss mit dem schmackhaften nierenförmigen, weißen Kern. Ihre Schale wird vor dem Verkauf stets entfernt – denn sie ist giftig!

Ware. Kartoffeln in runder oder länglicher Form mit einem ungefähren Durchmesser von 6 cm eignen sich ideal für die Produktion von Chips. “

So wie die Form der fertigen Kartoffelchips von der Natur diktiert ist, so ist es auch ihr gebogener Rand. Kartoffeln bestehen zu 25 % aus festen Stoffen (meist Stärke und Zucker) und zu 75 % aus Wasser, aber dieses Verhältnis ist nicht überall in der Kartoffel gleich, wie Sherman erklärt:

” Normalerweise konzentrieren sich die festen Stoffe nahe der Oberfläche der Kartoffel, und zur Mitte hin enthält die Knolle immer mehr Wasser. Frittieren ist ein Trocknungsprozess. Kartoffelbereiche mit hohem Wasseranteil brauchen daher mehr Zeit und Energie zum Garen und verlieren auch mehr Substanz als Bereiche, die mehr feste Stoffe enthalten. Kartoffelchips werden gegart, bis sie nur noch 1,5 % Restfeuchtigkeit haben. Der trockenere Bereich des Chips trocknet schneller als der stärker wasserhaltige, d. h., der äußere Rand der Chips röstet schneller als die Mitte und wellt sich. “

Was ist der Unterschied zwischen Popcorn und anderem Mais? Kann man aus normalem Mais Popcorn machen?

Es gibt fünf verschiedene Arten von Mais, aber nur eine Art, nämlich der Puffmais, wird zuverlässig zu Popcorn. Mit anderen Maissorten erhält man nur gelegentlich das gleiche Resultat. Der Grund für die Fähigkeit von Popcorn aufzupuffen ist das in jedem einzelnen Korn enthaltene Wasser. Nach Auskunft der meisten Hersteller des beliebten Snacks sollte der Wasseranteil bei etwa 13,5 % liegen. Das Wasser lagert in einem kleinen Bereich von weicher Stärke,

die umschlossen ist von einer extrem harten Stärkeart. Wenn der Kern für das Aufpuffen erhitzt wird, beginnt die Flüssigkeit im Inneren zu kochen und dehnt sich aus. Die harte Stärke hält dem Druck des erhitzten Wassers sehr lange stand. Wenn sie schließlich nachgibt und das Wasser den harten Kern durchbricht, explodiert der Kern regelrecht. Die weiche Stärke pufft heraus, und die Innenseite des Kerns dreht sich nach außen.

Der dabei freigesetzte Wasserdampf beschlägt die Brillen der Arbeiter an der Popcorn-Front, und der Snack ist fertig. Die anderen vier Maisarten speichern ebenfalls Wasser. Ihre äußere Stärkeschicht ist aber im Allgemeinen nicht hart genug, um dem Druck des sich ausdehnenden Wassers standzuhalten, und so findet auch keine „Verpuffung" statt.

Seit wann gibt es Osterhasen aus Schokolade?

Ganz klar, die Schokoladenhasen wurden eingeführt, damit sich bei den Schokoladenfabrikanten der Umsatz erhöhte. Hersteller von nicht lebenswichtigen Geschenken (wie Blumen, Grußkarten und Schokolade) halten immer Ausschau nach neuen Produkten, von deren Unverzichtbarkeit sie dann den Konsumenten zu überzeugen versuchen. Wer zu verschwörerischen Theorien neigt, könnte alles Käufliche, vom Valentinstag bis zum Muttertag, als offenkundigen Versuch betrachten, harmlosen Bürgern das Geld aus der Tasche zu ziehen.

Anfang des 19. Jahrhunderts trat in den bürgerlich-städtischen Kreisen Deutschlands erstmals der Schokoladenosterhase auf den Plan. Schoko-Eier und -Küken erfreuten ebenfalls die Kinder. Bald drängten auch Hersteller aus der Schweiz, aus Frankreich und anderen Ländern auf diesen vielversprechenden Markt. Hasen haben allerdings nichts mit dem Osterfest zu tun, sie symbolisieren Erneuerung und Verjüngung und stehen für den Frühling. Gegenwärtig helfen Schokoladenhasen und -eier, die schmerzliche „Schokoladenlücke" zu schließen, die der Süßwarenindustrie zwischen Valentinstag und Muttertag sonst Probleme bereiten würde.

Warum verdirbt oder schimmelt Zucker nicht?

Eigentlich können alle lebenden Organismen Zucker leicht verdauen. Warum wird dann Zucker aber nicht in gleicher Weise von Bakterien oder Pilzen befallen wie

Mehl oder andere Lebensmittel in der Küche? Da Zucker einen extrem niedrigen Wassergehalt hat, etwa 0,02 %, aber Wasser sehr gut aufnimmt, entzieht es den Mikroorganismen, die Schimmel verursachen könnten, Feuchtigkeit. Es ist so, dass Wassermoleküle aus den Mikroorganismen schneller entweichen, als sie von diesen aufgenommen werden, das bedeutet, die Mikroorganismen sterben an Flüssigkeitsmangel.

Aufgrund des niedrigen Wassergehalts im Zucker werden bei ihm auch keine chemischen Reaktionen in Gang gesetzt, die ihn verderben lassen.

Dies gilt aber nicht, wenn Zucker in Wasser gelöst ist. Je schwächer die Zuckerlösung, umso wahrscheinlicher wird sie von Pilzen und Schimmel befallen. Auch bei hoher Luftfeuchtigkeit wird Zucker in wenigen Tagen genug Feuchtigkeit aufnehmen, um Mikroorganismen einen Nährboden zu bieten.

Die Aufbewahrung von Zucker in luftdicht verschlossenen Behältern wird jedoch eine Aufnahme von Wasser, sogar bei hoher Luftfeuchtigkeit, verhindern. Er behält dann seinen Feuchtigkeitsgehalt von 0,02 % und ist unbegrenzt haltbar.

Wie kommt es, dass granulierter Zucker verklumpt?

Die Wurzel des Übels ist Feuchtigkeit. Zucker verhält sich hygroskopisch, das bedeutet, er zieht Wasser an, z. B. aus der Luft, und verändert dann seine Form. Wenn Zucker einer Luftfeuchtigkeit von 30 % oder mehr ausgesetzt wird, löst das Wasser auf der Oberfläche den Zuckerkristall, und es entsteht ein dünner, flüssiger Zuckerfilm. Eine Art Flüssigkeitsbrücke verbindet dann die einzelnen Kristalle. Jerry Hageney vom Zuckerhersteller Amstar Corporation erklärt:

> „Wenn die relative Luftfeuchtigkeit sinkt, gibt die Zuckerlösung ihre Feuchtigkeit ab, und der Zucker wird wieder zum Kristall. Die Kristalle, die sich mittels einer Flüssigkeitsbrücke vereint hatten, hängen nun zusammen wie ein einziger Kristall. So werden Hunderte und Tausende von Kristallen zu einem festen Klumpen.“

Den feuchten Film, der sich bei hoher Luftfeuchtigkeit auf Zucker bildet, kann man nicht sehen, man merkt aber, dass die Körnchen nicht mehr so perfekt rieseln wie in trockenem Zustand.

Die Tatsache, dass einmal feucht gewordene Zuckerkristalle bei Trocknung weiterhin zusammenhängen, hat die Zuckerindustrie genutzt, um Würfelzucker herzustellen. Zu diesem Zweck werden Zucker und Wasser in würfelförmige Gussformen eingebracht, das Ganze wird getrocknet, und schon haben wir Würfelzucker. So einfach lässt sich Zucker dazu bringen, zusammenzuhalten und sich praktisch und schön zu präsentieren, z. B. auch in Herzform.

Was bringt Bubblegum dazu, bessere Blasen zu bilden als normales Kaugummi?

Alle Kaugummis bestehen aus einer Gummi-Basissubstanz, aus Zucker oder – in zuckerfreiem Kaugummi – Sorbit, Weichmachern und Aromastoffen. Voraussetzung für die Herstellung von gutem Kaugummi ist eine hochwertige Basissubstanz. Sie macht das Kaugummi kaufähig und bringt die Blasen in das Bubblegum. Bis vor kurzer Zeit bestand die Basissubstanz meist aus Baumharz; heute benutzen die Hersteller überwiegend Polyvinylacetat, ein synthetisches Harz. Damit perfektes Bubblegum entsteht, muss das Gummi den Druck der Zunge und die Bildung einer Luftblase aushalten können, außerdem aber auch so flexibel sein, dass es sich beim Aufblasen gleichmäßig ausbreitet.

Eine Zutat im Bubblegum, die recht selten erwähnt wird, ist der Weichmacher. Diese synthetische Substanz sorgt dafür, dass sich die Basissubstanz besser ausdehnt und man herrlich große Blasen bilden kann, die schließlich mit einem eindrucksvollen Knall platzen.

Warum werden Weine, die nicht süß sind, als „trocken" bezeichnet?

Was einen süßen Wein ausmacht, ist klar: Er enthält mehr Zucker, entweder von Natur aus, oder ihm wurde vor der Vergärung Zucker zugesetzt. Ein als trocken ausgewiesener Wein darf jedoch nur einen geringen Restzuckergehalt haben. Zucker wird dem Wein vor allem beigegeben, um die im Wein vorhandenen Säuren auszugleichen und dem guten Tropfen einen harmonischen Geschmack zu geben.

Weintrinker liegen sich ständig in den Haaren darüber, wie viel Zucker in den Wein gehört. Am liebsten würde man ihnen raten, sich doch wenigstens darauf zu einigen, dass „trockener" Wein genauso nass ist wie süßer.

Überraschenderweise konnten sich nur wenige der befragten Weinexperten einen Reim auf die Herkunft der Bezeichnung „trocken" machen. Es gibt aber immerhin zwei Theorien: Ein Spirituosenexperte war der Meinung, das Wort müsse auf einen Geschmackstest zurückgehen und sei mehr als nur eine kleine Marketingstrategie:

> Zucker stimuliert die Speicheldrüsen und wässert den Mund. Säure hat dagegen eine adstringierende Wirkung und erzeugt im Mund ein trockenes Gefühl.

Irving Smith Kogan vom Champagner-Informationsbüro lieferte noch eine sprachwissenschaftliche Theorie:

> ... In der französischen Sprache bedeutet ‚sec' trocken, herb und ist auch ein Synonym für dürr, hager und fleischarm, ohne Milde oder Reife. Dieses Bild finden wir wieder in dem englischen Ausdruck ‚bone dry' (knochentrocken). ‚Sec' bedeutet auch unverblümt, unfreundlich, schroff, ohne weitere Zutat, ungesüßt.
>
> Das Thema ‚trocken' gegen ‚süß' ist beim Champagner nicht das Gleiche wie beim Wein. Champagner wurde ursprünglich etikettiert mit ‚doux', dem französischen Wort für süß. In der Mitte des 19. Jahrhunderts beschloss Louise Pommery, eine Champagnerproduzentin, eine weniger süße Mischung zu kreieren, und nannte sie ‚demi sec' (halbtrocken) – ein Schaumwein, der zwar noch süß ist, aber nur halb so süß wie der ‚doux'. Seit dieser Zeit ist Champagner zunehmend trockener geworden. Heute haben wir eine Auswahl von Champagnern in aufsteigender Folge von trocken: demi sec, sec, extra sec, brut und extra brut.

Die sprachliche Ableitung von „trocken", wie sie oben für Champagner beschrieben wird, macht auch die Einstufung „trocken" für Wein verständlich. Beim Champagner gelten jedoch generell andere Qualitätsbezeichnungen als beim Wein. Um noch einmal auf den trockenen Wein zu kommen – ihm fehlt einfach die fruchtigweiche Vollmundigkeit.

Wie erhält man weißen Wein aus dunklen Trauben?

Die meisten Menschen sind überrascht zu hören, dass weißer Wein auch aus dunklen Trauben gekeltert wird. Wie kann das sein? Zuerst einmal gleicht keine dunkle Traube der anderen. Manche Trauben sind bläulich schwarz, andere dunkelrot. Nun zu unserer Frage. Die Antwort ist einfach, und man kann sie selber demonstrieren.

Holen Sie sich die dunkelste Traube, die Sie in Ihrem Kühlschrank oder beim Obsthändler finden. Nehmen Sie eine Traube zwischen Daumen und Zeigefinger. Zerquetschen Sie sie, und betrachten Sie den austretenden Saft. Nicht gerade ein Farbrausch, oder?

Fast jeder Traubensaft hat eine weiße oder gelbliche Farbe. Die Tatsache, dass Ihr roter Wein so wunderbar dunkel ist, hat nur einen Grund: Die Farbe stammt nicht vom Saft der Trauben, sondern von der fermentierten Beerenhaut. Keltert man die zerquetschten Trauben sofort ab und lässt den Saft nicht mit der Haut gären, dann wird aus einer farbigen Traubensorte ein weißer Wein.

Warum befindet sich am Hals jeder Champagnerflasche Aluminiumfolie?

Nach Auskunft von Fachleuten soll die Aluminiumfolie die wenig attraktive Verdrahtung verdecken, mit der der Korken unter Druck gehalten wird.

Bevor es die Aluminiumfolie gab, ließ man den Draht unter Zinnfolie (Stanniol) verschwinden. Außerdem wurden dreieckige „Tropflöcher" eingebracht, um das Zinn von Kondensationsprodukten freizuhalten. Auch heute noch stanzen einige Hersteller dreieckige oder diamantförmige Aussparungen in die Folie, zur Dekoration und aus traditionellen Gründen.

Erst im späten 19. Jahrhundert hat man den Korken der Champagnerflasche mit einer Drahtkappe gesichert. Vor dieser Zeit wurden Korken eingehämmert und mit handgedrehter Schnur fixiert.

Böse Zungen behaupten, die Aluminiumfolie am Flaschenhals hätte verdecken sollen, dass gelegentlich eine Champagnerflasche zu knapp gefüllt war. Aber im Hightech-Zeitalter ist das eigentlich unmöglich. Die Champagnerflaschen werden maschinell abgefüllt und an Ort und Stelle sofort verkorkt. Dem edlen Getränk bleibt keine Zeit, sich zu verflüchtigen, außerdem sind Abfüllautomaten gemeinhin gerecht.

Wieso gibt es so viele unterschiedliche Weingläser? Würde Champagner aus einem Burgunderglas wirklich schlechter schmecken?

Bedenkt man, mit welcher Aura sich Weinliebhaber gern umgeben, dann ist man manchmal schon versucht, ihre Vorgaben etwas kritischer zu betrachten. So könnte man sich z. B. fragen, ob das Flötenglas für Champagner wirklich seinen Geschmack verbessert. Erstaunlicherweise verkauft aber die Firma Riedel, der österreichische Spezialist für Weingläser, jetzt 23 unterschiedliche Gläsertypen, wobei jedes Glas für eine besondere Weinsorte bestimmt ist.

Eine Vertreterin des Weininstituts in San Francisco, Kalifornien, erklärte, dass gute Gläser drei Kriterien erfüllen sollten:

1. Das Glas muss dünn und klar sein, um die optischen Eigenschaften des Weins sichtbar zu machen und ihn in seiner Schönheit angemessen zu präsentieren.
2. Die Form ist so zu gestalten, dass sie das natürliche Bouquet des Weins verstärkt und betont.
3. Vielleicht das Wichtigste: Die Form des Glasrands sollte den Wein direkt auf den entsprechenden Teil der Zunge dirigieren.

Auf unserer Zunge sind viele Geschmacksknospen verteilt, die vier Geschmacksqualitäten unterscheiden, und zwar süß, sauer, salzig und bitter. Die Knospen an der Spitze der Zunge reagieren auf süß, die Knospen an den Seitenkanten auf salzig (deshalb wird Salz auf den Rand von Tequila-Gläsern gegeben); die Knospen im Seitenbereich der Zunge empfinden Säure; und die Knospen am Zungengrund nehmen Bitteres wahr.

Bis vor Kurzem wurden Weingläser in Form und Größe den Eigenheiten des Weins, der darin getrunken wird, angepasst. Die tiefe, enge Champagnerflöte sollte die Bläschen länger perlen lassen; das weite Burgunderglas, oben verjüngt, sollte das fruchtige Aroma einfangen und festhalten und gleichzeitig so wenig Luft wie möglich hineinlassen, da sie den Charakter des Weins verändern kann.

Doch auch wenn das Bouquet des Weins durch die Glasform verbessert wird, was hilft es, solange der Wein nicht besser schmeckt. Deshalb konzentriert sich die Aufmerksamkeit der Hersteller in zunehmendem Maß auf die Gestaltung des Glasrands. Beispielsweise kann bei einem jungen Burgunder der Säuregehalt völlig den gewünschten Fruchtgeschmack überdecken. Die Lösung bestand darin, den Glasrand nach außen hin leicht zu weiten, damit der Wein zuerst die Zungenspitze trifft.

Bei einigen Weinen hat sich nach dem Eingießen das Verhältnis Säure–Fruchtigkeit nicht gleich ausbalanciert. Dies ist ein Grund, warum Weinliebhaber das

Wie wird das M&M auf die Schokolinsen von M&M gedruckt?

Die Frage ging direkt an die Abteilung für Verbraucherangelegenheiten der Firma Mars. Aber obwohl die Verantwortlichen so freundlich und hilfsbereit wie nur möglich waren – keine Schmeichelei, weder Schmiergeld noch Appelle an menschliches Mitgefühl konnten ihnen dieses Firmengeheimnis entlocken. Eine definitive Antwort wird es hier also nicht geben. Von einer Tatsache kann man aber ausgehen, trotz wilder Theorien, die dagegensprechen: Das M&M wird von einer Maschine auf jede Süßigkeit gedruckt, der Prozess ist jedoch geschützt.

So wird das Mars-Produkt durch sein spezielles Siegel davor bewahrt, jetzt oder in Zukunft vom Markt gedrückt zu werden. Verständlich, dass die Firma so vorsichtig ist und ihre Produktgeheimnisse schützt. Mars ließ aber immerhin durchblicken, dass der Prozess der Gleiche ist wie beim Offset-Druck. Daraus kann man schließen, dass der Drucker die Zuckerhülle des Produkts nicht direkt berührt. Viele Pillenhersteller drucken ihr Logo in der gleichen Offset-Technik.

Was bedeutet M&M?

Das Logo steht für zwei Namen – Mars und Murrie, die obersten Bosse der M&M-Süßwaren in den frühen 1940er-Jahren.

gefüllte Glas drehen. Ein Cabernet-Sauvignon-Glas ist bauchig, damit sich beim Drehen die Aromen schneller mischen. Die Öffnung des Glases ist dagegen schmal, damit der Wein beim Trinken die Zungenspitze trifft. Das richtige Glas für Cabernet Sauvignon ist so geformt, dass bei jedem Schluck alle vier Arten von Zungenknospen benetzt werden.

Riedel hat auch die Form der klassischen deutschen Rieslinggläser verändert. Riesling war früher süßer, und die Form der Gläser bewirkte, dass der Wein an die Seiten der Zunge gelangte, wo die Geschmacksknospen für sauer liegen. Seit die deutschen Winzer den Riesling trockener, d. h. mit weniger Süße, anbieten, hat das Riedel-Glas einen nach außen gewölbten Rand, um den Wein direkt zur Zungenspitze zu leiten, wo zuerst die Süße wahrgenommen wird.

Die Firma Riedel führt Blindverkostungen zum Testen durch, bei denen der Wein in verschieden geformten Gläsern ausgeschenkt wird. Bevorzugt der Weinkenner den edlen Tropfen dann nicht im dafür vorgesehenen Glas, weiß Riedel, es ist Zeit, die Glasform zu überdenken.

Warum haben Bierkrüge Deckel?

Auf diese Frage bleiben Bierliebhaber die Antwort nicht schuldig. Von all den angebotenen Theorien leuchten aber die vier folgenden am ehesten ein. Welche trifft nach Ihrer Ansicht den Nagel auf den Kopf?

1. Die Deckel verhindern das Überlaufen des Biers. Ein kräftiger, dichter Schaum macht oft nicht vor dem Krugrand halt. Kann man schnell einen Deckel auflegen, bleibt der Schaum im Krug, setzt sich, und kein Tropfen des köstlichen Gerstensafts geht verloren.
2. Der Deckel stellt eine Art letzte Reinheitsgarantie dar – er hält Insekten vom Bier fern. Sitzt man an einem heißen Tag auf dem Land oder im Biergarten vor einem herrlich schäumenden, aber unbedeckten Krug Bier, so wird das süße Malzaroma alle Arten von fliegenden Insekten alarmieren. Schon bald müsste man Fliegen oder Wespen verjagen bzw. aus dem Krug fischen, und das würde das Vergnügen doch einigermaßen beeinträchtigen. Spaßvögel fügen noch hinzu, dass sich in den Bäumen eines Biergartens eine ganze Zahl von gefiederten Gästen aufhält, die gelegentlich etwas fallen lassen und dabei zielgenau in einen offenen Bierkrug treffen könnten.

3. Der Deckel hält das Bier kühl.
4. Der Deckel hält das Bier länger frisch und hilft dabei, die Schaumkrone zu erhalten.

Ob Sie es glauben oder nicht, die richtige Antwort ist die zweite. Allerdings haben alle diese Theorien mitgeholfen zu erklären, warum Deckel auf Krüge gekommen sind. Im späten 19. Jahrhundert wurde in Deutschland ein Gesetz erlassen, das den Herstellern vorschrieb, Krüge mit Deckeln auszustatten. Zum Thema Deckel schreibt ein Sammler von Bierkrügen:

» Schon vor 20 Jahren, als ich anfing, Bierkrüge zu sammeln, habe ich mich gefragt, warum sie Deckel haben. Ich fand heraus, dass diese Sitte auf die sanitären Verhältnisse der damaligen Zeit zurückgeht und auf den allgemeinen Glauben, Insekten, insbesondere Fliegen, würden Krankheiten übertragen. In Deutschland, vor allem in Bayern, gab es viele Bierstuben und Biergärten – hier sollte man auch das Oktoberfest in München nicht unerwähnt lassen –, und mit der Hygiene war es nicht so weit her. So wurde den Herstellern der früher noch überwiegend aus Steingut gefertigten Bierkrüge per Gesetz untersagt, Krüge ohne Deckel zu produzieren. «

Das Gesetz verkomplizierte die Bierkrugherstellung, verschaffte aber den Zinngießern eine zusätzliche Einnahmequelle. Sie lieferten zum Bierkrug die Zinndeckel, schlicht oder kunstvoll verziert, auch mit eingesetzten Porzellanbildern. Es gab sie für fast jeden Geldbeutel.

Heute ist alles besser geworden, in puncto Hygiene und Insekteninvasionen. In Wirtschaften und Biergärten wird der Gerstensaft ohne Deckel serviert. Im Notfall hilft dann ganz einfach der „Bierdeckel" – aus Pappe.

Wie wurde die Toque zur Kopfbedeckung der Küchenchefs? Hat sie irgendeine Funktion?

Die meisten Menschen tragen im Alltag ganz normale Kleidung: Hosen oder Röcke mit Hemden, Blusen, T-Shirts oder Pullis und eventuell einen Anzug oder ein Kostüm, wenn die Gelegenheit es erfordert. Aber in den Küchen herrschen speziell in Sachen Kopfbedeckung merkwürdige Sitten. Köche tragen entweder hässliche, aber praktische Haarnetze oder aber hohe, weiße Kochmützen. Gibt es kein Mittelding? Warum kann ein Küchenchef keine Baseballkappe oder Schirmmütze tragen? Hat die Form der Toque irgendeinen praktischen Nutzen?

In Frankreich würdigte man Chefköche im 17. Jahrhundert je nach Rang mit Kappen in verschiedenen Farben. Lehrlinge trugen einfache Käppis. Im frühen 18. Jahrhundert forderte Talleyrands Küchenchef seine Köche auf, weiße Kochmützen zu tragen – aus hygienischen Gründen. Die weiße Mütze sollte nicht nur verhindern, dass Haare des Küchenpersonals ins Essen fielen, auf dem weißen Stoff sollten auch Verschmutzungen sofort sichtbar werden.

Die erste richtige Kochmütze war flach. Als dann die hohe Form populär wurde, war das kein Modegag. Der Sinn dieses Modells war es, die Köpfe der eifrigen Köche besser zu belüften, denn sie arbeiten ja bekanntlich meist in einem sehr warmen Umfeld.

Antonin Careme, Küchenchef aus Wien, wollte schließlich das Gute noch besser machen und versteifte die Toque mit eingelegtem Karton, um der Mütze einen eindrucksvollen Stand zu verleihen. Die Wirkung dieses Kartons wird heute durch Wäschestärke erreicht.

Die Toque hat denselben Effekt wie ein Haarnetz, und ihr Design ist zugegebenermaßen recht eigenwillig. Dennoch verleiht sie dem Träger, allein schon weil sie ihn größer macht, eine gewisse Würde. Für uns gehört sie einfach zum Koch wie die Leiter zum Schornsteinfeger. Sie ist so etwas wie ein Berufsabzeichen. Außerdem, wer würde über die Mütze desjenigen lachen, in dessen Händen das eigene Wohlbefinden liegt? Auch Köche können sich rächen.

Sitte und Gebrä

Warum gehören zu einem militärischen Salut 21 Schüsse? Wieso sprechen Auktionatoren so schnell? Weshalb soll „Freitag der 13." ein Unglückstag sein? Warum mochten Piraten Papageien? Manchmal stecken wunderbare Geschichten hinter diesen Sitten und Gebräuchen. Und manche Tradition hat sich ohne jeden Grund einfach so eingebürgert.

Sitten und Gebräuche

Wie wurde die Reihenfolge unseres Alphabets festgelegt? Gibt es einen bestimmten Grund dafür, dass A vor B kommt oder dass Z der letzte Buchstabe des Alphabets ist?

Das ist wieder eine Frage, auf die es keine einfache Antwort gibt. Man muss dafür weit in die Vergangenheit zurückblicken. Allerdings wird es bei einer Kurzfassung der Schriftgeschichte bleiben – also keine Angst! Aber um zu erklären, warum unser Alphabet die Reihenfolge zeigt, die es nun mal hat, müssen mindestens vier Kulturen bemüht werden.

Die Ägypter

Um 3000 v. Chr. erfanden die Ägypter die Hieroglyphenschrift, die sie als Denkmalschrift in Stein meißelten oder mit Binsen auf Papyrus aufbrachten. Das ägyptische Schriftsystem umfasste nahezu 800 Zeichen, darunter 24 alphabetische. Es wäre möglich gewesen, mit diesen alphabetischen Zeichen alle Wörter der ägyptischen Sprache wiederzugeben. Aber die Ägypter betrachteten ihre Hieroglyphen als kostbares Gottesgeschenk und hielten deshalb mehr als drei Jahrtausende lang daran fest.

Trotz der bildhaften Gestaltung ihrer Hieroglyphen ist die ägyptische Schrift keine Bilderschrift in dem Sinne, dass Bild und Bedeutung immer übereinstimmen. Zwar verwendet sie Bildzeichen, die unmittelbar den Gegenstand darstellen, der benannt werden soll (Ideogramme). Um aber Bezeichnungen wie „Diener" oder „Bruder" wiederzugeben, abstrakte Begriffe wie „Glück", Eigenschaften wie „krank" oder Tätigkeiten wie „denken" – dazu benötigte man Lautzeichen, also Zeichen, die den Lautwert eines Wortes ausdrücken (Phonogramme). Die Ägypter verwendeten dafür keine neuen, zusätzlichen Schriftzeichen, sondern entnahmen sie dem Vorrat an Ideogrammen, um damit gleichlautende Wörter wiederzugeben. Da sie wie andere Völker der hamito-semitischen Sprachfamilie den Vokalen einen geringeren Wert beimaßen und lediglich die Konsonanten berücksichtigten, bot dieses System einen weiten Spielraum. Die Bildzeichen (Piktogramme) konnten für alle Wörter und Silben gebraucht werden, die die gleiche Folge von Konsonanten besaßen wie das Wort für den eigentlich dargestellten Gegenstand – ganz gleich, ob und welche Vokale dazugehörten.

Viele Hieroglyphen konnten also einen allgemeingültigen Lautwert oder die ursprüngliche Bildbedeutung haben. Um beide Möglichkeiten zu unterscheiden, fügte man denjenigen, die wirklich das bedeuten sollten, was ihr Bild darstellte, einen kleinen Strich, den sogenannten Determinativstrich, hinzu. Wie in allen Sprachen hatten gleichlautende Wörter mal diese, mal jene Bedeutung, zumal ja die Vokale unberücksichtigt blieben. Auch hier trugen Deutzeichen (Determinative) zum richtigen Verständnis bei.

Auf den ersten Blick hört sich das alles ziemlich kompliziert an, aber riskieren Sie doch einfach einen zweiten Blick – bei nochmaligem Lesen kommen Sie den alten Ägyptern schon auf die Schliche. Mit Sicherheit werden Sie dann erleichtert aufatmen: Wie gut, dass wir ein Alphabet haben! SMS-Nachrichten hätte man jedenfalls in dieser Schrift nicht verschicken können. Vielleicht wäre das aber auch nicht so schlecht gewesen!

Zurück zu den Ägyptern: Sie verfügten über Ein-, Zwei- und Dreikonsonantenzeichen, wobei die 24 Einkonsonantenzeichen ein komplettes Alphabet ergaben. Damit hätte man sich die vielen Hundert Schriftzeichen eigentlich sparen können. Doch die Ägypter verwendeten Buchstabenschrift lediglich zur Wiedergabe nicht ägyptischer Eigennamen und Titel, wie sie zur Zeit der griechisch-römischen Fremdherrschaft aufkamen.

Unsere Schrift ist das Ergebnis eines konsequenten Abstraktionsprozesses. Alle Laute einer Sprache in ein einfaches System von etwas mehr als 20 Schriftzeichen zu bringen stellt eine Leistung dar, die der Menschheit nicht in den Schoß gefallen ist. Uns erscheint die Zerlegung eines Wortes in die einzelnen Laute, aus denen es zusammengesetzt ist, als das Allereinfachste, weil wir es in der Schule so gelernt haben. Wer jedoch nichts davon weiß, sieht eine solche Gruppe artikulierter Laute nur als Ganzes – als einen Begriff oder die Darstellung eines Begriffs, der an eine bestimmte Lautfolge gebunden ist. Die Alphabetschrift war eine Errungenschaft, die erst viele Jahrhunderte nach der Schrifterfindung erreicht wurde.

Ugarit und die Phönizier

Schon in der Antike galten die Phönizier als Erfinder des Alphabets. Nach heutiger Kenntnis entstand das erste ABC in Ugarit, einer Stadt an der nordsyrischen Küste, die gegen 1200 v. Chr. im Seevölkersturm unterging (heute der Ruinenhügel Ras Shamra). Dort wurde die Bibliothek eines Tempels entdeckt. Die Texte stehen auf Tontafeln, und auch die Schrift ahmt in ihrer äußeren Gestalt die Form der babylonischen Keilschrift nach. Aber es ist keine Silben-, sondern eine Buchstabenschrift mit nur 30 Zeichen (ohne Wortzeichen und Determinative).

Schon bald nach Ugarit gingen auch Städte wie Byblos (im heutigen Libanon) zur Alphabetschrift über. Die Phönizier, die sich selbst „Kanaanäer" nannten, sprachen eine westsemitische Sprache und waren erfolgreiche Kaufleute. Sie gebrauchten ihre Schrift vor allem im Geschäftsleben – zur Registrierung des Warenverkehrs, für Kaufverträge und Abrechnungen.

Die phönizische Alphabetschrift basiert auf dem Prinzip der Akrophonie: Sie verwendet zwar Bildzeichen, aber diese stehen nur noch für den Anlaut des Wortes, das sie symbolisieren. So wurde der Buchstabe B anfänglich durch ein Haus (im Grundriss) dargestellt, denn „Haus" heißt im Westsemitischen „bait" oder „beth". „Aleph" heißt „Ochse", und der Kopf eines Ochsen stand für den Buchstaben A.

Die Israeliten waren Nachbarn der Phönizier und übernahmen deren Schrift. Sie sprachen eine verwandte Sprache, so dass nur geringfügige Änderungen erforderlich waren, wie schon der Anfang des hebräischen Alphabets erkennen lässt: Aleph, Beth, Gimel, Dalet ... Die ältesten hebräischen Schriftfunde datieren ins 9. Jahrhundert v. Chr. Doch die Errungenschaft der Phönizier wirkte weit über den Vorderen Orient hinaus, denn im gesamten Mittelmeerraum gab es phönizische Handelsniederlassungen. Als besonders folgenreich sollte sich erweisen, dass auch die Griechen das phönizische Alphabet übernahmen – und den Konsonanten Vokalzeichen hinzufügten.

Da in den alten semitischen Sprachen alle Silben konsonantisch anlauten, waren nur Konsonanten darstellbar, wenn die Piktogramme für den Anlaut eines Wortes verwendet wurden. Noch heute kommt die hebräische wie die arabische Schrift ohne Vokale aus – man deutet sie lediglich durch Punktierung an. Bei reiner Konsonantenschrift muss sich der Leser die Vokale hinzudenken. Die Überschrift, die ein phönizischer Kritiker seiner Besprechung dieses Buchs hätte geben können, liest sich etwa so:

„WR HTT DS GDCHT, GTS BCH"

Jede gesprochene Sprache hat Vokale und Konsonanten. Ein Konsonant ist ein Laut, der dadurch entsteht, dass der Luftstrom gestoppt und dann freigegeben wird (z. B. p, t, k, b, d, g) oder dass der Luftstrom in einem bestimmten Bereich zurückgehalten wird, um in einem anderen zu entweichen (m, n, l, e), oder dass er durch eine locker geschlossene oder verengte Passage ausströmen muss (f, v, s, z). Ein Vokal wird dagegen in erster Linie durch die Bewegung der Stimmbänder gebildet; die anderen Sprachorgane wirken bei der Artikulation lediglich mit.

Das griechische Alphabet

Die alten Griechen bezeichneten ihre Schriftzeichen als „phoinika grammata". Auch die Namen der Buchstaben verraten deren Herkunft: Alpha, Beta, Gamma,

Delta ... Übernommen wurden nur jene Konsonanten, für die es im Griechischen lautliche Entsprechungen gab. Neu jedoch war, dass nun auch die Vokale geschrieben wurden. Deren Namen – Alpha, Epsilon, Eta, Iota, Omikron, Ypsilon, Omega – enthalten im Anfangsbuchstaben Vokale, die deutsch oder englisch sprechende Menschen wiedererkennen können. Einige dieser Vokalnamen wurden sogar zu geläufigen Begriffen.

Aufmerksame Leser mögen jetzt fragen, wie sich das phönizische Aleph zum griechischen Alpha wandeln konnte, wenn die Phönizier keine Vokalzeichen kannten. Tatsächlich war ihr Aleph (wie das arabische Alif) kein Vokal, sondern ein sogenannter Verschluss- oder Explosivlaut, der im Griechischen fehlte. Da er aber ganz ähnlich klang wie ein A, bot es sich an, sein Zeichen dafür zu verwenden. Auf die gleiche Weise verfuhr man auch mit anderen „nutzlosen" Halbkonsonanten wie dem Iota.

Das griechische 24-Buchstaben-Alphabet bildete die Grundlage für unser lateinisches Alphabet, ebenso für die kyrillische Schrift, die in Bulgarien, Mazedonien und Serbien, in Russland und der Ukraine verwendet wird.

Das lateinische Alphabet

Die Römer standen anfangs politisch wie kulturell unter dem Einfluss der Etrusker, die eine Variante des griechischen Alphabets gebrauchten. Auch bei der Schrift orientierten sie sich an den etruskischen Nachbarn. Während sie die griechischen Buchstaben mit den phonetischen Eigenheiten ihres Lateins in Einklang zu bringen suchten, erhielten einige Buchstaben andere Formen, und auch die Reihenfolge änderte sich da und dort. Wie aber kam es, dass z. B. das Z – der sechste Buchstabe im griechischen Alphabet – nun zum Schlusslicht wurde?

Zunächst meinte man, auf bestimmte griechische Buchstaben verzichten zu können. Als die Römer jedoch mehr und mehr dem Einfluss griechischer Kultur erlagen und ihr Latein durch Lehnwörter aus dem Griechischen bereicherten, schienen ihnen die als überflüssig ausgeschiedenen Buchstaben wieder nötig zu sein. Das Z kehrte jedoch nicht an seinen angestammten Platz zurück, sondern wurde ans Ende des Alphabets versetzt. In den romanischen wie germanischen Sprachen wurde dies beibehalten.

Dagegen war das Kappa des griechischen Alphabets im ältesten Latein gebräuchlich, wurde dann jedoch durch C verdrängt und blieb schließlich nur in „Karthago" und „Kalendae" erhalten. Das J kannten die Römer noch nicht; Cäsars Vorname wurde „Iulius" geschrieben. V war lange eine Variante des Buchstabens U; durch Verdoppelung wurde daraus später das W gebildet, das man nach dem V ins Alphabet einfügte wie das J nach dem I.

Natürlich ist die Anordnung der Buchstaben im Alphabet letztlich willkürlich. Wahrscheinlich wäre es sinnvoller, alle Vokale am Anfang oder am Ende zusammenzufassen. Und überhaupt: Um einer Sprache mächtig zu sein, hilft es kaum etwas, die alphabetische Ordnung zu kennen. Doch schon in Ugarit wurde Schülern das Alphabet in einer bestimmten Reihenfolge beigebracht; das zeigen vermutlich als Lehrfibeln benutzte Tafeln mit einem Buchstabenverzeichnis. Wie Linguisten festgestellt haben, gaben so gut wie alle Kulturen ihrem Alphabet eine feste Ordnung, obwohl die Abfolge der Buchstaben keine Sache der Logik ist wie bei den Zahlen.

Zufall, Willkür und eine verwickelte Geschichte der Schrift waren bei der Entstehung unserer alphabetischen Ordnung im Spiel. Das macht eine Antwort auf diese Frage nicht gerade leicht. Oder würde irgendjemand erraten, dass das A vor dem B kommt, weil frühe semitische Kulturen dem Ochsen als dem wichtigsten Tier in der Landwirtschaft jener Zeit einen höheren Wert beimaßen als dem Haus?

Warum haben viele irische Nachnamen ein „O“ am Anfang?

Zunächst bietet sich die Vermutung an, dass das „O" (wie in „five o'clock" die Abkürzung von „of" ist. Würde es nicht Sinn machen, dass James O'Hara der Nachkomme seines Vaters mit Namen Hara ist? Das liegt nahe, trifft aber nicht ganz zu. „O" bedeutet im irischen Dialekt „Nachkomme", im Sprachgebrauch hat es sich aber in der Bedeutung „Enkel von" eingebürgert. So versteht es der Ire seit der Zeit des heiligen Patrick (vermutlich 5. oder 6. Jahrhundert), wie ein Vertreter der irisch-amerikanischen Stiftung John Whooley erklärte.

Die meisten irischen Namen sind Anglisierungen von gälischen Namen. Shirley Starke von einer irischen Interessengemeinschaft berichtete, dass das originale gälische „O" nicht von einem Apostroph begleitet wurde, sondern mit einem Akzent versehen war (Ó). So wurde O'Hara in Gälisch ausgedrückt als Ó Leadhra (Enkel eines Mannes namens Eadhra).

Warum haben die Iren nicht den Vater geehrt, sondern den Großvater? Manchmal war das schon der Fall, denn Mc (irisch) oder Mac (schottisch) bedeutet „Sohn von".

Es ist verwunderlich, dass ein Großteil der irischen Bevölkerung mit einem „O" als Enkel von jemandem definiert wurde. Auf diese Weise trugen Männer wie auch Frauen männliche Nachnamen. Dazu kann man nur sagen: Der Feminismus war kein Unfall. Wie in den meisten Kulturen wurden auch in Irland Frauen hauptsächlich als Anhängsel ihrer Männer definiert.

Tom Horan, Direktor der Gesellschaft für amerikanisch-irische Geschichte, berichtete, dass im Gälischen einige spezielle weibliche Vorsilben entwickelt wurden. So setzte man „Ne“ vor den Namen, um „Tochter von“ auszusagen (z. B. Mary Ne Flannery), und „Béan“ bedeutete „Frau von“ (z. B. ist Béan Reilly das gälische Äquivalent von Mrs. O'Reilly). Aber diese weiblich ausgerichtete Namensgebung ist in den englischsprachigen Ländern nicht übernommen worden, wo bis vor Kurzem praktisch alle Frauen die Namen ihrer Väter und Männer getragen haben.

Was bedeutet das „D“ in D-DAY?

Am 6. Juni 1944 landeten 156 000 alliierte Soldaten an der Nordküste Frankreichs als Teil der Operation Overlord: Dies war der Code-Name für die gesamte alliierte Invasion im Nordwesten Europas. Nicht alle Soldaten gingen am 6. Juni an Land, dieser Tag wurde aber bekannt als D-Day, der Beginn der entscheidenden Schlacht in der Normandie.

Es kursieren alle möglichen Vermutungen über das, was D-Day eigentlich bedeutet. Eine genaue Information gab das D-Day-Museum in Portsmouth, England. Ein Mitarbeiter des Museums verwies uns auf die hauseigene Website, die eine gute Erläuterung bietet:

> Wenn eine Militäroperation geplant wird, sind ihr aktuelles Datum und der Zeitpunkt nicht immer genau bekannt. Der Terminus D-Day wurde deshalb anstelle des Datums benutzt, an dem die Operationen beginnen sollten – wann immer das sein würde. Der Tag vor dem D-Day wurde D-1 und der Tag danach D+1 genannt und so weiter. Bei einer Verschiebung der Militäroperationen mussten dann nicht auch alle anderen Daten geändert werden. Im Fall der Normandie-Landung wäre es tatsächlich zu einem solchen Konflikt gekommen. Dieser D-Day war ursprünglich für den 5. Juni 1944 geplant, aber in letzter Minute wegen des schlechten Wetters auf den nächsten Tag verschoben worden. Es gab übrigens auch die Bezeichnung H-Stunde (vom englischen hour = Stunde) für die genaue Tageszeit, zu der die Kampfhandlungen beginnen sollten.

Beide, das britische und das amerikanische Militär, benutzen bei ihrer militärischen Planung „D" und „H" in der gleichen Bedeutung. Für England ließ sich der Eingang dieser Buchstaben in den Sprachgebrauch nicht terminieren, in den Vereinigten Staaten jedoch reicht dieser mindestens bis zum Ersten Weltkrieg zurück. Dazu das Zentrum für Militärgeschichte der amerikanischen Armee:

> Der Gebrauch dieser Wörter durch die US-Armee ist bis zum Ersten Weltkrieg nachweisbar. Von der Ersten Armee der amerikanischen Expeditionstruppen datiert folgender Eintrag vom 7. September 1918: ‚Die Erste Armee wird am D-Day zur H-Stunde das Ziel angreifen, um die Evakuierung von St. Mihiel Salient zu beschleunigen.'

Warum steht in Algebra das „x" als Symbol für die Unbekannte?

Das größte Verdienst am X-Faktor können wir René Descartes („Ich denke, also bin ich."), dem berühmten Naturwissenschaftler und Philosophen der Renaissance (1596 – 1650), zuschreiben.

In algebraischen Gleichungen benutzte man bis zum 17. Jahrhundert keine Symbole. So wurden z. B. die allgemeinen Lösungen der kubischen Gleichungen von Cardano und Tartaglia im 16. Jahrhundert alle ohne Symbole, nur mit Wörtern entwickelt. David Joyce, Mathematikhistoriker und Professor für Mathematik an der Clark-Universität, berichtet:

> Im 16. Jahrhundert erschienen Symbole für Plus und Minus. In Italien benutzte man die Buchstaben ‚p' und ‚m', in Deutschland ‚+' und ‚-'. Schließlich setzten sich die deutschen Symbole allgemein durch. Es wurden auch Buchstaben für bekannte und unbekannte Größen und Mengen festgelegt.
>
> François Vieta, ein französischer Mathematiker, der ein halbes Jahrhundert vor Descartes lebte, setzte sich vehement für die Einführung dieser Kürzel ein.

Descartes' größter Beitrag zur Mathematik war die Entwicklung der analytischen Geometrie, die es erlaubte, Gleichungen mit mehreren Unbekannten zu lösen. Dazu führte er ein Koordinatensystem mit einer X-(Horizontal-) und einer Y-(Vertikal-)Achse ein, in dem er die Gleichungen durch Kurven darstellte (vermutlich war Z für die dritte Dimension bestimmt).

Aber in algebraischen Gleichungen setzte er X anders ein, wie Joyce erläutert:

> Um zwischen Bekannten und Unbekannten zu unterscheiden, bediente sich Descartes eines anderen Systems. Er nahm Buchstaben vom Anfang des Alphabets für bekannte Mengen und Buchstaben vom Ende des Alphabets für unbekannte. Das ist die grundsätzliche Regel, nach der vorgegangen wird, aber sie ist auch heute noch kein Muss.

Wer entscheidet, wo die Grenzlinie zwischen den Ozeanen verläuft? Wenn man sich auf dem Ozean befindet, wie kann man dann wissen, wann man diese Linie überschreitet?

Es gibt tatsächlich einen „Jemand", der sich mit solchen Grenzfragen befasst. Die Internationale Hydrografische Organisation (IHO) setzt sich aus 70 Mitgliedsländern zusammen, ausschließlich Nationen mit Küstengebieten an Ozeanen. Gemäß ihrer Satzung hat die Organisation die Aufgabe, eine größtmögliche Übereinstimmung in den nautischen Tabellen und Karten herzustellen, einschließlich der Festlegung der offiziellen Ozeangrenzen.

Alle Ozeane der Welt sind miteinander verbunden – man könnte theoretisch vom Indischen Ozean in die Arktis rudern (die Frage ist allerdings, ob man jemals ankommt). Niemand wird die Grenze Landmasse – Ozean infrage stellen, aber was ist mit den 71 % der Erde, die vom Meer bedeckt sind?

In ihrer Publikation *Grenzen der Ozeane und Meere* gibt die IHO genau an, wo die Wassergrenzen verlaufen. Dieser „Wasseratlas" wird vor allem von Forschern, weniger von Seeleuten benutzt. Michel Huet, der Chefingenieur im Büro der IHO schreibt dazu:

> Die vorgeschlagenen Grenzen wurden allein für den Gebrauch durch das Nationale Hydrografische Institut aufgezeichnet. Anhand dieser Unterlage werden Navigationsrichtlinien, Informationen für die Seefahrt usw. gesammelt, um sicherzustellen, dass

sich alle Veröffentlichungen zum Thema Ozeane und Meere auf die gleichen Gebiete beziehen. Die vorgeschlagenen Grenzen sind nicht das Ergebnis geografischer Untersuchungen. Allerdings wurden bathymetrische Messungen (Tiefenmessungen der Ozeanböden) so weit wie möglich berücksichtigt, in der Hoffnung, dass sich diese Abgrenzungen dann auch für die Ozeanografen als annehmbar erweisen.

Diese Grenzziehungen haben keinerlei politische Bedeutung. Sie sind lediglich nach den allgemeinen Gepflogenheiten und nach technischen Gesichtspunkten von der IHO aufgestellt worden. “

Es ist also ein internationales Komitee von Meeresanrainern, das die Grenzen und Ansprüche an den Ozeanen bestimmt.

Wie würde die IHO die Grenze zwischen Atlantik und Pazifik festlegen? Man entschied sich für eine mehr oder weniger willkürliche Linie zwischen Kap Hoorn an der Südspitze von Südamerika und der Drake-Passage zur Antarktis. Ein passender Längengrad wurde ausgewählt, so dass die Grenze exakt nordsüdlich vom Kap zur Antarktis verläuft.

Natürlich sind an dieser Linie keine Schilder aufgestellt mit der Aufschrift: „Sie verlassen jetzt den Pazifischen Ozean, herzlich willkommen im Atlantischen Ozean.“

Ein Seemann mit professioneller Ausrüstung kann jedoch anhand seiner Navigationsinstrumente problemlos bestimmen, auf welchem Ozean er sich gerade befindet.

Anders als die Vereinten Nationen, ist die IHO kaum in politische Auseinandersetzungen verwickelt, wahrscheinlich weil die Festsetzung der Ozeangrenzen keinerlei Bedeutung für Handel oder Militär hat. Zwischen betroffenen Ländern werden allerdings durchaus Auseinandersetzungen ausgetragen. Südkorea und Japan haben sich z. B. über die Bezeichnung des Meeres gestritten, das ihre beiden Länder trennt. Traditionell wird dieses Gewässer „Japanisches Meer“ genannt, Südkorea aber wollte es umbenannt haben in „Ost-Meer“.

Kaum einer hat es bemerkt, aber im Jahr 2000 hat die Internationale Hydrografische Organisation einen neuen Ozean aus der Taufe gehoben. Die äußersten südlichen Teile des Pazifiks, Atlantiks und des Indischen Ozeans (einschließlich der Gewässer rund um die Antarktis) bis zu 60 ° südlicher Breite wurden in „Südlicher Ozean“ umbenannt. Dieser Name fand die Zustimmung der Mehrheit der IHO und ist seit 1999 gebräuchlich.

Auf welche Weise bestimmt man die Himmelsrichtungen am Nord- und am Südpol?

Wenn Sie am Südpol stehen und jemandem eine Richtung angeben wollen, beginnen Sie mit: „Wenden Sie sich nach Norden." Das liegt in der Natur der Sache.

Die Entfernungen in Forschungsstationen sind nun wirklich nicht groß, und es ist auch nicht so, als ob man dort verloren gehen könnte. Aber die Forscher haben sich dennoch um eine Lösung für das Problem bemüht, wie Nathan Trift, Meterologe an der Amundsen-Scott-Südpolstation, erklärt:

> Wenn jemand von Orten spricht, die nördlich oder südlich von hier liegen, dann bezieht er sich meist auf das, was wir „Rasterrichtungen" nennen; die Orte befinden sich entweder im Nord- oder im Südraster. Norden liegt am Nullmeridian, dem geografischen Längenkreis, der durch Greenwich bei London verläuft. Süden liegt beim 180°-Längenkreis, Osten bei 90° und Westen bei 270°. Es ist eigentlich ganz einfach. Wir Meteorologen beschreiben Windrichtungen immer nach diesem Rastersystem. Die Information, dass der Wind am Südpol immer von Norden kommt, würde nicht viel aussagen.

Wie können wir Zeit am Nord- und am Südpol messen, wenn dort alle Zeitzonen zusammenfallen?

Stellen Sie sich vor, Sie wären ein Zoologe am Südpol, der die nächtlichen Bewegungsmuster von Kaiserpinguinen studiert. Dieses Unternehmen erfordert lange Beobachtungszeiten. Plötzlich wird Ihnen klar, dass Sie Gefahr laufen, eine besondere Folge Ihrer Lieblingsserie zu verpassen, weil Sie vergessen haben, den Videorekorder auf die richtige Zeit einzustellen. Was wird ein Forscher da tun?

Gut, es kann sein, dass sich dieses Szenario nicht häufig abspielt, und wenn, dann sollten Sie in diesem speziellen Fall vielleicht doch lieber auf Ihren Film verzichten. Aber wie gehen nun Menschen, die sich am Südpol oder am Nordpol aufhalten, mit ihrem ganz aktuellen Zeitproblem um? Denn wie die Längenkreise, die die Geografen um den Globus legten, treffen sich auch alle Zeitzonen an den beiden Polen.

Bis 1972 orientierte sich die Zeitmessung an der Weltzeit, der mittleren Sonnenzeit des nullten Längenkreises bzw. an der Mittleren Zeit Greenwich, die zwölf Stunden später beginnt. Heute aber werden die Zonenzeiten von der UTC (Coordinated Univeral Time), der Koordinierten Weltzeit, abgeleitet. Sie stellt eine Kombination aus der Universalzeit und der Internationalen Atomzeit dar. Die UTC gilt am Südpol als Normalzeit und wird auch am Nordpol verwendet.

Viele Schüler ziehen die geisteswissenschaftlichen Fächer vor, die naturwissenschaftlichen erscheinen ihnen zu trocken, zu präzise und zu abgegrenzt. Dort gibt es praktisch immer nur eine richtige Antwort, und alle anderen Antworten der Geplagten sind dann eindeutig falsch. Wenn das kein hartes Dasein ist!

Da geht es den ausgewachsenen Wissenschaftlern an den Polen ganz anders. Bei der Frage der Zeitzonen werden sie geradezu leichtfertig: Sie richten sich einfach nach der Zeitzone, die ihnen gerade passt! Der Ingenieur Charles Early gibt an, dass die meisten Wissenschaftler die Zeitzonen bevorzugen, die für ihre Mitarbeiter am praktischsten sind.

Beispielsweise gehen die meisten Flüge in die Antarktis aus Neuseeland ab, so dass am Südpol überwiegend neuseeländische Zeit gilt. Die amerikanische Palmer-Station auf der Antarktischen Halbinsel bestimmt ihre Zeit nach dem am meistangefahrenen Ziel. Es heißt Punta Arenas, liegt in Chile und teilt eine Zeitzone mit der Ost Standard Time in den Vereinigten Staaten. Die russische Forschungsstation Volstok hält sich an Moskauer Zeit, sicherlich um die Zeitumstellung für die Heimkehrer nach Russland zu vereinfachen.

Und jetzt noch ein ganz hautnahes Zeitzonenproblem: Sollte Ihr Kind Sie einmal fragen, wann eigentlich der Weihnachtsmann vom Nordpol losfahren muss, damit er rund um die Welt all die vielen Geschenke rechtzeitig verteilen kann, können Sie ihm ruhig Folgendes erzählen: Er hat in den Naturwissenschaften immer fleißig gelernt, und das war sehr hilfreich. Jedes Jahr nimmt er eine genaue Aufstellung der Zeitzonen zur Hand und berechnet seine Route so, dass er bei allen Kindern pünktlich ankommt. Dies ist auf der Basis der Naturwissenschaften die einzig richtige Antwort. Ausnahmsweise gibt es da aber noch einen geisteswissenschaftlichen Aspekt: Als himmlischer Bote kann er auch Wunder vollbringen. Alles klar?

Warum haben Neufundland, Australien, Indien und Teile der arabischen Welt Halb-Zeitzonen? Warum haben einige große Länder nur eine Zeitzone?

Wenn es in Pittsburgh, Pennsylvania, 18.40 Uhr ist, zeigt die Uhr 15.40 Uhr in Reno, Nevada, das 3800 km westlicher liegt. Während wir uns hier plagen, werden andere Menschen in Shanghai, China, gerade erst wach. Es ist 7.40 Uhr in Shanghai an der Ostküste Chinas, aber es ist auch 7.40 Uhr in der Stadt Uramqi, 3800 km weiter westlich von Shanghai. In Sydney arbeiten die Menschen schon – es ist 10.40 Uhr, aber die Bewohner von Perth haben erst 8.40 Uhr. Wie geht es den Menschen in Zentralaustralien? Für diejenigen, die im nördlichen Bereich leben, wie die Bewohner von Darwin, ist es gerade 9.10 Uhr. Südlich von ihnen, in Adelaide, ist es 10.10 Uhr.

Bei diesem Lauf durch die Zeitzonen kann man leicht zu der Schlussfolgerung kommen, die Zonen seien nicht gleichmäßig über die Welt verteilt. Wenn so große Länder wie China und Indien nur je eine Zeitzone haben und es in anderen Gebieten, wie Australien, Indien, Iran und Neufundland, Halb-Zeitzonen gibt, dann hat außer wissenschaftlichen Überlegungen noch etwas anderes die Art der Zeitmessung beeinflusst.

Die Idee einer an allen Orten der Erde geltenden Zeitkonstanten ist ein überraschend neues Phänomen – bis ins späte 19. Jahrhundert stellte man in Städten und Dörfern die Kirchturmuhr um die Mittagszeit möglichst genau nach dem Höchststand der Sonne. Und alle waren damit zufrieden, bis der Bahnverkehr präzisere Zeitangaben für den Fahrplan erforderlich machte. Fahrpläne mussten ausgedruckt werden, und dafür brauchte man übereinstimmende Abfahrts- und Ankunftszeiten. Ruth Shirey vom nationalen Komitee für Geografie schreibt dazu:

> Bevor Eisenbahnen es möglich machten, so schnell zu reisen, dass Zeitzonen standardisiert werden mussten, richtete man sich auf der ganzen Welt nach dem Sonnenstand. In vielen Gebieten der Erde misst man auch heute noch die lokale Zeit.

Der Erfinder des Zeitzonensystems ist der kanadische Eisenbahningenieur Sandford Fleming. Seine Idee war ebenso genial wie einfach: Wenn die Erde 24 Stunden braucht für eine Drehung um sich selbst und es 360 Längengrade gibt, warum sollte man dann nicht 24 Zeitzonen bestimmen, die sich über je 15 Längengrade ertrecken?

1884 berief der amerikanische Präsident Chester Arthur eine Erste Meridian-Konferenz in Washington ein, um Flemings mittlerweile sechs Jahre altes Konzept zu standardisieren. Es kam aber nicht zu einem einstimmigen Beschluss – San Domingo stimmte dagegen, Frankreich und Brasilien enthielten sich der Stimme – aber insgesamt 22 Nationen sprachen sich für Greenwich als Ort für den ersten Meridian aus. Flemings System wurde nicht überall übernommen. China z. B. müsste eigentlich fünf Zeitzonen haben, hat tatsächlich aber nur eine. Indien hat nur eine Zeitzone (nach Flemings Schema sollte es zwei haben), und diese eine ist auch noch eine Halb-Zeitzone.

Wenn man Shirey folgt, so wurden Halb-Zeitzonen vor allem deshalb eingerichtet, um die geltende Zeit besser der aktuellen Zeit anzupassen. So ist man z. B. in Neufundland überall eine halbe Stunde der Atlantischen Standardzeit voraus (der Zone, die andere atlantische Provinzen in Kanada benutzen). Neufundland liegt an der östlichsten Ecke seiner geografisch korrekten Zeitzone. Es hat eine Halb-Zeitzone gewählt, um seine aktuelle Sonnenzeit zu berücksichtigen. Neufundlands Halb-Zeitzone ist allgemein so akzeptiert, dass die Regierung keine Chance hatte, sie zu verändern. Als versucht wurde, die Atlantische Zeit einzuführen, um mit Labrador und anderen atlantischen Provinzen konform zu gehen, war der öffentliche Aufschrei groß und der Plan damit zum Scheitern verurteilt.

Die Halb-Zeitzone in Zentralaustralien hat eine andere Geschichte. Thomas H. Rich, Kurator des Victoria-Museums in Melbourne, konnte für dieses Thema interessiert werden, und er holte die Unterlagen über die Sitzung des australischen Parlaments von 1898 zum flemingschen System aus dem Archiv. Der Sonderweg mit einer Halb-Zeitzone hatte mit der Sonne nichts zu tun, aber viel mit Dollars:

> »Geschäftsleute, die per Kabel Anweisungen aus Großbritannien erhielten, hatten große Nachteile bei dem gegenwärtigen Zeitsystem, verglichen mit Geschäftsleuten in anderen Kolonien. Geschäftliche Kabelnachrichten werden generell am Morgen versandt, und als Konsequenz des gegenwärtigen willkürlichen Gesetzes, das die Adelaide-Zeit bestimmt, ist es in Adelaide eine Stunde später als in Melbourne oder Sydney. Südaustralischen Händlern entsteht daher ein großer Nachteil, denn die Konkurrenz hat ihnen eine Stunde voraus, um auf Kabelpost zu reagieren.«

Der ursprüngliche Grund für die Zeitangleichung ist längst vergessen, aber Halb-Zeitzonen werden nur selten revidiert – alle Politik ist lokal.

Inzwischen gibt es überall auf dem Globus Zeitabweichungen. Nepal hat einen 15-minütigen Zeitausgleich zu Bangladesh. Ganz Russland misst die Zeit eine Stunde später – so gewinnt es permanent eine Stunde Tageslicht. Aber das größte Durcheinander gibt es in den USA in der Kontroverse über die Tageslicht-Sparzeit (Daylight Saving Time, DST). Bis 2005 weigerten sich in Indiana die meisten Bezirke der östlichen Zeitzone, zu DST überzugehen. Da einige es aber doch taten, zusammen mit ein paar „Verrätern" aus der zentralen Zeitzone, waren die Fahrplanhersteller der Verzweiflung nahe.

Arizona ist der letzte der ursprünglich 48 Staaten, die die Daylight Saving Time übernommen haben, aber selbst hier gibt es Schwierigkeiten. Die Navajos in Arizona messen die Zeit nach DST, aber die im gleichen Reservat lebenden Hopi tun es nicht.

Wie man wieder einmal sieht, ist es keineswegs so leicht, alle unter einen Hut zu bekommen. Oft stehen verschiedene Interessen und auch die menschliche Psychologie praktischen Erwägungen entgegen und behalten die Oberhand – übrigens nicht unbedingt zu Unrecht.

Wie zählte man die Jahre vor Christi Geburt? Und wie zählte man die Jahre in nicht christlichen Kulturen?

Wir leben 2009 n. Chr. (nach Christi Geburt), d. h., unsere Zeitrechnung beginnt mit der Geburt Jesu. Zeitangaben vor diesem Tag werden gekennzeichnet mit „v. Chr." Wie unterschieden Menschen, die, nehmen wir einmal an, vor 2500 Jahren lebten, einzelne Jahre? Wir zählen von 2 n. Chr. über 150 n. Chr. zu 400 n. Chr. usw., aber die Menschen, die zu jener Zeit lebten, mussten ein anderes System benutzen, um den Überblick über Vergangenheit, Gegenwart und Zukunft zu behalten. Wie zählte z. B. Aristoteles die Jahre?

In seinem Essay „Countdown to the Beginning of Time-Keeping" (Countdown zum Beginn der Zeitzählung) äußert sich Professor Robert Garland von der Colgate University dazu kurz und bündig: „Jede Gesellschaft hatte ihr spezielles System, um die Zeit zu zählen." Da fällt einem nur ebenso kurz und bündig ein: „Was für ein Durcheinander!"

Da Zeitzeugen nicht mehr die Möglichkeit haben, sich zu dieser Frage zu äußern und es zu Zeitreisen leider noch kein ausgereiftes Konzept gibt, ist dies eine der seltenen Fragen, die sich nur mithilfe von Büchern klären lässt. Es können in diesem Rahmen unmöglich alle früheren Methoden der Zeitzählung vorgestellt werden, sollten Sie sich aber eingehend mit der Thematik beschäftigen wollen, so finden Sie in den großen Nachschlagewerken und im Internet ausreichend Informationsmaterial.

Unser Kalender geht auf die alten Römer zurück. Da die frühen Kalender auf falschen Berechnungen der Mondzyklen basierten, wurde unser System über die Jahrtausende viele Male geändert. Im frühen 3. Jahrhundert n. Chr. versuchte der antike Geschichtsschreiber Sextus Julius Africanus aus Jerusalem, das Datum der Erschaffung der Welt festzulegen. Er errechnete ein Jahr, das nach heutiger Zeitrechnung 4499 v. Chr. entspricht.

Im 6. Jahrhundert n. Chr. bat Papst Johannes I. einen russischen Mönch namens Dionysius Exiguus, das Datum für Ostern festzulegen, das bisher zu ganz verschiedenen Zeitpunkten gefeiert worden war. Exiguus, der von falschen Voraussetzungen ausging und dem dazu noch Rechenfehler unterliefen, führte nicht nur das v. Chr. /n. Chr.-System ein, sondern fixierte auch den 25. Dezember als Weihnachtstag. Beda, ein englischer Mönch, später bekannt als St. Beda, der Ehrwürdige, machte zwei Jahrhunderte später die von Exiguus ermittelten Daten allgemein bekannt.

Die frühen Christen bemühten sich, ihre großen Feiertage zeitlich festzulegen, zum einen, um mit den römischen und griechischen Göttern und jüdischen Festtagen zu konkurrieren, zum anderen, um die Person Jesu in einen historischen Zusammenhang zu stellen.

Die Entwicklung der meisten Zeiteinteilungen beruht auf einer der drei folgenden Vorgehensweisen:

1. **Historische Zählung.** Christliche Kalender basieren auf denen des Römischen Reichs. Die alten Römer zählten die Jahre ab der angenommenen Gründung der Stadt Rom, die sie nach heutiger Zeitrechnung auf 753 v. Chr. festlegten. Die Griechen der Antike versuchten im 3. Jahrhundert v. Chr. eine verbindliche Zählung festzulegen, die auf den Intervallen zwischen den Olympischen Spielen fußte. Den Zeitpunkt der ersten Spiele datierten manche griechischen Geschichtsschreiber auf 776 v. Chr.
2. **Zählung nach Regierungszeiten.** Monarchen hatten fast überall auf der Welt Einfluss auf den Kalender. In den alten babylonischen, römischen und ägyptischen Reichen wurde z. B. das erste Jahr, in dem ein neuer König die Regirung antrat, als Jahr 1 bezeichnet. Wenn der nächste Herrscher den Thron bestieg, begann wiederum ein Jahr 1. Obwohl chinesische Geschichtsschreiber penibel Aufzeichnungen über die Regierungszeiten der Herrscher führten, die bis ins 8. Jahrhundert v. Chr. zurückreichen, beginnt auch bei ihnen mit jedem neuen Herrscher wieder Jahr 1. In frühen Zeiten folgten auch die Japaner diesem System der Zeitzählung nach Herrschern, gelegentlich datierten sie aber auch das Jahr 1 zurück nach der Regierungszeit ihres ersten Kaisers Jimmu, 660 v. Chr.

3. **Religiöse Zeitzählung.** Nicht nur die Christen richteten ihren Kalender nach religiösen Ereignissen aus. Für den Islam gilt der Zeitpunkt der Flucht Mohammeds von Mekka nach Medina (622 v. Chr.) als Startpunkt der Zeitzählung. In Kambodscha und Thailand zählte man die Jahre ab Buddhas Todestag. Der Kalender der Hindus beginnt mit der Geburt von Brahma.

Bei den vielen unterschiedlichen Arten der Zeitzählung fällt auf, wie sehr diese in alten Kulturen an Ereignisse im engeren Umkreis gebunden waren. Selbst Gelehrte, die versuchten, eine Datumsbestimmung nach astronomischen Gesichtspunkten vorzunehmen, mussten sich oft politischem oder religiösem Druck beugen. Und auch die moderne Gesellschaft ist nicht frei von solchen Einflüssen – Japan benutzt immer noch einen Kalender, der auf Regierungsdaten basiert. Die gegenwärtige Ära der Herrschaft von Kaiser Akihito wird Heisei genannt.

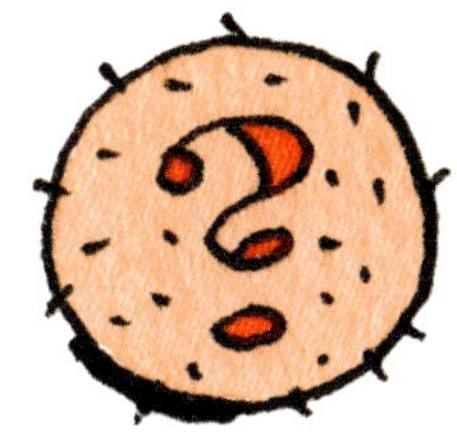

Wieso weichen in Zeitschriften die zu den Tierkreiszeichen genannten Daten voneinander ab?

Auch wenn manche Experten nicht sagen wollen oder können, warum Astrologie „funktioniert", lassen sie keinen Zweifel daran, wie gut ihr Horoskop funktioniert. Astrologen haben dasselbe Problem wie Kalendermacher. Das Jahr und der Tierkreis sind in zwölf Monate bzw. Zeichen aufgeteilt, und 365 geteilt durch zwölf ergibt einfach keine gerade Zahl.

Die Tierkreiszeichen basieren auf dem Lauf der Sonne, einem Himmelskörper, der in seinen Bewegungen viel konsequenter ist als die von Menschen erstellten Kalender. Die Astrologin Debbi Kempton-Smith erklärte, dass der Zeitpunkt der Frühlingstagundnachtgleiche von Jahr zu Jahr schwankt. Daher können die Tierkreiszeichen von zwei Kindern, die an exakt demselben Datum, aber in verschiedenen Jahren geboren wurden, einmal Wassermann und einmal Fische sein.

Die in Zeitschriften zu einem Tierkreiszeichen angegebenen Daten bedeuten, dass Kinder, die an diesen Tagen im aktuellen Jahr geboren wurden, unter das entsprechende Tierkreiszeichen fallen. Um zu zeigen, zu welchen jährlichen Abweichungen es kommen kann, verglich Debra Burrell von der Schule für Astrologie in New York in drei aufeinanderfolgenden Jahren den exakten Zeitpunkt, wann die Sonne in das Zeichen der Fische tritt:

1989: Die Sonne tritt ins Zeichen Fische am 18. Februar um 16.21 Uhr.
1990: Die Sonne tritt ins Zeichen Fische am 18. Februar um 20.15 Uhr.
1991: Die Sonne tritt ins Zeichen Fische am 19. Februar um 3.59 Uhr.

Wieso bedeutet ein emporgereckter Daumen „alles in Ordnung"?

Jeder bessere Gladiatorenfilm bringt die obligatorische Kampfszene im Kolosseum, in der ein saturierter, beleibter römischer Kaiser mit seinem gesenkten Daumen das Schicksal des unterlegenen Gladiators besiegelt. Die Menschenmenge gibt zuvor, ebenfalls durch die Daumengeste, ihre Meinung kund. Zumindest im Film wird dabei meist das Todesurteil gefordert, untermalt von den düster-dramatischen Klängen des Soundtracks.

Allgemein nimmt man an, dass die heutige Geste des emporgereckten Daumens auf die Sitten der Römer zurückgeht. Aber nein! Verhaltensforscher Desmond Morris erklärt in einem seiner Bücher, dass die Römer, wenn ein Besiegter begnadigt werden sollte, nicht etwa den Daumen hoben, sondern ihn mit den anderen Fingern verdeckten. Verlangte die Menschenmenge, dass ein siegreicher Gladiator den Unterlegenen töten sollte, forderte sie dies mit ausgestreckten Daumen, was laut Morris das Erstechen des Geschlagenen bedeuten sollte.

Wenn Römer die Geste des emporgereckten Daumens eingeführt hätten, würde man vermuten, dass sie im heutigen Italien zum Allgemeingut im Bereich Zeichensprache gehört. Tatsächlich ist aber dort diese Geste in ihrer bestätigenden Bedeutung viel weniger bekannt als im restlichen Europa. In Süditalien und Griechenland wird sie als sexuelle Beleidigung verstanden.

Wie bei den meisten Gesten liegt auch bei der des erhobenen Daumens der Ursprung im Dunkeln. Laut Morris und anderen Experten assoziiert man in westlichen Kulturen aufwärtsgerichtete Bewegungen mit positiven, optimistischen Gefühlen, abwärtsgerichtete dagegen mit negativen, pessimistischen. Ein aufwärts gereckter Finger weist schließlich zum Himmel.

Vermutlich wurde der Daumen zum Auf- und Abwärtsweisen bevorzugt, weil er dieses Zeichen am leichtesten und eindeutigsten darstellen kann. Versuchen Sie einmal, die einzelnen Finger zu heben, während Sie die anderen zurückbeugen – Sie werden rasch herausfinden, warum nur der Daumen für diese Geste infrage kommt.

Warum hält man die Ziffer 13 für eine Unglückszahl und „Freitag den 13." für einen Unglückstag?

Die 13 eine Unglückszahl? Aber die Zeiten des Aberglaubens sind doch längst vorbei! Also machen wir unsere Witze darüber. Und dennoch, im tiefsten Inneren haben wir noch eine Reserve. Man möchte schließlich nichts riskieren, denn Unglück ist das, was wir am wenigsten brauchen. Und so soll es doch vorkommen, dass ganz rational denkende Menschen, die ins 13. Stockwerk müssen, lieber das 12. Stockwerk anfahren und bis zur nächsten Ebene zu Fuß gehen. Es soll sogar Aufzüge geben, in denen kein 13. Stock ausgewiesen ist. So lässt sich ein mögliches Unglück aber wohl kaum überlisten. Warum sollte es nicht zählen können?

Und was „Freitag den 13." angeht, so haben wir schon viele dieser gefährlichen Tage heil überlebt. Wenn sich aber wirklich an einem solchen Datum etwas Schlimmes ereignet hat, dann wäre es am Freitag, den 14., sicher auch passiert. Doch, wie gesagt, manchmal empfinden wir bei diesem Thema eine kleine Unsicherheit, und so ist es bestimmt interessant zu erfahren, wie es zu dieser Vorstellung von der Unglücks-13 gekommen ist.

Es gibt unendlich viel Literatur zum Thema Aberglauben und fast überall auch das Thema „Furcht vor der Zahl 13". Meist wird behauptet, die 13 sei eine Unglückszahl, weil beim Letzten Abendmahl Judas als 13. Gast am Tisch saß.

Eine andere, sehr häufige Lesart ist die, dass der Aberglaube in Bezug auf die 13 auf eine altnordische Mythologie zurückgeht, nach der zwölf Götter in Walhall tafelten. Als 13. erschien Loki, Sinnbild des Trickreichen und Bösen. Er überschüttet die Götter mit Schmähungen und verschuldet den Tod Baldurs, des Lichtgottes. Als Anführer der finsteren Kräfte wird Loki den Untergang der Götter herbeiführen. Und das ist für eine Nummer 13 schon sehr viel Unglück.

Die Mehrzahl der Bücher über Aberglauben vertritt die Auffassung, der Freitag gelte als Unglückstag, weil er der Wochentag der Kreuzigung ist. Als Variante soll er der Wochentag sein, an dem Adam den Apfel aß.

Aber all diese Theorien überzeugen noch nicht ganz. Äußerst interessant ist jedoch ein Buch mit dem Titel *13* von Nathaniel Lachenmeyer, eine faszinierende Kulturgeschichte zum „verbreitesten Aberglauben der Welt". Lachenmeyer benennt darin deutlich die Schwächen der vorher genannten Theorien und bietet akribisch recherchierte Informationen über die möglichen Ursprünge von Triskaidekaphobie (der Furcht vor der 13) – eine Bezeichnung, die bereits allein fast einem Unglück gleichkommt.

Lachenmeyer wischt die meisten der altbekannten Meinungen vom Tisch. Es gäbe zwar eine altnordische Baldur-Legende, aber dort sei von 13 und nicht zwölf tafelnden Göttern die Rede, als Loki erscheint. Baldur mitgezählt, sollte demnach eher 14 die Unglückszahl sein. Es gab zwölf Sitze für die Götter in Walhalla und zusätzlich einen Thron für den Hauptgott Odin. Allerdings wird in der Legende selbst nirgendwo die 13 (oder aber 14) als Zahl genannt. Lachenmeyer erwähnt, dass sich die erste schriftliche Quelle des Baldur-Mythos in der *Edda* findet, einer Sammlung altisländischer Mythologie und Heldensagen. Überliefert sind sie in Handschriften aus dem 13. Jahrhundert.

Auch mit der Theorie vom Letzten Abendmahl geht Lachenmeyer ins Gericht, denn nirgendwo in den Quellen zum Verrat Christi wird Judas als 13. Jünger erwähnt. Allerdings ist im Neuen Testament von zwölf Aposteln die Rede, zu denen Judas aufgrund des Verrats nicht zählen konnte. Als Apostel wird dann meist auch der später bekehrte Paulus geführt, so dass ebenfalls Matthias in dieser Gruppe fehlt. Und das wohl, weil die Zwölf als heilige Zahl galt und man von ihr nicht lassen wollte.

Also hier passt einiges nicht ganz zusammen. Wer wollte sich da schon durcharbeiten? Wie viele Jünger, wie viele Apostel? Einmal waren es zwölf, und warum sollte dann Judas nicht der Unglücksrabe 13 gewesen sein? Daraus könnte sich durchaus ein solcher Aberglauben entwickelt haben.

Lachenmeyer argumentiert im Gegenzug, dass die 13 für Christen eher eine positive Bedeutung haben müsste, da Jesus Christus und seine zwölf Jünger 13 Personen ergeben. Er führt zum Beweis viele bekannte christliche Theologen wie z. B. Augustinus auf, die der 13 eine positive Bedeutung geben.

Ein weiteres Problem bei der Suche nach den Ursprüngen der Triskaidekaphobie ergibt sich daraus, dass es vor der zweiten Hälfte des 17. Jahrhunderts kein schriftliches Zeugnis über die Furcht vor der 13 gibt. Damals wurde es in England für gefährlich gehalten, wenn 13 Personen an einem Tisch saßen (oft verbunden mit der Warnung, dass einer dieser 13 innerhalb eines Jahres sterben würde). Lachenmeyer sieht diese Furcht im Zusammenhang mit der großen Pestepidemie von 1665, bei der London nahezu 15 % seiner Einwohner verlor.

Aus der in Europa verbreiteten Angst, 13 Personen an einem Tisch zu versammeln, entstand dann während des 19. Jahrhunderts die allgemeine Furcht vor der Zahl 13.

Wenn man dem Aberglauben zu „Freitag dem 13.", nachgeht, zeigt sich überraschenderweise, dass es bis zum 20. Jahrhundert keinen wirklichen Beleg für die Angst vor „Freitag dem 13." gibt. Lachenmeyer führt die Furcht darauf zurück, dass Christus an einem Freitag ans Kreuz geschlagen wurde. Er weist aber auch darauf hin – und vielleicht besteht hier auch eine Verbindung –, dass Freitag in den Vereinigten Staaten der traditionelle Tag für Hinrichtungen war.

Aber was war der Anlass für die Verbindung der gefürchteten Zahl und Freitag? Zeitschriften nahmen Bezug darauf, als im frühen 20. Jahrhundert der Karfreitag auf einen 13. fiel, ein Hinweis darauf, dass dieser Aberglaube im ersten Jahrzehnt des 20. Jahrhunderts an Boden gewann. Aber es gab ein herausragendes Ereignis: 1907 veröffentlichte Thomas W. Lawson die Erzählung *Freitag der Dreizehnte*. Lachenmeyer schreibt:

> Diese Erzählung verband die Furcht vor dem Freitag und der 13 zu einem einzigen Aberglauben und brachte ihn ins Bewusstsein einer breiten Öffentlichkeit. Lawson hielt diesen Aberglauben vom einleitenden Satz über den zentralen Teil der Erzählung bis zum dramatischen Schluss aufrecht, eingebettet in eine Handlung, die sich um den Versuch eines Spekulanten drehte, an einem Freitag, dem 13., die Börse zu manipulieren. *Freitag der Dreizehnte* war eine Angst einflößende Geschichte und dennoch oder gerade deshalb sehr erfolgreich.

Und Lawsons Erfolg beschränkte sich nicht auf einen Bestseller. 1916 wurde eine Stummfilm-Version von *Freitag der Dreizehnte* gedreht, die den neuen Aberglauben noch verstärkte. 1980 brachte dann Jason Voorhees den ersten Teil seiner Gruselfilm-Serie mit dem Titel *Freitag der Dreizehnte* heraus.

Also muss man wohl annehmen, dass eine Kombination von Letztem Abendmahl, Karfreitag und Thomas Lawsons Erzählung verantwortlich für Triskaidekaphobie ist. Es gibt jedoch noch einen wichtigen Aspekt, den Lachenmeyer in Bezug zur 13 erläutert:

> Die Kontinuität eines Aberglaubens muss geprüft und darf nicht einfach nur vermutet werden. Dies ist unerlässlich, wenn es sich um Aberglauben in Verbindung mit Zahlen handelt. Zahlenlehren hatten im Lauf der Menschheitsgeschichte in vielen Kulturen eine große Bedeutung. Es verwundert daher nicht, dass man kaum eine Zahl zwischen eins und 24 findet, die nicht in irgendeiner Kultur als Unglückszahl galt.

So ist es. Auf den verschlungenen Pfaden irrationalen Denkens muss man methodisch und analytisch vorgehen.

Weshalb salutieren Militärs, wenn sie einander begegnen?

Jede westliche militärische Organisation kennt irgendeine Form des Handsaluts. Es scheint so, als ob in jeder Kultur die Person niedrigeren Rangs zuerst salutiert und dabei dem Höherstehenden direkt ins Gesicht sehen muss.

Woher die Sitte des Handsaluts kommt, liegt im Dunkeln. In Europa, wo früher nicht nur Offiziere, sondern auch Zivilisten Waffen tragen durften, galt bei der Begegnung von Männern das Heben der rechten Hand als Zeichen, dass sie nicht zum Schwert greifen würden. Viele unserer freundlichen Gesten, z. B. das Antippen des Huts, Winken oder Händeschütteln, sollten ursprünglich vermutlich als Beweis dafür dienen, dass die Hand nicht zum Schwert oder nach einem Wurfstein griff.

Zur Zeit des Römischen Reichs war der Salut ein förmliches Ritual beim Militär. Soldaten salutierten, indem sie die rechte Hand mit der Handfläche nach oben in Schulterhöhe erhoben. Die Hand berührte dabei niemals den Kopf oder die Kopfbedeckung.

Im Mittelalter trugen die Ritter eiserne Rüstungen, die ihren Körper von Kopf bis Fuß bedeckten. Begegnungen fanden häufig zu Pferde statt. Zur Begrüßung klappten zwei Ritter ihre Visiere hoch und zeigten so einander das Gesicht. Da sie in der linken Hand die Zügel hielten, salutierten sie mit der rechten (Schwert-)Hand in Form einer aufwärtsgerichteten Armbewegung, ähnlich unserem heutigen Salut.

1796 ordnete der britische Admiral Earl of St. Vincent an, dass britische Offiziere ab sofort ihre Kopfbedeckung abnehmen sollten, wenn sie den Befehl eines Höherstehenden empfingen, „und diese nicht in einer lässigen Geste halten" durften. Bei der britischen Marine war der Salut zwar vorgeschrieben, nicht aber dessen genaue Ausführung. In vielen Fällen lüfteten Untergebene einfach ihre Kopfbedeckung. In früheren Zeiten sollte der Salut freundliche Absichten signalisieren, über die Zeiten verwandelte sich die Geste in ein Ritual, mit dem Respekt oder sogar Unterwerfung angezeigt werden soll und das als Mittel zur Stärkung der Disziplin dient.

Warum werden militärische Orden auf der linken Seite getragen?

Militärhistoriker führen die Sitte, militärische Auszeichnungen auf der linken Brustseite zu tragen, allgemein auf die Kreuzfahrer zurück, die ihr Ehrenzeichen über dem Herzen trugen. Ob dies symbolisch gemeint war oder die Plakette das Herz schützen sollte, weiß man nicht. Wir wissen, dass die Kreuzfahrer ihre Schilde in der linken Hand trugen, damit sie die Rechte zum Führen der Waffe frei hatten.

Militärische Orden sind ein relativ junges Phänomen und wurden ursprünglich um den Hals oder an einer Schärpe getragen. Laut S. G. Yasnitsky, von der Orden- und Medaillen-Gesellschaft Amerikas, änderte sich dies in den ersten Jahrzehnten des 19. Jahrhunderts. Während der napoleonischen Kriege vergaben die beteiligten Regierungen zahlreiche Auszeichnungen. Immer mehr Orden wurden für die niederen Bevölkerungsschichten als auch für alle militärischen Ränge und zivilen Kriegsteilnehmer eingeführt, mit dem Hinweis, dass diese „im Knopfloch" zu tragen seien.

In der napoleonischen Ära wurden viele Allianzen zwischen kriegführenden Ländern geschlossen, was zu einem häufigen Austausch militärischer Auszeichnungen führte. Es gab eine regelrechte Medaillen-Inflation. Ein tapferer Soldat konnte erwarten, nicht nur von seiner eigenen Regierung, sondern auch von ein oder zwei Alliierten dekoriert zu werden. Die Knopflöcher waren zum Bersten gefüllt, was nur die Schneider glücklich machte. Was konnte man tun? S. G. Yasnitsky berichtet:

> Man ging pragmatisch vor. Niemand wollte seine großartige Sammlung von goldenen und emaillierten Auszeichnungen verstecken, so versuchte man es mit verschiedenen Präsentationsmethoden. Manche ließen sich vom Juwelier kleinere Kopien ihrer Orden anfertigen, die leichter auf der Uniform Platz fanden. Andere – und dies wurde die populärere Methode – trugen die Auszeichnung ihres Vaterlandes im Knopfloch, weitere Orden dann aufgereiht in einer Linie von links nach rechts neben dem Knopfloch befestigt.

Wieso beginnen alle bewaffneten Truppen mit dem linken Fuß zu marschieren? Gibt es einen praktischen Grund dafür? Ist das überall auf der Welt so?

Nur die dritte Frage lässt sich mit einiger Sicherheit beantworten. Es sieht so aus, als würden Soldaten beim Marschieren auf der ganzen Welt zunächst den linken Fuß heben. Auf Nachfrage beim Militär, warum sich diese Sitte überall verbreitet hat, erfolgte nur Schulterzucken.

Es gibt eine ganze Reihe von Rechts-Links-Bräuchen, nach deren Sinn man sich fragt (z. B. warum in vielen Ländern links gefahren wird oder warum der Heißwasserhahn links am Waschbecken sitzt) – und meist stellt sich heraus, dass diese Sitten sich eingebürgert haben, weil sie einen praktischen Vorteil boten.

Wo liegt aber der Vorteil, wenn man sich beim Marschieren zunächst mit dem linken Fuß in Bewegung setzt? Robert S. Robe jr., Präsident der Scipio-Gesellschaft für Marine- und Militärgeschichte, lieferte eine interessante Theorie, die vielleicht keine abschließende Antwort darstellt, aber zumindest schlüssiger erscheint als alles andere, was sich zu dem Thema erfahren ließ:

> „Als das Militärwesen zur festen Einrichtung wurde und sich ausgebildete Armeen auf Schlachtfeldern bekämpften, brauchte man eine Form von systematischem Marschieren, damit die Fußsoldaten der leichten und schweren Infanterie in engen Verbänden gegen den Feind antreten konnten.
>
> Ich vermute, ein längst vergessener Feldherr kam zufällig darauf, dass ein in engem Verband vorrückender Soldat besser seine Balance bewahren und sicherer seine Waffe führen konnte, wenn er im Gleichschritt mit seinen Kameraden blieb. Dabei gehe ich von der Voraussetzung aus, dass Speer oder Schwert rechts und der Schild links geführt wurden. Der Schild schützte auch das vorgestellte linke Bein bei Nahkämpfen.“

Erstaunlich, dass im Krieg so viel mit links gemacht wird. So bestieg die Kavallerie ihre Schlachtrösser von links. Auch das hat mit der Bewaffnung zu tun – dem Pferd ist es herzlich egal, von welcher Seite der Reiter aufsitzt. Aber in früheren Zeiten, als Reiter ihre Schwerter an der linken Körperseite trugen (so dass sie das Schwert mit der rechten Hand aus der Scheide ziehen konnten), war es für sie viel einfacher, von links aufzusitzen; außerdem bestand dann nicht die Gefahr, sich selbst zu verletzen.

Und nun zum Ausschreiten mit links: Der erste Schritt mit dem linken Bein bringt den Soldaten, der seine Waffe gemeinhin rechts trägt, gleich zum Auftakt in eine Position, die Kampfbereitschaft und Überlegenheit signalisiert – mit vorgestelltem Bein wird der Soldat, so er die Zeit dazu hat, stehen, wenn er seine Waffe einsetzt. Und wenn dann das ganze Regiment im Gleichschritt marschiert, kann er sich vielleicht ein bißchen sicherer fühlen, auf jeden Fall aber kann er nicht ausbrechen und womöglich das berühmte Hasenpanier ergreifen. Die Psychologie ist eine alte Wissenschaft!

Was hat es mit dem 21-Böller-Salut auf sich?

Die ursprüngliche Absicht bei Böller-Saluten war vermutlich, die so geehrten Herrscher oder Nationen von ihrer physischen Sicherheit zu überzeugen – durch die Demonstration von Waffenstärke.

Bereits aus Zeiten, in denen noch keine formellen Kanonen-Salute bekannt waren, wurden in vielen Kulturen zu Festen und Feiertagen Geschütze abgefeuert. Aktionen mit Spaß am Lärm, wie Feuerwerke in China oder Jubelkonzerte bei Fußballspielen, gehörten immer zu freudigen Anlässen.

Salutschüsse stellen einen militärischen Ehrengruß dar. Er gehört zum internationalen Seezeremoniell und wird von großen Kriegsschiffen oder Salutstationen an der Küste abgegeben. Der 21-Böller-Salut ist heute üblich für Staatsoberhäupter. Der deutsche Kaiser (bis 1918) konnte sich noch über 33 Schuss freuen, seiner Standarte wurde die gleiche Ehre erwiesen. Bei den Kriegsschiffen der einzelnen Nationen, die sich auch untereinander lautstark begrüßen, wurde ein kleiner Böller-Kodex entwickelt, er reicht von 19 Schuss für den Großadmiral bis zu elf Schuss für den Kommodore.

Den 21-Böller-Salut gibt es mindestens seit dem 16. Jahrhundert (die Schlussszene von *Hamlet* erwähnt einen solchen), aber die Anzahl der abgefeuerten Schüsse schwankte von Land zu Land. Die Engländer entwickelten als Erste feste Vorschriften. Die früheste Regel von 1688 schrieb vor, dass die Geburtstage und Krönungen der Herrscherfamilie durch das „Abfeuern der großen Geschütze der Flotte, der Squadronen und jedes einzelnen Kriegsschiffs" geehrt werden sollten; die Anzahl der Salutschüsse konnte aber vom befehlshabenden Offizier bestimmt werden. 1730 wurden die Vorschriften der Britischen Marine überarbeitet, wobei nach wie vor der Befehlshaber die Anzahl der Salutschüsse festlegen durfte, diese aber die Zahl 21 pro Schiff nicht überschreiten sollten. Bis heute ist dies international die höchste Ehrung.

Wieso wurden Duelle immer im Morgengrauen ausgetragen? Oder sind diese Schilderungen in der Literatur und in Filmen gar nicht wahr?

Womöglich sind sie wirklich nicht wahr. Historiker versicherten, dass Duelle zu jeder Tageszeit ausgetragen wurden, der frühe Morgen aber die bevorzugte Zeit war. Eigentlich macht das aber nicht viel Sinn. Man könnte sich sicher überzeugen lassen, in der Morgendämmerung zum Fischen aufzubrechen. Aber wenn klar ist, dass eine 50:50-Chance besteht, an einem bestimmten Tag zu sterben, dann wäre es doch wahrlich vernünftiger, der Duellant würde ausschlafen und vor dem Kampf ein gutes Frühstück zu sich nehmen.

Der Historiker C. F. Eckhardt stellte zu der merkwürdigen Gewohnheit der Duellanten, zu solch unpassender Tageszeit ihr Leben aufs Spiel zu setzen, folgende Vermutungen an:

> Bei Sonnenaufgang hatte keiner der beiden Duellanten den Vorteil, die Sonne im Rücken zu haben – vorausgesetzt, der Schauplatz des Duells lag in Nord-Süd-Richtung.
>
> Auch schliefen die örtlichen Gesetzesvertreter noch, oder, wenn es eine regelrechte Polizeitruppe in der Region gab, lösten sich gerade die Tag- und die Nachtschicht ab. Ein Duell in der Morgendämmerung reduzierte das Risiko der Einmischung durch die Hand des Gesetzes.

Warum ließen Piraten ihre Gefangenen „über die Planke gehen“, statt sie gleich über Bord zu werfen?

Bedauerlicherweise sind die Piraten vom alten Schlag ausgestorben, was die Aufklärung dieser Frage erschwert. Bleibt als recht verlässliche Quelle der Bibliothekar und Historiker Toby Gibson, der sich das Studium des Piratentums zur Lebensaufgabe gemacht hat und zu dem Thema auch eine (englischsprachige) Website unterhält: http://blindkat.hegewisch.net/pirates/pirates.html. Zusätzlich gibt es eine ganze Reihe von Büchern zur Geschichte der Seeräuber. Piraten haben stets die Fantasie von Schriftstellern inspiriert, sowohl von Sachbuchautoren als auch von Erzählern, und oft ist es schwierig, die Legenden über Seeräuber von ernsthafter Dokumentation zu unterscheiden.

Es steht also die Frage im Raum: Warum plagten sich die Piraten mit dem reichlich umständlichen Ritual, ein Opfer mit verbundenen Augen und hinter dem Rücken gefesselten Händen über eine schmale Holzplanke bis zum Abgrund und in den sicheren Tod balancieren zu lassen? Viel einfacher wäre es doch gewesen, den armen Kerl gleich über Bord zu werfen. In jedem Fall hätte das Opfer ein trauriges Ende als Haifutter gehabt.

Die Berichte über das „Plankengehen" beziehen sich in der Regel auf das „Goldene Zeitalter" der Piraterie von etwa 1690 bis 1720, als so legendäre Seeräuber wie Blackbeard, William Kidd und Stede Bonnet die Meere unsicher machten. Piraterie wird jedoch schon dokumentiert, seit es Schiffe gibt. Übergriffe waren zur Zeit der alten Griechen und der Römer an den Küsten des Mittelmeers und auf See weit verbreitet und sozusagen ein blühender Geschäftszweig. In einem regelrechten Krieg befreiten die Römer 67 v. Chr. das Mittelmeer von Seeräubern.

Glücklicherweise sind auch viele zeitgenössische Berichte über Piraterie im 17. und 18. Jahrhundert erhalten geblieben. Viele Autoren geben zwar vor, über tatsächlich Erlebtes zu schreiben, aber übertriebene oder schlichtweg erfundene Abenteuergeschichten, die als Augenzeugenberichte ausgegeben wurden, waren zu dieser Zeit an der Tagesordnung. Die in solchen Quellen enthaltenen Informationen sind demnach mit Vorsicht zu genießen.

Piraten wurden aber auch vor Gericht gestellt und exekutiert. Es gibt daher einige offizielle Gerichtsberichte einschließlich der Verhandlungsprotokolle.

Unter dem Strich ist zu sagen: Es liegt so gut wie kein Beweis dafür vor, dass es die Praxis des „Plankengehens" gegeben hat. Klar dokumentiert dagegen sind drei andere Arten von Bestrafung:

1. **Auspeitschen.** Missetäter wurden mit der gefürchteten „Neunschwänzigen Katze" ausgepeitscht.
2. **Aussetzen.** Übeltäter der schlimmsten Sorte (Mörder, Vergewaltiger, verhasste Kapitäne) wurden mit den Kleidern, die sie am Leibe hatten (manchmal wurden ihnen sogar diese weggenommen), einer Flasche voll Wasser, einer Pistole, einer Flasche Schwarzpulver und einer Handvoll Munition auf einer unwirtlichen Insel ausgesetzt. Dabei handelte es sich niemals um ein romantisches Eiland mit üppiger Vegetation, wie es in Robert Louis Stevensons *Schatzinsel* beschrieben ist. Aussetzen war zwar gewaltlos, aber ein gnadenloses Todesurteil.
3. **Über-Bord-werfen.** Diese Form der Bestrafung war nicht häufig, wurde aber mehrfach dokumentiert.

Einige Historiker bleiben jedoch dabei, dass „Plankengehen" als Strafe existierte. Robert Carse, der ein Buch über das Piratentum schrieb, erklärt dazu:

> Die Erzählungen über Gefangene, die man plankengehen ließ, sind fast immer erfunden. Verlässliche Quellen geben dafür nur ein einziges Beispiel. Männer wurden im Allgemeinen über Bord geworfen oder in der Takelage aufgehängt, um dort als Ziel für Schießübungen ihr Ende zu finden.

Carses „einziges Beispiel" bezieht sich auf Major Stede Bonnet, eher ein Soldat als ein Seemann, der im frühen 18. Jahrhundert ein bequemes Leben als „Gentleman" in Westindien aufgab, um Pirat zu werden. Carse schreibt:

> Bonnet stach durch zwei Merkmale unter anderen Piraten hervor, als er starb. Er war der Erste, seit es Aufzeichnungen über Piraten gibt, der jemals ein Schiff aus eigenen Mitteln erworben hatte, in der Absicht, die Meere unsicher zu machen. Er war Berichten zufolge der einzige Kapitän, der seine Opfer „plankengehen" ließ.

Blackbeard, mit richtigem Namen Edward Teach, ist wohl der berühmteste aller Piraten. Der Autor A. E. Dingle veröffentlichte 1935 ein Buch, in dem er schildert, wie Teach den Kapitän eines gekaperten Schiffs folterte:

> Blackbeard legte eine Planke über die offene Bodenluke der Brigg, zog den Kapitän dorthin und versprach ihm, wenn er mit verbundenen Augen über die Planke gehen würde, bekäme er seine Freiheit und sein Schiff zurück. Ihm wurde sogar erlaubt, zunächst mit unverbundenen Augen über die Planke zu schreiten, was er mit Eifer tat. Zu seinem Erstaunen kam er sicher auf der anderen Seite an, ohne dass ihm ein Streich gespielt worden war. Mit einem zaghaften Lachen wiederkehrenden Vertrauens willigte er ein, das Kunststück nun mit verbundenen Augen zu wiederholen.
> Während des Augenverbindens stießen ihn aber nun die Piraten herum, drehten ihn im Kreis und lenkten ihn ab mit Rufen, dass die Augenbinde nicht richtig befestigt sei. Als zuletzt sein Fuß auf die Planke gesetzt wurde, hatte er nicht einmal bemerkt, dass diese nun über das Fallreep und das offene Meer hinausragte und nicht mehr die Luke überbrückte.

Die Frau des Opfers, die verärgert protestiert hatte, als ihr Mann so vorschnell auf Blackbeards Angebot einging, war nach unten in die Kabine geschickt worden. „Dort sah sie dann durch ein Fenster, wie ihr Mann vom Ende der Planke ins Meer stürzte."

Kein Teil dieser Geschichte ist tatsächlich belegt, aber der Bericht über das Ende des Kapitäns erweckt schon nach der Art der Schilderung Zweifel, ob es sich hier um ein wahres Ereignis handelt.

Die meisten Quellen tun das „Plankengehen" als reine Erfindung ab. George Woodbury vertritt in seinem 1951 erschienenen Buch über Piratentum in der Karibik die Auffassung, dass die Wildheit der Seeräuber gewaltig übertrieben wurde. Sie erbeuteten das meiste Geld einfach dadurch, dass sie reiche Schiffseigner als Geiseln nahmen, und da gab es allen Grund, den Gefangenen am Leben zu lassen. Andererseits, „ärmere Opfer wurden meist mit mehr oder minder gewaltsamen Nachdruck aufgefordert, über Bord zu springen".

Im Allgemeinen verletzten oder töteten die Piraten ihre Gefangenen aber nicht, es sei denn, diese leisteten körperlichen Widerstand. Tatsächlich kam es sogar häufig vor, dass Piraten ihre Gefangenen als gleichberechtigte Besatzungsmitglieder rekrutierten, einige machte man aber auch zu Geld, indem man sie in die Sklaverei verkaufte. Obwohl Gewalt durchaus zu ihrem „Berufsbild" gehört, waren Seeräuber laut Woodbury nicht blutdürstig:

> Normalerweise versenkten oder verbrannten Piraten Schiffe nicht einfach aus Spaß. Wenn sie ein Schiff für ihren eigenen Gebrauch wollten, nahmen sie es, wenn nicht, ließen sie es ziehen. Allein die Tatsache, dass es so viele Augenzeugenberichte über Piraten gibt, ist ein Beleg dafur, dass sie durchaus nicht der Devise folgten ‚Tote reden nicht', wie man es ihnen allgemein zugeschreibt.
>
> Nur eine grausame Praktik, nämlich das Aussetzen, scheint wirklich charakteristisch für Piraten. Aussetzen war eine Strafe, zu der im Allgemeinen verurteilt wurde, wer sich gegenüber den Kameraden etwas hatte zuschulden kommen lassen.

Noch entschiedener in seiner „Verteidigung" der Piraten und in der Absage an eine angebliche Praxis des „Plankengehens" ist der in Sachen Piratentum höchst angesehene Historiker Patrick Pringle. Er schreibt:

> Ich habe offizielle Berichte studiert, Gerichtsprotokolle und viele andere Quellen, ohne jemals einen Fall von ‚Plankengehen' dokumentiert zu finden. Ich konnte nicht nur keinen authentischen Fall nachweisen, in der gesamten Literatur über Piraten war nicht

einmal der Vorwurf oder Verdacht erwähnt, dass eine solche Strafe je in Gebrauch war. Die Bezeichnung für diese Strafe scheint sogar erst viele Jahre nach dem eigentlichen Zeitalter der Piraterie erfunden worden zu sein. “

Patrick Pringle argumentiert, dass es für die Piraten durchaus von Vorteil war, wenn sie gefürchtet wurden. Außerdem zeigte die Besatzung von Handelsschiffen kaum Interesse an Widerstand – wer wollte schließlich sein Leben riskieren, nur um die Ware des Schiffseigentümers zu retten?

Auch was den berühmten Piraten Bonnet betrifft, dem häufig Bestrafungen durch „Plankengehen" zugeschrieben werden, tut Pringle dies ebenfalls als Legende ab:

„ Bonnets Karriere ist sogar noch besser dokumentiert als die von Blackbeard, denn es existiert ein vollständiger Bericht über seine Gerichtsverhandlung. Gegen ihn lagen zahlreiche Anschuldigungen vor, aber von Gefangenenmisshandlung war nicht die Rede. Es scheint so, als ob dies auch nur eine Legende ist. “

Aber wie kam es zu diesen Legenden? Sie begannen mit den frühen Klassikern der Piratenliteratur, wie *Die Freibeuter Amerikas* (1679) und *A General History of the Robberies and Murders of the Most Notorious Pyrates* (1724), die Geschichte der Raubzüge und Mordtaten der bekanntesten Piraten, eine Mischung von Fakten und Erfindung. Von letzterem Werk, als dessen Autor „Captain Charles Johnson" zeichnet, wird vielfach angenommen, dass es aus der Feder von Daniel Defoe stammt, dem Autor von *Robinson Crusoe*.

Piratengeschichten blieben auch im 19. Jahrhundert populär. Einige der beliebtesten, Stevensons *Schatzinsel* und Gilbert und Sullivans *Die Piraten von Penzance*, erwähnen die Praxis des „Plankengehens" nicht.

Howard Pyle, ein bekannter Autor und Illustrator, der von der zweiten Hälfte des 19. Jahrhunderts bis in die ersten Jahre des 20. Jahrhunderts veröffentlichte, wählte bevorzugt Piraten als Motive. Eines seiner bekanntesten Bilder zeigt einen Mann im Balanceakt auf der Planke mit folgendem Kommentar des Künstlers:

„ Blackbeard war ein echter, fluchender, tobender, wilder Pirat, der Schätze vergrub, der mehr als einen Kapitän „plankengehen" ließ und der mehr Mordtaten beging, als er an den Fingern beider Hände abzählen konnte. “

Wahrscheinlich ist das alles falsch, aber auch die Menschen des 19. Jahrhunderts mochten gern ab und zu eine Gruselgeschichte.

Toby Gibson bemerkte über das „Plankengehen": „Es gibt kaum Zweifel daran, dass Piraten Feinde über Bord warfen. Wir wissen aber auch, dass erst Hollywood aus dem ‚Plankengehen' eine Piratentradition machte."

Vermutlich gibt es keine bekanntere Hollywood-Piratenszene als die in *Peter Pan*, in der der ruchlose Kapitän Hook Wendy zum „Plankengehen" zwingt. Zum Glück für Wendy versteckt sich Peter Pan unter der Planke, fängt sie im entscheidenden Moment auf und fliegt mit ihr auf und davon, zum Nachsehen von Hook.

Auch wenn Piraten nicht die brutalen Wüstlinge waren, als die sie meist dargestellt werden, sie haben keine Lobby, die sich um eine Verbesserung ihres Images bemühen würde.

Was fanden Piraten an Papageien?

Unser Bild des Piraten mit Holzbein, Augenklappe und dem bunten Papagei auf der Schulter ist wohl von Cartoons und Comics geprägt, die Inspiration dazu kam jedoch aus Robert Louis Stevensons *Schatzinsel* von 1883: das geliebte Tier des Kochs Long John Silver, der Papagei, der mit nervender Ausdauer die immer gleichen Worte krächzt. Er macht den „Wachvogel" für die Piraten, nachdem die Schurken das Fort der Schatzjäger auf der Insel eingenommen haben.

Stevenson gab zu, dass er die Idee mit dem Papagei aus Daniel Defoes *Robinson Crusoe* entlehnt hatte. Crusoe holt sich aus einem Baum einen Papagei als Gefährten, nachdem er auf der Insel gestrandet ist. Er tauft den Vogel „Poll" und bringt ihm bei, seinen Namen zu sprechen, „das erste Wort, das ich aus einem anderen als meinem eigenen Mund gesprochen hörte, seitdem ich auf der Insel bin".

Aber führten die echten Piraten tatsächlich Papageien auf ihren Schiffen mit sich? Aller Wahrscheinlichkeit nach ja. Kenneth J. Kinkor, ein Kenner des Piratenunwesens, berichtet: „Viele Seeräuber und Seeleute hielten Papageien und andere Tiere." Laut Kinkor waren Papageien als Maskottchen sehr verbreitet bei den Piraten Zentralamerikas, die sich auch längere Zeit an Land aufhielten, an Orten, die nicht unter der direkten Kontrolle Spaniens standen.

David Cordingly, früher Kurator des National Maritime Museum in Greenwich, England, schreibt:

> Es war unter den Seeleuten, die in tropischen Gewässern fuhren, üblich, Vögel und andere Tiere als Souvenirs von ihren Reisen mitzubringen. Papageien erfreuten sich besonderer Beliebtheit, weil sie so farbenprächtig waren, sprechen lernten und auf einem Schiff leichter zu halten waren als Affen oder andere Wildtiere.

Eigentlich wirken Piraten nicht sonderlich zart besaitet. Vielleicht wurden manchmal Papageien als Maskottchen an Bord gehalten, aber es könnte auch sein, dass hier weniger Tierliebe im Spiel war. In dem am häufigsten zitierten zeitgenössischen Bericht von 1697 über die Welt der Piraten, *A Voyage Around the World* (Eine Reise um die Welt), behauptet der Autor Kapitän William Dampier, dass Papageien und andere Vögel verzehrt wurden, als seine Kaperschiffe vor Venezuela kreuzten. (Diese privaten Schiffe brachten mit staatlicher Ermächtigung fremde Handelsschiffe auf – eine Form des Seekriegs. Staat und Schiffseigner teilten sich die Beute.)

Kein Pirat konnte natürlich von Papageien satt werden, und daher bestand vermutlich das Hauptinteresse an der Mitführung von Papageien in der Aufbesserung der Finanzen. David Cordingly fand bei seinen Forschungen Regierungsberichte aus Elisabethanischer Zeit, die belegen, dass Piraten gutgestellten Regierungsbeamten Papageien als Geschenk verehrten, vermutlich zur Bestechung.

Andere wiederum waren bereit, viel Geld für einen Papagei zu bezahlen. Dampier erzählt, dass seine Schiffskameraden eine große Zahl Kakadus und Sittiche kauften, vermutlich um mit ihnen zu handeln oder sie zu verkaufen. Piraten hatten es leicht, ihre Beute abzusetzen, denn es gab im 18. Jahrhundert feste Vogelmärkte in London und Paris, und exotische Vögel aus der Neuen Welt waren für die Reichen sicher ein beliebtes Statussymbol. Cissie Fairchild schrieb ein ganzes Buch über den lebhaften Handel mit exotischen Tieren im Paris des 18. Jahrhunderts (den sonntäglichen Vogelmarkt auf der Île de la Cité in Paris gibt es bis heute).

Piraten bewunderten vielleicht die bunten Federn der Papageien, amüsierten sich über ihre Nachahmungsfähigkeit und schätzten ihr Fleisch. Aber Zuneigung? Die Zuneigung eines Piraten war nur mit Geld zu erkaufen.

Warum trugen Piraten Ohrringe?

Ein berühmtes Gemälde von Howard Pyle stellt den berüchtigten Kapitän Kidd mit einem Ohrring dar. Und im Film sind Piraten meistens auch so geschmückt.

Trugen echte Piraten wirklich Ohrringe? Offensichtlich ja. Toby Gibson, ein Kenner der Piratenszene, schreibt dazu:

> Ich denke, Hollywood wollte führenden Piratendarstellern, wie Errol Flynn and Douglas Fairbanks senior, per Ohrring eine verwegene und exotische Ausstrahlung geben. Echte Piraten ließen ihre Ohren aber aus einem ganz anderen Grund stechen. Man glaubte, nämlich, Ohrschmuck aus so wertvollen Metallen wie Silber und Gold verbessere die Sehkraft. Und gut sehen zu können war für einen Piraten äußerst wichtig. Für rechtschaffene Seeleute galt natürlich das Gleiche, deshalb trugen auch sie Ohrringe.
>
> Lange verwies man diese Erklärung ins Reich der Fantasie, heute, mit unseren Kenntnissen über Akupunktur und ihre Wirkung sieht die Sache schon anders aus. Am Ohrläppchen befinden sich mehrere Akupunkturpunkte zu verschiedenen Augenbeschwerden. Bedenkt man, was alles in früherer Zeit über die großen Handelsstraßen in weit entfernte Gebiete gelangte, dann kann man sich gut vorstellen, dass auch die Praxis des Ohrstechens auf einem solchen Weg aus China in den Westen kam.

Es ist interessant zu erfahren, wie Akupunkteure zur Praxis des Ohr-Piercings stehen und ob ein Zusammenhang mit verbesserter Sehkraft für möglich gehalten wird. Akupunkteur Dr. Steve Given vom Emperor's College in Santa Monica, Kalifornien, kam sofort auf die Piraten zu sprechen: „Es gibt Berichte über Menschen, die nach einer Ohrdurchstechung besser sahen. Als ich Akupunktur erlernte, verwies man auch auf die Seeräuber mit ihren Ohrringen."

Given berichtete, dass heute in der Praxis häufig das Ohr akupunktiert wird, um Probleme im Bereich der Sehkraft zu behandeln. Ein Akupunkturpunkt am Ohr, Augen- oder Sichtpunkt genannt, entspricht genau der Stelle, wo man üblicherweise das Loch für Ohrringe sticht. Aber Given bezweifelt, dass sich durch Piercing anhaltende Sichtverbesserungen erzielen lassen:

> Wenn beim Piercing zufällig genau der Augenpunkt getroffen wurde, dann hatte das sicher keinen anhaltenden Effekt. Sobald nämlich das Ohr durchstochen ist, bildet sich rund um das Loch Narbengewebe. Hier ist die Haut stark verändert und für die Weitergabe von akupunkturartigen Reizen nicht mehr geeignet.

Givens Argumente werden gestützt von zwei weiteren Akupunkteuren. Timothy Chen von der Akupunkturklinik in Pasadena, Kalifornien, erklärte, dass nach seiner Erfahrung Nahsichtigkeit und Bindehautentzündung durch Akupunktur des Ohrs gebessert werden können. Eine anhaltende Stärkung der Sehkraft zog er jedoch in Zweifel. Dr. Michael Apelian, vom Akupunktur-Therapiezentrum in Santa Monica, Kalifornien, hat sowohl von einer Verbesserung als auch von einer Beeinträchtigung der Sehkraft durch Akupunktur gehört:

> Von beiden Erfahrungen wird berichtet. Ich habe auch gehört, dass Piercing durch Zerstörung des empfindlichen Bereichs am Ohr die Sehkraft sogar beeinträchtigen kann. Ich glaube aber, in der Vergangenheit (auch in der chinesischen Fachliteratur) ging man eher von einer Stimulierung der Sehkraft aus.

Auf die Frage, ob er Patienten am Ohr gegen Sehbeschwerden behandelt, antwortete Dr. Apelian: „Selbstverständlich, obwohl ich andere Körperpunkte, besonders im Gesicht und an den Füßen, für wirksamer halte.

Womöglich hatten Piraten, so sie etwas von Akupunktur verstanden, auch Piercings im Gesicht und an den Füßen. Aber das lässt sich nicht mehr klären, denn unter buschigen Bärten und seewassergetränkten Stiefeln wären Ringe nicht sichtbar gewesen. Berichte über eine solche Sitte sind auch nicht überliefert.

Wozu dient das kochende Wasser bei Hausgeburten, die in alten Filmen gezeigt werden?

Die Dringlichkeit, mit der in älteren Filmszenen nach kochendem Wasser verlangt wird, sobald sich eine Geburt ankündigt, lässt darauf schließen, dass es wichtigere Gründe dafür geben muss, als eine Kanne Tee aufzubrühen. In den Filmen sieht man aber niemals, wozu das kochende Wasser nun wirklich gebraucht wird.

Die meisten befragten Mediziner stimmten überein mit Dr. Steven P. Shelov, Professor für Kinderheilkunde am Montefiore Medical Center:

> Es handelt sich hierbei um den Versuch, die Umgebung für die Geburt so steril wie möglich zu machen, obwohl natürlich nur mit kochendem Wasser nicht viel erreicht wird. Immerhin können das Neugeborene und die Mutter nach der Geburt durch den

Einsatz abgekochten und noch warmen Wassers gründlicher und hygienischer gereinigt werden. Und auch die Hände der Helfer während der Geburt lassen sich auf diese Weise so sauber wie möglich halten.

Selbstverständlich ist es wünschenswert, dass Instrumente wie Scheren, Nabelschnurklemmen, weiße Schnürsenkel (als Ersatz für Nabelschnurklemmen), Spritzen und Zangen (um sterile Instrumente hochzuheben), mit denen Mutter und Kind in Kontakt kommen, sterilisiert werden. Noch wichtiger wäre es, andere Haushaltsutensilien zu sterilisieren, die medizinische Gerätschaften unter Umständen ersetzen müssen.

Aber kochendes Wasser braucht man nicht nur bei überraschenden Geburten. Hebammen verwenden kochendes Wasser seit jeher auch bei geplanten Hausgeburten. Die meisten kochen die erforderlichen Gegenstände 30 Minuten in Wasser und legen sie dann abgedeckt auf einem Tablett bereit (Injektionsspritzen werden normalerweise in ein steriles Tuch gehüllt).

Dr. William Berman von der Forschungsgesellschaft für Kinderheilkunde wies darauf hin, dass auch Waschlappen und Waschwasser zur Reinigung von Mutter und Neugeborenem sterilisiert werden sollten. Das kann auf keinen Fall schaden – es sei denn, man lässt das Wasser nicht ausreichend abkühlen.

Warum assoziiert man die Farbe Hellblau mit männlichen Babys, Rosa dagegen mit weiblichen?

Bis zum Beginn des 20. Jahrhunderts war die Farbzuordnung noch anders: Blau als die Farbe der Madonna galt für Mädchen, rot als die Farbe Christi war männlich besetzt. Gekleidet wurden Säuglinge aber aus praktischen Gründen weiß, denn solche Stoffe ließen sich besser waschen. Als man dann ein kochfestes Indigoblau herstellen konnte, wurden die flotten Marineuniformen blau, die weniger flotte Arbeiterkleidung erhielt ebenfalls diese Farbe, und damit war Blau als männlich abgestempelt. Den Mädchen blieb nun nichts anderes übrig, als sich mit Rot zu begnügen, was ihnen möglicherweise auch viel besser gefiel.

Und warum kleidet man Babys nun hellblau und hellrot? Das ist recht leicht zu erklären: Je zarter der Mensch, desto zarter die Farbe. Dazu passen dann auch die hübschen, alten Legenden, dass kleine Mädchen im Inneren rosaroter Rosenblüten das Licht der Welt erblicken und Jungen aus blauen Kohlköpfen sprießen.

Weshalb trägt der Bräutigam die Braut über die Türschwelle?

In Anbetracht der heutigen Wohnungspreise sollte es eigentlich der Immobilienmakler sein, der die Braut und dazu gleich auch den Bräutigam über die Schwelle des neuen Hausstands trägt.

Der schöne Aberglaube geht zurück auf die alten Römer. Laut Stephanie de Lys, Autorin eines Buchs über Aberglaube, waren die Römer davon überzeugt, die Türschwelle sei von guten und bösen Geistern umkämpft. Wenn man das Haus mit dem linken Fuß zuerst betrat, siegte das Böse, setzte man zuerst den rechten Fuß über die Schwelle des zukünftigen gemeinsamen Lebens, triumphierten die guten Geister. Warum achten dann Braut und Bräutigam beim Eintritt in ihr neues Heim nicht einfach darauf, gemeinsam den rechten Fuß voranzusetzen?

Wie de Lys erklärt, waren die Römer unverbesserliche Machos:

> „Der Bräutigam befürchtete, dass seine Frau im Überschwang der Gefühle sorglos werden und stolpern könnte, und überließ daher lieber nichts dem Zufall. Mit seinen starken Armen übernahm er die Verantwortung und trug sie ins Haus und ins Eheglück.“

Wieso sprechen Auktionatoren so seltsam? Und warum reden sie häufig unverständlich?

Versteigerungen haben eine lange Tradition. Schon früh wurden auf offenen Märkten alle Arten von Waren verkauft. Aktiv waren damals die Marktschreier, und es gibt sie auch jetzt noch – ein sehr amüsantes Spektakel! Heute finden viele Auktionen in geschlossenen Räumen oder Hallen statt – je nach Warenangebot. An der Art und Weise, wie der Auktionator versucht, seine Lose an den Mann zu bringen, hat sich jedoch nicht viel geändert. Der erfahrene Auktionator Bernhard Hart schreibt:

> „Die besondere Art der Versteigerer zu reden geht auf die Zeiten zurück, da es weder Prospekte noch Lautsprecher oder Mikrofone

gab. Wollte man etwas verkaufen, musste man nicht nur gut bei Stimme sein, sondern das Angebot dem Publikum auch über die Art des Vortrags schmackhaft machen. «

Peter Lukasiak, ebenfalls Auktionator, fügt hinzu:

» Ein typischer Versteigerer beschreibt die Ware, preist sie an und fixiert den Ausrufpreis, bestätigt jedes abgegebene Gebot und versucht, die Interessenten zum höchstmöglichen Gebot zu treiben. Er tut dies in einer rhythmischen, einpeitschenden Art zu sprechen mit immer wiederkehrenden Wörtern, die in den Bietern ein Konkurrenzgefühl entfacht. So versucht er, für die Ware und den Verkäufer den bestmöglichen Preis zu erzielen. «

Für Uneingeweihte mag diese Art zu reden merkwürdig klingen. Sie stellt jedoch ein wichtiges strategisches Instrument für den Auktionator dar. Sein Ziel ist es, in möglichst kurzer Zeit möglichst viele Waren zu versteigern, denn schließlich sollen die an den späten Aufrufen Interessierten nicht ermüden und die Auktion vorzeitig verlassen. Ein anderer Auktionsexperte, Joseph Keefhaver, merkt zum Verhalten des Versteigerers noch Folgendes an:

» Der Sprechrhythmus ist ebenso wichtig wie die Schnelligkeit des Auktionators. Versteigerer passen ihr Sprechtempo gern daran an, wie auktionserfahren ihr Publikum ist. Die Preise werden bei einem guten Vortrag stets verständlich ausgesprochen. «

Nach Aussage von Lukasiak bevorzugen manche Auktionatoren ein schnelleres, manche ein langsameres Sprechtempo, in der Regel aber diktiert die Art der Auktion das Tempo des Vortrags. Ein Großhändler für Tabak wünscht bei einer Versteigerung keinen gemächlichen Ablauf, und ein Auktionator, der ein hochpreisiges Bild von Monet bei Sotheby's zu versteigern hat, tut dies besser nicht in halsbrecherischem Tempo. Keefhaver erläutert:

» Bei einer Auktion sollen Waren rasch und konsequent abgesetzt werden. Im Unterschied zu anderen Verkäufen sind Auktionen einmalige Veranstaltungen, zu denen alle potenziellen Käufer gleichzeitig erscheinen. Aufgabe des Auktionators ist es, alle Angebote in wenigen Stunden zu verkaufen, die Art seines Vortrags muss daher den Warenfluss in Bewegung halten. Dabei hilft nur ein kontinuierliches, hohes Tempo.

Bei einer Haushaltsauflösung setzt der Auktionator Sprechtempo und -rhythmus so ein, dass er etwa 60 Gegenstände pro Stunde an den Mann oder die Frau bringt. Bei anderen Warenangeboten geht es sogar noch schneller. So können z. B. auf einer Tabakauktion 500 – 600 Lose pro Stunde den Besitzer wechseln.

Die Vorgänge bei einer Tabakauktion sind für Uneingeweihte nur schwer verständlich. Viele Auktionatoren „pfeffern" ihren Vortrag mit regionalen Dialektwörtern oder Fachausdrücken, die nur dieses spezielle Publikum versteht. Nun gut, wir haben begriffen, dass die Art des Vortrags auf Auktionen Sinn macht, aber warum kann man den Versteigerer oft so schlecht verstehen? Wenn wir zu einer Versteigerung gehen, klingt der typische Singsang in unseren Ohren wie eine Aneinanderreihung von Zahlen mit immer wiederkehrenden Wörtern dazwischen.

Joseph Keefhaver gab ein Beispiel: „Ein Euro geboten, jetzt zwei, jetzt zwei, wer bietet mehr? Gebot bei zwei Euro, jetzt drei, vier Euro, vier Euro geboten?"

Versteigerer benutzen immer wieder die gleichen „Füllwörter", um den Bietern einen kurzen Moment zum Nachdenken zu lassen, dabei den Vortrag aber nicht zu unterbrechen, denn das schnelle Reden erhöht die Spannung und setzt die Bieter unter Zugzwang. Bernard Hart berichtet, dass ein guter Auktionator mehrere solcher Füllwörter im Repertoire hat und sie abwechselnd einsetzt, damit sein Vortrag nicht zu monoton wirkt:

In einer der Schulen für Auktionatoren, in der ich arbeitete, riet man den Schülern, ihre Füllwörter so zu wählen, dass sie Bieter ermutigen, ihre Gebote zu erhöhen. Zu diesen Wörtern gehören ‚geben', ‚bieten' und ‚steigern'. Man setzt sie so ein: ‚Das Gebot steht bei 25, wer bietet 30?

Die befragten Versteigerer versicherten alle, dass der Bieter jedes einzelne Wort des Auktionators verstehen müsse. Typisch war der Kommentar von J. McBride, Pressechef beim Viehhandelsverband:

Wenn Sie nicht verstehen können, was der Auktionator sagt, dann macht er seine Arbeit schlecht. Man braucht vermutlich als Beobachter einer Auktion eine gewisse Zeit, bis man sich auf die

Vortragsweise des Auktionators eingestimmt hat. Und gelegentlich verwendet dieser möglicherweise Füllwörter, die nicht sehr eindeutig sind. Aber um zu verkaufen, muss man sich verständlich ausdrücken – das gilt für den Verkauf von Vieh, Kristallgläsern und Rembrandts. “

Warum sind Essteller in der Regel rund?

Die Leiterin des Bereichs Geschirr bei einem Braut-Service, Doris Nixon, lieferte zur Geschichte der Essteller folgende interessante Informationen:

„Es wird generell angenommen, dass sich die Korbflechterei vor dem Töpferhandwerk entwickelte. Die meisten Körbe waren rund, weil sie sich so einfacher flechten ließen. Die Menschen in vorgeschichtlicher Zeit, Männer oder Frauen, verstärkten ihr Flechtwerk, indem sie es von außen mit Lehm bestrichen. Die Töpferei wurde vielleicht geboren, als ein solcher Korb versehentlich ins Feuer geriet. Gebrannte Tonstücke mit Abdrücken von Flechtwerk wurden in Gambles Cave in Kenia gefunden und auf 15 000 – 10 000 v. Chr. datiert.

Vor der Einführung der Töpferscheibe entstanden Gefäße auch aus übereinandergelegten Tonwülsten. Für diese Technik bot sich ebenfalls die runde Form an.

Im alten Palästina wurde zur Herstellung von Gefäßen flüssiger Ton in Formen gegossen, in Europa kam diese Technik erst um 1730 n. Chr. in Gebrauch. Zur Herstellung von Tellern in einer anderen als der runden Form wäre sie zwar geeignet, jedoch zu aufwendig und zu teuer.

Die Einführung der Töpferscheibe markiert dann den Beginn der Mechanisierung in der Töpferei und ist der Hauptgrund für die runde Form von Essgeschirr. Den frühesten bekannten Gebrauch der Töpferscheibe konnte man in der mesopotamischen Stadt Worka für die Zeit von 5000 v. Chr. nachweisen. Die Töpfer der Induskultur, 3250 – 300 v. Chr., bedienten sich ebenfalls der Scheibe, genauso die Mayas, die, dies nur nebenbei, auch Kinderspielzeug aus Ton anfertigten. In alttestamentarischer Zeit, um 2000 v. Chr., war die Töpferscheibe überall im Vorderen Orient in Gebrauch. Übrigens: Eines der früheren Stadttore Jerusalems hieß sogar ‚Scherbentor'. Es führte zum roterdigen ‚Blutacker', den die Stadt für das Verratsgeld des Judas kaufte. “

Genauso wie die in bestimmten Regionen vorhandene Tonerde bot sich auch der überall verfügbare Werkstoff Holz zur Essgeschirrherstellung an. Er ist allerdings vergänglicher und überdauert die Zeiten schlechter als gebrannter Ton. Verarbeitet wurden Stamm- oder Astabschnitte von Bäumen, und diese waren natürlich rund. Teller sind also eindeutig eine runde Sache.

Daran hat sich bis heute nichts wesentlich geändert. Man kann sich durchaus andere Formen vorstellen. Die Porzellanfabrikanten haben auch immer wieder mal einen Vorstoß gewagt und versucht, die Kunden mit einem neuen Design zu beglücken. Eine Zeit lang gab es viereckige Teller zu kaufen. Sie waren chic, keine Frage, aber leider nicht praktisch, denn sie haben eine in diesem Fall bedauerliche Tendenz zum Ausgleich oder anders gesagt – die runde Form muss ihr natürliches Vorbild sein, denn die so überaus dekorativen Ecken sind in Kürze abgestoßen oder abgebrochen.

An dieser Stelle hat noch einmal Doris Nixon das Wort, die schon viel auf dem Porzellansektor gesehen hat: „Wenn man einen über lange Zeit gewachsenen Brauch nicht verbessern kann, sollte man ihn lieber so lassen, wie er ist. Runde Teller werden bleiben!"

Warum haben Tafelmesser abgerundete Spitzen?

Der Zweck eines Messers ist das Schneiden, warum haben also Tafelmesser runde Spitzen, sodass man zusätzlich spitze Steakmesser braucht, um sein Besteck zu komplettieren? Bis zum 17. Jahrhundert hatten Messer, die am Tisch verwendet wurden, scharfe Spitzen. Dann plötzlich brach kein Geringerer als der berühmte französische Kardinal Richelieu mit diesem Brauch. Der in Sachen Tischsitten äußerst heikle Kleriker nahm Anstoß an einem Hausgast, der die Spitze seines Messers als Zahnstocher benutzte. Am nächsten Tag ließ Richelieu seine Messer an der Spitze abrunden. Das neue Design breitete sich rasch aus und war ab dem 19. Jahrhundert überall eingeführt. Mit dem Zähnereinigen war es vorbei, aber als Tischnachbar konnte man sich sicherer fühlen.

Warum verwendeten die Chinesen ursprünglich Essstäbchen?

Andere Länder, andere Sitten – die Chinesen hielten es stets für die Aufgabe des Küchenchefs, Fleisch und Gemüse in mundgerechte Bissen zu zerteilen. Und Essstäbchen sind sehr gut dazu geeignet, kleine Essensbrocken und Reis aufzunehmen. Es gibt aber viele Hinweise darauf, dass außerdem noch ganz andere Gründe zum Einsatz dieser Art von Esswerkzeug führten.

Essstäbchen tauchen erstmals zur Zeit der Zhou-Dynastie auf, etwa 200 Jahre vor Christi Geburt. In China herrschte damals große Knappheit an Brennmaterial, also an Holz, denn man hatte die Wälder gerodet, um Anbauflächen für eine wachsende Bevölkerung zu schaffen.

Als effektive Methode, um mit geringem Verbrauch an Brennmaterial schnell Mahlzeiten zuzubereiten, entwickelte sich nun das Pfannenrühren. Fleisch und Gemüse wurden vorher klein geschnitten und waren daher viel schneller gar.

Während der Zhou-Dynastie besaßen nur wenige Familien Tische (sie waren ein Luxusgegenstand, erst recht durch die Holzknappheit), daher benötigte man zum Essen ein Utensil, dass mit einer Hand zu benutzen war – die andere musste die Reisschüssel halten. Mit den Essstäbchen konnte man Fleischstücke und Gemüsestreifen gut packen, den von Natur aus etwas klebrigen Reis drückte man mit den Stäbchen zu einer Art Kugel zusammen, um ihn sich dann als mundgerechtes Päckchen einzuverleiben. Und heute geben die Essstäbchen Nicht-Asiaten die Möglichkeit, ihr Essen auf den Tischtüchern chinesischer Restaurants zu verteilen.

Wer sich jetzt fragt, wie man die Herstellung von Essstäbchen mit der Holzknappheit in Einklang bringen konnte, dem sei zur Beruhigung gesagt, dass die meisten dieser Werkzeuge aus Elfenbein oder Knochen bestanden.

Wieso wird „Luftpost" gekennzeichnet durch „par avion", selbst in deutschsprachigen Ländern? Ist Französisch die internationale Postsprache?

Französisch gilt allgemein als die Sprache der Liebe, aber offenbar ist es auch die der Postämter. Ein Experte von der Post erklärt, warum das so ist:

» Alle Länder dieser Erde sind Mitglied des Weltpostvereins UPU (Union Postale Universelle), der seit 1948 als Sonderorganisation der Vereinten Nationen auftritt. Die UPU stellt die Regeln für den internationalen Postverkehr auf. Ihr Sitz ist Bern, Hauptstadt der Schweiz, und als Amtssprache gilt Französisch. ‚Luftpost' heißt daher ‚par avion'. Auch alle anderen Versendungsarten im internationalen Postverkehr sowie Angaben für den Zoll sind auf den Vordrucken in Französisch auszuweisen. “

Eine erste Lektion in Postfranzösisch liefert Ihnen die Preisliste der Post unter „Vermerke bei intern. Sendungen", während Sie sonst im Postheftchen eher mit dem Englischen zu kämpfen haben. Daneben bietet auch das Päckchenformular einen reduzierten Einstieg in die französische Sprache.

Warum küsst man sich unter dem Mistelzweig?

Der Brauch, an Weihnachten Mistelzweige aufzuhängen, stammt aus England. Er findet heute auf dem europäischen Kontinent immer mehr Anhänger, und deshalb sollte man etwas mehr darüber wissen.

Ihre gabeligen Zweige mit den weißen Scheinbeeren, die im November und Dezember reifen, machen die Mistel unverwechselbar. Sie ist immergrün und wächst schmarotzerisch auf Bäumen, bei uns z. B. auf Eichen oder Obstbäumen. Mit einer klebrigen Haftscheibe sitzt sie auf der Rinde und dringt über einen Fortsatz bis ins Holz, um sich dort mit Nährstoffen zu versorgen.

Dass die Mistel nicht auf der Erde wächst, hat schon die Menschen des Altertums fasziniert. Man war schnell bereit, dieser sonderbaren Pflanze Zauberkräfte zuzusprechen, und hielt sie für ein heilkräftiges Mittel gegen Schwindelanfälle und Epilepsie. Bei den Kelten dann galt die Mistel als heilige Pflanze und Abwehrmittel gegen Blitzschlag, Krankheit und Verhexung. Die keltischen Priester, die Druiden, sammelten die Mistel zur Zeit der Wintersonnwende, nur einige Tage vor unserem heutigen Weihnachtsfest. In einem feierlichen Ritual schnitten sie die Zweige mit einer goldenen Sichel, die nur für diese heilige Handlung benutzt wurde.

Die Mistel war den Druiden so heilig, dass sie nie den Boden berühren durfte. Vielleicht ist das der Grund, warum die Pflanze über der Tür aufgehängt wird. Nach dem Glauben der Druiden schützten die Mistelzweige über dem Eingang alle, die ins Haus traten, und förderten Liebe und Fruchtbarkeit. Wenn ein Knabe ein Mädchen unter dem Mistelzweig küsste und ihr eine der weißen Beeren überreichte, bedeutete das, dass die beiden innerhalb eines Jahres heiraten würden. Dieser schöne Brauch ist geblieben, auch wenn man nicht unbedingt gleich heiraten muss. Auf jeden Fall soll der Mistelzweig über der Tür Glück bringen und vor Krankheit und allem bösen Zauber schützen. Also vergessen Sie nicht, die dekorativen Zweige im nächsten Dezember aufzuhängen.

Weshalb fällt Ostern jedes Jahr auf einen anderen Kalendertag?

Wir wissen nicht, wann genau Jesus geboren wurde, aber wir wissen mindestens in jedem Jahr, an welchem Kalendertag wir Weihnachten feiern werden. Mit Ostern ist das anders. Das Datum dieses christlichen Festes orientiert sich am Mondkalender und ändert sich daher von Jahr zu Jahr.

Die frühen Christen feierten Ostern am selben Tag wie die Juden ihr Passahfest. Auf dem Konzil von Nizäa 325 n. Chr. gab man jedoch diese Gemeinsamkeit auf – man wollte sich vom jüdischen Glauben distanzieren. Ab sofort sollte Ostern am ersten Sonntag nach dem ersten Vollmond an oder nach der Frühlingstagundnachtgleiche auf der Nordhalbkugel (21. März) gefeiert werden.

Dieses Datum erwies sich später bei der Missionierung als sehr hilfreich, da der Frühlingsanfang in den Götterwelten des Nordens bereits gefeiert wurde.

Und nun zur Herkunft des Wortes „Ostern“. Immer noch kursiert die falsche Vorstellung, es gehe auf eine germanische Frühlingsgöttin mit dem Namen „Ostara-Eostre“ zurück. Diese hat es jedoch nicht gegeben. Das Wort „Ostern“ ist vielmehr abzuleiten vom germanischen „austro“, in der Mehrzahl „ostarum“, für Morgenröte.

Wie kommt es, dass die Schotten karierte Kilts tragen?

Schottland ist zwar landschaftlich sehr schön, die Wetterbedingungen lassen aber bekanntlich einiges zu wünschen übrig, und das gilt für das schottische Hochland ganz besonders. Zum Schutz gegen Wind, Regen und Kälte wanden sich die Schafhirten der Highlands zwei breite Bahnen aus kräftigem Wollstoff über ihren

Kittel um den Körper und fixierten sie mit einer Brosche auf der Brust. Etwa im 17. Jahrhundert kam dann das „belted plaid" auf, ein großes Stück Wollstoff, das über die Schultern geschlungen und in der Taille gegürtet wurde. Je nach Stoffgröße bedeckte es mehr oder weniger die Beine. Dieser „große Kilt" wurde zusätzlich noch in Falten gelegt, um mit dieser Stofffülle die Wetterfestigkeit des Kleidungsstücks zu erhöhen.

Da Kilts aus Materialien gefertigt wurden, die man in den Highlands im Überfluss hatte (aus der Wolle der unzähligen Schafe, die Karomuster wurden gedruckt mit Farben von einheimischen Pflanzen), konnte sich auch der ärmste Hochländer das Kleidungsstück leisten. Und die Armen trugen am häufigsten Kilt. Laut Steward MacBreachan, einem schottischen Historiker, der Veranstaltungen von traditionellen Hochlandspielen organisiert, war der Kilt von besonderer Wichtigkeit für all diejenigen, die den größten Teil des Tages im Freien verbrachten.

Bald kleideten sich die Mitglieder der Hochlandclans alle mit diesen Kilts. Jeder Clan entwickelte sein charakteristisches Karomuster, den Tartan. Als eine Art Uniform brachte der Kilt die Clanzugehörigkeit zum Ausdruck, und bei kriegerischen Auseinandersetzungen erleichterte er die Unterscheidung von Freund und Feind.

Gegen Anfang des 18. Jahrhunderts wurde der „große Kilt" vom „kleinen Kilt" abgelöst – einem praktischeren, zweiteiligen Kleidungsstück, bestehend aus einem um die Hüfte gewickelten Rock und einem Überwurf, der über der Schulter und quer vor der Brust getragen wurde.

Nach dem gescheiterten Jakobiten-Aufstand von 1745 und der Niederlage der Schotten bei Culloden verbot ein Gesetz der siegreichen Engländer, das als „Dress Act" in die Geschichte einging, das Tragen von Kilts und Geweben mit Tartanmustern für alle außer den Mitgliedern des Hochland-Regiments. Aber die Schotten bewahrten trotz des Verbots ihre Kilts und trugen sie bei geschlossenen Gesellschaften. Mit den Tartanmustern, die die Clanzugehörigkeit des Trägers signalisieren, wurde der Kilt zum Symbol schottischen Nationalstolzes.

Als Unruhen die Aufhebung des „Dress Act" erforderlich machten, waren die schottischen Clan-Strukturen zerstört, und der Kilt gehörte nicht mehr zur Alltagskleidung. Im 19. und 20. Jahrhundert wurde er jedoch für die Schotten immer wichtiger als Ausdruck ihrer inneren Unabhängigkeit von England. Dies beweist die Tatsache, dass heute bei Zeremonien auch Schotten aus den südlichen Landesteilen im Kilt erscheinen, den sie im 18. Jahrhundert niemals trugen.

Warum werden die Niederlande auch Holland genannt?

Die Niederlande könnten kaum niedriger sein. Teils unter Meeresspiegelniveau liegen die Gebiete dieses schmalen Landes an der Nordseeküste mit den breiten Mündungstrichtern von Rhein und Maas, den Westfriesischen Inseln und dem großen Wattenmeer. Immer waren die sandig-moorigen und sumpfigen Küstenstriche von Landsenkungen und von Überflutungen bedroht – immer wieder ging wertvolles Weide- und Ackerland verloren. Doch die Niederländer gaben nicht auf. Durch großräumige Eindeichungen von See- und Flussmarschen, bekannt als Polder, rangen sie dem Meer wieder alten und neuen Lebensraum ab.

Das kleine Land mit dem großen Bedarf an Platz für die wachsende Bevölkerung wurde zur bedeutenden Welthandelsnation und hat eine wechselvolle Geschichte. Während sich die südlichen Niederlande politisch als schwächer erwiesen, erreichten die nördlichen Provinzen 1609 ihre Unabhängigkeit, die dann im Westfälischen Frieden 1648 festgeschrieben wurde.

Führende Provinz des Nordens war Holland mit der Hauptstadt Amsterdam, das auch heute noch diesen Status innehat. Holland spielte seine dominierende Rolle so gut, dass bis in unsere Zeit die Vereinigten Niederlande umgangssprachlich Holland genannt wurden. In den Niederlanden gibt es noch eine Besonderheit: Ihre Hauptstadt ist zwar Amsterdam, Regierungssitz jedoch Den Haag, und auch das Königshaus residiert in der nicht weit vom Meer auf einer Dünenkette gelegenen Stadt. Ihr amtlicher Name ist übrigens 's-Gravenhage (die Hecke des Grafen).

Schon im 16. Jahrhundert war Den Haag Sitz des Statthalters, und an diesem Ort für die Regierungsgeschäfte hielt man fest.

Weshalb sind alle Gondeln schwarz?

Manche Sitten und Gebräuche treffen instinktiv den Kern der Sache, und spätere Erkenntnisse geben ihnen recht, andere dagegen können wir nicht nachvollziehen. So wird z. B., je weiter man in Italien nach Süden kommt, schwarze Kleidung immer beliebter, vom Orient ganz zu schweigen. Dabei absorbiert Schwarz die Sonnenstrahlen, und das bedeutet, in den heißen Regionen wird dem schwarz gekleideten Menschen noch zusätzlich ganz schön warm.

Und nun zu den schwarzen Gondeln in Venedig. Für Wärme sollte ihre Farbe wohl kaum sorgen. Seit dem 11. Jahrhundert ist das schmale Ruderboot als Beiboot oder

Barke bekannt und diente, wie auch heute gelegentlich noch, ganz praktischen Zwecken, nämlich dem Transport von Waren und Personen in den vielen Kanälen der Stadt. Vermutlich war das wendige Boot anfangs noch farbig gestrichen, doch 1562 wurde ein Luxusgesetz erlassen, das für alle Gondeln als Farbe Schwarz vorschrieb. In dieser Zeit unterstützte die katholische Kirche zu ihrem eigenen Machterhalt Gesetze, die sichtbare Prunkentfaltung unterbanden.

Dennoch, die italienische Freude am Schönen ließ sich nicht so einfach unterdrücken. Als Gegensatz zu ihrer düsteren, aber durchaus auch eleganten Farbe, tragen die Gondeln noch heute stolz zur Zierde ein glänzendes Eisen an ihrem hoch geschwungenen Bug. Niemand weiß, ob die sieben metallenen Spitzen jemals eine symbolische Bedeutung hatten oder ob sie nur dekorativ gemeint waren. Jedenfalls hat das prunkvolle Eisendekor die eigentliche Absicht des Gesetzes unterlaufen.

Wieso wird das Oktoberfest im September gefeiert?

Das Oktoberfest lässt sich stets gut als Entschuldigung anführen, wenn man mehr als eine Maß Bier getrunken hat. Dem Münchner ist sein Oktoberfest heilig, aber ein heiliger Festtag dürfte es nun doch nicht sein. Warum also legt man es dann nicht endlich auf den Monat, nach dem es benannt ist?

Warum wird „Christmas" häufig *„Xmas"* geschrieben?

Der in England und Amerika, aber auch bei uns immer häufigere Gebrauch von „Xmas“ wird oft als Auswuchs der fortschreitenden Kommerzialisierung des Weihnachsfests gedeutet. Das *X* in Xmas leitet sich ab von dem griechischen Buchstaben für Ch, wie in „Christos“. Der Buchstabe *X* ist seit mindestens 1100 n. Chr. ein Symbol für Christus, und der Ausdruck „Xmas“ wird 1551 erstmals belegt. Der Bibelexperte Eric Partridge betont, dass englischsprachige Geisteswissenschaftler „Christianity“ (deutsch: Christentum) mit „Xianity“ abkürzen. „Xmas“ lässt sich aber im öffentlichen Verständnis nicht mehr auf seine eigentliche Bedeutung zurückführen, die Abkürzung ist zu negativ besetzt. Am besten verwenden Sie den Ausdruck nicht.

Wenden wir uns seiner Geschichte zu: Das Oktoberfest wurde erstmals 1810 in München gefeiert, und, o Wunder, die große Volksbelustigung fand damals tatsächlich im Oktober statt, am 17. für einen Tag. Beim ersten Mal ging es nicht um eine Huldigung an das kühle Bier, freudiger Anlass war vielmehr die Hochzeit des Kronprinzen Ludwig von Bayern (der spätere König Ludwig I.) mit Prinzessin Therese von Sachsen-Hildburghausen.

Der Prinz lud seine Münchner Untertanen ein, das Ereignis gebührend zu feiern. So kam es zu einem großen Festgelage vor den Toren der Stadt auf der nach der Braut benannten Theresienwiese. Gekrönt wurde die ganztägige Veranstaltung von einem Pferderennen.

Das Volksfest auf der Theresienwiese war ein derartiger Erfolg, dass das Pferderennen im folgenden Jahr wiederholt wurde und eine Landwirtschaftsausstellung dazukam. Von da an fand das Oktoberfest bis auf Kriegszeiten in jedem Jahr statt. Mit der Zeit nahmen immer mehr Schausteller mit allen Arten von Belustigungen teil. Der populärste „Zeitvertreib" scheinen jedoch die Bierstände gewesen zu sein.

Zum 25. Jahrestag der Hochzeit hatte man das Fest besonders groß ausgerichtet und sorgfältig vorbereitet. Von überall her zog es nun Besucher an. Als dann 1896 große Bierzelte der örtlichen Brauerereien die bescheidenen Stände ersetzten, war das die Initialzündung für ein Ereignis mit bald internationalem Renommee.

Heute ist das Münchner Oktoberfest das größte Volksfest der Erde mit geschätzten sieben Millionen Besuchern, die pro Jahr rund fünf Millionen Liter Bier trinken. Es gibt mehr als 3000 unterschiedliche Oktoberfeste – sozusagen als Trittbrettfahrer und vom Münchner einerseits mit Stolz, andererseits mit Misstrauen zur Kenntnis genommen. Das größte außerhalb Münchens findet in Cincinnati, Ohio statt.

Und warum wurde der Beginn des Oktoberfests auf den September verschoben? Das muss wohl etwas mit dem unfreundlichen Wetter im Oktober zu tun haben. Die beliebte Veranstaltung auf der Theresienwiese mit ihren großen „Biergärten" bei den Brauereizelten und den offenen Karussells sollte auf keinen Fall durch zu kaltes und feuchtes Wetter beeinträchtigt werden. Daher finden der Einzug der Wiesenwirte und der offizielle Bieranstich stets am vorletzten Samstag im September statt. Dann zählen zwei Wochen lang nur noch Bier, Brez'n, Hendl, Hax'n und die verschiedensten Vergnügungen. Und niemanden kümmert's, dass das Oktoberfest im September losgeht.

Prinzipienreiter und Querschädel, die es gelegentlich in Bayern geben soll, können sich immer noch auf das Ende des berühmten Ereignisses einschießen. Es fällt nämlich mit einigen Tagen in den Oktober. Das Schlechtwetterrisiko ist dann vielleicht größer, aber es war dann wenigstens ein echtes Oktoberfest!

Wo liegt „Altseeland"?

Soll das ein Witz sein? Keineswegs. Neu entdeckte Gebiete und neu gegründete Städte wurden in der Vergangenheit gerne nach „alten" benannt, und zwar nach dem Herkunftsland oder der Herkunftsstadt des Entdeckers bzw. Namensgebers, z. B. Neuschottland, Neuengland oder Neu-Amsterdam. Also wo liegt das alte Seeland? Wie man vermuten kann, nicht weit vom Meer. Bingo, das Lexikon führt Seeland als größte Insel Dänemarks zwischen Jütland und Schweden.

Aber der erste Europäer, der in Neuseeland landete, war doch der Holländer Abel Tasman. Hatte Tasman die Insel nach dem falschen Land benannt? Oder gab es etwa zarte Bande, die ihn für Dänemark erwärmten?

Nicht ganz. Tasman arbeitete für die mächtige holländische Ostindische Kompanie, die neue Handelspartner suchte für den Tausch von holländischen Stoffen und Eisen gegen Gold und Silber (ein überaus profitables Geschäftskonzept).

Holländische Seefahrer waren vorher bereits in Australien gelandet, das sie „Neu-Holland" nannten. Sie lebten aber im Glauben, dieses Neu-Holland würde sich südlich bis zur Anktarktis erstrecken. Dass sie eine große Insel vor sich hatten, wussten sie nicht. Abel Tasman, der im Auftrag der Ostindischen Kompanie auf den Meeren unterwegs war, fand jedoch keine Bestätigung für den langen Kontinent. Dafür entdeckten er und seine Mannschaft als erste Europäer verschiedene andere Inseln. Der ersten gab Tasman den Namen Van-Diemens-Land (nach seinem Generalgouverneur). Sie wurde später in Tasmanien umbenannt.

Als er östlich von Van-Diemens-Land segelte, stieß Tasman auf eine große Landmasse, deren Bewohner, Maori-Stämme, die europäischen Eindringlinge nicht im Geringsten schätzten. In ihren Kanus paddelten die Maoris stracks zu den fremden Booten, veranstalteten ein großes Geschrei und bliesen ihre Kampftrompeten. Die freundlichen Holländer hielten das für einen Willkommensgruß und antworteten ihrerseits mit Trompeten! Die Freude hielt jedoch nicht lange an. Als die Maoris Tasmans Männern den Weg ins Landesinnere verwehrten und einige von ihnen töteten, hatten die Holländer verstanden.

Aus Abel Tasmans Tagebuch ist zu entnehmen, dass er seine Entdeckung „Staten Landt" nannte. Tasman glaubte, diese Insel sei nur der kleine Teil eines großen Kontinents, der sich vom Südpazifik bis zur Spitze Südamerikas hinzieht. So benannte er seine Entdeckung nach „Staten", dem Land am äußersten Südzipfel Argentiniens.

Im darauffolgenden Jahr schaffte jedoch ein anderer Holländer Klarheit: „Staten" Landt war eine Insel und nicht ein Teil Südamerikas. Die Holländer entschieden sich für „Zeeland". Pate stand nicht die dänische Insel, sondern eine gleichnamige Provinz in Holland.

Warum hat die japanische Flagge manchmal rote Strahlen, die von der zentralen Sonne ausgehen?

Flaggen sind nicht nur Stoff, Farbe und „Ausweis", sondern Symbole, beladen mit Gefühlen, Träumen und Ängsten. Man kann viel ablesen an der Art, mit der ein Land seine Flagge behandelt. In diesem Fall: Japan.

Den Freuden des Sports wird die japanische Fahne geläufig sein, die *Hinomaru* („Sonnenscheibe"), die nach Auffassung einiger Historiker schon im frühen 8. Jahrhundert existierte. Dan Scheeler, Buchhändler an der Sasakawa-Friedensstiftung in Washinghton, äußert sich dazu jedoch wie folgt: „Der Überlieferung nach überreichte ein Priester mit Namen Nichiren dem Shogun zur Zeit der mongolischen Invasion (die von Kublai Khan angeführt wurde) eine Sonnenfahne. Das war im späten 13. Jahrhundert."

Während des 15. und 16. Jahrhunderts, als verschiedene Familienclans und Militärs um die Kontrolle über Japan kämpften, wurde *Hinomaru* als militärisches Abzeichen zur Schau gestellt. Die rote Sonne auf weißem Grund war inzwischen allgemein gebräuchlich, manchmal gab es aber noch unterschiedliche Farbsegmente, um einzelne Clans zu bezeichnen.

Fast 300 Jahre lang isolierte sich Japan total vom Westen. 1853 kam es jedoch zu einem Zwischenfall: Die Milizen zweier Feudallords töteten einige Seeleute der englischen Marine. Einer der Clans, die Satsumas, kämpfte unter dem *Hinomaru*, den die Engländer irrtümlich für die Nationalflagge Japans hielten. Um als eine gemeinschaftliche Flotte angesehen zu werden, einigten sich die Japaner darauf, alle die gleiche Flagge zu führen.

Richard Allen Jones vom Informationszentrum des Japanischen Generalkonsulats in den USA erklärt:

> Die Fahne in ihrer gegenwärtigen Form wurde von Lord Narakira Shimazu, dem Obersten des mächtigen Satsuma-Clans in Südjapan, vorgeschlagen. Die erste Zurschaustellung der Sonnenfahne, Hausflagge der Shogune Tokugawa, als nationales Symbol erfolgte anlässlich einer Reise der ersten diplomatischen Delegation, die jemals ins Ausland entsandt wurde, und zwar in die USA, im Jahr 1860. Zu diesem Zweck wurde

> dem Shogunat die *Powhatan*, ein amerikanischer Marinekreuzer, zur Verfügung gestellt. Das Schiff hisste die amerikanische Flagge am Heck und die japanische Fahne am Bug. “

1868 verlor das Tokugawa-Shogunat seine Macht, und Kaiser Meiji kam auf den Thron. Im Februar 1870 ordnete der Premierminister an, dass alle Schiffe den *Hinomaru* zu hissen hätten. Er gab die Größe der Flagge vor, die bis heute die gleiche geblieben ist.

Richard Allen Jones zufolge wurde der *Hinomaru* erstmals 1872 anlässlich einer nationalen Zeremonie gehisst, und zwar bei der Eröffnung der ersten japanischen Eisenbahn durch Kaiser Meiji. Nach Beginn der Meiji-Ära konnten die Japaner 100 Jahre lang diese Flagge an wichtigen Feiertagen hissen, aber noch war der *Hinomaru* nicht die offizielle Nationalflagge des Landes.

Bald nach Meijis Regierungszeit wurde eine spezielle Flagge für die kaiserliche Flotte eingeführt. Ab 1889 hissten Marineschiffe eine Sonnenscheibenflagge mit 16 Strahlen. Masahiko Noro, Direktor der Japan-Stiftung in New York, schrieb darüber: „Diese Flagge wurde vom japanischen Militär benutzt, vor allem von der japanischen Marine, ab der Meiji-Ära bis zum Ende des Zweiten Weltkriegs. Die Japaner haben diese Fahne seit 1945 nicht mehr zu Repräsentationszwecken gebraucht." Die Fahne der Marine ist also keine andere, ebenbürtige Version der Nationalflagge.

Vielen von uns ist die Strahlenflagge vertraut, denn in Filmen über den Zweiten Weltkrieg erscheint in Seeschlachten natürlich die Marinefahne als militärisches Abzeichen.

Nach dem Ende des Zweiten Weltkriegs wurde dann Japan im Vertrag von San Francisco dazu verpflichtet, Armee und Marine abzuschaffen – eine Marineflagge war damit überflüssig. Ab 1952 aber begann Japan, sogenannte Selbstverteidigungskräfte aufzubauen, die für viele politische Beobachter sehr nach einer Marine aussahen. 1954 beanspruchten die japanischen Selbstverteidigungskräfte zur See die alte Marineflagge für sich. Sie wird heute noch gehisst.

Das Wiederauftauchen der Militärflagge rief in der westlichen Welt wenig Begeisterung hervor. Allerdings standen die Japaner keineswegs geschlossen hinter dem *Hinomaru*. Besonders für Linke, Intellektuelle und Gewerkschaftsmitglieder repräsentierte die Fahne eine Zeit (1931 – 1945) von Fremdenfeindlichkeit und ungerechtfertigter militärischer Aggression. Aber auch der einfache Japaner verband nur wenige Emotionen mit dem *Hinomaru* und zeigte kein sonderliches Interesse daran, sich mit der Fahne zu zeigen – sogar Regierungsgebäude hissten die Sonnenscheibe nur selten.

Der *Hinomaru* wurde erst 1999 offiziell zur Nationalflagge Japans ausgerufen. Es bedurfte sogar eines besonders traurigen Vorfalls für diesen Sinneswandel. In Hiroshima hatte der Direktor eines Gymnasiums erfolglos versucht, den *Hinomaru* und ein patriotisches Lied, den „Kimigayo“, bei der Zeremonie des Schulbeginns einzusetzen. Die Lehrer wehrten sich nicht nur gegen die Fahne, sondern auch gegen das Lied. Nach ihrer Auffassung glorifizierte der Text das für die abscheulichen militärischen Praktiken während des Zweiten Weltkriegs verantwortliche kaiserliche System. In dem Lied hieß es: „Möge die Herrschaft des Kaisers sich für tausend, vielmehr achttausend Generationen fortsetzen und für die Ewigkeit, die benötigt wird, um aus kleinen Kieselsteinen große Felsen entstehen zu lassen, die mit Moos bewachsen sind.“

Der Direktor sah sich gefangen zwischen einem Schulamt, das die Fahne hissen und das Lied spielen lassen wollte, und einem Lehrerkollegium, das dagegen war. Einen Tag vor den anberaumten Feierlichkeiten beging er Selbstmord. Wenige Tage danach setzte sich die Regierung für die Legalisierung des *Hinomaru* als der offiziellen Landesfahne (und des „Kimigayo“ als Nationalhymne) Japans ein und schloss die Angelegenheit nach sechs Monaten erfolgreich ab.

Die Kontroverse über die Wiedereinführung der Sonnenscheibenfahne beweist, dass diese längst zu einem Sinnbild der japanischen Kultur geworden war. Selbst für diejenigen, die ursprünglich nicht mit dem *Hinomaru* als offizieller Landesflagge einverstanden waren, wurde er schließlich zum wertvollen Symbol.

Weshalb setzen wir zur Totenehrung die Fahnen auf halbmast?

Trauerbeflaggung, das Setzen der offiziellen Landesfahne auf halbmast, erfolgt z. B. beim Tod eines bedeutenden Staatsmannes, bei Katastrophen und tragischen Ereignissen größeren Ausmaßes sowie an Totengedenktagen.

Nachforschungen ergaben, dass dieses Flaggensignal von britischen Seefahrern eingeführt wurde. Sie setzten ihre Flagge auf halbmast oder, wie die Seeleute sagen, auf halbstock, wenn an Bord ein Toter zu beklagen war.

Dieser Sitte ging der Brauch voraus, bei Seeschlachten die Flagge des besiegten Schiffes halb niederzuholen. An die Spitze des Masts kam dann für alle sichtbar die Flagge des Siegers. Des Weiteren grüßten sich Handelsschiffe durch Senken der Flagge, und den Kriegsschiffen erwiesen die Handelsschiffe ihren Respekt ebenfalls durch Niederholen ihrer Fahne.

Berichte über Trauerbeflaggung gibt es wohl bereits seit dem 14. Jahrhundert, erstmals belegt wurde eine solche im Jahr 1612. Damals tötete ein Inuit den Engländer William Hall, der nach der Nord-West-Passage suchte, das ist der Seeweg um den Norden Amerikas nach Ost- und Südasien. Um ihn zu ehren, setzte die königliche Flotte ihre Flaggen auf halbmast. In der Mitte des 17. Jahrhunderts übernahm die Royal Navy (Königlich Britische Marine) den Brauch der Trauerbeflaggung auch offiziell. Zunächst wurde auf diese Weise alljährlich der verstorbene König Charles I. geehrt, später galt sie beim Tod eines kommandierenden Offiziers und schließlich auch bei jedem verstorbenen Mitglied der Mannschaft.

Warum aber sollte man einen Toten durch Senken der Fahne ehren? In seinem 1938 erschienenen Buch über das Flaggenwesen auf See vertritt der britische Kommandant Hillary P. Mead die Ansicht, man hätte durch die nicht an ihrem Platz sitzende Flagge wohl zeigen wollen, dass auf dem Schiff etwas nicht in Ordnung war, und was ist am Tod schon in Ordnung!

> „Ein Fehlen der gewohnten Ordnung im Erscheinungsbild hielt man für den Ausdruck von Trauer. Und der Schreiber verweist auf biblische Bräuche (darunter z. B. das In-Sack-und-Asche-Gehen) und auf die Tatsache, dass man auf Handelsschiffen bei solchen Anlässen auch Seile schleppen ließ und die Rahen nachlässig handhabte. Für diese Idee der Un-Ordnung gibt es an Land keine Entsprechung.“

Nach einer anderen Theorie sollen im 17. Jahrhundert die Regimentsflaggen auf dem Boden gestanden haben, wenn vor der königlichen Familie oder fremden Staatsmännern salutiert wurde; Hillary P. Mead folgert daraus, dass die Nationalflagge beim Salut an einen Verstorbenen ebenfalls in eine niedrigere Position gebracht werden sollte, und zwar für eine bestimmte Zeit, je nach Bedeutung des Verstorbenen.

Die Halbmastbeflaggung ist heute fast überall auf der Welt gebräuchlich. Es gibt nur einige wenige Ausnahmen.

Saudi-Arabien und der Iran hissen niemals ihre Nationalflagge auf halbmast, weil die Fahne Inschriften mit islamischen Glaubensbekenntnissen zeigt. Diesen kommt immer der höchste Platz zu, außerdem darf sie auf keinen Fall falsch herum hängen. Eine weitere Ausnahme ist die Flagge des Oberhaupts des Vereinigten Königreichs von Großbritannien und Nordirland, der Royal Standard. Der Titel König oder Königin stirbt nie, da beim Tod einer Majestät das Königtum sofort auf den Thronfolger übergeht. Also kein Grund zum Trauern!

Warum tragen die meisten Menschen ihre Uhr an der linken Hand?

Der spontane Kommentar wäre: Das ist doch naheliegend. Die meisten Menschen sind Rechtshänder und benutzen den rechten Arm wesentlich häufiger. Eine rechts getragene Uhr würde daher viel schneller Schaden nehmen.

Die befragten Experten aus der Uhrenbranche stimmten dieser Theorie zu, hatten aber auch noch weitere Erklärungen anzubieten: „Haben Sie jemals einem Rechtshänder bei dem Versuch zugesehen, ein Lederarmband am rechten Handgelenk zu schließen? Versuchen Sie es einmal selbst, Sie werden kläglich scheitern."

Stimmt, da war wirklich nichts zu machen. Erstaunlicherweise tragen viele Linkshänder ihre Uhren am linken Handgelenk. Also muss es noch einen ganz besonderen Grund dafür geben, die Uhr links anzulegen.

Seit den Tagen der Taschenuhren sitzt das Köpfchen, an dem man die Uhr stellt und aufzieht, an der rechten Seite des Gehäuses, und offenbar gab es hier nie einen Änderungsbedarf. Jetzt noch einmal ein Selbstversuch: Falls Sie es wirklich schaffen sollten, Ihren Zeitmesser am rechten Handgelenk festzuzurren (Stretchbänder sind natürlich nicht erlaubt), dann versuchen Sie nun, die genaue Zeit einzustellen. Sie werden diesen Test kaum zu Ende bringen, ohne dass Ihnen ein paar deutliche Unmutsäußerungen über die Lippen kommen!

Kein Uhrmacher soll übrigens jemals versucht haben, eine Linkshänder-Uhr zu vermarkten. Das Köpfchen wurde allerdings schon einmal bei der Uhrzeit 12 platziert. Diese Art Uhr ließ sich aber aus der Fassung nehmen und konnte dann wie jede andere ohne Verrenkung gestellt werden.

Weshalb tragen Priester Schwarz?

Die Gewänder, die Priester bei ihrer Amtsausübung tragen, fallen unter die Amtstrachten. Sie stehen damit unter dem Schutz des Gesetzgebers, der unbefugtes Tragen solcher Kleidung strafrechtlich verfolgen kann. Bei der Amtstracht handelt es sich also um eine sehr ernste Angelegenheit. So wie sie sich darstellt, gibt die priesterliche Amtstracht genauso wie die eines Richters oder Universitätsprofessors dem Träger Würde.

Nun erscheint die Geistlichkeit bei der Amtsausübung keineswegs immer in Schwarz. Hier gibt es eine hierarchische Ordnung. So ist unter den prächtigen liturgischen Gewändern die lange, gegürtete Soutane bei Priestern schwarz, bei Prälaten violett, bei Kardinälen rot, beim Papst weiß.

Die Amtstrachten, auch die der Priester, gehen zurück auf die Kleidung der Römer. John Dollison, Autor eines Buchs über religiöse Bräuche, erklärt:

> „Die frühen Christen glaubten an die nahe bevorstehende Wiederkunft Christi. Es gab daher zunächst keinen Grund, Strukturen für ihre christlichen Gemeinden zu entwickeln, wie z. B. eine Hierarchie oder Kleiderordnung. Die Verkünder der Botschaft Christi, die Gemeindeleiter oder Missionare, kleideten sich wie alle anderen.
>
> Die Mode wechselte mit der Zeit, aber die Gemeindeleiter, Diakone oder Priester – wie immer man sie nennen mag – veränderten nichts. Sie traten in der gleichen Kleidung auf, die sie immer schon getragen hatten. Schließlich wichen ihre Gewänder so stark von dem ab, was die Allgemeinheit trug, dass sie ausschließlich mit dem religiösen Leben in Verbindung gebracht wurden.“

Erst ab dem 6. Jahrhundert begann die Kirche damit, die Kleidung von Priestern festzulegen, und bestimmte, dass auch außerhalb des Altarraums spezielle Gewänder zu tragen seien. Dr. Brian Butler von der Amerikanischen Gesellschaft für die Geschichte des Katholizismus, erläutert: „Die Kirche wünschte, dass Priester von Laien sofort als solche erkannt wurden. Das lag im Interesse beider Seiten." Zur Farbe Schwarz bei Priestergewändern äußert sich ein Kleriker wie folgt:

> „In der Praxis trugen Priester vor Jahrhunderten zuerst in Rom Schwarz. Seit zum Priesteramt der Verzicht auf Vergnügungen gehört, so wie sie die Laienschaft praktiziert, symbolisiert Schwarz das Ende dieses Verlangens, und das Ende der sklavischen Unterwerfung unter die irdische Gedankenwelt. Priester sollten sich ausschließlich auf den Dienst an Gott und an ihrem Nächsten konzentrieren.“

Es gab jedoch zunächst noch keine Vorschriften in Bezug auf die Farbe der priesterlichen Gewänder. Das änderte sich erst nach dem Konzil von Trient 1545 – 1563.

Vielleicht kann man darin eine Antwort auf die Reformation sehen. Möglicherweise wollten katholische Geistliche nicht weniger maßvoll und rechtschaffen erscheinen als ihre äußerst bescheiden auftretenden protestantischen Herausforderer. Viel eher aber spricht für die Wahl der Farbe Schwarz, dass sie zur damaligen Zeit als vornehm galt – sie repräsentierte die Würde des Amts.

Neue Zeiten, neue Sitten: Heute wird der Auftritt des Priesters in der Öffentlichkeit von der katholischen Kirche lockerer gesehen. Seit dem Zweiten Vatikanischen Konzil (1962 – 1965) ist außerhalb der kultischen Funktionen Zivilkleidung erlaubt. Den schwarzen Priesterrock, das Straßenkleid, trifft man nun sehr viel seltener an als früher. Der katholische Geistliche bevorzugt wohl gedecktere Farben, manchmal fällt auch noch das schmale, weiße Kollar vorne am Hemdkragen ins Auge, aber sonst kleidet sich der Priester im Alltag wie jeder andere – ganz so wie am Anfang bei den frühen Christen.

Priester tragen Schwarz, wieso trägt der Papst Weiß?

Man muss diese Farbwahl wohl Papst Pius V. zuschreiben, der von 1566 bis zu seinem Tod 1572 die Papstwürde innehatte. Während der Jahrzehnte vorher trugen Päpste Rot. Warum dieser Wechsel?

Dr. Alan F. Detscher vom Sekretariat für Liturgische Belange erklärt:

> „Geistliche, die zum Bischof erhoben wurden, trugen einen Umhang in der gleichen Farbe, wie er in ihrer religiösen Gemeinschaft getragen wurde. Pius V. als Mitglied des Dominikanerordens setzte, auch als er zum Papst gewählt wurde, diese Tradition fort und kleidete sich wie die Dominikaner in Weiß. Nach seinem Pontifikat behielt man die weiße Farbe bei. Zu einigen Anlässen trägt heute der Papst ein rotes Cape über seinem weißen Gewand in Fortführung der alten Tradition."

Was als persönliche Vorliebe begonnen hatte, wurde schließlich festgelegt und bis zu dem verbindlichen Farbkodex weiterentwickelt, nach dem man sich heute in der katholischen Kirche richtet.

Wenn z. B. die Königin von England den Vatikan besucht, trägt sie Schwarz, da sie laut Protokoll die protestantische anglikanische Kirche vertritt. Wenn aber der Papst sie im Buckingham Palace besucht, kann sie ein helles Gelbgrün, Hellblau oder Rosa tragen, je nachdem, welche ihrer berühmten Farben sie zu diesem Anlass bevorzugt.

Warum trägt der Papst ein weißes Scheitelkäppchen, und wann hat dieser Brauch begonnen? Wie wird es befestigt? Und warum trägt er zu anderen Gelegenheiten einen Hut mit doppelten Spitzen?

Papst Pius V. ist zwar für das Weiß der Papstkleidung verantwortlich, die Einführung des Scheitelkäppchens, des sogenannten Zucchetto, geht jedoch nicht auf sein Konto. Der Gebrauch dieses Käppchens reicht bis ins 13. Jahrhundert zurück. Es ähnelt der jüdischen Jarmulke.

Im Mittelalter, als die katholischen Priester das Zölibat annahmen, wurde eine runde Stelle auf ihrem Kopf geschoren, das ist die Tonsur. Nun sind Kirchen und Klöster dieser Zeit nicht gerade bekannt für Komfort – der Zweck des Zucchetto war, die kahle Stelle zu bedecken und warm zu halten. Papst Paul VI. schaffte im Jahr 1972 die Tonsur ab, der Zucchetto jedoch lebte weiter.

Im Jahr 1968 verfügte Papst Paul VI., dass das Tragen der Scheitelkäppchen dem höheren Klerus vorbehalten sein sollte. Der Rang eines Klerikers lässt sich ganz einfach erkennen und zwar an der Farbe seines Käppchens.

Nur der Papst trägt Weiß, mit Ausnahme der Orden, deren Kleidung traditionell weiß ist, wie die Norbertiner und Dominikaner. Papst Pius V. wählte die weiße Farbe zu Ehren des dominikanischen Ordens, dem er angehörte. Kardinäle tragen rote Käppchen. Patriarchen, Erzbischöfe und Bischöfe bevorzugen das ins Violette spielende, fuchsschwanzrote Käppchen, und die niedrigeren Dekane und Priester tragen es, wenn überhaupt noch, in Schwarz.

Wie befestigen die Geistlichen das Käppchen auf dem Kopf? Wie man sagt, wird es lediglich auf den Hinterkopf gesetzt und gar nicht weiter fixiert.

Die Mitra, die zweifach spitz zulaufende Bischofsmütze mit den beiden an der Rückseite herabhängenden Zierbändern, wird vom Papst sowie von Bischöfen, Kardinälen und Prälaten bei Pontifikalhandlungen getragen. Der Bischofshut besitzt zwei kegelförmige Spitzen, verbunden mit einem faltbaren Stück Stoff. Im 8. Jahrhundert ist die Mitra aus der phrygischen Mütze entstanden. Sie war eine Art Zipfelmütze und wurde von den Amazonen und von dem orientalischen Gott Mithras getragen. Seit dem 12. Jahrhundert gehört die Mitra zur Amtstracht.

Warum wechselt der Papst seinen Namen, wenn er sein Amt übernimmt?

Die Tradition der Päpste, bei Amtsantritt den Namen zu wechseln, geht zurück auf den Beginn der christlichen Bewegung. Im Matthäus-Evangelium wird berichtet, dass Jesus seinen Jünger Simon zum Oberhaupt der Kirche bestimmt hat. Dabei gibt er ihm einen neuen Namen: „Du bist Petrus, und auf diesem Fels will ich meine Kirche bauen."

Lorraine D'Antonio, von einer religiösen Forschungsgemeinschaft, berichtet:

> „Der Name des Papstes wurde geändert zum Zeichen dafür, dass das Leben dieses Dieners Gottes ab sofort in keiner Beziehung mehr so sein würde, wie es einmal war. Wenn der Papst zum Oberhaupt der Kirche geweiht wird, nimmt er eine neue Identität an und daher auch einen neuen Namen. Er ist nun der Stellvertreter Gottes auf Erden. Auch Mönche und Nonnen erhalten oft einen anderen Namen, wenn sie in ihren Orden eintreten und damit ihr Leben Gott weihen."

Der erste Papst, von dem bekannt ist, dass er seinen Namen änderte, war Johannes II., 533 n. Chr. Einigen Quellen zufolge hieß er ursprünglich Mercurio, ein Name, der sich an den heidnischen Gott Merkur anlehnt und der für das Oberhaupt einer Kirche als unpassend empfunden wurde. Also nahm Mercurio zu Ehren von Johannes I. dessen Namen an. Danach änderte kein weiterer Papst den Namen, bis 955 n. Chr. ein Octavian als Johannes XII. auftrat. Einige Jahrzehnte später übernahm Peter Canepanova den Namen Johannes XIV.

Es wird berichtet, dass Marcellus I., ein geborener Marcello Cervini, der letzte Papst war, der seinen Taufnamen behielt. Er wurde im Jahr 1555 geweiht.

Weshalb wird die Farbe Purpur mit dem Königtum in Verbindung gebracht?

Bei außergewöhnlichen Ereignissen oder Entdeckungen, wie sie die Farbe Purpur darstellt, werden schnell auch Legenden gesponnen. So war es der Sage nach Melkart, der phönizische Gott der Seefahrer, der seiner Geliebten, der Nymphe Tyros, als Erster ein Kleid in der königlichen Farbe Purpur färbte. Solche Sagen haben aber durchaus Informationswert. Wir verdanken also diese prächtige Farbe den Phöniziern, sie hat mit dem Meer zu tun, und wenn ein Gott sie erfand, muss sie sehr kostbar sein.

Purpur wurde gewonnen aus der stacheligen Schale der Murex-Purpurschnecke, die ein Meeresbewohner ist und im Mittelmeer vorkommt. Überall, wo es ertragreiche Fangplätze der Purpurschnecke gab, gründeten die Phönizier, das bedeutendste Seefahrer- und Handelsvolk des Altertums, Purpurfärbereien und Handelsplätze für das kostbare Gut.

Man kennt heute die alten Färberezepte genau, und man weiß, dass es verschiedene Purpurtöne gab. Die beliebtesten und teuersten waren ein Violett und ein kräftiges Rot.

Das königliche Purpur, ein dunkles Weinrot, wird gerne mit der Farbe des Bluts verglichen. Diese symbolisiert Einheit, Stärke und Blutsbande. Umso mehr musste sie also königlich sein, denn das Fortbestehen des Königtums basierte auf Blutsverwandschaft.

Aus Kostengründen konnten sich nur hochgestellte Persönlichkeiten purpurne Gewänder leisten. Die Perserkönige pflegten diesen Luxus, Alexander der Große übernahm ihn, bei den alten Griechen kleideten sich Staatsmänner und Schauspieler in der königlichen Farbe, ebenso taten es jüdische Priester und Könige. Der Evangelist Markus spricht auch Jesus purpurne Gewänder zu, was aber wohl eher symbolisch zu sehen ist. In Rom stand Purpur nur dem König und den hohen Beamten zu. Unter Cäsar durften dann nur die höchsten Beamten Gewänder mit Purpurstreifen tragen.

In vielen Kirchen wurde Purpur zur liturgischen Farbe während der Fastenzeit, ausgenommen am Karfreitag. In den folgenden Jahrhunderten gab es in Verbindung mit der Farbe immer wieder Anspielungen auf das Blut. Shakespeare z. B. berichtet von den purpurnen Händen der Häscher Cäsars, befleckt mit dem nobelsten Blut der Welt.

Kurioserweise stellten Marketingforscher fest, dass heutzutage Purpur zu einer der am wenigsten beliebten Farben gehört. Daher wird es nur selten für Verpackungen benutzt, ausgenommen bei Waren, die als Geschenke bei so festlichen Anlässen wie Weihnachten überreicht werden. Und hier könnte man wieder eine Verbindung zum Königtum (Christus) ziehen. Über die Gründe der Abneigung kann man nur spekulieren. Ist sie hervorgerufen durch eine Ablehnung der früheren Gesellschaftsordnungen, die diese Farben für sich reklamierten, oder ist es die Nähe zur Farbe von Blut?

Warum sind Krankenhaushemden im Rücken gebunden?

Es ist schon schlimm genug, im Hospital zu liegen. Warum müssen Patienten dann noch die Demütigung hinnehmen, allen ihre Rückseite zur Schau zu stellen, sollten sie einmal für kurze Zeit das Bett verlassen? Es sieht ja auch nicht gerade überzeugend aus, wenn jemand bei einer solchen Gelegenheit verschämt versucht, mit einer Hand das Hemd auf dem Rücken zusammenzuraffen.

Klar, für die Krankenhausverwaltung gibt es Wichtigeres als Patientenkleidung, schließlich nimmt die Organisation all der komplexen Abläufe in einem Krankenhaus bis hin zu den unvorhergesehenen Aktionen bei einer Notfallversorgung sehr viel Aufmerksamkeit in Anspruch. Aber wenn Hospitäler schon den offensichtlich schwer erfüllbaren Traum verfolgen, schmackhaftes Essen zu servieren, und das sozusagen seit Menschengedenken, dann wäre die Abschaffung des im Rücken gebundenen Hemdes wenigstens ein Problem, das sofort erfolgreich zu aller Zufriedenheit gelöst werden könnte.

Als Begründung für die traditionelle Verschlussart wurde angegeben, die Pfleger könnten bettlägerige Patienten so leichter umziehen. Bei einem Verschluss auf der Vorderseite müssten die Patienten entweder kurz aufstehen oder aufgesetzt werden, damit man das Hemd unter ihnen wegziehen kann. Außerdem müssten die Arme unnötig und auf wenig bequeme Weise bewegt werden, wenn man sie in den Ärmel schieben will.

Scott Hlavaty von einer Firma für Krankenhausausstattung fand heraus, dass Bänder an den Seiten ein Maximum an Bequemlichkeit für den Patienten bieten, und keine besondere Behinderung beim Ausziehen darstellen. Diese Art des Verschlusses verringert die Belastung des Patienten erheblich, wenn verschiedene Behandlungen erforderlich werden.

Außerdem berichtet Scott Hlavaty:

> „Es gibt ganz spezielle Hemden mit Ärmeln, die man öffnen und abnehmen kann. Die intravenöse Versorgung lässt sich daher beim Hemdenwechsel aufrechterhalten, ohne dass umständliche Aktionen erforderlich wären. Mit der Einführung von Herzschrittmachern und Herzmonitoren hat man auch besondere Taschen entwickelt, die an der Vorderseite des Hemds angebracht werden. Sie besitzen Öffnungen an der Innenseite für die Kabel der technischen Geräte. Patientenbekleidung ist heute gut durchdacht. Sie muss nur angeschafft werden."

Warum tragen Krankenschwestern Weiß? Warum tragen Chirurgen Grün oder Blaugrau, wenn sie operieren?

Florence Nightingale, die im 19. Jahrhundert eine bessere Krankenpflege entwickelte, trug immer Weiß. Weiß sorgt für Sauberkeit, ganz einfach, weil Flecken darauf sofort sichtbar werden – für Krankenschwestern also genau die richtige Farbe.

Auch Chirurgen trugen Weiß, bis einer von ihnen entschied, dass rotes Blut auf weißem Untergrund unnötig drastisch aussähe. Das Grün, das er nun wählte, half, das helle Rot zu neutralisieren. Am Ende des Zweiten Weltkriegs änderte man die Beleuchtung in Operationsräumen, und die Chirurgenkittel wurden nun in einem stumpfen Grün hergestellt. Seit etwa 1960 gibt es auch ein graublaues Outfit für den Operationsraum, und warum ein solcher Wechsel? Es heißt, dass dieses Graublau besser auf den TV-Monitoren wirkt, wenn Medizinstudenten Operationsmethoden erklärt werden.

Einige Schwestern gaben zu bedenken, dass sich bei Hemden mit Rückenverschluss Spritzen einfacher geben lassen (häufig wird ja ins Gesäß gespritzt). Viele Patienten tragen aber ihre eigene Kleidung, und die Schwestern schaffen es trotzdem immer, ihre Spritzen zu setzen. Im Übrigen existiert bereits eine Reihe von Verbesserungen auf dem Sektor Krankenhaushemd, die den Patienten davor bewahren, sich Bettnachbarn und Besuchern so präsentieren zu müssen. Kittel sind jetzt verfügbar mit Metall- oder Kunststoffschließen und mit einem Überschlag im Rücken, der genug Stoff hat und mehr wie ein Bademantel denn wie ein traditioneller Hospitalkittel wirkt. Diese Neuerungen in der Kittelmode sind allerdings ein Kostenfaktor, und im Moment wird, wie man weiß, im Gesundheitswesen an allen Ecken und Enden gespart.

Wieso haben die meisten Bücher zwei Titelseiten?

Öffnen Sie verschiedene Bücher, dieses inbegriffen, und Sie werden feststellen, dass auf der ersten Seite nur der Titel des Buchs steht. Wenn Sie dann weiterblättern, stoßen Sie auf die offizielle Titelseite mit dem Buchtitel, dem Namen des Autors und dem Namen des Verlags. Sie enthält alle erforderlichen Informationen – warum dann diese erste reduzierte Titelseite?

Die erste Seite wird „Schmutztitel" genannt. Sie dient heute keinem besonderen Zweck, früher jedoch hatte sie eine Bedeutung.

Die ersten Bücher schrieben meist gelehrte Mönche in Klöstern mit der Hand. Sie dienten entweder liturgischen Zwecken, waren für die Klosterbibliothek bestimmt oder stellten Auftragsarbeiten dar. Die Seiten wurden gebunden, mit einem Einband versehen und erhielten oft einen sehr aufwendigen Buchdeckel. Nur hochgestellte Persönlichkeiten konnten sich diese kostbaren Folianten leisten.

Als Bücher dann, statt mit der Hand geschrieben, gedruckt wurden, waren die Buchhändler in der Regel auch die Verleger. Die Drucker schickten zunächst alle fertigen Bögen handverschnürt an Buchbinder. Die obenauf liegenden Druckbögen konnten dabei ungeschützt der Witterung und dem Transport ausgesetzt sein – Beschädigungen an der obersten Seite waren daher an der Tagesordnung. Aus diesem Grund kam die Gepflogenheit auf, dem Buch eine schützende Seite vorzuschalten. Bei dieser Handhabung konnte aber ein potenzieller Buchkäufer nicht sofort erkennen, um welches Buch es sich handelte. Er überblätterte die leere Seite, und wieder wurde die erste Buchseite „abgefingert". Um dies zu vermeiden, setzte man den Buchtitel auch auf die erste Seite – das ist unser Schmutztitel. Eigentlich sollte man ihn Schutztitel nennen.

Seit Druck und Bindung direkt nacheinander vorgenommen werden, ist der Schmutztitel eigentlich nicht mehr erforderlich. Außerdem schützt der Einband die Titelseite. Aber man hält sich überwiegend an die Tradition: Der Schmutztitel ist weiterhin ein Element des Buchs.

Was ist der Unterschied zwischen der Einleitung, dem Vorwort und dem Geleitwort eines Buchs?

Diese drei Begriffe scheinen beliebig austauschbar zu sein. Man kann alle oder keine Arten von Vorrede in einem Buch finden. Auch müssen die Texte nicht unbedingt vom Autor geschrieben sein. Traditionell gibt es jedoch einen Unterschied zwischen Einleitung, Vorwort und Geleitwort.

Während ein Vorwort dem Leser sagt, was er in dem Buch zu erwarten hat, beginnt die Einleitung damit, den Leser über den Inhalt selbst aufzuklären. In einem Vorwort könnte der Autor ausführen, welche Fülle von Inspirationen dem Meisterstück, das man gerade liest, zugrunde liegt. Er könnte zum Ausdruck bringen, wie dieses Buch Ihr Leben total verändern wird oder dass es Sie zu einem perfekten Menschen macht, so Sie es Wort für Wort in sich aufnehmen, er aber in keiner Beziehung dafür die Verantwortung übernimmt. Eventuell wird er ausführen, wie einfache Beobachtung des Lebensalltags unsterbliche Prosa entstehen ließ.

In der Einleitung umreißt der Autor das Thema, bringt noch ein paar zusätzliche Erläuterungen zum Inhalt des Buchs und stellt sicher, dass der Leser seinem Werk den gebotenen Respekt entgegenbringt.

Obwohl den meisten Herausgebern die beschriebenen Unterschiede geläufig sind, gehen sie nach Gutdünken damit um. Manchmal werden Anmerkungen des Autors als Vorwort und der Kommentar des Herausgebers als Einleitung bezeichnet. Letzterer ist eigentlich ein Geleitwort und sollte nicht als Vorwort oder Einleitung deklariert werden. Im Geleitwort äußert sich ein Fachkundiger über Autor und Inhalt des Buchs.

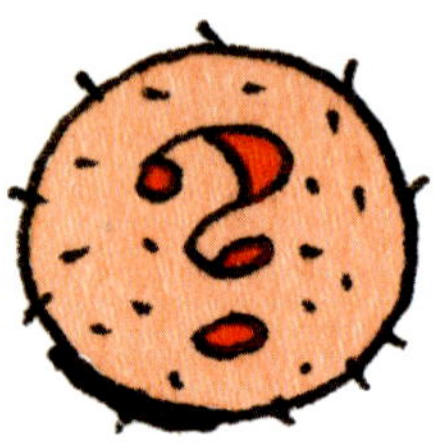

Verleger stimmen immerhin darin überein, wie diese drei tragenden Elemente der Titelei eines Buchs platziert werden sollten: das Geleitwort nach dem Inhaltsverzeichnis und dann das Vorwort. Die Einleitung kann Teil des Lauftexts sein, wenn nicht, folgt sie nach dem Vorwort.

Wie sind die Kurzbezeichnungen do-re-mi-fa-so-la-ti-do für die Noten der musikalischen Tonleiter zu erklären?

Im 11. Jahrhundert entwickelte der italienische Benediktinermönch Guido d'Arezzo für die damals übliche sechsstufige Tonleiter (Hexachord) eine Silbenfolge, bei der er sich an die ersten Silben der Halbzeilenanfänge eines Hymnus an den heiligen Johannes anlehnte:

Ut queant laxis
Resonare fibris
Mi gestorum
Famull polluti
Solve polluti
Labii reatum

Dies wird als Errungenschaft der europäischen Musik gepriesen und war Grundlage der Musikerziehung. Später wurde das *ut* durch das markanter klingende *do* ersetzt. Die fehlende Silbe für den neuen siebten Ton lautete *ti*. Diese Silbe sollte wohl den letzten Vers der Hymne **Sancte Iohannes** repräsentieren, doch statt *si* bevorzugte man *ti*. Es war eben besser zu singen. So ist das gelegentlich mit der Herkunft von Gepflogenheiten.

So kam es im 17. Jahrhundert zu der bis heute üblichen Silbenfolge *do-re-mi-fa-so-la-ti-do*. Dies war infolge einer umwälzenden Entwicklung notwendig geworden, bei der die bisherigen sechsstufigen Kirchentonarten durch die eine Oktav umfassenden neuzeitlichen Tongeschlechter Dur und Moll abgelöst wurden. Zahllose Solfeggien (Übungen zur Stimmbildung) entstanden unter Verwendung der Silbenfolge und wurden zur Grundlage der Musikerziehung.

Warum tanzen männliche Balletttänzer nicht auf Spitzen?

Warum haben nur Ballerinas den Nervenkitzel, ihre Zehen zu foltern, wenn sie tanzen? Diese Tradition geht ungefähr 200 Jahre zurück. Laut Margot Lehmann, der früheren Präsidentin der Amerikanischen Tanzgilde, datiert die erste bekannte Abbildung eines Tänzers auf Spitzen von 1821. Aber der bahnbrechende Moment kam eine Dekade später. Die Direktorin einer berühmten Tanzschule erklärt:

> „Spitzenschuhe und Spitzentechnik – damit beginnt es in den 1830er-Jahren. Das erste Ballett, bei dem auf Spitzen getanzt wurde, war *La Sylphide* im Jahr 1832. In der Hauptrolle glänzte Maria Taglioni, deren Vater die Versteifung des Ballettschuhs eingeführt haben soll. Er wollte es seiner Tochter möglich machen, mit Leichtigkeit und Anmut scheinbar zu schweben."

Die Direktorin der Amerikanischen Nationalen Tanzvereinigung, Rebecca Hutton, berichtet, dass Choreografen auf Spitzentanz schwören, da er die Ballerinas schmaler und ätherischer wirken lässt. In der Tat begann mit den Spitzenschuhen der Ballerinas die romantische Ära des Balletts, wie Margot Lehmann ausführt:

> „Das Romantische Ballett war eine Ausdrucksform der romantischen Zeit mit ihrer Vorliebe für Ätherisches und

Exotisches. Es hatte als Hauptthema die Flucht aus der realen in eine übernatürliche Welt von Geistern und Elfen, die wie losgelöst von der Schwerkraft schwebten. Leichtigkeit und Grazie waren gefragt und wurden als unentbehrliche weibliche Qualitäten gefördert. Mit dem Spitzentanz konnten die Tänzer des Romantischen Balletts die Illusion von Schwerelosigkeit erzeugen. “

Giselle, *Ein Mittsommernachtstraum*, *Coppelia*, *Der Nussknacker*, *Feuervogel*, *Schwanensee* und *Dornröschen* sind nur einige der Ballette, in denen die weiblichen Parts auf Spitzen getanzt wurden.

Es gibt absolut keinen anatomischen Unterschied zwischen den Geschlechtern, der es Frauen leichter macht, auf Spitzen zu tanzen. Auch bei Männern findet man Spitzentanz, wie Margot Lehmann ausführt:

„ Der britische Choreograf Frederick Ashton choreografierte einen Film für männliche Spitzentänzer über die Welt von Beatrix Potter. Die Tänzer kamen vom Royal Ballet und trugen Spitzenschuhe in ihren Rollen als tanzende Mäuse und andere Märchengeschöpfe. Das American Trocadero Ballet, das nur aus Männern besteht, tanzt ironische Versionen von *Schwanensee* und anderen Klassikern auf Spitzen und in Tutus. Und die männlichen Tänzer der Republik Georgien tanzen athletische ethnische Tänze und Folklore auf den Spitzen ihrer Stiefel. “

Öfter werden auch Partien, wie die Stiefschwestern in *Aschenputtel* und die des Bottom in *Ein Mittsommernachtstraum* von Männern auf Spitzen getanzt.

Alle befragten Experten versicherten, es sei nicht ungewöhnlich für Männer, Spitzentanz zu trainieren, „entweder um ihre Füße zu stärken, ihre Fußwölbung zu strecken und den Wechsel in der Balance zu spüren, um bessere Partner für ihre Ballerinen zu werden, oder, wie man es z. B. Mikhail Baryshnikov nachsagt, einfach zum Spaß".

Aber dies sind die Ausnahmen, die die Regel bestätigen. Spitzentanz verbindet man mit Frauen, er steht sogar für Weiblichkeit schlechthin. Im modernen Ballett kommt Spitzentanz nicht so häufig vor wie im Romantischen Ballett. Analog gibt es unter modernen Choreografen einen Trend, die Stärke und das Athletische männlicher Tänzer herauszustellen. Anmut ist out.

Mit Eleganz und Leichtigkeit auf Spitzen zu tanzen ist nur durch intensives Training und spezielles Zubehör zu erreichen. Margot Lehmann erklärt:

> „Der Spitzenschuh ist ein Satinslipper mit einer dünnen, steifen Ledersohle und einer versteiften Spitze, die die Zehen umschließt. Die Tänzer polstern die Innenseite dieser Zehenkappe oft mit Lammwolle aus, damit die Zehen besser geschützt sind.
>
> Die Kontaktfläche mit dem Boden ist nur diese Spitze mit einem Durchmesser von ungefähr 25 mm. Sie muss das ganze Körpergewicht tragen.“

Die Versteifung der Schuhspitze wird erreicht durch das Zusammenkleben mehrerer Materialschichten. Die Kappe bedeckt straff die Zehen des Tänzers, so dass das Körpergewicht nur durch den gestreckten Fuß in Einheit mit einer ganzen Reihe von Muskeln übertragen wird.

Wenn wir hier etwas gelernt haben, so ist es dies: Versuchen Sie nicht, zu Hause auf Spitzen zu tanzen! Die Ausbilderin Elsa Posey, die über den Tanzunterricht junger Menschen geforscht und geschrieben hat, warnt, dass die Schuhe allein keinen ausreichenden Schutz für Anfänger unter den Ballerinen bieten können:

> „Die Anspannung der Muskeln von Füßen, Knöcheln, Beinen und des Körpers ermöglichen es dem Tänzer, sich auf die Spitzen zu schwingen, ohne seine Füße zu verletzen. Niemand sollte Spitzentanz ohne jahrelange praktische Übung versuchen.“

Die meisten jugendlichen Ballerinen sollten nicht vor dem Alter von zwölf Jahren mit dem Spitzentanz beginnen bzw. erst wenn ihre Füße aufgehört haben zu wachsen.

Ist es nicht Ironie, dass diese besondere Technik, die Weiblichkeit und unendliche Leichtigkeit vermittelt, enorme Kraft erfordert? In diesem spezifischen Fall haben es Männer viel leichter.

Masc
und
Geräte

Wir erkunden die oft so verblüffende Welt von Industrie und Handwerk durch tiefsinnige Fragen, z. B. warum hat ein Klavier 88 Tasten? Wo sind die A- und B-Batterien geblieben? Warum sind Bullaugen rund? Waren die römischen Kampfwagen wirklich so wenig stabil wie diejenigen, die man in Filmen sieht?

Maschinen und Geräte

Warum dauert es eine Ewigkeit, bis die Tankanzeige in Autos bis zur Hälfte der Markierung absinkt, während sie doch anschließend in Lichtgeschwindigkeit bis zur Reserve fällt?

Während einer langen Autofahrt ist beinahe alles recht, was einem die Langeweile vertreibt. Und so kommt man dazu, sich ausführlicher mit dem Kilometerzähler oder der Tankanzeige zu beschäftigen.

Nichts ist entmutigender, als nach einer Tankfüllung 100 km zu fahren, und die Tankanzeige bewegt sich nicht im Mindesten. Wir würden nur zu gern glauben, dass unser Wagen einfach phänomenal sparsam ist. Andererseits sähen wir lieber die Benzinuhr ein wenig fallen, denn das würde bedeuten, wir kommen vorwärts. Es wäre schließlich nicht auszudenken, wenn wir uns plötzlich, ähnlich wie in dem Film *Twilight Zone*, in einer anderen Realität aufhalten würden, in der wir uns seit einer Stunde wie in einer Tretmühle bewegen. Senkt sich die Anzeigenadel endlich in Richtung „drei viertel voll", haben wir manchmal den Eindruck, wir seien schon seit Tagen unterwegs.

Wie schön wäre eine Tankanzeige, die sich ganz stetig in Richtung „leer" bewegt! Denn kaum hat man sich entschlossen, die Anzeige nicht mehr zu beachten, und sie steht auf „halbvoll", beginnt der Zeiger abwärtszufallen, als hätte er gerade das Prinzip der Schwerkraft entdeckt. Plötzlich macht man sich Sorgen, ob das Benzin überhaupt reichen wird.

Es muss doch anders gehen! Warum zeigen Tankuhren nicht genau an, wie viel wirklich noch im Tank ist? Die Auto- und Tankanzeigenhersteller sind sich sehr wohl bewusst, dass eine Halbvoll-Anzeige auf der Tankuhr tatsächlich eher einer Drittelfüllung entspricht – und sie haben gute Gründe, es bei dieser Ungenauigkeit zu belassen. Die Tankanzeige ist verbunden mit einem Sensor im Tankinneren, der den Benzinstand misst. Dieser Sensor besteht aus einem Schwimmkörper mit Anschluss an einen Regelkreis, der durch die Auf-und-abwärts-Bewegungen des Schwimmkörpers gesteuert wird.

Wenn ein Benzintank ganz gefüllt ist, steht der Flüssigkeitspegel höher, als der Schwimmkörper aufsteigen kann. Solange der Schwimmkörper auf seinem höchstmöglichen Stand ist, wird die Tankanzeige „voll" zeigen. Erst wenn das Benzin über dem Schwimmkörper verbraucht ist und dieser seine Wanderung abwärts beginnen kann, wird sich der Zeiger bewegen. Hat der Schwimmkörper seinen tiefsten Stand erreicht, wird die Tankuhr „leer" anzeigen, selbst wenn sich unter dem Schwimmkörper noch eine Restmenge Benzin befindet.

Anthony H. Siegel von einem großen amerikanischen Zulieferbetrieb der Autoindustrie gibt an, dass es ein Leichtes wäre, Sensoren zu entwickeln, die den Benzinstand genauer wiedergeben. Die Autohersteller bleiben jedoch bei der gegenwärtigen Technologie. Anthony Siegel führt aus:

> Fahrzeughersteller wollen sicherstellen, dass ihre Kunden auf keinen Fall mit leerem Tank stehen bleiben, bevor die Tankanzeige dies auch signalisiert hat. Man geht also auf Nummer sicher. Toleranzwerte und Justierungen werden bei der Benzinanzeigerproduktion stets so gewählt, dass in jedem Fall bei der Anzeige ‚leer' noch eine Restbenzinmenge im Tank vorhanden ist.

Millionen von Autofahrern hatten schon immer den Verdacht, dass im Tank noch Benzin ist, wenn die Anzeige auf „leer" steht – aber wer will das schließlich überprüfen?

Wieso spart man mit dem richtigen Reifendruck Kraftstoff?

Erinnern Sie sich noch, wie anstrengend es war, wenn Sie als Kind mit plattem oder viel zu weichem Reifen fuhren? Das war härter, als im Fitnesszentrum eine Stunde auf dem Stepper zu strampeln.

Beim Auto haben die Reifen die gleichen Aufgaben wie beim Fahrrad. Dazu gehört, die von Unebenheiten der Straße ausgehenden Erschütterungen und Stöße durch eine richtige Auflagefläche abzufangen. Gibt ein Reifen zu sehr nach, weil er zu schwach aufgepumpt oder das Fahrzeug überladen ist, wird mehr Energie benötigt, um ihn anzutreiben. Der Reifendruck kann also sehr wohl den Benzinverbrauch eines Autos beeinflussen, wie K. L. Campbell, Mitarbeiter des Reifenherstellers Firestone, erklärt:

> Etwa 75 % der im Kraftstoff enthaltenen chemischen Energie wird innerhalb des Motors verbraucht. Lediglich rund 25 % steht überhaupt für den Antrieb zur

Verfügung. Und selbst hiervon wird noch ein Großteil benötigt, um Steigungen, den Luftwiderstand und den Rollwiderstand der Reifen zu überwinden.

Um gut abzufedern, müssen Reifen unter dem Gewicht des Autos und bei Unebenheiten der Fahrbahn nachgeben. Dabei entsteht innerhalb des Reifens eine Ausgleichsbewegung, die Energie absorbiert. Je stärker ein Reifen durchwalkt wird, umso höher ist sein Energieverbrauch während der Fahrt.

Es kostet also Kraftstoff, wenn die Reifen stärker eingedrückt werden. Das passiert, wenn ihr Druck nicht richtig eingestellt ist, außerdem bei vollem Tank und voll besetzter Fahrgastzelle. “

Schon ein Reifendruck von 0,5 bar unter der vom Hersteller angegebenen Empfehlung erhöht den Spritverbrauch um bis zu 6 %. Ganz zu schweigen von der verstärkten Abnutzung der Reifen bei einem solchen „Unterdruck".

Moderne Radialreifen sind besser als die früheren Diagonalreifen, und zwar u. a. deshalb, weil Erstere den äußeren Druck auf den Reifen über fast seine komplette Fläche verteilen, während sich Diagonalreifen am stärksten an der Stelle eindrückten, die gerade die Fahrbahn berührte. Leider macht diese technische Verbesserung es auch schwieriger, mit bloßem Auge zu erkennen, ob ein Radialreifen zu wenig Druck hat. Sie sollten also von Zeit zu Zeit den Reifendruck mit einem Druckmesser an der Tankstelle überprüfen.

Glauben Sie aber nicht, Sie könnten noch mehr Benzin sparen, wenn Sie die Reifen über den empfohlenen Druck hinaus aufpumpen. Die Benzinersparnis steigert sich kaum, dafür verliert der Reifen aber seine richtige Auflagefläche und die sichere Straßenlage.

Woher „weiß" der Einfüllstutzen, wann er schließen muss, weil der Tank voll ist?

Ein Sensor, einige Zentimeter hinter der Ausflussöffnung, rührt sich nicht, solange das Benzin stetig fließt. Sobald es sich aber im Stutzen zurückstaut, löst der Sensor sofort den Verschluss aus. Aufgrund der Position dieses Sensors und des im Tank „versenkten“ Einfüllstutzens wird ein Tank niemals randvoll – es sei denn, der Kunde oder der Tankwart füllt noch etwas nach. Tanken „bis zum Überlaufen“ ist aber gefährlich.

Was verursacht das klickende Geräusch im Auto, wenn man den Blinker setzt? Warum kommen manche Blinker ohne dieses Geräusch aus?

Blinker haben eine simple Mechanik. Frederick Heiler, Leiter der Presseabteilung von Mercedes-Benz, Nordamerika, erklärt diese Technik:

> »Der Stromimpuls, der die Blinklichter in Betrieb setzt, kam früher von einem Relais – einem kleinen Kästchen mit einem elektromagnetischen Schalter. Wenn der Elektromagnet aktiviert wurde, brachte er auf mechanischem Wege zwei Kontakte zusammen. Die Blinklichter erhielten einen Stromimpuls, der sie aufleuchten ließ und gleichzeitig das bekannte Klickgeräusch erzeugte. Heute wird die Blinkerfunktion elektronisch gesteuert, und bei dieser Technik tritt kein Geräusch auf. Das Blinkerklicken ist demnach eine bewusst in die Elektronik eingebaute künstliche Klangquelle.«

Der Klickton des Blinkers hat also eine wichtige Funktion. Er soll verhindern, dass der Fahrer des Wagens vergisst, den Blinker auszuschalten. Denn wenn der Blinker anbleibt, der Fahrer die angezeigte Richtungsänderung aber nicht vornimmt, kann dies zu gefährlichen Verkehrssituationen führen. Andere Autofahrer oder Fußgänger richten sich nämlich auf ein Fahrverhalten ein, das so nicht stattfindet. Deshalb gilt auch die Regel: Sollten Sie nach links in eine Vorfahrtstraße einbiegen wollen, warten Sie ab, bis die Straße frei ist. Es gibt Autofahrer, die den Blinker setzen, das Klicken aber aus irgendeinem Grunde nicht mehr hören, es sich anders überlegen und munter geradeaus fahren. Den Weg dieser Zeitgenossen möchte man nicht unbedingt kreuzen.

Wie kommt es eigentlich zu dem typischen Geruch eines neuen Autos?

Sie glauben ja wohl nicht, dass eine einzige Substanz so eine Duftsymphonie erzeugen kann? Natürlich nicht. Autohersteller scheuen keine Mühe, die richtige Mischung aller verfügbaren „Aromen" bereitzustellen, um Ihnen ein befriedigendes Geruchserlebnis zu bescheren.

C. R. Cheney von Chrysler Motors lieferte eine umfassende, jedoch nicht gerade begeisternde Erklärung:

> „Den Geruch, den wir an einem neuen Auto so mögen, ist eine Kombination der Ausdünstungen von frischer Grundierung, Lack und Kunstoffmaterialien, die im Fahrzeuginnenraum zur Abdichtung der Fenster und für die Türverkleidungen verwendet wurden. Weiter strömen Teppiche, neue Bezugstoffe, Leder und Vinyl der Innenausstattung Gerüche aus. Gummi, Klebstoffe und Versiegelungen spielen eine zusätzliche Rolle bei der Komposition dieses einzigartigen Dufts, der zu unserem größten Bedauern niemals so lange anhält, wie wir es gerne hätten, und der unnachahmlich bleibt.“

Aktualisierung

Der Widerwille der Autokäufer gegen den speziellen Geruch von Neuwagen hat sich offenbar herumgesprochen. So arbeitete Cadillac vor einiger Zeit an einem angenehmen Duft für seine neuen Fahrzeuge. Auf der Basis von chemischen Untersuchungen und Umfrageergebnissen lancierte Cadillac den Duft Nuance, der speziell Kunden ansprechen sollte, die bereit waren, etwas mehr Geld für einen Wagen der Luxusklasse auszugeben.

2003 erschien in der *New York Times* ein Bericht über die Bemühungen der Fahrzeughersteller, alle Sinne ihrer Kunden anzusprechen. Ein Vertreter der Automobilindustrie bemerkte dort: „Wenn Sie Geld für Ledersitze ausgeben, möchten Sie in Ihrem Wagen keinen Geruch wie Feuerzeugbenzin. Sie wollen, dass Ihr Auto duftet wie eine Handtasche von Gucci." Dieser Trend verstärkt sich, inzwischen hat auch Porsche seinen speziellen Markenduft eingeführt.

Mittlerweile sind die größten Rivalen der westlichen Automobilhersteller weniger damit beschäftigt, zusätzliche Autodüfte zu entwickeln, als vielmehr bereits vorhandene auszumerzen. Neuere Forschungsergebnisse weisen darauf hin, dass flüchtige organische Verbindungen, die aus Kunstoffteilen und Kunstleder ausdünsten, eine ernste gesundheitliche Gefahr darstellen können, insbesondere in den ersten sechs Monaten nach der Zulassung des Neuwagens. Die fünf großen japanischen Autohersteller haben sich fest vorgenommen, diese Schadstoffe zu reduzieren. Und wenn gar nichts mehr riecht, werden wir dann womöglich diesem Neuwagengefühl nachtrauern?

Warum scheinen sich in den Cowboyfilmen die Räder von Planwagen rückwärtszudrehen?

Bei den bewegten Bildern von Filmen handelt es sich um eine rasche Abfolge vieler einzelner Bilder, im Allgemeinen von 24 Einzelaufnahmen pro Sekunde. Wenn ein Planwagen während langsamer Fahrt gefilmt wird, fängt die Kamera viele kleine Einzelbewegungen des Rads ein – 24-mal pro Sekunde. Solange die Bewegungen des Rads nicht mit dem Verschluss der Kamera synchron laufen, erscheinen die Bewegungen auf dem Film falsch.

E. J. Blasko von Eastman Kodak erklärt diesen interessanten Effekt:

> „Solange sich das Rad langsamer bewegt, scheint es sich rückwärtszudrehen. Sobald es sich schneller bewegt, läuft es irgendwann synchron mit der Aufnahmerate der Kamera und scheint dann stillzustehen. Bei noch höherer Geschwindigkeit drehen die Radspeichen dann vorwärts, aber nicht im selben Tempo wie das Fahrzeug."

Machen Sie einen Test, um diese Sinnestäuschung nachzuvollziehen. Wenn Sie ein Rouletterad oder den Fächer eines Ventilators beobachten, während diese langsamer drehen und auslaufen, sehen Sie zu einem bestimmten Zeitpunkt, dass sich die Rotationsrichtung scheinbar umkehrt.

Waren die römischen Kampfwagen wirklich so wenig stabil, wie sie in Filmen wirken?

Schon mal in die Ben-Hur-Falle getappt? Alle Jahre wieder um und an Ostern ist die Zeit der großen historischen Filme und die Zeit Ben Hurs. Schließlich gibt man dann doch nach, schaut in den Fernseher und wartet gespannt auf die faszinierende Wagenrennenszene mit dem athletischen Charlton Heston als Ben Hur.

Bei den Römern wurde der meist zweirädrige, offene und von Pferden gezogene Wagen nur bei Wettrennen im Zirkus und bei Triumphveranstaltungen eingesetzt. Als Streitwagen taucht er schon im 3. Jahrtausend vor unserer Zeitrechnung auf. Die Assyrer, die Ägypter, die Griechen und auch die Kelten kannten ihn. Sie nutzten ihn für die Jagd, den Kampf und für die Verfolgung von Feinden. Mit dem Aufkommen der Reiterei verlor der Streitwagen dann seine Bedeutung.

In den Krieg zogen die Römer mit einer Kavallerie sowie mit dem gemeinen Fußvolk, das nur auf Schusters Rappen unterwegs war. Nach Aussage des Militärhistorikers Art Ferrill „zeigten sich Cäsars Truppen äußerst überrascht, als ihnen auf den Britischen Inseln die Kelten im Kampf mit Streitwagen entgegentraten".

Wagen hatten bei den Römern eine große Bedeutung als Transportmittel. Noch heute kann man auf freigelegten alten Römerstraßen die tief in die Pflastersteine eingekerbten Radspuren bewundern.

Carol Thomas, Professorin für Geschichte an der University of Washington, erklärt zum Thema Wagen:

> Die Räder selbst waren wohl nicht instabil. Sie hatten entweder Speichen (in einer von mehreren möglichen Anordnungen) oder waren kompakt. Es kann durchaus sein, dass sie nicht perfekt rund liefen, denn jede der drei oder vier bekannten Aufhängungen der hölzernen Räder an den ebenfalls hölzernen Achsen führte zu Abnutzungen und damit zu einem Spiel zwischen den beweglichen Teilen.
>
> Nach dem heutigen Forschungsstand gab es bei zwei- oder vierrädrigen Fahrzeugen kein Drehgelenk, mithilfe dessen bei einer Richtungsänderung die Räder entsprechend eingeschlagen hätten. So musste der Fahrer mindestens ein Rad in die neue Richtung driften lassen. Dies führte zur stärkeren Belastung und Abnutzung der Verbindung von Rad und Achse. Für die Zugtiere bedeutete das einen höheren Kraftaufwand, und den Wagen machte diese Unzulänglichkeit instabil.

Stanley Burstein, Professor für Geschichte an der California State University und früherer Präsident der Gesellschaft für Altertumsforschung, fügt hinzu:

> Ich wette, dass die Wagen genauso instabil waren, wie sie heute erscheinen. Sie besaßen keine Federung und holperten ungedämpft über jede Unebenheit der Fahrbahn. Sie waren auch wegen der schlechten Zuggeschirre schwer unter Kontrolle zu halten.

Das prächtige Äußere der römischen Kampfwagen im Zirkus ließ ihre einfache Bauweise vergessen. Die Lastenwagen schätzen wir heute als einigermaßen vorsintflutlich ein. Man sollte aber bedenken, dass die Römer mit diesen „Karren" ein Weltreich erobert haben!

Weshalb haben Herrenfahrräder eine Stange?

Sie werden sich bestimmt freuen zu hören, dass bei diesem Thema alle Fachleute einer Meinung sind: Die Stange oder das Oberrohr oben am Rahmen macht Herrenfahrräder viel stabiler als die Modelle für Damen. Nach jahrzehntelangen Experimenten sind Fahrradhersteller zu dem Schluss gekommen, dass man das beste Gewicht-Stabilität-Verhältnis mit Rahmen in Dreieck- oder Diamantform erhält. Ohne das Oberrohr fehlt ein Teil der idealen Diamantstruktur.

Das Oberrohr als obere Rahmenverbindung verläuft bei Herrenfahrrädern parallel zum Boden, bei Damenfahrrädern ist es schräg an der Sitzstange heruntergezogen und zur Erhöhung der Stabilität durch Stege mit dem Unterrohr verbunden. Warum ist das Oberrohr bei Damenfahrrädern niedriger montiert?

Diese Tradition hatte bei Einführung des Fahrrads den Zweck, den guten Ruf und die Würde der Damen zu wahren, die im Rock oder Kleid radelten. Da heute die meisten Frauen in Hosen oder Sporttrikots Fahrrad fahren, ist das tiefergelegte Oberrohr eigentlich nicht mehr erforderlich. Einen Vorteil hat aber das Damenfahrrad: Der niedrigere Einstieg macht das Auf- und Absteigen einfacher.

Joe Skrivan, Produktentwickler bei einem Fahrradhersteller, merkt an, dass sich nur wenige Frauen über die besondere Konstruktion von Damenfahrrädern beschweren. Freizeitradlerinnen brauchen nicht die hohe Stabilität, die das Oberrohr dem Fahrrad verleiht. Besonders sportliche Radlerinnen dagegen legen sich gleich einen Drahtesel im „Herrendesign" zu.

Warum klickt das Hinterrad des Fahrrads, wenn man rollt oder die Pedale rückwärtstritt?

Gibt es irgendein Kind, das noch nicht über dieser Frage gerätselt hat? Dennis Patterson, Mitarbeiter bei einem Fahrradhersteller, lieferte die Antwort:

> Der hintere Zahnkranzsatz beinhaltet einen Ratschenmechanismus, den sogenannten Freilauf, der bei der Vorwärtsbewegung der Pedale einkuppelt und gleichzeitig die vom Zahnkranz unabhängige Rotation des Hinterrads ermöglicht. Beim Drehen in die Fahrtrichtung verkeilen sich die „Zähne" des Freilaufs in der Radnabe. Wenn man aufhört, in die Pedale zu treten, dreht sich das Rad noch, aber nicht mehr der

Ratschenmechanismus. Er rastet nicht mehr in den Stern der Radnabe ein. Das Klicken entsteht dadurch, dass nun die Ratschenzähne über den Stern rattern. “

Wieso verlieren Fahrradreifen die Luft, wenn man längere Zeit nicht fährt?

Wenn der Frühling naht, holen wir unser gutes altes Fahrrad aus dem Unterstand, wo es seit dem Herbst Winterschlaf hielt. Meistens entdecken wir dabei zu unserem Ärger zwei platte Reifen. Warum?

1. Luft entweicht aus dem Ventilansatz. Auch wenn eine Ventilabdeckung den Druckverlust reduziert, kann das Entweichen der Luft nicht völlig verhindert werden. K. L. Campbell vom Reifenhersteller Firestone Tire & Rubber Company erklärt: „Es gibt kein Material, das gegenüber Gasen (so wie Luft) völlig dicht ist, wenn ein Druckunterschied zwischen Innen- und Außenraum besteht. Je größer dieser Druckunterschied, desto schneller wird das Gas entweichen." Ein normaler Autoreifen verliert ca. 0,3 bar pro Monat, auch wenn er regelmäßig in Gebrauch ist.
2. Die Innenschläuche von Fahrradreifen sind poröser als die von Autoreifen. Kein Innenschlauch kann völlig luftdicht hergestellt werden. Butylkautschuk besitzt eine geringe Gasdurchlässigkeit und ist das beste Material für Innenschläuche (Autoreifen werden mit einem Innenfutter aus Butyl versehen). Preiswertere Innenschläuche ohne Butyl verlieren mehr Luft.

3. Das Luftvolumen in einem Fahrradschlauch ist relativ gering. In einem durchschnittlichen Fahrradschlauch befindet sich etwa ein halber Liter Luft mit einem Druck von 4,14 bar; in einem Autoreifen dagegen sind es ca. 20 Liter Luft mit einem Druck von 2,41 bar. Ein geringer Luftverlust wirkt sich bei einem Fahrradreifen wesentlich stärker aus als bei einem Autoreifen.
4. Fahrradreifen brauchen im Schnitt ungefähr einen doppelt so hohen Druck wie Autoreifen. Das macht es auch schwieriger, diesen Druck zu halten.
5. Der Reifendruck fällt mit sinkenden Temperaturen ab. Dies besagt das Gesetz des französischen Physikers G. Amontons (1663 – 1705),

nach dem der Druck idealer Gase bei gleichbleibendem Volumen direkt proportional zur Temperatur ist.

6. Bei Fahrradreifen kommt es eher zu Materialschwächen als bei Autoreifen. Robert J. Fink, Marketingexperte eines Fahrradherstellers, erläutert: „Ein Fahrradreifen hat 36 potenzielle Schwachstellen an den Speichenbefestigungen. Autoräder haben gewöhnlich keine Speichen."
7. Lecks sind in Autoreifen unauffälliger als in Fahrradreifen. Mit bloßem Auge oder durch Druck mit der Hand könnten wir bei Autos niemals den üblichen geringen Druckverlust feststellen. Und warum nicht? Das verhindert die Stärke des Autoreifens, der aus vielen Schichten aufgebaut ist. Ein Fahrradreifen besteht normalerweise aus dem nur einschichtigen Sohlenprofil und einem Innenschlauch. Der schwere Wulst des Autoreifens, die massiven Kanten und der geringere Druck lassen den Unterschied zwischen 2,0 und 2,4 bar weder sehen noch fühlen.

Fahrradhersteller haben versucht, das Problem durch die Einführung von Plastikreifen zu beheben. Diese sind zwar weniger porös, bescheren dem Fahrer aber holprige Radtouren, weil sie Erschütterungen durch Bodenunebenheiten nur schlecht dämpfen. Das poröse Gummi wird uns noch lange erhalten bleiben.

Wozu dienen die Plastikbeutel in den Sauerstoffmasken im Flugzeug, wenn sie sich nicht aufblasen?

Eigentlich müsste man sich jedesmal wundern, wenn man hört, dass die Passagiere eines Flugzeugs nach einer Notlandung erfolgreich evakuiert werden konnten. Die Fluglinien bemühen sich zwar, ihre Passagiere vor jedem Abflug über die Sicherheitsvorkehrungen an Bord aufzuklären, aber ein kurzer Blick auf die Passagiere zeigt, dass die erfahrenen Fluggäste dabei bereits ein Nickerchen machen oder im Bordmagazin blättern – denn man hat das ja alles schon so oft gehört. Gleichzeitig hängen im besten Fall die weniger Erfahrenen an den Lippen der Stewardess und versuchen, im Geiste nachzuvollziehen, wie sie ihre Schwimmweste perfekt schnüren und aufblasen.

Alle Angsthasen sind vertraut mit dem Hinweis bei der Demonstration der Sauerstoffmasken: „Obwohl sich der Beutel nicht aufpumpt, fließt Sauerstoff", oder der Variante: „Obwohl sich der Beutel nicht vollständig aufpumpt..." Wenn der Beutel sich nicht aufbläst, wozu ist er dann überhaupt nütze? Unsere Vorstellung eines Sauerstoffbeutels rührt aus TV-Medizindramen, wo sich Sauerstoffapparate aufblasen, zusammenfallen und wiederum aufblähen wie ein diätsüchtiger Übergewichtiger.

Aber der Beutel hat wirklich einen Zweck. Bei der von den Airlines verwendeten Maske atmen Sie eine Mischung aus Raumluft und Sauerstoff ein. Komprimierter Sauerstoff ist ziemlich teuer, und insbesondere in niedrigen Flughöhen brauchen Sie nur sehr wenig reinen Sauerstoff, selbst bei Druckabfall in der Kabine.

Kaum ein Fluggast hat wohl jemals bemerkt, dass die zur Demonstration verwendete Sauerstoffmaske aus Kostengründen nicht echt, ja nicht einmal eine ordentliche Replik ist (wenn Sie genau hinschauen, finden Sie bei den meisten Fluglinien den Schriftzug „DEMO" auf dem vorgeführten Gerät). Die echte Sauerstoffmaske enthält drei Ventile, die eine Schlüsselfunktion für unsere Atmung in einer Notfallsituation haben. Das erste, innere Ventil pumpt reinen Sauerstoff. Wenn dieser verbraucht ist, schließt sich das Ventil, und ein zweites, äußeres öffnet sich und führt Luft aus dem Raum zu. Das dritte, äußere Ventil mit Klappenfunktion öffnet sich nur, um die Ausatemluft aus der Maske abzulassen.

Laut Aussage eines Experten für Sauerstoffapparate ist der normale Luftdruck in einer Flugkabine so eingestellt ist, dass er dem in einer Höhe von etwa 2438 m entspricht. Der Sauerstoffzufluss passt sich dann automatisch unterschiedlichen Flughöhen an. Je höher das Flugzeug fliegt, desto höher wird der Anteil des Sauerstoffs im Verhältnis zur Raumluft und umso schneller erfolgt der Nachschub an Sauerstoff. Bei Druckverlusten können in der Kabine plötzlich atmosphärische Verhältnisse wie in Höhen von 10 000 m und darüber entstehen.

Es bleibt festzustellen, dass es überhaupt keinen Grund gibt, warum sich der Plastikbeutel dramatisch aufblähen sollte. Der Sauerstoffbeutel kann etwa 1,5 Liter Gas aufnehmen. Bei einer Höhe von etwa 5500 m wird das System ungefähr einen Liter pro Minute in den Beutel pumpen; bei 12 200 m Höhe ungefähr drei Liter pro Minute. Aber anders als bei einer Klinikapparatur wird nur ein kleiner Prozentsatz dieser Gasmenge bei jedem Atemzug eingeatmet.

Bei großer Flughöhe wird sich der Beutel deutlicher aufblasen, zum einen, weil der Sauerstoff schneller hinzufließt, zum anderen, weil der Beutel sich bei niedrigerem Luftdruck ausdehnt. Richard E. Livingston von der Nordamerikanischen Flugpassagier-Gesellschaft bemerkt dazu:

> „Da Sauerstoff sich wie andere Gase in größeren Höhen ausdehnt, wird sich der Beutel bei großer Flughöhe deutlich aufblasen. Umgekehrt gilt, dass Gase in niedriger Höhe komprimierter sind, daher wird sich der Beutel in geringen Flughöhen nur schwach oder gar nicht sichtbar aufblähen."

Warum gibt es in Passagierflugzeugen mehr Fenster als Sitzreihen? Warum sind die Fenster nicht in einer Linie mit den Sitzen?

Ken Giesbers, ein Mitarbeiter der Firma Boeing, zeigte aus eigener Erfahrung volles Verständnis für diese Frage:

> „Hierzu möchte ich mich ganz persönlich äußern. Bei einer der seltenen Gelegenheiten, die ich als Kind hatte, zu fliegen, erwischte ich zu meiner Freude einen Fensterplatz – aber der Sitz befand sich neben dem Flugzeugrumpf zwischen zwei Fenstern. Mein Glück war also leider nicht vollkommen. Andere Passagiere hatten einen direkten Ausblick aus ihrem Fenster, während ich mir den Hals verrenken musste, um nach vorne oder hinten zu schauen. Warum nur arrangieren die Flugzeugdesigner die Fenster auf diese Weise?“

Ein weiterer Vertreter von Boeing erklärte, die Flugzeugkonstrukteure würden so viele Fenster wie möglich einplanen, damit die Passagiere ihre Reise genießen können. Auf keinen Fall darf aber die Stabilität der Kabine gefährdet werden, die Tausende Male den Wechsel von Druckauf- und -abbau aushalten muss.

Bei den Fluggesellschaften stehen allerdings noch ganz andere Überlegungen auf der Tagesordnung. Gibt man den Passagieren mehr Fußraum (der Abstand zwischen den Sitzreihen), hat man mehr zufriedene Kunden. Verringert man aber den Fußraum durch das Einschieben weiterer Sitzreihen, was kein Problem ist, so steigt der Umsatz, denn es können zusätzliche Plätze verkauft werden.

Aufgrund rapide steigender Treibstoffkosten und der Dumpingpreise im Fluggeschäft müssen die Fluglinien eng kalkulieren. Die niedrigen Preise bringen aber auch eine Auslastung der Flüge. Erhöht man die Preise bei geringem Komfortangebot, könnten die Kunden zu anderen Fluglinien wechseln, die es möglich machen, bei in etwa gleichem Preis etwas mehr Annehmlichkeiten im Sitzbereich zu bieten. Das ist schon eine reichlich vertrackte Situation.

Wer nun aber mit dem Sardinenbüchsen-Feeling nicht klarkommt und sich seine Beinfreiheit einiges mehr kosten lassen kann, dem bleibt als Alternative immer noch die Businessklasse oder die erste Klasse. Da gibt es dann für Magen und Selbstgefühl noch einige Extras zusätzlich. Übrigens, Websites wie SeatGuru.com geben die genauen Abstandsmaße der Sitzreihen in den meisten Maschinen der großen Fluglinien an und heizen damit den Konkurrenzkampf um den besten Komfort an.

Sollten Sie aber aus Überzeugung Economy fliegen und mal wieder nur ein „halbes" Fenster zur Verfügung haben, dann wissen Sie, hier wurde an den Sitzreihen geschoben. Dafür sind Sie aber, wenn Sie rechtzeitig gebucht haben, im Besitz eines günstigen Tickets. Das hatte für Sie wahrscheinlich Priorität. Ihre freie Aussicht hatte dagegen für die Fluglinie keine Priorität.

Warum schalten Piloten vor dem Abheben die Innenbeleuchtung aus?

„Wenn Sie wissen wollen, warum irgendwann plötzlich die Lichter in der Kabine ausgehen – dann, weil die Crew gerade eine Party im Cockpit feiert", bemerkte ein Pilot mit Humor. Danke, das war es nicht, was wir wissen wollten. Genau gesagt gibt es zwei Momente, in denen in der Flugkabine die Lichter ausgehen. Bei dem ersten handelt es sich nur um ein kurzes Flackern, wie John Payton, Elektriker einer Fluglinie, erklärt:

> Solange das Flugzeug am Gate steht, ist es an ein Hilfsaggregat angeschlossen, das den Strom für Beleuchtung und Ventilation liefert. Wenn die Motoren starten, übernehmen sie die weitere Stromversorgung, während das Flugzeug vom Hilfsaggregat abgekoppelt wird.

Die Praxis, für die Dauer des Starts die Hauptbeleuchtung der Kabine auszuschalten, hat nichts mit Sicherheitsvorkehrungen oder technischen Problemen zu tun. Die Stewardessen löschen einfach traditionell die Lichter. Flugkapitän Mike Lauria von United Airlines behauptet, dass man damit dem Wunsch der Passagiere nachkomme, bei einem Start am Abend besser die Beleuchtung außerhalb des Flugzeugs zu sehen.

Folgt die Nummerierung der Boeing-Jets irgendeiner Logik? Was passierte mit der Boeing 717?

Das erste Boeing-Flugzeug in den späten 1910er-Jahren erhielt, wie es sich gehört, die Nummer eins. Anschließend gruppierte Boeing seine Produktlinien nach Serien.

Bei den ersten Serien mit den Nummern 1–102 handelte es sich hauptsächlich um Doppeldecker. Das erste Flugzeug mit Druckausgleich, der Boeing 307 Stratoliner, gehörte zur 300er-Serie, wie auch das Wasserflugzeug Boeing 314 Clipper. Unter den 200er- und 400er-Serien liefen viele Militärflugzeuge (der B-17-Bomber war auch bekannt unter der Nummer 299; B-47- und B-52-Jet-Bomber gehörten zur 400er-Serie). Boeing reservierte die gesamte 500er-Serie für Industrieprodukte wie Gasturbinen-Motoren. GAPA- und Bomarc-Geschosse wurden in der 600er-Serie zusammengefasst.

Als der Prototyp des 707-Jets entworfen wurde, gab man ihm die vorläufige Nummer 367-80. Damit sollte vorgetäuscht werden, der neue Jet sei nur eine Modellüberarbeitung des Boeing Stratocruiser. Als das Flugzeug dann fertiggestellt war, wurde ihm zu Ehren die 700er-Serie geschaffen.

Warum bekam das erste Flugzeug die Nummer „707" und nicht die „700"? Nach Auskunft der Firma Boeing hat man diese Bezeichnung aus folgendem Grunde gewählt:

> ›› Die Zahl klang einfach einprägsamer. Für weitere Modelle wurde dann ab hier weitergezählt. Die Zahl der Motoren oder das Datum der Einführung hat bei der Nummerierung keinen Belang.
>
> So verfügt die 727, die vor der 737 herauskam, über drei Motoren, die 737 nur über zwei. Die 767 wurde Ende 1982 für den Passagiertransport in Betrieb genommen, die 757 hatte ihr Debüt als Transportflugzeug Anfang 1983. ‹‹

Und was passierte mit der Boeing 717? Boeing ahnte vielleicht noch nicht, dass ihre 7er-Serien zu einem Meilenstein des internationalen Luftverkehrs werden würden, jedenfalls vergab Boeing die Nummer 717 an einen anderen Jet – die KC-135, ein Auftankflugzeug für die amerikanische Luftwaffe.

Um zukünftigen Fragen zuvorzukommen – ja, es gibt bereits die 800er- und 900er-Modellserien. Die Nummern wurden an so ungewöhnliche Fahrzeuge wie Mondsonden und Tragflügelboote vergeben.

Aktualisierung

In neuerer Zeit hat Boeing seine 7er-Serie weiter ausgebaut. Während die 707, 727 und 757 zurzeit nicht mehr produziert werden, hat sich die Boeing 777 als sehr populär erwiesen, insbesondere bei den internationalen

Lufttransportunternehmen. Der 777-200LR Worldliner hält den Rekord für den längsten Nonstopflug aller Zeiten (von Hongkong mit östlicher Flugroute zum Flughafen London, Heathrow).

Ein anderer Renner ist der 787 Dreamliner, zuvor unter dem weniger eingängigen Namen Boeing 7E7 bekannt. In dem fortwährenden Katz-und-Maus-Spiel mit dem europäischen Airbus-Konsortium versucht Boeing, mit dem Dreamliner den besten Jumbo-Jet zu lancieren.

Als größte Neuigkeit wird die zeitweilige Wiederkehr der Boeing 717 gewertet. Nachdem Boeing 1996 mit McDonnell Douglas fusionierte, war eines der von MD übernommenen Flugzeuge die hundertsitzige MD-95, die Boeing zur 717 umtaufte. Während die etwas größere 737 der bestverkaufte Jet der Geschichte war, konnte die 717 nicht gegen die Konkurrenz bestehen – Boeing stellte die Produktion der „neuen" 717 im Jahre 2006 wieder ein. Es ist gar nicht so leicht, über Boeings 7-7-Serie den Überblick zu behalten!

Was verursacht das „Flap-flap-flap"-Geräusch von Hubschraubern?

Es wurden schon ganze Bücher über den Krach geschrieben, den Helilopter verursachen. John Shaw, technischer Direktor der Amerkanischen Helikopter-Gesellschaft, erläutert, wie es zu den typischen „Flap-flap-flap"-Geräuschen kommt:

> „Das laute ‚Flap-flap' wird von den wirbelnden Rotorblättern über dem Hubschrauber verursacht. Man kann es sich so vorstellen: Die Luft, die von den Rotorblättern ‚weggewischt' wird, formt sich zu einer großen, dünnen ‚Scheibe'. ‚Flap-flap'-Geräusche treten auf, wenn an irgendeinem Punkt dieser Scheibe eine starke Störung entsteht, sobald ein Rotorblatt diese Stelle durchschneidet. Wir nehmen diese Störung als Lärm wahr, so als ob in weiter Entfernung ein Luftballon platzt. Die Sequenz von ‚Flaps' entsteht dadurch, dass ein Rotorblatt nach dem anderen – ‚flap-flap-flap' – diese Stelle passiert."

Man unterscheidet drei Typen dieser Rotorblättergeräusche:

1. Laut Aussage von Ernie Stephens, Geschäftsführer eines Helikopterunternehmens, erzeugt jedes einzelne rotierende Flügelblatt Luftturbulenzen.

„Das folgende Rotorblatt ‚klatscht' in diese Turbulenz hinein und verursacht ein ‚Flap'-Geräusch. Das Phänomen ähnelt dem bei einem Schiffsrumpf, der auf eine Welle prallt."

2. Außerdem gibt es noch ein Geräusch, das etwas dumpfer klingt als das oben genannte. John Shaw beschreibt es:

> Jedes laufende Rotorblatt schiebt Luft vor sich her und erzeugt Druckwellen. Diese werden als Geräusch hörbar. Je schneller sich das Rotorblatt bewegt, desto stärker sind die entstehenden Druckwellen. Die Rotationsgeschwindigkeit ist dann am höchsten, wenn das Rotorblatt einmal per Umdrehung den Bereich erreicht, wo es Luft vorwärts in Flugrichtung schiebt. Das Blatt durchschneidet die Stelle mit extrem hoher Geschwindigkeit, sodass die stärksten Druckwellen regelrecht ‚platzen'. Und das ist nun wirklich nicht zu überhören.

3. Unter besonderen Umständen kann ein Hubschrauber sogar einen Miniatur-Überschallknall verursachen. John Shaw erklärt:

> Wenn der Helikopter sehr schnell fliegt, addieren sich der Vortrieb des Helikopters und der Vortrieb eines Rotorblatts und erreichen Schallgeschwindigkeit. Die Druckwellen, die vor dem schnell drehenden Rotorblatt entstehen, können nicht ausweichen. Sie stauen sich zu einer Stoßwelle auf – einer kleineren Version der Stoßwelle, die sich vor einem Flugzeug bildet, das mit Überschallgeschwindigkeit unterwegs ist.
>
> Das Flugzeug erzeugt ununterbrochen eine Stoßwelle, der Helikopter dagegen nur kurz in dem Moment, wenn die einzelnen Rotorblätter vorwärts durch jene Stelle ‚wischen', an der Überschallgeschwindigkeit herrscht. Während sich die einzelnen Stoßwellen bilden und zusammenfallen, hören wir eine Sequenz von dumpfen Knallgeräuschen. Diese werden am deutlichsten wahrgenommen, wenn der Hubschrauber auf den Lauschenden zufliegt.

Ernie Stephens berichtet, dass das dritte Phänomen das lauteste „Flap-flap"-Geräusch verursacht. Es war sehr häufig während des Vietnamkriegs von den amerikanischen HUH-1 Huey-Helikoptern zu hören. Stephens berichtet:

> Die Rotorblätter dieses speziellen Hubschraubers drehen sich so schnell, dass sie beim Flug die Luft stark zusammenpressen und laute ‚Flap-flap'-Geräusche erzeugen. Neuere Hubschrauber-Rotorsysteme sind effizienter und drehen bei geringerer Geschwindigkeit. Daher sind sie beträchtlich leiser.

Gibt es einen besonderen Grund, warum Schiffe und Flugzeuge rote Lichter auf der linken und grüne Lichter auf der rechten Seite haben?

Im Grunde genommen weiß man nicht, warum das so ist. Wayne Young vom amerikanischen Nationalen Forschungsinstitut, Abteilung Marine, vermutet, dass die Lichter vielleicht auf das frühere Signalsystem mit Hand-Seezeichen zurückzuführen sind.

1889 einigte man sich auf ein international einheitliches Farbsignalsystem, das 1936 zum heutigen System abgeändert wurde – schwarze Markierungen mit grünen oder weißen Lichtern auf der Steuerbordseite und rote Markierungen mit roten oder weißen Lichtern auf der Backbordseite.

In der Praxis macht das Farbsystem der Seitenleuchten es Piloten und Steuermännern leicht, die Vorfahrt zu bestimmen – durch Farbassoziationen, die uns allen seit der Kindheit vertraut sind. B. Scott Coe von einem Seglermagazin erklärt die Regeln des „stop and go":

> Stellen Sie sich eine Kreuzung vor. Das Schiff zu Ihrer Rechten hat Vorfahrt. Wenn Sie hinüberblicken, sehen Sie seine Backbordseite mit einem roten Licht. Das bedeutet, Sie müssen anhalten, das andere Schiff fährt weiter. Vermutlich sieht es Ihr grünes (Steuerbord-)Licht, das ihm Vorfahrt signalisiert. Wenn Sie nach dem Schiff auf der linken Seite an der Kreuzung schauen, sehen Sie dessen grünes Licht. Das bedeutet, Sie fahren weiter, und es stoppt. Es sieht Ihr rotes (Backbord-)Licht und lässt Ihnen die Vorfahrt.

Seitenlichter machen auch bei Nacht das Aneinandervorbeifahren bzw. -fliegen von Schiffen und Flugzeugen unproblematischer. Rexford B. Sherman vom Amerikanischen Verband der Hafenbehörden erläutert:

„Die Erklärung für diese Frage hängt mit den Navigationsregeln zusammen, die Schiffen und Flugzeugen vorschreiben, rechts aneinander vorbeizuziehen. Die Position der Lichter eines sich nähernden Schiffs oder Flugzeugs zeigt an, an welcher Seite man aneinander vorbeifährt und ob man sich in etwa in einem akzeptablen Abstand zu diesem befindet.

Natürlich gibt es Instrumente, die den Abstand zweier Flugzeuge voneinander anzeigen, und nur diese geben eine gültige Information. Dennoch, die Seitenlichter, die aus erstaunlich großer Distanz sichtbar sind, bleiben eine wichtige Hilfe, um ein anderes Flugzeug in der Nähe zu entdecken und dessen Flugrichtung festzustellen."

Weshalb sind Bullaugen rund?

Fenster dienen vor allem zwei Zwecken: Licht und frische Luft hineinzulassen. Diese Aufgabe kann eine rechteckige Glasscheibe mit einem Rahmen ohne Weiteres erfüllen, aber auf Schiffen stellen sich ein paar besondere Probleme. Natürlich müssen Schiffsfenster wasserdicht sein (schlecht schließende Fenster sind außerordentlich unbeliebt auf Schiffen, insbesondere wenn sie zeitweilig unter Wasser liegen). Eine noch größere Gefahr im Fensterbereich entsteht jedoch durch die Bewegungen des Schiffs.

Als die meisten Schiffe noch aus Holz gebaut wurden, waren die Fenster im Allgemeinen rechteckig. Holz hat eine Eigenschaft, die es für Schiffsfenster geeignet macht: Es fängt die durch das schaukelnde Schiff hervorgerufenen Erschütterungen viel besser ab als Metall. Als im späten 19. Jahrhundert die Schiffsrümpfe aus Stahl gebaut wurden, entdeckten die Seeleute sehr schnell, dass rechteckige Schiffsfenster häufig Spannungsrisse bekamen, und zwar vor allem in den Ecken. Auf runden Fenstern verteilen sich Belastungen gleichmäßig, seitdem gibt es die Bullaugen.

Rechteckige Schiffsfenster sind aber keineswegs ausgestorben. Bei manchen hölzernen Schiffen sieht man sie noch. Und Kreuzfahrtschiffe schmücken oft die Passagierdecks mit großen rechteckigen Fenstern. Aber die Kreuzfahrtriesen liegen ganz anders im Wasser. Schiffe, die regelmäßig raue Gewässer befahren, halten sich mehr an Bullaugen. Je tiefer die Fenster sitzen, desto höher ist auch die Wahrscheinlichkeit, dass sie rund sind.

Warum sind die Fenster in den Passagierkabinen der Airlines oval?

Diese Frage stellt sich ganz selbstverständlich, nachdem man über die Vorteile runder Fenster bei Schiffen informiert ist. Klar, Flugzeugfenster sind extremen Luftdrücken ausgesetzt.

Ken Giesbers von der Firma Boeing bestätigte dies:

> „Abgerundete Öffnungen im relativ dünnen Material des Flugzeugrumpfs sind weniger rissanfällig. Ermüdungsrisse in einer Kabine mit Druckausgleich können einen plötzlichen massiven Druckabfall und damit eine Katastrophe herbeiführen."

Die Gefährlichkeit solcher Ermüdungsrisse geriet ins Blickfeld, als der erste kommerzielle Jettyp, die britische De Havilland Comet, kurz nach seiner Inbetriebnahme 1952 drei Abstürze zu verzeichnen hatte. Zum Schrecken der Hersteller wiesen gründliche Nachforschungen nach den Unfallursachen bei allen drei Abstürzen darauf hin, dass Ermüdungserscheinungen an Metallteilen die Hauptschuldigen waren. Und überwiegend gingen diese Schäden von den Ecken der großen, rechteckigen Fenster der Comet aus. Der Bericht des amerikanischen Justizministers besagt, dass „bis zu 70 % der höchsten Druckbelastung des Flugzeugs sich auf die Ecken der Fenster konzentrierte".

Die Comet wurde anschließend mit einer stärkeren Rumpfhaut und runden Fenstern ausgestattet.

Wenn runde Fenster am besten sind, warum bauen dann Boeing und Airbus ovale Fenster ein? Laut Ken Giesbers nur aus ästhetischen Gründen:

> „Bei runden Fenstern hätte man zwangsläufig größere geschlossene Zwischenräume. Die vertikale Verlängerung der Fenster bietet ein größeres Sichtfeld, gerade auch für Passagiere, deren Körpergröße stark vom Durchschnitt abweicht.
>
> Boeing ist sehr stolz auf die großen (48 x 26 cm) Fenster seiner neuen 787. Die Fenster können größer sein, weil in der 787 verstärkt verschiedenartige Baustoffe miteinander kombiniert werden. Boeing macht kein Geheimnis aus dem Grund für die großen Fenster: Die Passagiere sollen eine bessere Sicht haben."

Haben U-Boote einen Anker?

Aber sicherlich. U-Boote brauchen ebenso wie andere Schiffe einen Anker. Immer wenn ein U-Boot seine Position auf der Meeresoberfläche halten will und sich nicht in der Nähe eines Piers oder anderen Schiffs befindet, kommt der Anker zum Einsatz. Er wird nicht gebraucht, solange das U-Boot abtaucht, aber gelegentlich muss es an die Oberfläche kommen – und dann ist ein Anker von Vorteil.

George Flower, ein Mitglied der US Navy, erläutert: „Ein U-Boot auf der Meeresoberfläche stellt eine sehr wackelige Plattform dar, wie Ihnen jedes Mannschaftsmitglied bestätigen wird."

Es ist allerdings nicht so, dass ein Anker das U-Boot stabilisiert. Kapitän G. L. Graveson, Pressechef der U-Boot-Liga der Navy, erklärte auf Anfrage, dass sich ein verankertes Schiff bei rauer See im rechten Winkel zum Wind ausrichtet, und nur unter diesem Aspekt hilft ein Anker dabei, Turbulenzen an der Wasseroberfläche abzumildern.

Aber Graveson erklärt auch, dass U-Boote auf der Wasseroberfläche nicht instabiler liegen als andere Schiffe. Die Phasen des Auf- und Untertauchens seien bei einem U-Boot am unruhigsten, weil sich dabei die Schwerpunkte und Auftriebskräfte verändern – wie auch die Mienen mancher empfindlicherer Seeleute.

Wie baut man hohe Kräne zusammen, ohne einen anderen Kran dabei zu Hilfe zu nehmen?

Die befragten Hersteller großer Baukräne ließen sich ausführlich darüber aus, wie man Kräne aufbaut, insgesamt waren die Erklärungen aber sehr schwer zu verstehen. Eine brauchbare Information lieferte dagegen E. E. Halmos jr., der beruflich Konstruktionsbeschreibungen verfasst:

> Die hohen Kräne, die oft 35 m lange und noch längere Ausleger tragen, werden am Boden zusammengebaut, direkt auf der Baustelle. Hohe Kräne sind meist Stahlgitterkonstruktionen und daher relativ leichtgewichtig. Normalerweise fährt der Kran selbst

an die Baustelle heran und trägt dabei lediglich den Ansatz des Auslegers mit sich.

Die weiteren Glieder des Auslegers werden gesondert mit einem Lastzug angeliefert. An der Baustelle senkt man den Auslegeransatz in eine horizontale Position ab und legt die zusammengefügten weiteren Teile des Auslegers auf den Boden. Diese werden dann am Ansatz verankert und mit am Krankörper befestigten Stahltrossen in die richtige Position hochgezogen. “

Verlängerungen werden am Ausleger in gleicher Weise montiert; man legt ihn dazu auf dem Boden ab.

Die Verwendung dieser konventionellen Kräne ist immer mehr zurückgegangen zugunsten des „Turmkrans“. Diese Kräne stehen in der Mitte einer Baustelle und können nach ihrem Aufbau hochgefahren werden. Die zentrale Säule, die die Steuerkabine und den beweglichen „Krankopf“ trägt, wird etwa drei bis vier Stockwerke hoch gebaut. Während das Gebäude um den Kran herum wächst, wird auch die zentrale Säule aufgestockt. Dabei wandern Steuerkabine und Kopf entsprechend weiter nach oben.

Halmos berichtet, dass Turmkräne Lastenaufzüge und das Heben von Lasten durch mobile Kräne weitgehend überflüssig gemacht haben. „Der Führer des Turmkrans kann sehen, welche Lasten er aufnimmt, und sie nahezu überall auf der Baustelle wieder ablegen, ohne dass ständig Signale über den Fortgang der Arbeiten ausgetauscht werden müssen.“

Warum bewegen sich manchmal die Handläufe von Rolltreppen in einem anderen Tempo als die Stufen?

Das Antriebsrad, das die Stufen einer Rolltreppe bewegt, ist verbunden mit einem Rad, das die Handläufe antreibt. Die Stufen und Handläufe bewegen sich in einer endlosen Kurve. Dabei dienen die absteigenden Abschnitte als Gegengewicht zu den aufsteigenden Teilen. Die Handläufe werden durch Reibungsenergie, nicht durch den Motor angetrieben.

Im Grunde genommen sollten die Handläufe mit derselben Geschwindigkeit laufen wie die Stufen. Die Handläufe ermöglichen den Benutzern der Rolltreppe einen stabilen Stand und sind aus Sicherheitsgründen so konstruiert, dass sie synchron mit den Stufen laufen. Bewegen sie sich langsamer als die Stufen, ist das nicht ungefährlich, weil es den Benutzern der Rolltreppe so scheint, als würden ihnen die Füße nach vorne weggezogen. Richard Heistchel von Schindler-Aufzüge gibt an, dass manche Firmen die Handläufe auf ein etwas höheres Tempo als die Stufen einstellen, weil man davon ausgeht, dass der Rolltreppenbenutzer weniger leicht stürzt, wenn er sich gezwungenermaßen etwas nach vorn beugt.

Wieso scheinen die Glühbirnen in Ampeln niemals durchzubrennen? Kann man sie kaufen?

Um den zweiten Teil dieser Frage zuerst zu beantworten: Sicherlich, Sie können dieselben Glühbirnen kaufen, die die Verkehrsampeln beleuchten. Aber wahrscheinlich würden Sie das gar nicht wollen.

Die Glühbirnen in Ampeln halten tatsächlich viel länger als normale Haushaltsglühbirnen. Sie sind auf eine Betriebszeit von etwa 8000 Stunden ausgelegt, Standardbirnen nur auf eine Zeit von etwa 1000 Stunden. Glühlampen können für jede Haltbarkeitsdauer hergestellt werden. Allerdings, je länger die Lebensdauer einer Glühbirne, desto weniger effektiv ist ihre Leuchtkraft. J. Robert Moody von einem großen Elektrizitätskonzern erklärt:

> Für ein Verkehrssignal braucht man 100 Watt, um 1000 Lumen (Lichteinheiten) zu produzieren. Um dieselben 1000 Lumen zu erreichen, benötigt eine Haushaltsglühbirne nur 60 Watt. Bei einem Preis von beispielsweise 15 C/kWh betragen die Kosten bei 100 Watt 15 Euro für 1000 Stunden.
>
> 60 Watt kosten dagegen nur neun Euro für 1000 Stunden. Der Verbraucher spart also sechs Euro (oder 40 %) für 1000 Stunden Brenndauer, wenn er eine Haushaltsglühbirne statt einer Birne für Verkehrssignale benutzt.

Mit Glühbirnen ist es wie mit Autos. Wenn Sie einen normalen Mittelklassewagen ständig hochtourig fahren, sind Sie zwar sehr schnell, brauchen aber mehr Sprit, und der Motor wird nicht so lange halten wie bei kontinuierlicher normaler Belastung.

Die Glühbirnen für Lichtsignale sind mit Kryptongas gefüllt statt mit dem billigeren Argon der Standardbirnen. Für Gemeinde- und Stadtverwaltungen lohnen

Wo stand die erste Ampel, und sahen Ampeln immer so aus wie heute?

Verkehrsampeln gibt es schon länger als Automobile. Vor dem Britischen Parlament wurde 1868 eine Ampel installiert. Diese hatte, ähnlich wie ein Eisenbahnsignal, zwei Signalflügel, die als physisches Hindernis für den fließenden Verkehr dienten.

Die Einrichtung sollte den Strom der Passanten regulieren und das auch nachts. Man brauchte daher eine spezielle Konstruktion und übernahm einfach das System der Eisenbahnsignale – rote und grüne Gaslampen zeigten an, wann man weitergehen (grün) und wann man warten (rot) musste. Der britische Prototyp war aber nicht gerade ein durchschlagender Erfolg – er explodierte schon kurz nach der Einführung. Dabei wurde ein Londoner Polizist getötet.

Es gibt lebhafte Diskussionen darüber, wo die erste moderne Ampel den Autoverkehr regelte. Fest steht, in Amerika, und vermutlich war 1914 ein rot/grünes Lichtsignal in Cleveland, Ohio, das erste. In Europa wurden die ersten dreifarbigen Ampeln dann 1922 in Paris und Hamburg eingerichtet. Die erste Ampel in Berlin stand 1924 auf dem Potsdamer Platz, 1925 gab es die ersten in Mailand und Rom.

In den 1950er-Jahren waren diese Lichtsignale, besonders an Stellen mit hoher Verkehrsdichte, mittig über der Kreuzung in einem lampenartigen Kasten aufgehängt. Die heute immer vertikale Anordnung soll auch Farbenblinden die sofortige Identifizierung des Signals erleichtern. Laut Eugene W. Robbins, Vertreter einer Transportgesellschaft, enthält das rote Licht der Ampeln eine leicht orange und das grüne Licht eine leicht blaue Farbbeimischung. Auch dies erleichtert Farbenblinden die Unterscheidung der beiden Farben.

sich die höheren Anschaffungpreise der Spezialglühbirnen, weil sie Arbeitskosten für häufige Wechsel sparen und es seltener zu gefährlichen Verkehrssituationen durch ausgefallene Signale kommt.

Was hört man, wenn man eine Glühbirne schüttelt?

Vielleicht das Meeresrauschen? Wohl kaum, das hört man nur in Muscheln.

Was Sie hören, hängt davon ab, ob Sie eine noch funktionierende oder eine ausgebrannte Glühbirne schütteln. Wenn Sie eine neue Glühbirne schütteln, könnte es sein, dass Sie das fröhliche Geklingel von losen Wolframpartikeln hören, die während der Fabrikation der Birne im Glaskörper verblieben sind.

Laut Peter Wulff, Herausgeber einer Zeitschrift für Wohnraumbeleuchtung, beeinträchtigen solche losen Partikel weder die Funktionstüchtigkeit noch die Lebensdauer der Glühbirne. Peter Wulff fügt hinzu, dass die Wolframpartikel zwar ein zufälliges Überbleibsel sind, vor längerer Zeit aber Hersteller von Wolfram-Halogenbirnen mit hoher Wattzahl absichtlich solche Rückstände in den Birnen beließen: „Es wurde gelegentlich empfohlen, nach dem Gebrauch die Birne abkühlen zu lassen, sie herauszunehmen und kräftig zu schütteln, damit die losen Partikel die Innenseite des Glases reinigen."

Aber wenn Sie heute ein leises Klingeln hören, schütteln Sie höchstwahrscheinlich eine ausgebrannte Birne. Tatsächlich ist Schütteln die verbreitetste Methode, um festzustellen, ob eine Glühbirne „hin" ist. Man hört in diesem Fall die Partikel eines gebrochenen Drahts, der häufigsten Ursache für den Ausfall einer Birne. Abgesehen von dem seltenen Fall, dass lose Wolframpartikel im Glaskörper eingeschlossen sind, sollten Sie gar nichts hören, wenn Sie eine funktionstüchtige Glühbirne schütteln.

Warum machen Leuchtstofflampen beim Einschalten ein plinkendes Geräusch?

Peter Wulff, der Spezialist für Wohnraumbeleuchtung, hatte auch hier die Erklärung parat: Ältere Leuchtstofflampen funktionieren über ein „Vorheizsystem" mit einem Bimetall-Starter (die kleine runde Silberscheibe an der Röhrenhalterung).

Peter Wulff gab an, dass sich im Inneren des Starters ein Bimetall-Schalter befindet, der das „Ping"-Geräusch macht, wenn er aktiviert wird. Neuere Leuchtstoff-Lampensysteme funktionieren mit einer anderen Technik und verursachen dieses Geräusch nicht mehr.

Wie schließt man bei der Fabrikation von Glühbirnen die Luft aus? Ist ein Vakuum in der Glühbirne wichtig für ihre Funktion?

Bei Brandverhütungskursen lernt man, dass Sauerstoff der beste Freund des Feuers ist. Wenn in einer Glühbirne Sauerstoff eingeschlossen wäre, würde der Draht sofort durchbrennen, sobald man den Lichtschalter betätigt. Deshalb wird im letzten Stadium der Herstellung die Luft aus der Glühbirne gepumpt, und zwar durch den kleinen gläsernen Abluftzylinder, der auch die Drähte trägt. Richard Dowhan, Mitarbeiter eines Glühlampenherstellers, erklärte, dass dieser Abluftzylinder eingekürzt und versiegelt wird, damit keine Luft mehr eindringt und die Schraubfassung befestigt werden kann. Noch verbliebene Luftreste werden mit einer besonderen Chemikalie entfernt.

Laut Aussage J. Robert Moodys von einem Elektrizitätskonzern haben nicht alle Glühbirnen ein Vakuum im Glaskörper: „Das Vakuum ist nicht nötig für den Betrieb der Lampe. In Glühbirnen von 40 Watt oder mehr wird nach dem Abpumpen der Luft Gas eingefüllt, üblich ist eine Mischung von Stickstoff und Argon."

Edelgase bewirken ein wirksameres Arbeiten des Glühdrahts bei höheren Temperaturen. Sie reduzieren zugleich das Verdampfen kleiner Wolframpartikel; dies erhöht die Lebensdauer der Glühbirne.

Warum lockern sich Glühbirnen in der Lampe, obwohl man sie fest eingedreht hat?

Viele halten die schleichende Glühlampenlockerung offenbar für ein häufiges Problem, die Mehrheit der Befragten wurde aber noch nie damit konfrontiert. Lockert da jemand vielleicht bei auserlesenen Opfern die Glühbirnen?

Wahrscheinlicher ist eine natürliche Erklärung. Reibung hält das Gewinde der Glühbirne fest in der Fassung, Vibrationen dagegen lockern sie. J. Robert Moody von einem großen Elektrizitätskonzern erläuterte: „Vibration schwächt die Reibungskräfte und führt dazu, dass sich die Glühbirne von selbst aus der Fassung dreht. Wenn Vibrationen so intensiv sind wie z. B. in einem Auto oder Flugzeug, müssen Glühbirnen in einer Bajonett- statt einer Schraubfassung befestigt werden."

Vielleicht ist das unablässige Bassgewummer des Heavy-Metal-Fans im Stockwerk über Ihnen schuld an dem Problem. Mögliche Lösung: Sie kaufen eine Bajonettfassung für Ihre Lampe.

Wieso summen Starkstromleitungen?

Nur kurz einige Ausführungen zu Wechselstrom und Gleichstrom, damit Sie der obigen Frage mit dem erforderlichen Wissensstand begegnen können. (Elektroingenieure dürfen gleich zum fünften Absatz übergehen.)

Als Gleichstrom bezeichnet man einen elektrischen Strom, der innerhalb eines Schaltkreises stets in derselben Richtung fließt. Bei der Trockenbatterie einer Taschenlampe z. B. fließt der Strom vom negativen Pol der Batterie über einen Draht (Stromleiter) zur Glühbirne und von dort weiter über einen Draht zum positiven Pol der Batterie: Der Strom fließt stetig in einer Richtung.

Wechselstrom ist ein elektrischer Strom, der sich in Richtung und Stärke periodisch ändert. Die Ladung fließt zunächst in einer Richtung und wechselt dann die Fließrichtung. Dieser Wechsel erfolgt mehrmals pro Sekunde. Als Spannungsquelle dienen Wechselstromgeneratoren, die mechanische Energie (von einer sich drehenden Spule) in elektrische Energie umwandeln. Durch Rotation der Drahtspule in einem Magnetfeld wird elektrischer Strom in die Drahtspule geladen.

Um die Ursache des Leitungssummens zu verstehen, muss man in Betracht ziehen, dass Wechselstrom nicht einfach in voller Stärke in eine Richtung fließt und nach dem Wechsel in voller Stärke in die andere. Während sich die Spule dreht, nimmt die Ladung ab und zu. Beim Stromfluss in eine Richtung lässt die Stromstärke nach. Etwa nach einem Viertel des Kreislaufs kommt der Stromfluss zum Stillstand. Das kontinuierliche Drehen der Spule bewirkt aber, dass dann erneut Strom fließt, zunächst nur schwach, aber diesmal in die andere Richtung. Er baut sich zu maximaler Stärke auf bis etwa zur halben Strecke einer Spulenumdrehung. Dann nimmt der Strom wieder ab, bis er etwa bei dreiviertel der Strecke erneut die Richtung wechselt.

Nachdem wir nun alle den Wissensstand von Elektroingenieuren erreicht haben, verstehen wir, dass es sich bei den Summgeräuschen der Starkstromleitungen um physikalische Vibrationen handelt – die Kräfte, die die Elektronen vorantreiben, übertragen sich auf die Drahtleitung. Die Vibrationen hängen ab vom Material der Leitung und davon, wie straff sie zwischen den Masten gespannt ist, und erzeugen die Summtöne. Ist die Stromladung eingestellt auf eine Frequenz von 60 Umdrehungen pro Sekunde, wird aus dem Summen ein tiefes Brummen, nahe der Note A, drei Oktaven unter dem mittleren C.

Das auftretende Summen hält sich vom Geräuschpegel her in Grenzen. Nach Auskunft von David Murray, Experte für Starkstrom, werden die Leitungsvibrationen vom menschlichen Ohr kaum wahrgenommen. Bei der Lautstärke der Geräusche spielt die Stärke der Leitung eine wesentliche Rolle. Je dicker der Leitungsdraht, desto eher hört man Summgeräusche.

Elektroingenieur Allen Bradley nennt einen weitere Grund, warum das Summen so leise ist:

> „Große Wechselstromleitungen bestehen nicht aus einem dicken Draht, der von Isoliermaterial umgeben ist. Vielmehr befindet sich innerhalb der Ummantelung ein Bündel von Drähten (Konduktoren). Wechselstrom tendiert nämlich dazu, an den Außenflächen des Drahts zu verlaufen, weniger im Drahtinneren. Um daher die Oberfläche der Leitungsdrähte zu vergrößern, werden mehrere gebündelte dünnere Drähte statt eines dicken Drahts verwendet."

Gleichstrom fließt gleichmäßiger verteilt durch die Leitung, daher ist ein einzelner dicker Draht ebenso zur Übertragung geeignet wie die für den Wechselstrom verwendeten Drahtbündel. Durch die Bündelung berühren sich die Wechselstrom führenden Drähte, wenn Vibrationen entstehen. Es kommt aber nicht bei allen Drähten des Bündels gleichzeitig zu Vibrationen. Das Schwingen eines einzelnen Drahts wird daher durch den „ruhigen" benachbarten Draht abgeschwächt. Gleichstromleitungen mit einem einzigen dickeren Draht können wesentlich lautere Geräusche produzieren.

Allen Bradley nennt noch ein anderes Geräusch, das häufiger zu hören ist als das beständige Summen – ein Knistern, das uns gelegentlich erschreckt:

> „Das Geräusch, das ich meist in der Nähe von Starkstromleitungen höre, ist weniger ein Summen als ein Knistern. Dies liegt an einem unerwünschten Phänomen, das auch Corona-Effekt

> genannt wird. Es tritt dann auf, wenn die Luft nahe den Starkstrommasten ionisiert wird. Die Isolatoren an den Masten werden mit der Zeit leicht ‚undicht‘, und kleine Mengen Strom fließen in die Masten. Metallteile, insbesondere die spitzen Vorsprünge auf den Masten, ziehen den Strom an. Das ionisiert die Luft in diesem Bereich und führt zu einem schwachen Glühen nahe dem Stromleiter. Bei der Ionisierung der Luftpartikel enstehen knisternde Geräusche. “

Jeder elektrische Strom baut um sich herum ein Magnetfeld auf. Bei Wechselstrom vergrößert und verkleinert sich das Magnetfeld entsprechend der wechselnden Stromstärke. Ionisierte Atome haben entweder Elektronen gewonnen oder verloren, Ionisierung tritt häufiger bei feuchtem oder stürmischem Wetter auf. Knistergeräusche an Starkstromleitungen sind daher besonders oft nach schweren Regenfällen zu hören.

Wenn Sie der Auffassung sind, die Arbeit von Elektroingenieuren sei staubtrockene Wissenschaft, dann sollten Sie einmal an einer Zusammenkunft dieser Fachleute teilnehmen. Dabei könnte es recht lustig zugehen, wie man aus der spontanen Antwort schließen möchte, die gleich zwei Experten auf die obige Frage gaben: „Die Stromleitungen summen, weil sie den Text nicht kennen.“

Warum sind Schreibtastaturen so angeordnet, wie wir sie heute kennen?

Bedenkt man die unterschiedliche Tonqualität, dann kommt es einem schon vermessen vor, dass sich die Konstrukteure der ersten Schreibtastaturen doch tatsächlich an Klaviertastaturen orientierten. Die meisten Schreibmaschinen hatten deshalb 8 – 10 Reihen, zumal vor Entwicklung der Umstelltaste auch einzelne Tasten für Großbuchstaben erforderlich waren. Diese frühen Tastaturen besaßen überwiegend eine strikt alphabetische Buchstabenanordnung.

Christopher Latham Sholes, der Konstrukteur der ersten in den USA industriell produzierten Schreibmaschine (1873), stellte fest, dass die alphabetische Anordnung der Typen bei schnellen Schreibern dazu führte, dass sich die Tasten verklemmten. Seinen Bruder, einen Lehrer, brachte dieses Schreibhindernis auf die Idee, die Tasten für die meistverwendeten Buchstabenkombinationen an verschiedenen Stellen der Tastatur anzubringen.

Die Brüder Sholes entwickelten daraufhin die „QWERTY"-Tastatur von heute (für die deutsche Schrift angepasst auf QWERTZ). Bis dahin schrieben auch die geübtesten Schreibkräfte nur mit zwei Fingern – man hielt es für unmöglich, blind zu schreiben, obwohl die Buchstaben alphabetisch angeordnet waren!

Sholes wusste, dass die Käufer Veränderungen an zuvor standardisierten Produkten nicht schätzen. Er verkaufte daher seine neue Tastatur unter dem Etikett „nach wissenschaftlichen Erkenntnissen angeordnet" und behauptete, die QWERTY-Tastatur erfordere beim Schreiben nur minimale Handbewegungen. Das genaue Gegenteil war der Fall. Bei der QWERTY-Anordnung begeben sich Finger auf eine ausgedehnte Wanderung über die gesamte Tastatur. Dennoch glauben bis heute die meisten Schreiber an Sholes irreführende Werbeaussage.

Mit der Entwicklung raffinierter Schreibmaschinen, Textverarbeitungssysteme und Computer, die nicht mit den traditionellen Hebeltasten arbeiten, besteht keine Notwendigkeit mehr für die QWERTY-Anordnung. Viele Theoretiker haben Vorschläge für effizientere Buchstabenanordnungen gemacht; so hat die nach ergonomischen Erkenntnissen entwickelte Dvorak-Tastatur begeisterte Anhänger. Aber die über ein Jahrhundert alte Tradition der QWERTY-Tastatur kann offenbar nicht von einer so schwachen Kraft wie der Logik überwunden werden.

Wozu dient die „SysRq"-Taste auf den meisten Computertastaturen?

Die „SysRq"-Taste, eine Abkürzung für „System Request", ist ein von Computerfreaks hinzugefügtes Detail, um uns Normalanwender wissen zu lassen, dass wir nur ahnungslose Eindringlinge in ihre Welt sind. Die gute Nachricht dabei: Wenn man versehentlich die SysRq-Taste (die auf deutschen Tastaturen auch manchmal „Sis-Abf" heißt) drückt, kommt es höchstwahrscheinlich nicht zu irgendwelchen Katastrophen bei der momentanen Computerarbeit. Die schlechte Nachricht ist, dass beim Drücken der SysRq-Taste vermutlich überhaupt nichts passiert.

Auf den meisten PC-Tastaturen teilt das SysRq-Symbol eine Taste mit dem Print-Screen-Befehl (auf deutschen Tastaturen manchmal „Druck"), der die Funktion hat, eine „Momentaufnahme" der Inhalte auf dem Bildschirm zu machen – aber nur, wenn man zuvor auch noch die Ctrl+Alt-Taste drückt. Anders gesagt, wenn Sie beim Schreiben versehentlich die Print-Screen/SysRq-Taste drücken, scheint gar nichts zu geschehen (bei manchen Systemen wird als Zwischenablage eine Kopie des Inhalts gemacht).

Einstmals hatte IBM große Hoffnungen auf die SysRq-Taste gesetzt. Sie erschien als Funktionstaste auf den Tastaturen der populären 3270-Terminals (entwickelt zur Kooperation mit den Großrechnern von IBM). SysRq erlaubte den Anwendern die direkte Kommunikation mit dem Betriebssystem, um z. B. zwischen Sessions auf dem Host Server zu wechseln. Vermutlich wollte IBM dieser Taste dieselbe Funktion bei Personal Computern zuweisen, da SysRq zwar nicht auf der 83-Tasten-PC/XT-Tastatur erschien, aber 1984 zur 84. Taste der AT-Tastatur wurde (entwickelt für den 286-Intel-Prozessor). Die meisten Programme nutzten aber nicht die Möglichkeit, diese Funktionstaste zu aktivieren.

SysRq hat ein kleines Comeback, da das kostenlose Open-Source-Betriebssystem Linux den Anwendern eine „magische" SysRq-Taste anbietet. Wenn diese Funktion durch Drücken von Alt+SysRq aktiviert wird, können die Anwender direkt mit dem Betriebssystem kommunizieren. Die „magische" SysRq-Taste kann dann z. B. das System neu booten, wenn andere Methoden nicht mehr ansprechen, oder aktuelle Speicherinformationen auf Ihrer Festplatte anzeigen, was eventuell hilfreich bei der Fehlerbeseitigung ist.

Obwohl die Tastaturen heute 20 Tasten mehr haben als zur Zeit der AT-Tastatur, scheinen die populärsten Programme weniger Funktionstasten denn je zu verwenden (wann haben Sie das letzte Mal die „Scroll-Lock"-Taste benutzt?).

Weshalb sind Computer-Leiterplatten grün?

Leiterplatten gibt es in allen Farben, mehr als man in einer Packung Buntstifte findet. Aber dunkelgrüne Leiterplatten haben offensichtlich absoluten Vorrang. Was ist der Grund dafür?

Eigentlich gibt es eine ganz einfache Antwort. Die grüne Farbe auf den meisten Leiterplatten bzw. Platinen, nicht nur bei Computern, sondern auch bei Spielautomaten bis hin zu Fernsehern, geht auf die „Lötstoppmaske" zurück. Die Lötstoppmaske bedeckt Vorder- und Rückseite der bedruckten Leiterplatte und kann als Trockenfilm aufgedruckt oder in flüssiger Form aufgebracht werden.

Diese Schicht dient nicht der Verschönerung der Platte, sondern soll die Teile bedecken und isolieren, die nicht gelötet werden müssen. Wenn die Maskierung auf die falschen Stellen der Leiterplatte gerät, kann das üble Konsequenzen haben – Kurzschlüsse gehören zu den schlimmsten, wie Mike Lopez, Mitarbeiter bei einem Leiterplattenhersteller, erklärt:

> Die grüne Farbe basiert auf Kunstharz, das vor Lötzinn schützt. Wenn die einzelnen Komponenten auf die Leiterplatte geladen werden, bewahrt die Lötstoppmaske davor, dass das Lötzinn an Stellen läuft, wo es einen Kurzschluss im Kreislauf verursachen würde. Die Elemente der Leiterplatte werden am Fließband von einer Seite aus montiert, während darunter Lötzinn fließt. Dieser Prozess gestaltet sich sehr viel einfacher, wenn man sicher sein kann, dass alle Leitungen, die durch die Öffnungen kommen, perfekt verlötet werden. Und das erreicht man mit einer grünen Lötstoppmaske.

Wir wissen, dass es bei Farben einen gewissen Hang zur Tradition gibt. Wenn Leiterplatten immer grün waren, warum soll man das überhaupt infrage stellen? Die Hersteller bleiben dabei, solange die Kunden keine Änderung verlangen. Farbwechsel führen im Übrigen bei der Herstellung stets zu zusätzlichen Reinigungsarbeiten und zu Abfall. Auch dies sind Gründe, am einheitlichen Dunkelgrün festzuhalten.

Die ältesten Leiterplatten waren jedoch nicht grün. Bob Dietzel, der auf eine langjährige Erfahrung in der Leiterplattenherstellung zurückblickt, berichtet, dass die ersten Platten seiner Firma durchscheinend weiß aussahen:

> Diese Platten wurden damals von Hand gelötet, eine Maskierung war nicht nötig. Unsere Facharbeiter platzierten die Komponenten auf den Platten und verlöteten sie.
>
> Die ersten Leiterplatten maskierte man von Hand mit einer teerähnlichen Substanz. Ebenfalls in Handarbeit ätzte man sie dann in einer Säure. Bald wurden Aufreibemaskierungen verwendet und mit Eisenchloridlösung geätzt.

Tom Wagner, ein Audiovisionstechniker und Webdesigner, schrieb über die Vielfalt der Farben und Materialien von Leiterplatten:

> Die Farbe der Leiterplatte zeigt an, aus welchem Material sie ist, und damit, für welchen Verwendungszweck sie sich eignet. Ältere Platten bestanden aus einer Bakelitmischung und waren braun. Platten aus Phenolharz waren beige. Die meisten Glasfasergewebeplatten für Computer sind grün. Andere Glasfasergewebeplatten haben eine blaue Farbe, Telefonplatten sind weiß.

Aber warum war gleich die erste Lötstoppmaske grün? Nach einer Theorie benutzten die Hersteller von Lötstoppmasken einfach das am leichtesten verfügbare Material: ein Kupfer-Phthalocyanin-Pigment, das zur Zeit der ersten Leiterplatten die einzige hitzebeständige organische Farbe war.

Andere denken bei Dunkelgrün ans Militär. Ein Fachmann äußerte dazu: „Ich habe gehört, dass die Farben für Leiterplatten in den Tagen des Zweiten Weltkriegs entwickelt wurden, und Grün war die Wahl für das Militär."

Eine weitere Quelle scheint dies zu bestätigen:

> Nach intensiven Tests entschied sich dann Ende 1954 auch das amerikanische Militär für Grün bei Lötstoppmasken. Laut Pressesprecher Colonel Robert Bright hob sich die spezielle Grünschattierung in allen Testsituationen besonders gut ab von der weißen Siebdrucktinte und erlaubte dennoch Durchsicht auf die darunterliegenden Verbindungen. Keine der anderen Farben erzielte den erwünschten Kontrast sowohl bei schwacher als auch bei starker Beleuchtung sowie unter farbigen Lichtquellen. Die Menge der vom Verteidigungsministerium georderten Leiterplatten machte die grüne Farbe zum Standard für die Hersteller. Der Gebrauch anderer Farben war nur für Prototypen gestattet.

Unabhängig von den Farbvorstellungen des Militärs, argumentieren manche, dass die dunkelgrüne Farbe besonders kontrastreich und wohltuend für die Augen derjenigen wäre, die die Platten montieren bzw. die diesen Prozess beaufsichtigen. Auch die Hersteller von Leiterplatten haben gute Gründe, diese Farbe zu bevorzugen: Die flüssige Lötstoppmaske funktioniert wie ein Kunstharz, das bestrahlt werden muss, um auszuhärten. Grün ist besonders empfänglich für UV-Licht und erleichtert daher diesen Prozess. Die meisten Großproduzenten von Leiterplatten bieten Sonderfarben an, oft zu gesalzenen Preisen. Es wird mit Sicherheit aber mehr als eine Laune brauchen, um das Dunkelgrün für Lötmaskierungen zu verdrängen.

Warum ist die Tastatur des Telefons anders angeordnet als die von Taschenrechnern?

Verschwörungstheorien gibt es zuhauf, aber erfahrungsgemäß ist bei allem, was der Mensch auf die Beine stellt, Tradition, Trägheit oder beides mit im Spiel.

Böse Zungen behaupten, die Post habe darauf gedrungen, die Anordnung der Taschenrechnertasten zu verändern, damit Leute, die sehr fix auf dem Rechner waren, die Tasten des Telefons langsamer bedienten und dort die Signale „mitkamen". Das stimmt natürlich nicht. Außerdem können auch heute noch blitzschnelle Wähler ein Tastentelefon schachmatt setzen.

Sowohl die Telefontastatur als auch die elektronischen Taschenrechner wurden in den frühen 1960er-Jahren eingeführt. Bei Rechnern standen die niedrigsten Zahlen unten auf der Tastatur. Telefontastaturen setzten 1-2-3 in die obere Reihe. Beide Anordnungen gehen direkt auf frühere Prototypen zurück.

Vor 1964 waren Rechner entweder mechanisch oder elektrische Geräte mit dicken Leitungen. Die Tastaturen der ersten Rechner ähnelten denen von Registrierkassen, bei denen die linke Tastenreihe oben mit der Neun begann und unten bei der Null endete. Die nächste Reihe rechts davon begann oben mit 90 und endete mit zehn, wiederum die nächste begann mit 900 und endete mit 100 usw. Alle frühen Rechner hatten zehn Reihen übereinander und die meisten neun Reihen nebeneinander. Von Beginn an standen bei Handrechnern 7-8-9 von links nach rechts in der oberen Reihe.

Vor dem Tastentelefon waren Wählscheiben die Regel. Mit Sicherheit hat man die Telefontastatur in Anlehnung an die Wählscheibe entworfen – mit der Eins oben und 7-8-9 unten. Laut Testergebnissen einer Telefongesellschaft half diese Anordnung der Ziffern, Wählfehler zu vermeiden.

Warum haben die meisten Tacker eine Einrichtung, um die Enden von Heftklammern nach außen umzubiegen?

Den Herstellern von Tackern wird anscheinend so häufig diese Frage gestellt, dass einer von ihnen sie samt Antwort auf seine Website aufgenommen hat.

„Bei einem Handtacker hat man auf der Basis des Tackers einen silberfarbenen Metallamboss vorne unter dem Tackerarm. Auf diesem Amboss werden die Heftklammern nach dem Heften in den entsprechenden Einkerbungen entweder nach innen oder nach außen umgebogen. Wenn sich Ihre Klammern nach außen biegen, wurde der Amboss gedreht. Um dies zu ändern, muss man den Knopf unter dem Amboss nach oben drücken. Dadurch hebt sich der Amboss an, und man kann ihn drehen. So ändert man die Position der formenden Schlitze. “

Tacker sind eine Erfindung des späten 19. Jahrhunderts, waren aber zu teuer und zu arbeitsintensiv (frühe Tacker konnten nur eine Heftklammer bevorraten), um Allgemeingut zu werden. Bevor sich das im frühen 20. Jahrhundert änderte, heftete man Papiere einfach mit Fäden oder beidseitig geschützten Nadeln zusammen. Da sie nicht umgebogen waren, konnte man sie leicht entfernen, ohne dass die zusammengehefteten Papiere Schaden nahmen. Und das ist auch heute der Vorteil, den nach außen umgebogene Heftklammern bieten. Lori Andrade von einem Heftklammernproduzenten gibt an, dass Textilreinigungen diese Art der Klammerung bevorzugen, da ihre Kunden die so angehefteten Nummernzettel leichter entfernen können.

Warum ist es unwahrscheinlich, dass Sie die Funktion Ihres Tackers, Klammern nach außen umzubiegen, wirklich nutzen? Nach unserer Erfahrung überwiegen bei fast allen Anwendungen dieser Technik die Nachteile. Nicht nur halten die Klammern nicht so gut, ihre Enden stehen auch heraus und können sich in andere Objekte bohren, z. B. in Ihre Finger. Wenn Sie sich über die Unversehrtheit Ihrer gehefteten Unterlagen Sorgen machen, greifen Sie lieber zu den alten Büroklammern oder zu Klemmmappen.

Wie halten Heftklammern in der Verpackung zusammen?

Wie Menschenwerk doch mit dem Menschen spielt! Da hat man ein Produkt, das zur Befestigung gedacht ist, und dann muss es erst einmal selbst befestigt werden. Heftklammern müssen nämlich in kleinen „Stangen" aneinander fixiert werden, damit man überhaupt mit ihnen arbeiten kann. Was die Klammerwelt zusammenhält, ist eine minimale Menge Klebstoff.

Heftklammern werden aus feinem Draht hergestellt. Eine spezielle Maschine wickelt den Draht um eine Spule und presst ihn flach. Bereits während dieses Vorgangs wird auch der Klebstoff aufgetragen. Dann nimmt man den flachen Draht von der Spule, schneidet ihn in Streifen und presst ihn in die typische Heftklammerform.

Warum wird die Vier auf Uhren mit römischem Zifferblatt oft durch IIII statt IV angezeigt?

Uhrendesigner haben einigen Spielraum bei der Gestaltung der Nummern auf Zifferblättern. Sie können sich entscheiden zwischen arabischen Ziffern, römischen Ziffern und einem leeren Zifferblatt. Haben Sie bemerkt, dass die Ziffer Neun meist als IX auf Zifferblättern erscheint, die Vier aber fast immer mit IIII statt IV bezeichnet wird? Die befragten Uhrenhersteller konnten darauf keine befriedigende Antwort geben. Bis uns ein Uhrmacher ganz locker die Lösung des Rätsels präsentierte.

Ab dem 14. Jahrhundert wurden mechanische Uhren an öffentlichen Plätzen, vorwiegend Kirchen, angebracht. Die Zifferblätter gestaltete man zunächst nur dekorativ, frühe Modelle hatten keine Stunden- oder Minutenzeiger und läuteten lediglich zu vollen Stunden.

Uhren hatten einen besonderen Stellenwert für die normalen Bürger, die im Allgemeinen Analphabeten waren. Die meisten Bauern konnten keine römischen Zahlen lesen, und sie konnten auch nicht rechnen. Sie zählten die Zeit an den Fingern ab. Dabei waren vier Striche viel besser umzusetzen als IV, fünf minus eins.

Frühe Uhren zeigten oft 24 Stunden an statt zwölf. In Deutschland fand man zum besseren Verständnis der Uhrzeit folgende schlaue Lösung: Die Vormittagsstunden erschienen in römischen Ziffern, die Nachmittagsstunden in arabischen. Ansonsten blieben die normalen 24-Stunden-Uhren für viele Ungebildete schwer verständlich. Einige Uhrenhersteller zeigten die Vier oder Neun durch Striche und verzichteten auf die Schreibweise IV oder IX.

Warum setzen Uhrenhersteller auch heute noch auf römische Ziffern? Vor allem deshalb, weil das Flair des Antiken dem Käufer gefällt. Zu einer Zeit, da zuverlässige Uhren viel preiswerter produziert werden als noch vor Jahrzehnten, legt man Wert auf besondere Designelemente. Damit will man die Käufer veranlassen, mehr Geld auszugeben oder sich noch einen weiteren Zeitmesser zuzulegen. Mag sein, dass sich römische Ziffern leichter auf dem Kopf und aus der Entfernung lesen lassen, das größte Verkaufsargument ist immer noch der Hauch von Klasse, den sie vermitteln.

Ob man nun aber für vier Uhr die original römische Ziffer mit dem humanistischen Bildungshintergrund auf das Zifferblatt bannt oder das einstmals für die einfachen und unwissenden Leute geschaffene Vier-Strich-Zeichen – an der exklusiven Ausstrahlung des Zeitmessers ändert das nichts. Übrigens ist die Uhrzeit heute so sehr Teil unseres Lebens geworden, dass wir immer wissen, welche Stunde geschlagen hat, selbst wenn jede davon nur mit einem Strich gekennzeichnet ist – oder mit keinem.

Wie wachten die Leute auf, bevor es Wecker gab? Und wie hielten sie sich an genaue Verabredungen, ehe die Uhren erfunden wurden?

Denken wir an einen einfachen Menschen in früherer Zeit, sagen wir im 9. Jahrhundert. Nach harter Tagesarbeit entschließt er sich, einen Freund auf einen Capuccino oder einen Drink zu treffen. Gab es da nicht eine unbehagliche Pause nach „Nun ja, warum treffen wir uns nicht bei mir um ..."? Oder er hatte eine neue Arbeit als Schreinerlehrling. Sein Chef sagte: „Du musst pünktlich hier sein, um ..." Wie wusste er, wann er da sein sollte? Und wie war er sicher, rechtzeitig aufzuwachen, um zur verabredeten Zeit am Treffpunkt zu sein?

Nun ja, wir wissen schon, damals gab es weder Coffeetime, Teatime noch Happy Hour, und Pünktlichkeit auf die Minute war kaum erforderlich. Allgemein verlief das Leben in geregelten, an der Natur ausgerichteten Abläufen. Die Menschen teilten sich die Zeit nach dem Lauf der Sonne ein. Morgens stand man auf, wenn es hell wurde. Im Tagesverlauf orientierte man sich bei gutem Wetter am Schatten der Bäume oder an Sonnenuhren. Außerdem gab es neben der Sonne noch die unerbittlichen Wecker für das mordendliche Aufstehen, wie den Hahn auf dem Mist und andere Haustiere, die eine erste Fütterung einforderten.

Im Mittelalter lebte der größte Teil der Bevölkerung in dörflicher Umgebung, doch auch in den Städten, die man mit unseren heutigen nicht vergleichen kann, wurden Haustiere gehalten. Und es war ja auch nicht so, dass die Bauern im Mittelalter viel freie Zeit gehabt hätten, die einzuteilen gewesen wäre. Das Leben war einfach und hart. Der Bauer oder Arbeiter wurde von der aufgehenden Sonne geweckt, vollbrachte seine täglichen Pflichten bis zum Sonnenuntergang und ging dann bald schlafen. Wenn man immer im gleichen Rhythmus lebt, stellt sich auch die innere Uhr darauf ein. Heute brauchen ebenfalls viele Menschen keinen Wecker, der sie morgens aus dem Bett wirft. Sie wachen ganz einfach automatisch zur richtigen Zeit auf.

Mechanische Uhren kamen nicht vor Mitte des 14. Jahrhunderts auf. Aber wer konnte sich einen solchen Zeitmesser leisten! Man musste sich weiter von Hähnen, der Sonne, dem Stadtausrufer, von Kirchenglocken und Fabriksirenen wecken lassen oder von seiner inneren Uhr.

Der Buchautor David S. Landes vermutet, dass diese Signale nicht stets eine genaue Zeit angaben, sondern sich den aktuellen Erfordernissen anpassten:

> ... Sie wurden diktiert von der Natur, dem Wetter und den wechselnden Anforderungen der Landwirtschaft, keinem Plan folgend,

sondern der günstigen Gelegenheit und den Umständen. Sie stellten nicht so sehr ein Zeichen für Pünktlichkeit dar als vielmehr einen Ersatz dafür. In den Städten waren die Arbeitsbedingungen etwas anders. Dort standen die Arbeiter aber auch mit der Dämmerung und den Tieren auf. Sie arbeiteten dann so lange, wie es das natürliche Licht oder die Öllampen erlaubten. In den typischen Wohnwerkstätten stand normalerweise der jüngste Lehrling als Erster auf, zündete das Feuer an, holte Wasser und weckte die anderen; und die gleiche Person erledigte zur Nacht alles Nötige. Die große Tugend war Fleiß – die unermüdliche Sorgfalt, Aufträge zu erfüllen. “

Als bei uns in Mitteleuropa gerade erst langsam die Lichter angingen, befanden sich die Chinesen in puncto Kultur und Technik bereits gewaltig auf dem Vormarsch. Sie waren auch die Ersten, die einen effektiven Zeitregler erdachten.

Auf kaiserlichen Erlass hin entwickelte der Beamte und Wissenschaftler Su Song eine „astronomische Uhr", die nach nur vier Jahren 1090 n. Chr. fertiggestellt war. Es handelte sich um einen Uhrenturm mit der eindrucksvollen Höhe von 6 m, überwiegend in Bronze gegossen. Dieser Uhrenturm besaß mehrere Funktionsbereiche: eine optische und akustische Zeitanzeige, den Himmelsglobus mit den Sternenkonstellationen zu den verschiedenen Zeiten und ein Instrument zur Bestimmung der Positionen von Himmelskörpern. Dieses Wunderwerk der Technik wurde durch Wasserkraft angetrieben. Für diesen Zweck entwickelten die Chinesen eine Vorrichtung, die als „Hemmung" in die Geschichte der Technik einging. Die Chinesen hatten dafür einen blumigeren Namen: „himmlisches Gleichgewicht". Diese Uhr war mit einer täglichen Zeitabweichung von weniger als 100 Sekunden bis zum Ende des 16. Jahrhunderts das genaueste Zeitmessungsgerät.

Das einfache Volk – weitab von dieser kaiserlichen Uhr – versuchte sich an wesentlich schlichteren Zeitmessern, denen eine gewisse Effektivität aber nicht abzusprechen ist. Milton Stevens, Direktor des Amerikanischen Uhrmacherinstituts, gibt einen Eindruck von diesen einfachen Weckern:

„ Den Chinesen sagt man nach, erstmals Seiluhren benutzt zu haben. Die Uhren bestanden aus einem Tau, das mit Öl getränkt wurde, damit es besser brannte. Durch Experimente ermittelten sie, welche Länge des Seils in einer Stunde verbrannte, und markierten es entsprechend mit Knoten bis zum „Weckruf". Das Seil wurde nun an einen Zeh gebunden und am anderen Ende in Brand gesteckt. Wenn nun die genaue Stunde kam, zu der man erwachen sollte, hatte der Schwelbrand den Zeh erreicht und sorgte für ein unverzügliches Aufspringen.

Mit der Kerzenuhr verhielt es sich ähnlich. Man wusste, wie weit eine Kerze in einer Stunde herunterbrennt, und brachte an den entsprechenden Stellen eine Markierung an. Dann setzte man die Kerze in eine große Metallschüssel. Mit einem Haken wurde eine kleine Glocke an der Markierung für die Weckzeit befestigt. Und wenn die Kerze bis zu diesem Punkt abgebrannt war, fiel die Glocke in die Metallschüssel – mit Glück laut genug, um den Schläfer zu wecken. “

In Europa kam die Nachfrage nach präziseren Weckuhren nicht, wie man vermuten möchte, aus der Welt des Handels, sondern aus der der Religion. Mit Beginn des Klosterlebens entstand die Notwendigkeit eines geregelten Tagesablaufs mit Zeiten für Gebet und Arbeit.

Viele Klöster teilten den Tag in sechs Abschnitte ein, mit sechs Gebetszeiten. Auch Nachtwachen gehörten zum klösterlichen Zeitplan, das bedeutete, die Mönche mussten nachts zu bestimmten Zeiten wieder aufstehen. Anfangs hatte immer eine Person aufzubleiben, während die anderen Mönche schliefen, und weckte sie dann zu den Gebetszeiten.

Die von den Mönchen als erste Hilfen im Stundenkarussell entwickelten „Wecker" waren einfache Konstruktionen, ohne Zeiger oder Zifferblatt, mit der Aufgabe, zur gewünschten Zeit Glocken in Bewegung zu setzen. Sie wurden so eingerichtet, dass sie zu den sechs, später auch sieben vorgeschriebenen Stunden läuteten, mit einer unterschiedlichen Anzahl von Glocken, aus der zu entnehmen war, welcher Gebetsdienst begann.

Und wie machte es der Bauer oder der Bürger, der weder eine Uhr noch etwas Uhrenähnliches besaß? Wahrscheinlich kam er einige Zeit vor dem abgesprochenen Termin an – wobei es sich nicht um einen Termin im heutigen Sinne handelte, sondern um eine Umschreibung wie „Wir treffen uns bei Sonnenuntergang". Wenn Höflinge für eine Zeremonie vor der Morgendämmerung am Palast sein sollten, warteten sie lieber ab Mitternacht auf das Schlagen der Trommel und die Öffnung des Tors. Zu verschlafen war nicht ratsam.

Als schließlich Rathausuhren und Kirchturmuhren für jedermann die genaue Stunde schlugen, wurde für die Menschen das Leben keineswegs einfacher. Die Zeit war sichtbar vorhanden und konnte den Abhängigen von den Unabhängigen genau eingeteilt und verknappt werden. Später half die allgemeine Verbreitung von großen Uhren und Taschenuhren dabei, die Organisation und Leistungsfähigkeit der industriellen Revolution anzuheizen. Diese brachte einen enormen Fortschritt, aber zunächst auch viel Elend.

Weshalb laufen Uhren „im Uhrzeigersinn"?

Beim Pferderennen und den meisten Formen des Eislaufs sind wir daran gewöhnt, Bewegung in einer Richtung gegen den Uhrzeigersinn zu sehen. Gibt es einen besonderen Grund dafür, warum Uhren rechtsherum laufen? Ja, und die Erklärung dafür ist ganz einfach.

Vor der Einführung mechanischer Uhren las man die Zeit an Sonnenuhren ab, und zwar an der Lage des Schattens, den ein von der Sonne beschienener Stab warf. Der Stab musste parallel zur Erdachse liegen. In der nördlichen Hemisphäre bewegte sich der Schatten in der Richtung, die wir jetzt „im Uhrzeigersinn" nennen. Wären Uhren in der südlichen Hemisphäre eingeführt worden, würden sie sich sicher in entgegengesetzter Richtung bewegen.

Warum spucken Taucher in ihre Maske, bevor sie ins Wasser gehen?

Wenn wir uns die Bilder der Unterwasserwelt von Jacques Cousteau ins Gedächtnis rufen, sehen wir die prächtigen irisierenden Farben tropischer Fische, die subtile Schönheit der Korallenriffe, die kämpferische Entschlossenheit der Haie und die Weite des Ozeans. Denken wir aber an Jacques Cousteau, dann fällt uns vielleicht ein, dass er vor jedem Tauchgang in seine Maske spuckte und den Speichel über der Innenseite seiner Maske verrieb. Na ja!

Dieses Ritual vor dem Tauchen stellt eine der wenigen gesellschaftlich sanktionierten Notwendigkeiten des Spuckens dar, denn es macht Sinn: Spucken bewahrt das Glas der Masken vor dem Beschlagen. Jeder Taucher kennt dieses Problem. Und wer möchte schließlich ins Unsichtbare tauchen?

Was verursacht den Nebel? Während eines Tauchgangs sammelt sich in der Maske immer mehr Wasserdampf. Beim Atmen wird feuchte Luft ausgestoßen, außerdem schwitzt man. Im abgeschlossenen Raum der Maske kondensiert der Wasserdampf in kleinen Tröpfchen an der Scheibe. Diese kleinen Tropfen reflektieren Licht in alle Richtungen und machen die Linse trübe: Dauernebel.

Warum Kondensation? Zum einen kann die Luft in der Maske mit Wasserdampf übersättigt sein. Zum anderen wird das Innere der Maske kälter, je länger man taucht. Das Glas der Maske ist dagegen noch kälter als die Luft im Inneren, weil es in ständigem Kontakt mit dem kalten Wasser steht (es sei denn, man taucht in einem warmen Schwimmbad). An der kalten Scheibe kühlt die warme Atemluft ab und kondensiert.

Professionelle Taucher erklärten, dass schmutzige Sichtscheiben das Problem noch verschlimmern. Kleine Schmutzflecken führen dazu, dass Wasser auf ihnen kondensiert. Auch Fehlstellen im Glas sind besonders anfällig für Kondensation.

Wie kann dann Spucken hilfreich sein, bringt man damit doch noch mehr Wasser auf die Innenseite der Sichtscheiben? Wassermoleküle sind zweipolig, mit einer kleinen positiven Aufladung an einem und einer kleinen negativen Aufladung am anderen Ende. Sie neigen dazu, sich auf einem bestimmten Partikel festzusetzen oder sich zu großen Molekülen, die auch wieder aufgeladen sind, zu vereinen. Das Resultat sind Anhäufungen von Mikrotropfen, die sich dann ausbreiten. Diese Mikrotropfen brechen Licht in unvorhersehbare Richtungen.

Wenn man Spucke in der Maske verteilt, bedeckt man ihre Innenseite mit vielen diffusen Aufladungen, das Wasser kondensiert in gleichförmiger Weise. Anstelle der feinen Wassertropfen, die sich normalerweise bilden, entsteht auf der Sichtseite eine gleichmäßige Wasserschicht. Weitere dazukommende Wassermoleküle verbinden sich mit dieser Schicht, statt sich an einer Stelle anzuhäufen; in der Folge bringt die Schwerkraft das Wasser dazu, gleichmäßig an der Sichtscheibe abzulaufen.

Warum schwingt die Trommel der Waschmaschine vor und zurück, statt sich um 360° zu drehen?

Damit Schmutz von der Wäsche gelöst wird, muss sich das Waschgut in der Maschine bewegen. Bei voller Drehung der Trommel würde die Zentrifugalkraft bewirken, dass die Wäsche an einer Stelle hängen bleibt. Das übliche Hin-und-herschwingen bewegt die Wäsche.

Eine solche Schicht streut kein Licht – wir können hindurchsehen. Der gleiche Prozess findet bei Geschirrspülmitteln statt, die Wasserflecken verhüten sollen. Sie reinigen das Geschirr nicht mehr als andere Produkte, sondern überziehen die Gläser gleichmäßig mit aufgeladenen Molekülen.

Spucken ist leider kein Allheilmittel. Ein Tauchlehrer aus Kalifornien berichtete:

> »Viele Taucher spucken vor dem Tauchgang in ihre Masken und verreiben die Spucke. Das schützt die Maske eventuell eine Weile davor, zu beschlagen, aber dann ist der Effekt vorbei. Wenn das der Fall ist, kann man sie auch unter Wasser reinigen. Man muss die Maske absetzen, mit Meerwasser ausspülen und vielleicht die Sichtscheibe abputzen. Dann kann man sie wieder aufsetzen. Restwasser entfernt man aus der Maske, indem man Luft hineinbläst. Dies wirkt aber nur für etwa 15 Minuten, dann beginnt die Maske wieder zu beschlagen, und man ist erneut gezwungen, etwas zu unternehmen.«

Das ist alles recht aufwendig und wenig effektiv. Gibt es nicht noch andere Mittel gegen das lästige Beschlagen? Taucher haben schon lange experimentiert. Zahnpasta, flüssige Seife, Kautabak und sogar Seetang sind alle schon ausprobiert worden. Aber sie verursachen ausnahmslos Probleme. Die Scheuerwirkung von Zahnpasta, die unsere Zähne reinigen hilft, kann die Tauchermaske beschädigen. Spülmittel arbeiten gut, führen aber unter Umständen zu Augenreizungen, und Seetang ist nun mal nicht überall sofort bei der Hand.

Inzwischen ist man aber auf zwei bessere Alternativen gestoßen. Die eine sind Antibeschlagprodukte. Das erfolgreichste kommt von einem amerikanischen Hersteller und heißt Sea Drops. Der Taucher drückt zwei Tropfen davon auf die trockenen Sichtscheiben. Es wird zwar ausdrücklich darauf hingewiesen, dass das Produkt von beiden Seiten eingerieben werden soll, es wirkt aber auch bei einseitiger Verwendung.

Im Februar 1996 erschien ein Artikel mit dem Titel „Spucken oder spritzen" in einem Magazin für Taucher, in dem verschiedene Antibeschlagmittel für Tauchermasken verglichen wurden. Es hieß dort, dass die kommerziellen Produkte einen besseren und länger andauernden Erfolg versprechen als Speichel, und eines der am höchsten bewerteten Produkte war 500 psi Mask Defog. Dieses dicke Gel lässt sich unter Wasser leicht aufbringen und hält auf den Sichtscheiben. Die zweite Alternative zum Spucken ist der Kauf von Sichtscheiben, die nicht beschlagen. Nach Aussage eines Herstellers sollen sie gut funktionieren:

> Die Scheiben sind aus Temperglas, das mit einer Antibeschlagschicht behandelt ist. Diese Schicht wird mithilfe eines Polycarbon-Haftmittels aufgetragen und lässt das Kondenswasser gleichmäßig um die Sichtscheiben herum ablaufen. Um die Maske vor dem Tauchen zu aktivieren, muss man sie lediglich ins Wasser halten.

Offenbar schätzen manche Taucher die Herausforderung, mit normalen Sichtscheiben zu tauchen und den Kampf mit dem Beschlagen aufzunehmen. Nach ihrer Meinung über das Spucken in die Maske gefragt, zeigten sich einige Taucher dagegen:

> Es ist einfach unappetitlich und sieht hässlich aus. Außerdem birgt es Gefahren. Es gab den Fall einer Herpesinfektion, die zu partieller Erblindung führte; dabei gelangte das Virus von einem Fieberbläschen am Mund über die Spucke auf der Maske in die Augen. Man macht nichts falsch, wenn man die heute im Handel befindlichen Antibeschlagprodukte einsetzt.

Andere dagegen waren von der Methode begeistert: „Ich begann letzten Sommer mit dem Tauchen. Zu Anfang benutzte ich kommerzielle Antibeschlagmittel, aber ich verlor fortwährend die kleinen Fläschchen. Am Ende der Saison war ich ein überzeugter Spucker. Es funktioniert wirklich gut!"

Wie funktionieren 3-D-Filme und 3-D-Brillen?

Filme mit dreidimensionalem Bild sind eine Weiterentwicklung des Stereosicht-Systems, das bei Billigprodukten in Touristenläden und bei Kinderspielzeug gebräuchlich ist. Diese „Guckkästen" zeigen zwei verschiedene Bilder, die nur wenige Zentimeter vom Gesichtsfeld des menschlichen Auges entfernt liegen. Das linke Bild wird nur vom linken Auge gesehen, das rechte Bild nur vom rechten Auge.

Die Technik des 3-D-Films ist wesentlich komplizierter, weil der Filmproduzent ein Mittel finden muss, das linke Auge daran zu hindern, ein Bild zu sehen, das nur das rechte Auge sehen soll, obwohl beide Bilder gleichzeitig auf den Bildschirm projiziert werden. Die Geschichte dieser Technik wurde uns von einem Mitarbeiter des Fotomuseums von Eastman Kodak erklärt:

» Das erste derartige Verfahren wurde 1853 von Wilhelm Rollmann entwickelt; man nennt diese Bilder Anaglyphen. Das Bild für das linke Auge wurde mit einem roten Filter projiziert, das Bild für das rechte Auge mit einem blaugrünen Filter. Die Zuschauer setzten dann Brillen mit den gleichen Farbfiltern auf – der rote Filter vor dem linken Auge übertrug das Licht des linken Bildes und blockierte das vom Projektor ausgesandte Licht des rechten Bildes. Dieses System wurde auch bei Stereo-Comicbüchern eingesetzt und ist experimentell genutzt worden, um Stereobilder ins Farbfernsehen zu bringen. «

Das rote und das grüne Halbbild ergeben zusammen gesehen ein dreidimensionales Schwarz-Weiß-Bild. Bei einem 3-D-Farbfilm führen die roten und blaugrünen Filter jedoch zu unerwünschten Verfärbungen.

Die Lösung kam von der Firma Polaroid, die eine speziell für 3-D-Filme geeignete Polarisationsmethode entdeckte. Bei dieser Technik „wird der Polarisationswinkel für ein Auge rechtwinklig an den für das andere Auge gesendet. Das bedeutet, bei einer Bildübertragung wird ein Auge blockiert." Mithilfe dieses Systems übertrug man in den 1950er-Jahren 3-D-Filme.

Warum gibt es Batterien vom Typ AA, C und D, aber keine vom Typ A oder B?

Weil sie veraltet sind. Batterien in A- und B-Größen gab es als Teilzellen in größeren Zink-Kohle-Batterie-Packungen. Die A-Zellen lieferten die Niedrigvoltspannung für die Fäden in den Vakuumröhren, die man brauchte, um frühe Radios und Kurbeltelefone mit Energie zu versorgen.

Natürlich, die Nachkommen der alten Batterien in A- und B-Größen gibt es immer noch. So wie die elektronischen Bauteile kleiner geworden sind, sind es auch die Batterien für ihren Betrieb. Wie Sie sich vorstellen können, kam die A-Batterie zuerst, dann in ansteigender Größe B, C und D.

James Donahue vom Batteriehersteller Duracell gab an, dass man kleinere als die originalen A-Zellen mit AA und dann mit AAA bezeichnet. Inzwischen gibt es schon eine AAAA-Batterie. Die alten, großen A- und B-Batterien werden nicht mehr produziert. Es macht keinen Sinn, wenn eine Batterie größer ist als das Gerät, das sie betreibt.

Wieso sind Neun-Volt-Batterien rechteckig?

Die meistverkauften Batteriearten (AA, AAA, C, D) haben fast alle 1,5 Volt. Batterien mit neun Volt, auch als Blockbatterien bekannt, sind aus sechs Zellen à 1,5 Volt aufgebaut. Diese sind zylindrisch. Wenn Sie sechs Zylinder ökonomisch in ein Gehäuse einpacken wollen, würden Sie da nicht ein Rechteck wählen? Versuchen Sie einmal, ohne Platzvergeudung sechs Zylinder in ein quadratisches oder zylindrisches Gehäuse zu packen.

Die Form der Neun-Volt-Batterien entstand, als sie gebraucht wurden, um Kommunikationsgeräte zu versorgen, in denen Platz sehr knapp war. Heute sind Neun-Volt-Batterien vor allem bei Rauchmeldern oder in Vorverstärkern für Musikinstrumente gebräuchlich.

Erschöpfen sich die Batterien schneller, wenn man die Lautstärke bei einem batteriebetriebenen Radio aufdreht?

So ist es! Der Manager eines Batterieherstellers berichtete von einer Untersuchung, die diesen Punkt überzeugend aufklärte:

> »Wir haben unlängst das tragbare Radio-Kassettengerät eines namhaften Herstellers getestet, das von sechs Monozellen (Größe D) betrieben wird. Vom niedrigsten bis zum höchsten Punkt auf dem Lautstärkeregler erhöhte sich die benötigte Leistung um das Dreifache. Das bedeutet, dass bei voller Lautstärke die Lebensdauer der Batterie um zwei Drittel sinkt, verglichen mit null Lautstärke. Diese Energiedifferenz wird von den Lautsprechern verbraucht.«

Don French, Chefingenieur bei einer Rundfunkanstalt, bestätigte das oben Gesagte. Nach seiner Schätzung verbraucht ein Walkman oder iPod 200 % mehr Batterieleistung bei der lautesten Einstellung gegenüber der leisesten. Die kleinen Radios besitzen Audioverstärker, die Energie verbrauchen. Eine Stereoanlage zu Hause mag 50 Watt benötigen und ein Taschenradio 200 Milliwatt, das Prinzip bleibt gleich – je mehr Leistung gefragt ist, umso mehr Energie wird benötigt.

Warum müssen Autobatterien so schwer sein? Warum kann man sie nicht kleiner machen?

Autobatterien in AA-Größe wären natürlich eine tolle Sache. Bleibt der Wagen stehen, braucht man nur ins Handschuhfach zu greifen und eine kleine Batterie herauszuholen, die zu Hause aufgeladen wurde. Den Autoherstellern wären kleinere Batterien auch sympathischer. Jedes schwere Material, ob es nun der Stahl in der Karosserie eines Autos, der Motor oder die Zylinder sind, kostet Kraftstoff.

Die Batteriehersteller haben darauf geantwortet. In einigen Fällen sind Batterien bereits nur noch halb so groß wie vor 20 Jahren. Aber erwarten Sie in näherer Zukunft keine Autobatterien in AA-Größe. Ein Hersteller schreibt: „Hauptbestandteil einer Batterie sind hochverdichtete Bleiplatten. Es wurde kein Ersatz für Blei gefunden, der die erforderliche Spannung in Volt liefern kann."

Je mehr Bleioberfläche in der Batterie zur Verfügung steht, desto leichter kann Strom erzeugt werden, erklärte ein Ingenieur der Firma Shell. Er meinte, dass wir schon jetzt den Preis für die immer kleineren Batterien zahlen müssten. Obwohl moderne Batterien gut beim Kaltstart sind, haben sie niedrige Reservekapazitäten. Das heißt, sie halten unter Beanspruchung nicht so lange, wie es eigentlich wünschenswert wäre.

Beim Autohersteller Rolls-Royce äußerte man sich dazu wie folgt:

> »Je dünner man die Bleiplatten in der Batterie herstellt, desto weniger Material enthält sie. Je schwerer das Material, desto stabiler sind die Batterien und desto länger halten sie. Dünnere Platten reduzieren die Amperestunden-Kapazität. Bei der Verwendung schwereren Materials, wie es bei Schiffs- und Industriebedarf üblich ist, hat man eine längere Lebensdauer und eine geringere Belastung. Damit verringert sich die Wahrscheinlichkeit, dass sich die Platten bei starkem Einsatz verziehen oder dass Material von den Elektroden abgesprengt wird. Kleinere Batterien wären vielleicht wünschenswert, aber sie würden keine übermäßige Beanspruchung aushalten.«

Es gehört zur Marketingstrategie der Firma, das hohe Gewicht ihrer Batterien hervorzuheben. Man erwähnt gerne die Schiffsbatterie mit 3,2 mm dicken Plusplatten. Im Gegensatz dazu haben einige Autobatterien Bleiplatten mit einer Stärke von 1,4 mm. Diese hält man bei Rolls-Royce jedoch für zu schwach, um hohe Belastungen auszuhalten.

Weshalb verursachen Peitschen bei heftigem Schlagen ein knallendes Geräusch?

Peitschen können eine Geschwindigkeit von mehr als 1000 km/h erreichen und die Schallmauer durchbrechen. Was Sie hören, ist ein kleiner Überschallknall.

Was ist eigentlich der Unterschied zwischen Audiokassetten und Videokassetten?

Wenn Sie eine Videokassette vorne öffnen und das enthaltene Band betrachten, verläuft es vom linken zum rechten Ende der Öffnung. Dies ist auch bei Audiokassetten so.

Der Unterschied zwischen den beiden Kassettenarten ist folgender: Bei der Audiokassette wird (wenn man das Band durch die Öffnungen der Kassette betrachtet) nur die halbe Breite des Bands bespielt. Daher kann man eine Audiokassette am Ende des Bands umdrehen, um auch die andere Bandhälfte zu nutzen. So ergeben sich bei Audiokassetten die bekannten zwei Seiten mit z. B. je 45 Minuten Spieldauer.

Bei den gegenwärtig im Handel befindlichen VHS-Videokassetten ist ein Umdrehen nicht möglich. Sie müssen aus diesem Grund nach dem Abspielen zurückgespult werden. Der Grund dafür ist, dass die Breite des Videobands hier anders genutzt wird.

Am oberen Rand des Videobands befinden sich zwei Spuren für den Stereoton (L+R), außerdem eine Spur für den Timecode sowie eine Spur für das Tracking (CTI). Die Letztere wird gebraucht, damit man den Videorekorder beim Abspielen automatisch auf die richtige Lage der Bildspur einstellen kann. Bei diesen vier Spuren handelt es sich um Längsspuren, wie sie auch auf Audiokassetten zu finden sind.

Das Bild an sich wird im Schrägspurverfahren durch eine rotierende Kopftrommel aufgezeichnet. Es liegt auf dem Band dann in schräg zur Bandrichtung verlaufenden Spurabschnitten vor. Jeder dieser Spurabschnitte enthält ein komplettes Halbbild. Bei einem Fernsehgerät nach PAL-Norm werden dann pro Sekunde 50 dieser Halbbilder auf der Bildröhre dargestellt. Für das menschliche Auge sieht das so aus, als ob sich das Bild auf dem Fernseher bewegt.

Die Technik hat im Heimbereich Audio- und Videokassetten mittlerweile ziemlich aus dem Rennen geworfen. Den Rang abgelaufen haben ihnen die CDs, auf der Ton bzw. Daten gespeichert werden, und die DVD für Ton und Bild, also für Filme. Eine DVD kann je nach Ausführung ca. 7 – 14-mal so viele Informationen speichern wie eine CD. Aber die Entwicklung auf diesem Sektor geht weiter.

Wieso sind die Augen auf Fotos oft rot? Warum trifft das besonders für die Augen von Hunden und Katzen zu?

Haben Sie je rote Augen auf einem professionellen Foto gesehen? Natürlich nicht. Fotografen wissen nämlich genau, dass zahlende Kunden ein richtig schönes Bild ihres Gesichts haben wollen und nicht noch zusätzlich eine Reise in die Blutbahnen ihrer Augen.

Ja, das Rot, das man sieht, ist wirklich Blut. Da sich das Blitzlicht zu nah an der Kameralinse befindet, wird einfach zu viel davon auf den Film gebannt. Das Licht des Blitzes trifft direkt die Pupille des Auges und wird dann von der Netzhaut zurück zur Kamera reflektiert. Das Phänomen der roten Augen tritt auf, weil sich die Pupille in dunkler Umgebung automatisch weiter öffnet.

Einige einfache Tipps helfen, das Rote-Augen-Phänomen aus Ihren Fotos zu verbannen:

1. Versuchen Sie, den Blitz weiter von der Linsenachse entfernt zu halten. 8 cm mehr sollten genügen. Als die Kamerahersteller beim ersten Erscheinen der Blitzwürfel das Problem mit den roten Augen bemerkten, boten sie Blitzwürfel-Extender an, 8 cm hohe Stützen, die den Winkel zwischen der Kameralinsenachse und dem Blitzwürfel vergrößern.
2. Wenn mit Blitzlicht fotografiert wird, sollten Personen nicht geradeaus in die Kamera schauen. Bei Gruppenaufnahmen ist das Opfer mit den roten Augen immer derjenige, der direkt in die Linse geblickt hat. Ein edles Halbprofil wirkt sowieso meist besser, und man vermeidet damit zudem, dass man geblendet wird.
3. Ein ganz einfacher Rat: Machen Sie keine Aufnahmen bei völliger Dunkelheit. Sie werden, selbst ohne rote Augen, nur selten richtig gut. Überlassen Sie die Höhlenfotos den Profis!

Und warum ist bei Katzen und Hunden, wenn sie fotografiert werden, das Rote-Augen-Phänomen besonders stark ausgeprägt? Beide, Katzen und Hunde, besitzen größere und offenere Pupillen als Menschen, und das Blitzlicht trifft daher auf mehr Netzhautfläche.

Weshalb ist die Wasserleitung unter dem Wasser- oder Spülbecken so kurvenreich? Warum hat sie eine S-Kurve? Wieso gibt es nicht ein gerades vertikales Rohr?

Glauben Sie uns, hier handelt es sich nicht um einen Werbespot des Fachverbands für Sanitärtechnik. Wir wollen Ihnen nicht ein längeres Rohr verkaufen nach dem Motto: Sie brauchen diese Krümmungen. Bei den Rohrleitungen unter Abflüssen (und ebenfalls unter Toiletten) befindet sich ein gebogener Abschnitt, der Siphon. In der Krümmung soll sich Wasser sammeln. So wird sichergestellt, dass Wasser und nicht Luft den Bereich unterhalb des horizontalen Rohrs ausfüllt.

Warum hat man bewusst eine Wasserblockade eingebracht? Weil dieses Wasser faulige Gerüche daran hindert, aufzusteigen und sich im Raum zu verbreiten. Außerdem verhindert der Siphon auch, dass kleinere Gegenstände fortgeschwemmt werden. So hat diese Vorrichtung schon viele wertvolle Ringe, die in den Abfluss gefallen waren, vor einem unrühmlichen Ende in der Kanalisation bewahrt.

Warum sieht Wasser, das aus dem Hahn kommt, zuerst oft trübe aus? Und warum wirkt heißes Wasser oft noch trüber?

Luftbläschen sind der Grund für das milchige Aussehen frisch aus dem Hahn fließenden Wassers. Solche Bläschen entstehen, wenn das Wasser gegen den vorne am Hahn angebrachten Perlator prallt. Noch mehr Blasen bilden sich, wenn man frisches Wasser in einen wassergefüllten Behälter gießt. Das zufließende Wasser wühlt das bereits vorhandene Wasser auf, und in der bewegten Flüssigkeit kommt es dann zu weiterer Blasenbildung.

Das Trübe verschwindet allerdings schnell. Die Luftblasen sind leichter als Wasser. Sie steigen an die Oberfläche und platzen, während sich andere Blasen bereits unten im Wasser auflösen. Kaltes Wasser löst eingeschlossene Luftblasen schneller auf als warmes Wasser. Daher fällt die Eintrübung bei heißem Wasser nicht nur ausgeprägter aus, sondern hält auch länger an.

Da sich in kaltem Wasser Gase eher lösen, schmeckt es meist besser als heißes Wasser. Das ist wohl der Grund, warum die meisten Kochrezepte und Anleitungen zur Kaffeezubereitung darauf drängen, kaltes Wasser bei der Zubereitung zu verwenden.

Weshalb ändert sich das Geräusch von laufendem Wasser, wenn es heiß wird?

Es pfeift nicht in jedem Wasserhahn, aber wenn es pfeift, dann zusammen mit heißem Wasser, seltener mit kaltem. Und der sympathische Ton entsteht auch erst an einem Hindernis, das den Wasserfluss einschränkt. Nach Tom Higham, Direktor der Internationalen Installateurgesellschaft, hängt die Ursache für das Geräusch mit dem Material der Leitungen zusammen:

„Bei Kupferleitungen schreibt man das Geräusch den zu engen Rohren zu. In Leitungen aus galvanisiertem Stahl sind die Wurzeln des Übels meist Kalkablagerungen, die die Wasserpassage einengen."

Der Wasserfluss wird jedoch bei heißem Wasser noch stärker eingeschränkt, wie Richard Church, Präsident des Instituts für Sanitärtechnik, erklärt, wegen „der zusätzlichen Luft in heißem Wasser, die entsteht, wenn die Moleküle während des Erhitzungsprozesses expandieren". Das krachende Geräusch des Heißwasserspeichers geht auf Kalkablagerungen zurück. Bei Aufheizen dehnt sich das Gerät aus, beim Abkühlen zieht es sich wieder zusammen. Aufgrund dieser Bewegungen splittert der abgelagerte Kalk ab und fällt auf den Boden des Geräts. Die Wasserrohre übertragen diesen melodiösen Ton und verstärken ihn noch.

Wie kommt der Hohlraum in die Spritzennadel?

Spritzennadeln werden dazu benutzt, Patienten zu stechen. Aber werden auch die Nadeln durchstochen, und zwar in Längsrichtung, damit durch diese hohle Gasse dann die Impfflüssigkeit in unsere Venen gepumpt werden kann? Die Antwort ist ein deutliches Nein. Fachmann Jim Dickinson schreibt:

> Ich war in den letzten 34 Jahren daran beteiligt, rostfreies Röhrenmaterial für subkutane Spritzen herzustellen. In dieser Zeit wurde die Frage, wie man die Nadel hohl bekommt, sehr häufig gestellt. Das Geheimnis des Hohlraums besteht darin, dass er nicht nachher, sondern vorher entsteht!

Wer hätte das gedacht? Und wie bekommt man so etwas hin? Michael DiBiasi, Ingenieur bei dem Medizingerätehersteller Becton-Dickinson, bekennt: „Ich bin der Typ, der u. a. das Loch in die Nadel macht." Er berichtet Folgendes:

» Die rostfreie Stahlnadel der Spritze ist gemeinhin bekannt als ‚Kanüle', und der Hohlraum, der unsere Aufmerksamkeit erregt hat, wird ‚Lumen' genannt. Kanülen werden aus großen Rollen rostfreier Stahlstreifen hergestellt. Abhängig von der Größe des Endprodukts, kann der Stahlstreifen so breit und so dick sein wie ein Stück Kaugummi und reicht bis zu den Maßen einer Rasierklinge.

Zunächst wird der Stahlstreifen zu einem feinen, langen Rohr gepresst, dann die Naht zusammengeschweißt und das fertige Röhrenwerk auf eine Spule gerollt. In dieser Weise verfährt man mit der gesamten Rolle aus flach gewalztem Stahl. Das Rohr hat nun in etwa den Durchmesser eines normalen Bleistifts.

Als Nächstes wird das feine Stahlrohr durch mehrere kleine Formen gezogen, die seinen Durchmesser noch weiter verkleinern. Dabei wird das Material gedehnt und der Querschnitt der Rohrwand verringert. Abhängig von der angestrebten Sollstärke der Kanüle und den gewünschten physikalischen Eigenschaften des Endprodukts, erfordert dieser Prozess große Hitze oder auch nicht. Im Allgemeinen werden Kanülen für die Injektion von Flüssigkeiten in den Körper mit einem äußeren Durchmesser von 0,33 mm und einer Wandstärke von 0,08 mm hergestellt. So kann das ‚Lumen' ungefähr 0,16 mm betragen.

Wenn diese Prozesse abgeschlossen sind, werden die Rohre maschinell weiterbearbeitet. Der Kanülenschaft wird in unterschiedlich lange Stücke geschnitten, dann erhält die Spitze der Nadel durch Feilen den gewünschten Schärfegrad. «

Während des Formungsprozesses wird die Oberfläche der Nadel glänzend wie ein Spiegel. Dabei verschwindet auch die lange Schweißnaht.

Jim Dickinson gab noch weitere Informationen:

» Seit neuestem legt man mit einem Laser eine sehr dünne rostfreie Stahlschutzhülle um den Hohlraum. Die früheren elektrischen Schweißprozesse erforderten demgegenüber eine dickere Schutzschicht. Sobald der Hohlraum ummantelt ist, pressen wir die Ummantelung um den Hohlraum zusammen. Es ist uns jedoch noch nie gelungen, den Hohlraum vollständig zu schließen. «

Weshalb wurde das Waldhorn für Linkshänder entworfen?

Endlich einmal ein originales Linkshänderinstrument? Leider nein! Prinzipiell ist alles für Rechtshänder gedacht. Gegenstände für Linkshänder werden stets speziell in Auftrag gegeben. Und dann kosten sie auch zweimal so viel wie die für Rechtshänder.

Das Waldhorn ist ein Blechblasinstrument mit kreisförmig gewundenem Rohr, einem trichterförmigen Mundstück, einem großen Schalltrichter und drei Ventilen. Der Musiker drückt die drei Ventilklappen mit der linken Hand.

Man fragt sich nun, warum die Ventile nicht umgekehrt angebracht sind, schließlich wäre die Fingerhaltung für die rechte Hand deutlich leichter. Haben Sie es vielleicht schon erraten? Das Originalinstrument hatte keine Tasten. Dr. Kirsten Thelander, Professorin an der Musikschule der University of Iowa, erklärt dazu:

> „In der Zeit zwischen 1750 und 1840 besaßen Hörner keine Tasten, die Spieltechnik war daher eine ganz andere. Zu den Instrumenten gehörten austauschbare Stimmbögen, mit denen das Horn tiefer gestimmt werden konnte. Um einen Halbton erhöhen ließen sich die Töne mithilfe der Stopftechnik, bei der die rechte Hand unterschiedlich weit in das Schallstück eingeführt wird.
>
> Nach einer anderen Theorie wurden die frühen Jagdhörner so konzipiert, damit sie während eines Rittes geblasen werden konnten. Der Reiter hielt dann das Instrument mit der linken Hand und die Zügel mit der rechten Hand. Das Instrument erforderte so viel Handtechnik, dass man die Ventilklappen links anbrachte. “

Auf dem modernen Waldhorn ist diese Handtechnik nicht länger nötig. Aber an der Konstruktion dieses Blasinstruments wurde nichts geändert – man war es so gewöhnt und nicht anders.

Warum lassen so viele Gitarrenspieler ein langes Stück der Saite an den Stimmwirbeln hängen?

Gitarrensaiten sind meist länger als nötig, in Anpassung an die variierenden Größen der verschiedenen Instrumente. Rockstars heuern Tourneebegleiter (Roadies)

Wie unterscheiden sich Rasierer für Männer von denen für Frauen?

Wenn man sich die Apparate anschaut, gewinnt man den Eindruck, dass der Hauptunterschied zwischen Nassrasierern für Damen und Herren in den unterschiedlichen Farben besteht. Damenrasierer sind gewöhnlich weiß oder in softigen Farben wie Pink oder Orange gehalten, während bei Herrenrasierern edle Farben wie Schwarz, Dunkelblau oder Silber vorherrschen.

Aber der erste Eindruck täuscht: Gespräche mit Firmenvertretern der großen Hersteller von Rasierapparaten ergaben:

1. Das wichtigste Merkmal für den Käufer eines Nassrasierers ist der „Klingenwinkel". Ein Herrenrasierer hat einen größeren Klingenwinkel zur Haut. Männerbärte sind härter als die Härchen der Frauen auf den Beinen oder unter den Achseln und erfordern entsprechend mehr Aufwand beim Schneiden. Frauen beklagen sich daher beim Gebrauch von Herrenrasierern weit häufiger als Männer über kleine Schnitte, Risse usw. Frauen lieben es darüber hinaus nicht, ihre zarten Strümpfe über rote Flecken an den Beinen zu ziehen, während viele Männer offenbar völlig damit einverstanden sind, morgens in ihren Büros mit Gesichtern herumzulaufen, die Peperoni-Pizzen ähneln. Also wurde der Damenrasierer entwickelt.
2. Die meisten Damenrasierer haben einen geschwungenen Rasierkopf, damit sich die Haut der Beine beim Rasieren leichter einsehen lässt.
3. Frauen rasieren sich nicht so regelmäßig wie Männer, vor allem im Winter, wenn sie Hosen und langärmelige Oberteile tragen. Da empfiehlt sich ein spezieller Rasierer, der lange Haare zur besseren Rasur aufstellt. Oder man greift gleich zum Elektrorasierer mit dem Langhaartrimmer.

Bleiben als Unterschiede Klingenwinkel und Farbe. Offenbar reichen diese aber nicht aus, um die Damen auf ganzer Linie für ihren persönlichen Rasierapparat zu begeistern: Viele greifen noch auf Herrenrasierer zurück. Es ist ja auch so einfach – im Bad liegt schließlich schon einer!

an, die sich um solch irdische Tätigkeiten wie das Abknipsen von überflüssigem Saitenmaterial kümmern, bevor der Gitarrist anfängt zu spielen. Weniger erfolgreiche Berufsmusiker und andere, die zu ihrem eigenen Vergnügen spielen, schneiden die Saiten selbst mit Drahtscheren ab – oder nicht.

Heute ist das Klischee eines Gitarrensolisten, der mit verzerrtem Gesicht hinter einem Labyrinth von Saitenenden spielt, so bekannt, dass man die Frage nach dem „Warum" stellen kann.

Mark Blythe, ein Gitarrentechniker, bietet dazu fünf Theorien an:

1. Der Roadie hatte nicht genug Zeit, die Saitenenden zu kürzen, bevor der Gitarrist sein Instrument ergriff.
2. Der Roadie oder der Gitarrist selbst verlor den Saitenschneider.
3. Einige Musiker sind einfach faul.
4. Das Übermaß an Saitenlänge wird benötigt für Notfallreparaturen, sodass immer ein ausreichender Vorrat Saitenmaterial zur Hand ist.
5. Einige Musiker sind exzentrisch und glauben daran, dass es zum Verlust von Klangsubstanz führt, wenn man die überhängenden Saiten entfernt.

Ein Gitarrist gab zu diesem Thema folgende Auskunft:

> „Früher beließ auch ich die Saiten meiner Gitarre in der vollen Länge. Einmal habe ich dann jedoch mit einem Musikerfreund einen einfachen Test gestartet: Nachdem die Saiten aufgezogen waren, verglichen wir eine bestimmte Tonhöhe bei geschnittenen und ungeschnittenen Saiten und konnten keinen Unterschied feststellen. Seitdem habe ich die Saiten immer ziemlich knapp abgeschnitten."

Im Internet sind noch zwei weitere Erklärungen für die herumhängenden Gitarrensaiten aufgeführt:

6. Manchmal ist das, was über den Gitarrenhals baumelt, nur eine Kordel. Der britische Musiker Jonathan Egre betont, dass manche Gitarristen damit tatsächlich ihr Instrument an einen Haken hängen, und bei sehr sparsamen Musikern können die Saiten sogar das Gitarrenband als Haltevorrichtung ersetzen.
7. Ein anderer Gitarrenspezialist betont die Gefahr, sich an zu kurz geschnittenen Saiten die Finger zu verletzen.

Die coole Theorie lautet: Wenn man entrückte Gitarristen beobachtet mit einem Gewirr von überflüssigen Saiten an ihrem Instrument, signalisiert bereits deren Gesichtsausdruck (Sie wissen schon: mit geschlossenen Augen und erhobenen Augenbrauen), dass hier eine Menge Kreativität im Spiel ist. Wenn ein Spieler nach seinem Ehrfurcht gebietenden offenen E-Power-Akkord lässig seine linke Hand aus dem Saitengestrüpp befreit, macht das viel her.

Hat eine Drehorgel Orgelpfeifen?

Ja, sie hat, und natürlich fallen diese sehr viel kleiner aus als die Pfeifen einer mächtigen Kirchenorgel. Die Drehorgel war nur ein kleines, fahrbares Instrument für den ambulanten Musikanten.

Noch Anfang des 20. Jahrhunderts hatte er überall seine Fans, der gute, alte Leierkastenmann, der seine Drehorgel durch die Straßen zog und sich mit alten Liedern oder den neuesten Schlagern etwas Geld erbettelte. Nicht zu vergessen das Äffchen, das auf dem Kasten thronte. Warum? – Ein bisschen Gesellschaft und ein bisschen Exotik! Heute kann man den Letzten der Leierkastenzunft noch auf Volksfesten lauschen. Sie sind immer eine Attraktion und finden ihre Bewunderer.

Und wie funktioniert nun dieses nostalgische Instrument? Mit der Hand dreht der Leierkastenmann eine Kurbel und setzt damit eine Metallwalze in Bewegung. Die Walze besitzt in der Tonabfolge der Melodie kleine Stifte, die die Ventile der Orgelpfeifen öffnen. Der Wind, der beim Drehen der Walze erzeugt wird, fährt in die Pfeifen, und schon hören wir diese gequetschten, fauchenden, leicht asthmatischen Töne. Statt mit einer Walze arbeiten manche Drehorgeln auch mit ausgestanztem Lochpapier, durch das die Luft auf die Orgelpfeifen übertragen wird.

Im alten Berlin mit seinen düsteren Arbeitervierteln gehörte der Leierkastenmann zum Straßenbild. Er brachte in die trostlosen Hinterhöfe ein wenig Glück.

Warum hat ein Klavier 88 Tasten?

Unsere Klaviere haben eine eigentümliche Anordnung von 52 flachen weißen und 36 erhöhten schwarzen Tasten, die sich vom A, dreieinhalb Oktaven unterhalb des mittleren C, bis zum C, vier Oktaven oberhalb des mittleren C erstrecken. Warum nicht 64 oder 128 Tasten?

Das größte und älteste Tasteninstrument ist die Orgel. Ihre Klaviatur steht mit der Windlade in Verbindung, die die Orgelpfeifen trägt. Durch Tastendruck wird bei diesem Instrument verdichtete Luft erzeugt, die über die Windlade in den Pfeifen Töne hervorbringt. Orgeln werden schon bei den Griechen um 90 v. Chr. erwähnt. Ab dem 9. Jahrhundert n. Chr. baut man Orgeln in Europa, z. B. für Freising und Straßburg, im 10. Jahrhundert erhielt Köln eine Orgel.

Die frühen Saiteninstrumente mit Tastatur (oder Manual) besaßen nur weiße Tasten. Die schwarzen kamen erst nach und nach dazu. Man nimmt an, dass die erste Tastatur mit allen schwarzen und weißen Tasten im 14. Jahrhundert auftauchte.

Klavichord (entstanden im 12. Jahrhundert) und Cembalo (erfunden um 1350) waren im 15. und 16. Jahrhundert sehr beliebt, änderten sich aber noch ständig in der Größe und im Aufbau – keines umfasste mehr als vier Oktaven. Im 18. Jahrhundert erhielt das immer populärer werdende Cembalo einen Umfang von fünf Oktaven.

1711 erfand Cristofori, ein florentinischer Cembalobauer, das Hammerklavier oder Pianoforte. Dieses Instrument konnte weit besser als das Cembalo leise (piano) oder laut (forte) gespielt werden, abhängig von der auf die Tasten ausgeübten Kraft. Die ersten Klaviere sahen dem Cembalo sehr ähnlich,

> „...waren aber mit einer raffinierten Mechanik ausgestattet – dies ist der zwischen Tasten und Saiten liegende Teil des Klaviers. Sie ermöglichte es, Töne durch kleine Hämmer, die die Saiten anschlagen, zu erzeugen. Beim Cembalo wurden die Saiten mit Federkielen angerissen.“

Bald hatten sich verschiedene Klavierhersteller etabliert. Bei den Instrumenten variierten jedoch die Größe und die Anzahl der Tasten noch erheblich.

Michael Moore vom bekannten Klavierbauer Steinway & Sons nimmt an, dass sowohl künstlerische Erfordernisse als auch wirtschaftliche Erwägungen das 88-Tasten-Klavier aus der Taufe hoben. Große Komponisten wie Mozart fragten nach Instrumenten, die ihrer Musik gerecht werden konnten. Die Klavierbauer erkannten zwischen 1790 und 1890, dass es sich für sie auszahlte, wenn sie größere und bessere Instrumente für die Musik der großen Komponisten und ihre Interpreten bauten.

> „Am Ende des 18. Jahrhunderts, zur Zeit Mozarts und Beethovens, hatten Klaviere sechs volle Oktaven, und bei den Flügeln des frühen 19. Jahrhunderts war ein Tastenumfang von sechs und einer halben Oktave nicht ungewöhnlich. Von der Mitte bis zum Ende des 19. Jahrhunderts wurden sieben volle Oktaven (vom

tiefsten A zum höchsten A) die Norm. Einige Klavierbauer experimentierten in der Mitte des 19. Jahrhunderts mit einer Tastatur über sieben und einer viertel Oktave, die ab 1890 bis heute den Standard darstellt.

Steinway-Flügel besaßen bis etwa 1885 eine 85-teilige Tastatur, dann entschied sich Steinway für 88 Tasten. Andere Manufakturen zogen schnell nach. Aber warum hielt die Entwicklung hier an? Warum gibt es nicht die glatte Zahl von 100 Tasten? Michael Moore schreibt dazu:

> Von noch größeren Tastenzahlen sah man aus praktischen Erwägungen ab. Eine Saite kann nur bis zu einer bestimmten Grenze saubere Töne erzeugen. Das gilt vor allem für den Bassbereich. Zu tiefe Töne würden mehr dröhnen als klingen. Hohe Töne laufen Gefahr zu klirren, außerdem hört das menschliche Ohr Töne ab einer gewissen Höhe schlecht. Es gibt einen Bösendorfer-Konzertflügel mit 94 Tasten und einem Umfang von acht Oktaven, bei dem alle sechs zusätzlichen Tasten dem Bass angehängt wurden. Im Allgemeinen geben jedoch die gängigen 88 Tasten die Grenze vor, innerhalb derer Klaviere Töne hervorbringen, die unsere Ohren auch wirklich hören können.

Außerdem bleibt immer noch zu bedenken, was eine größere Tastatur für die Dimensionen und das Gewicht des Instruments bedeutet. Der spezielle Bösendorfer-Flügel hat bereits eine Länge von fast 3 m.

Scotland Yard hat seinen Sitz in England. Hundefutter stinkt, obwohl Hunde doch empfindliche Nasen haben. Shampoo schäumt viel besser bei der zweiten Wäsche. Die meisten Teddybären blicken traurig drein. Man kann sich nur wundern, dass die für solche Absurditäten Verantwortlichen nicht den Job verlieren. Wir erklären es Ihnen.

Die Dinge des Alltags

Warum riechen Badetücher nach ein paar Tagen unangenehm, obwohl sie doch meist nur mit sauberer Haut in Berührung kamen?

Die meisten Handtücher bestehen zu 100 % aus Baumwolle. Nach einer Dusche ist die Haut zwar frei von Schmutz und den meisten Keimen, das Abrubbeln mit dem Handtuch löst aber abgestorbene Hautschuppen, die im leicht nassen Frottee hängen bleiben. Das Handtuch wird im feuchten Badezimmer zum idealen Brutplatz für Schimmelsporen.

Viele stellen zwar während des Duschens den Entlüfter an oder öffnen ein Fenster, stellen beim Abtrocknen diesen aber wieder ab bzw. schließen das Fenster. Jean Lang, Marketingdirektor bei einem Handtuchhersteller, weist darauf hin, dass gutes Lüften aber gerade nach dem Duschen besonders wichtig ist. Wenn die Feuchtigkeit nicht abziehen kann, bekommt das Badezimmer die Atmosphäre eines Terrariums. Dieselbe Art von Schimmelsporen, die sich auf Kunststoff-Duschvorhängen bildet, befällt auch die Handtücher, besonders wenn diese zwischen dem Gebrauch nicht richtig trocken werden.

Wieso haben manche Handtücher eine samtige und eine strukturierte Seite?

Manche Handtücher besitzen zwei unterschiedliche Oberflächen. Die „weiche" Seite ist geschoren – die Frotteeschlingen wurden von einer Maschine mit rotierenden Schneidmessern aufgeschnitten, ähnlich wie sie ein Handrasenmäher hat. Laut W. G. Hamlett, leitender Angestellter der Abteilung für Forschung und Qualitätskontrolle bei einem Frotteewarenhersteller, wird die weiche Seite nur aus ästhetischen Gründen geschoren: Viele Kunden finden es dekorativ, die Handtücher mit der Veloursseite nach außen zusammenzufalten und sie zu adretten samtigen Stapeln im Regal aufzutürmen.

Motive und Muster von Handtüchern sind auf der Veloursseite ausdrucksvoller und stärker konturiert, wie Fachleute erklärten. Designs auf der Schlingenseite wirken dagegen unscharf und verwaschen – wie die Muster auf einem langflorigen Teppich oder die Zeichnung auf dem Fell eines zotteligen Hundes.

Die Schlingenseite mag nicht so attraktiv aussehen wie die geschorene, ist aber funktioneller – sie absorbiert besser die Feuchtigkeit. Die Käufer haben dies auch bemerkt und dekorieren immer seltener ihre Badezimmer mit Velourshandtüchern.

W. G. Hamlett berichtet, dass nach dem Abflauen des Trends zum zweiseitigen Handtuch nun 93 – 97 % der heute hergestellten Handtücher auf beiden Seiten die klassischen Frotteeschlingen zeigen.

Warum werden Deckenventilatoren staubig?

Man denkt eigentlich, dass die sich drehenden Rotorblätter allen Staub abwerfen, der sich zufällig auf einem Deckenventilator und insbesondere direkt auf den Rotorblättern sammelt. Aber das stimmt nicht. Deckenventilatoren scheinen Staub geradezu magnetisch anzuziehen.

Wir möchten Ihnen nicht zu nahe treten, aber Ihr Haus oder Ihre Wohnung ist voller Staub. In dem haarsträubenden ersten Kapitel seines Buches *Das geheimnisvolle Haus. Die Mikrowelt, in der wir leben* bemerkt David Bodanis, dass sich in jeder Minute Zehntausende von Hautschuppen von unserem Körper lösen.

„Glücklicherweise" leben in unseren Räumen auch Millionen mikroskopisch kleiner Milben, Insekten, die sich von diesen Hautschuppen ernähren. Nach Einschätzung von Bodanis findet man allein in der Matratze eines Doppelbetts durchschnittlich zwei Millionen dieser Hausstaubmilben. Jede Milbe scheidet etwa 20-mal pro Tag Verdauungsprodukte aus; diese schweben als winzige Körnchen in der Luft und verteilen sich im ganzen Haus. Trotz der Millionen von Insekten, deren Überleben von unseren toten Hautschuppen abhängt, bilden menschliche Hautpartikel und Haare immer noch den Hauptanteil am Staub, der auf Deckenventilatoren und überall im Haus liegt. Am liebsten würde man sofort einen Luftfilter einbauen, nicht wahr?

Deckenventilatoren verursachen enorme Luftströmungen, die den Staub im Raum umherwirbeln. Viel davon landet auf dem Ventilator und seinen Blättern und scheint dort festzuhängen. Charles Ausburn, Mitarbeiter bei einem Ventilatorenproduzent, erklärt:

> In der Luft gibt es immer einen hohen Staubanteil – sowohl in sichtbarer Form als auch in mikroskopisch kleinen Partikeln. Bei längerer Betriebszeit hat der Ventilator irgendwann die gesamte Luftmenge des Raums umgewälzt und viel von dem darin enthaltenen Staub eingefangen. Die Leute fragen mich oft, wie es auf dem Ventilator

Spinnennetze und Staub geben kann. Sie machen sich keine Vorstellung davon, wie viel Staub in der Raumluft zirkuliert. “

Es ist kein Zufall, wenn sich auf einem Gegenstand Staub ablagert. Die meisten Staubpartikel tragen eine elektrische Ladung und ziehen sich daher an. So ist z. B. eine Staubflocke einfach eine Ansammlung elektrisch geladener Staubteilchen, die sich angezogen haben. Der Physiker Chris Ballas von der Vanderbilt University erklärt:

” Die geladenen Partikel werden von ebenfalls elektrisch geladenen Oberflächen angezogen. Dies können elektrische Leitungen oder Geräte sein, die unter Spannung stehen, oder eine Oberfläche, die Reibungskräften ausgesetzt war und daher elektrostatisch aufgeladen ist. Letzteres trifft auf den Deckenventilator zu. Während sich die Rotorblätter drehen, ‚reiben‘ sie sich an der Luft; dadurch werden Elektronen umhergewirbelt und elektrische Ladungen ausgetauscht. Schließlich sind Rotorblätter und Staubpartikel entgegengesetzt aufgeladen. Elektrostatische Kräfte bewirken nun, dass sich die geladenen Staubpartikel an die aufgeladenen Bereiche der Rotorblätter hängen.

Die Kante eines jeden Rotorblatts, die während der Drehung zuerst die Luft durchschneidet, entwickelt in der Regel die dickste Staubschicht. Das liegt daran, dass die Reibungskräfte auf diese Kanten am stärksten wirken und sie daher auch am stärksten geladen ist. Der Staub sammelt sich also nicht auf dem Propeller, weil er einfach darauf niederfällt. Hier spielen die von elektrischen Ladungen ausgehenden Anziehungskräfte eine große Rolle. Dasselbe Phänomen ist auch dafür verantwortlich, dass manche senkrechte Oberflächen ziemlich einstauben, z. B. an Fernsehern und Stereoanlagen. Der Staub fällt nicht ab von diesen Oberflächen, weil er aufgrund elektrischer Anziehung hängen bleibt. “

Was geht da vor, wenn es im Haus knarzt und knackt?

Wir stellen uns unser Zuhause gern als Bollwerk vor, als Refugium vor der Wechselhaftigkeit und Unberechenbarkeit der Außenwelt. Zur Struktur eines Hauses gehören Balken, das Fundament sowie tragende Elemente, wie Betonträger oder Holzbalken und vielleicht auch Säulen – alles Begriffe, mit denen wir Stabilität, Beständigkeit und Unerschütterlichkeit verbinden. Aber die Architekten können uns schnell diese schönen Illusionen rauben. James Cramer, Vizepräsident des Amerikanischen Architektenverbands, empfahl uns ein Buch von Edward Allen über statische Probleme in der Architektur, dessen erstes Kapitel uns wahrhaftig fundamental erschütterte:

> „Auch ein scheinbar solides, massives Gebäude ist niemals ganz in Ruhe. Seine Bewegungen sind in der Regel sehr klein und für das bloße Auge nicht erkennbar, aber in ihnen wirkt meist eine im Wortsinn unwiderstehliche Kraft. Sie würde das Gebäude zum Einsturz bringen, wenn man nicht entsprechende Vorsorgemaßnahmen träfe."

Allen listet die Komponenten auf, die in einem durchschnittlichen Haus Bewegungen verursachen können:

1. Der Boden unter dem Gebäude senkt sich unter dem Gewicht des neuen Fundaments.
2. Materialien, die in nassem Zustand verbaut werden, wie Beton, Mörtel und Kalkputz, schrumpfen während der Aushärtung.
3. Einige trockene Materialien, wie Gipsputz, neigen dazu, sich auszudehnen und Druck auf benachbarte Bauteile auszuüben.
4. Das meiste Bauholz ist beim Einbau nicht richtig durchgetrocknet. Feuchtes Holz schrumpft.
5. Tragende Elemente, wie Balken, Pfeiler und Säulen, verbiegen sich unter dem Gewicht.
6. Wind und Bodenerschütterungen verursachen eine „natürliche" Neigung von Gebäuden.
7. Holz und Beton geben nach.
8. Insbesondere Holz tendiert dazu, sich unter dem Einfluss von Feuchtigkeit auszudehnen und unter trockenen Bedingungen zu schrumpfen. Wenn die Feuchtigkeit merklich abnimmt, z. B. in geheizten Räumen im Winter, krachen Holzteile unüberhörbar.
9. Aneinander angrenzend verbaute Materialien mit unterschiedlichen statischen Eigenschaften können sich aneinander reiben oder sich voneinander lösen. Die bei solchen Prozessen entstehenden Bewegungen verursachen unter Umständen Geräusche.

10. Alle oben beschriebenen Bewegungen können zu Geräuschen führen. Was man aber am häufigsten hört beim „Setzen“ eines Hauses, ist die Ausdehnung und Schrumpfung des Gebäudes selbst. Allen erläutert:

> Unter dem Einfluss von Temperatur und Luftfeuchtigkeit kommt es zu beständigen Vor-und-zurück-Bewegungen. Ein Gebäude dehnt sich bei warmer Witterung messbar aus, und bei Kälte schrumpft es. Ein von der Sonne aufgeheiztes Dach wird mittags durch Ausdehnung größer, während die kühleren Mauern darunter ihr Maß behalten. In der Nacht kühlt sich das Dach wieder ab und schrumpft dabei.

Der Architekt berücksichtigt bei der Planung die unvermeidlichen Bewegungen der Baumaterialien. Mindestens hoffen wir das – ansonsten müssten uns die knackenden nächtlichen Geräusche im Haus wirklich den Schlaf rauben.

Warum laufen Herrenkrawatten an den Enden spitz zu?

Krawatten müssen nicht unbedingt spitz zulaufen. Tatächlich war das bis zum frühen 20. Jahrhundert auch nicht der Fall. Die Krawatten wurden aus einem Stück Stoff gerade geschnitten. Heutzutage dagegen werden die meisten Seidenkrawatten schräg zum Fadenlauf zugeschnitten. Laut G. Bruce Boyer, seines Zeichens Modejournalist, hat dies zwei große Vorteile: Eine Krawatte so zu schneidern, „macht sie unempfindlicher gegen die Belastungen des Knotens und nutzt die natürliche Elastizität der Seide maximal aus“.

An den Enden wird die Krawatte von beiden Seiten zu einer rechtwinkligen Spitze hin geschnitten. Der breitere Teil der Krawatte mit der breiten Spitze ist nach dem Binden die Schauseite des Schmuckstücks für Männer.

Ist Ihnen aufgefallen, dass gestrickte Krawatten (sie sind eigentlich nicht mehr „in“) an den Enden nicht zugespitzt sind? Gestrickte Krawatten, ob aus Wolle oder aus Seide, werden quer zum Maschenverlauf abgeschnitten und gesäumt – ein deutlicher Beleg dafür, dass Krawatten mehr aus funktionellen denn aus ästhetischen Gründen spitze Enden haben.

Wieso sind Socken um ungefähr 115 – 125 ° zum Bund abgewinkelt, wenn doch der menschliche Fuß im 90 °-Winkel zum Bein steht?

Zunächst einmal: Nicht alle Socken sind abgewinkelt. Schlauchsocken heißen so, weil sie aus einem geraden Stück Strickschlauch bestehen, das am Zehenende zugenäht ist. Schlauchsocken werden rundgestrickt. Eine Schlauchsocke hat keine festgelegte Position für die Ferse, wohl aber die konventionell gestrickte Socke. Diese besitzt ein „Fersenkäppchen". Sid Smith vom Verband der Strumpfhersteller erklärte, wie das Fersenkäppchen entsteht:

> Die Rundstrickmaschine beginnt eine Socke am oberen Bundrand und strickt dann in ganzen Runden bis zu dem Punkt, an dem die Ferse ansetzen soll. Dort strickt sie statt in kompletten Runden von beiden Seiten nur über einen Teil der Maschen vor und zurück. Fersenhöhe und Fersenzwickel werden ebenfalls gestrickt, bis das Fersenkäppchen fertig ist.
>
> Anschließend wird die Socke wieder in kompletten Runden bis zur Zehenspitze gearbeitet. Durch das Anstricken des Fersenkäppchens bekommmt die Socke einen Winkel.

Der 115- bis 125 °-Winkel der Socke ergibt sich sozusagen aus dem Prozess des Sockenstrickens, er ist nicht absichtlich gewählt. Das fertige Gestrick dehnt sich gut und passt sich den Konturen der Füße an. Wenn sich schon eine 180 °-Schlauchsocke bequem dem menschlichen Fuß anschmiegt, gibt es keinen Grund, warum eine konventionelle Socke nicht passen sollte.

Weshalb stärken wir unsere Hemden?

Stärke dient der Formgebung, sie wird gebraucht, um schlaffer Kleidung wieder Körper und Glanz zu geben. Herrenhemden kommen gestärkt in den Handel, aber Stärke ist wasserlöslich; jedes Mal wenn das Hemd gewaschen wird, löst sich Stärke heraus. Man setzt Stärke vor allem ein, um die originale Festigkeit und Fülle des Stoffs zu erhalten. Der Hauptbestandteil von Stärke ist Weizen oder auch Mais, das aber seltener. Das Getreide wird mit Wasser, Harzen und Chemikalien vermischt. Wie Bill Seitz von einem Reinigungsfachverband erklärt, saugen

Kleidungsstücke die Stärke buchstäblich auf. Baumwolle plus Stärke ist steifer als unbehandelte Baumwolle. Stärken macht den Stoff schmutzabweisender, verbessert die Schmutzlösung bei der nächsten Wäsche und erleichtert das Bügeln.

Synthetische Fasern sind nicht so aufnahmefähig für Stärke wie Kleidungsstücke, die aus reiner Baumwolle bestehen. Für Mischgewebe werden der Stärke noch Chemikalien beigefügt, z. B. Polyvinylazetat, sulfatierte Fettalkohole, Silikone und Carboxymethylzellulose.

Warum findet man manchmal Sand in den Taschen neuer Blue Jeans?

Möglicherweise haben Sie eine Jeans herausgepickt, die von einem vorherigen Käufer zurückgebracht wurde, nachdem er darin am Strand war – das ist aber höchst unwahrscheinlich. Wir könnten darauf wetten, dass die infrage kommende Jeans „stonewashed" war. Steingewaschene Jeansstoffe werden geschmeidiger gemacht, indem man sie zusammen mit Bimssteinen wäscht.

Ein Marketingspezialist des Jeans-Giganten Levi Strauss & Co. erklärte, wie einfach Steine zu Sand werden können:

> » Bimsstein ist ein weicher, weißer Stein, der für den Stonewashed-Effekt zusammen mit Jeans in große Waschanlagen kommt. Bimssteine zerfallen bei diesem Prozess manchmal in kleine Stückchen oder zu Sand, der dann in den Taschen der steingewaschenen Jeans zurückbleibt. «

Offensichtlich sind die Taschen der Teil der Jeans, wo sich lose Partikel am leichtesten fangen. Der frei schwimmende Rest des Bimssteins wird mit dem Waschwasser fortgespült.

Was lässt Baumwolle mehr einlaufen als Wolle, wenn beide gewaschen werden?

Dieses Thema hat sich als reichlich kompliziert herausgestellt. Es wäre besser gewesen, etwas Leichteres in Angriff zu nehmen, vielleicht die ungelösten Rätsel der

Quantenphysik oder die erschöpfende Suche nach einem Fünkchen Humor oder einer sittsamen weiblichen Rolle in einem Film von Oliver Stone.

Handelsgruppen aus der Woll- und Baumwollindustrie verfügen über eine Menge Literatur zu dieser Frage, voll mit Gleichungen und Formeln. Das sind genau solche, die uns nicht mehr über den Weg gelaufen sind, seit wir uns nach einem kurzen Blick in das Mathematiklehrbuch an der Universität sofort entschieden, an einem solchen Kurs nicht teilzunehmen – entweder, weil das alles zu schwierig war oder nicht geeignet erschien, um die sozialen Probleme unseres Landes zu lösen. Aber im vorliegenden Fall gab es kein Zurück. Hier nun die wenigstens stark vereinfachte Antwort.

Alle Prozesse, die Baumwolle zu einem fertigen Kleidungsstück machen (Spinnen, Weben, Stricken oder Färben), dehnen und verziehen die Fasern. Baumwolle läuft ein, wenn diese Belastungen vorbei sind. Neben anderen Faktoren trägt besonders das Aufquellen des Garns in Wasser zum Einlaufen bei.

Man könnte meinen, dass aufgequollenes Garn die Textilie weiten würde. Tatsächlich wird auch eine größere Länge Garn für die Kettfäden benötigt, um beim Weben dem größeren Durchmesser der gequollenen Schussfäden Rechnung zu tragen, denn nur so bleiben die Fasern in ihrer Lage. Der Strickvorgang bei der Herstellung von Baumwolljersey erlaubt jedoch nicht, zusätzliches Garn in ausreichender Menge zu verarbeiten. Deshalb ziehen sich die Gewebefäden zusammen. Das Ergebnis ist eine Lockerung des inneren Zusammenhalts und ein Einlaufen in der Länge. Dieses Einlaufen kann sowohl im Trockner als auch in der Waschmaschine auftreten. Jeder, der erlebt hat, wie nach einem langen Schleudergang aus einem

Wie kamen die Levi's 501-Jeans zu ihrer Nummer?

Levi Strauss (es gab tatsächlich eine Person dieses Namens) war ein Gemischtwarenhändler in Kalifornien und verkaufte eine breite Produktpalette. Die originale Levi-Jeans war die 501, und die Ziffer bezeichnete laut Brad Williams von Levi Strauss & Co. einfach die Lagernummer des Artikels. Strauss mochte seine Hosen nicht „Jeans" nennen und bewarb die 501 als „taillenhoher Overall". Nicht auszudenken, wenn die Firma bis in die 1970er-Jahre bei der Bezeichnung geblieben wäre – Modedesigner wie Calvin Klein oder Gloria Vanderbilt hätten kaum eine Chance gehabt.

Warum hat Wolle diesen „typischen“ Duft, wenn sie nass wird?

„Typischer Duft"? Na ja. Das ist in manchen Fällen sehr vorsichtig ausgedrückt.

Alle Schafe produzieren Lanolin, eine Absonderung der Schweißdrüsen. Lanolin sammelt sich in der Wolle an und bewahrt das Fell vor Austrocknung. Das ist der positive Effekt. Der negative: Dieses Lanolin bewirkt hauptsächlich den „strengen" Geruch, den nasse Schafe ausströmen.

Fast alles Lanolin sollte bei der Verarbeitung der Wolle entfernt werden. Nach dem Scheren und Sortieren sind die nächsten Schritte das Waschen und Karden oder Kardieren der Fasern. Die Wolle wird zunächst durch eine Reihe von rechenartigen Geräten gezogen, die Schmutz und Fremdkörper aussondern. Dann durchlaufen die Fasern mehrere Wannen mit Waschlauge. Nach diesem Reinigungsprozess wird die Wolle gründlich mit Wasser gespült und dabei das Lanolin entfernt. Anschließend kommen die nassen, ungeordneten Wollflocken in die Krempel, ein System von Walzen, die mit feinen Metallhäkchen ausgestattet sind. Dort werden sie in Einzelflocken aufgelöst, parallel ausgerichtet und schließlich mit Heißluft getrocknet.

Wenn diese Schritte nicht gründlich genug ausgeführt werden, kann zu viel Lanolin in der Wolle zurückbleiben. Wurden dabei zu aggressive Chemikalien verwendet, mindert das die Qualität der Fasern. Beide Fehler können dazu führen, dass das Endprodukt merkwürdig riecht.

Wahrscheinlich zielt die Frage eher auf einen dicken Wollpullover ab als auf eine Kammgarnhose. Fachleute der Wolle verarbeitenden Industrie konnten sich vor allem bei „Fettwolle" einen starken Geruch vorstellen. Fettwolle wird absichtlich nicht von Lanolin befreit, weil die natürlichen Fette das Verstricken der Wolle einfacher machen. Die berühmten traditionellen Aran-Pullover aus Irland sind notorische „Stinker". Bei Wollmänteln dagegen tritt heute auch bei Regenwetter kein Geruchsproblem auf, weil die modernen Reinigungs- und Veredelungsprozesse das Lanolin restlos entfernen.

extragroßen T-Shirt ein Medium wurde, wird das bestätigen. Chemische Prozesse können die Schrumpfung bis auf etwa 1 % reduzieren, aber die Behandlung verändert die Wohlfühl- und Trageeigenschaften von Baumwolle.

Wolle gilt als Material, das relativ wenig einläuft. Sie ist aber anfällig für die gleichen Probleme wie Baumwolle, nämlich die Lockerung der Faserspannung. Dazu kommt noch die Tendenz zu verfilzen. Aufgrund dieses Verhaltens lassen sich die meisten wollenen Kleidungsstücke nicht oder nur mit Spezialprogrammen in der Maschine waschen:

> »Wolle verfilzt, wenn sie Hitze, Feuchtigkeit und Reibung ausgesetzt wird, z. B. der Art von Reibung, wie sie bei Waschbewegungen auftritt. Die mikroskopisch kleinen Strukturen der Wollfaser verhaken sich, das Gewebe wird dicker und kleiner, es läuft ein bzw. verfilzt. Diese Art der Schrumpfung ist nicht umkehrbar.«

Warum läuft Wolle aber nicht ein, wenn sie bei der Trockenreinigung Hitze ausgesetzt wird? Für wollene Bekleidung wird die Wolle sanforisiert. Diesen Prozess bezeichnet man auch als Walken. Das Gewebe wird Hitze, Feuchtigkeit und Reibung ausgesetzt und läuft dabei kontrolliert in der Länge und Weite ein. Walken lockert das Gewebe und sorgt für die bei Wollkleidung erwünschte schmiegsame Qualität. Viele chemische Vorbehandlungen wurden entwickelt, damit Wollkleidung in der Maschine gewaschen und getrocknet werden kann.

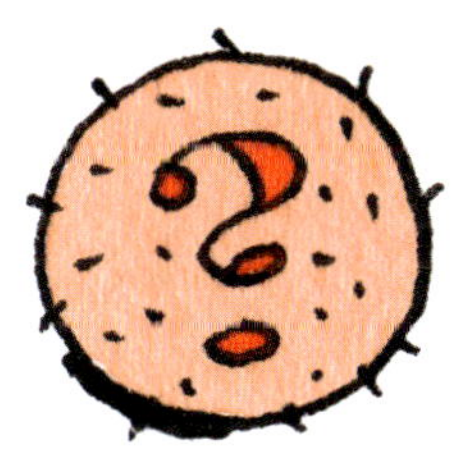

Wieso setzt sich ein Fleck fest, wenn er mit heißem Wasser behandelt wird? Warum ist das Ausspülen mit kaltem Wasser effektiver?

Zuerst die guten Nachrichten: Wenn man die Temperatur des Wassers, mit dem man den Fleck behandelt, schrittweise erhöht, löst er sich besser. Offensichtlich ist die Verdünnung des Flecks ein guter erster Ansatz, um ihn zu entfernen.

Nun die schlechten Nachrichten. In der Praxis ist es meist so, dass die Verdünnung des Flecks zu seiner Ausbreitung führt. Normalerweise hilft heißes Wasser, den Fleck aufzubrechen, aber es entfernt ihn nicht; stattdessen setzt er sich tiefer in der Faser fest. Dies gilt für fetthaltige Flecken und besonders auf synthetischem Material. Ist der Fleck erst tief genug ins Gewebe eingedrungen, bringen Fleckentferner und chemische Reinigung oft nichts mehr.

Bei bestimmten Flecken verursacht heißes Wasser eine chemische Veränderung, die die Entfernung der unschönen Spuren verhindert. Eiweißflecken sind ein gutes Beispiel für dieses Phänomen:

> „Enthält ein Fleck Protein, wird dieses bei der Behandlung mit heißem Wasser gerinnen. Hühnereiweiß z. B. lässt sich relativ gut mit kaltem Wasser lösen; heißes Wasser bewirkt dagegen, dass es gerinnt und sich sofort im Stoff festsetzt. Mit Wasser kann man dem Fleck nun nicht mehr beikommen."

Bei einigen Flecken hilft weder heißes noch kaltes Wasser. Und in einem solchen Fall ist jede Erstbehandlung, auch wenn sie noch so gut gemeint war, vergebens. Sollten Sie sich also bei einem wunderbaren Essen unübersehbar bekleckern, unternehmen Sie lieber nichts. Tragen Sie das Malheur mit Fassung und das Kleidungsstück am nächsten Morgen in die Reinigung. Mit etwas Glück wird man Ihnen helfen können. Wenn nicht, denken Sie daran, dass Sie einen tollen Abend erlebt haben. Vielleicht aber passt auch Ihre Brillantbrosche oder eine schicke Schlipsnadel ganz hervorragend genau auf den leidigen Fleck.

Warum sieht fast alles dunkler aus, wenn es nass wird?

Lassen Sie ein paar Wassertropfen auf die neue cremefarbene Bluse fallen, und Sie erhalten einen dunklen Fleck. Wenn ein unachtsamer Witzbold neben Ihnen sein Mineralwasser auf Ihren marineblauen Blazer spritzt, wird die durchsichtige Flüssigkeit die dunkle Farbe des Jacketts noch dunkler tönen. Warum ist das so?

Elementare Physik, wie sich erweist. Die Verfärbung Ihres Kleidungsstücks lässt sich folgendermaßen erklären:

1. Bereits bei einem hauchdünnen Wasserfilm wird ein Teil der auf das Kleidungsstück fallenden Lichtstrahlen ins Wasser hinein gebeugt. Licht wird so „geschluckt".
2. Die Reflexion auf der Wasseroberfläche verteilt das Licht in alle Richtungen.
3. Die Kombination beider Effekte führt dazu, dass weniger Licht von der betreffenden Stelle zurück zu den Augen reflektiert wird. Daher erscheint der Fleck dunkler gegenüber der restlichen Oberfläche, die ohne Störung durch einen Wasserfilm das Licht zurückwirft.

Weshalb müssen wir Deodorants und andere Aerosoldosen vor Gebrauch schütteln?

Wenn Sie in das Innere einer Deodorant-Sprühdose schauen könnten, würden Sie sehen, dass die Inhaltsstoffe nicht gleichmäßig verteilt sind. Das Treibgas ist nicht löslich und vermischt sich daher nicht mit den Wirkstoffen des Deodorants.

In vielen Fällen würden Sie in der Dose drei oder vier Lagen von Inhaltsstoffen sehen. Die oberste Lage besteht aus Kohlenwasserstoffgas, das als Treibgas dient. Andere aktive Inhaltsstoffe, wie Aluminiumsalze, Weichmacher und Duftstoffe, bilden weitere Schichten. Durch Schütteln der Dose erreichen Sie, dass im Sprühstoß die Inhaltsstoffe in der richtigen Mischung verteilt sind.

Jede mit dem Schütteln der Dose verbundene Anstrengung ist es wert, wenn Sie damit den Nasen Ihrer Lieben schmeicheln können. Mit einem schlichten Sprühstoß von Treibgas erreichen Sie das nicht.

Wieso sind die meisten Parfüms gelb?

Annette Green, Vorsitzende der Stiftung für Aromafragen, lieferte uns eine einfache Antwort: „Die meisten Parfüms sind gelb, weil dies die natürliche Farbe der enthaltenen ätherischen Öle ist."

Parfümkonzentrate bestehen aus mehreren, Hunderten oder sogar Tausenden verschiedenen Rohstoffen (ätherischen Ölen), die man zur Herstellung von Parfüm oder Eau de Toilette mit Alkohol verdünnt. Die Farben dieser Konzentrate weichen allerdings durchaus voneinander ab. Einige der am häufigsten für Parfüm verwendeten ätherischen Öle, wie z. B. Eichenmoos-Öl, haben eine dunkelgrüne oder braune Farbe, viele sind auch bernsteinfarben. Bei Verdünnung werden sie meist gelb.

Sollte die Mischung der natürlichen Inhaltsstoffe keinen ansprechenden Farbton ergeben, kann der Parfümeur nachhelfen. Es ist jedoch schwierig, eine sehr dunkle Mischung aufzuhellen oder extreme Farbveränderungen zu erreichen. Das Endresultat weicht daher nur wenig vom ursprünglichen Farbton ab.

Parfüms können also gar nicht alle gelb sein. Daher werden manche Düfte in undurchsichtigen Flakons verkauft. Es gibt auch Parfüms in leuchtenden „Designerfarben". Dazu meinte jedoch ein Parfümexperte, dass der anspruchsvolle Kunde die natürlichere gelbliche Farbe bevorzugt. Parfüms in „verrückten" Tönen sprechen hauptsächlich Teenager an. Die Beliebtheit solcher Produkte tendiert dazu, ebenso flüchtig zu sein wie ihr Duft.

Wieso ergeben farbige Seifen und Shampoos weißen Schaum?

Bei der Herstellung wird Seifen und Shampoos nur ein geringer Anteil Farbstoff zugesetzt. Donald Beaty, Physikprofessor am College of San Mateo, führt dazu aus: „Wenn man eine solche Flasche gegen das Licht hält, müssen die Lichtstrahlen, die den Inhalt sichtbar machen, eine starke Schicht von Shampoo oder Flüssigseife durchqueren."

Diese Schicht ist eingefärbt mit wasserlöslicher Farbe. Schäumt man die Waschsubstanzen auf, wird die Farbe stark verdünnt. Der Prozentsatz an Farbstoff, der im Originalprodukt enthalten ist, reduziert sich deutlich.

Beaty fügt hinzu, dass mit der Farbe nichts Geheimnisvolles geschieht:

> „Das Licht, das von der Oberfläche jeder einzelnen Seifenblase reflektiert wird, enthält dasselbe Farbspektrum wie das Licht, das auf den gesamten Schaum fällt. Unsere Wahrnehmung tendiert dazu, das reflektierte Licht als weißes Licht zu sehen, wenn es sich beim einfallenden Licht um normale Raumbeleuchtung oder Tageslicht handelt."

Sally Miller von Procter & Gamble erklärte, dass die Produzenten Seifenstücke oder Shampoos problemlos so stark einfärben könnten, dass sie farbig schäumen. Umfragen hätten aber ergeben, dass die meisten Konsumenten weißen Schaum auf der Haut oder im Haar bevorzugen.

Eine hohe Farbkonzentration könnte auch die Handtücher verfärben oder eine sanfte Blondine in eine grünhaarige Punk-Lady verwandeln.

Warum quietschen saubere Gegenstände? Wieso quietschen Trinkgläser manchmal, wenn man sie reibt, und manchmal auch nicht?

Wenn man zwei Gegenstände aneinanderreibt, passieren die merkwürdigsten Dinge. Das weiß jedes Kind und erst recht ein Biochemiker. Der befragte Biochemiker Dr. Donald Graham vom Langara College in Vancouver, British Columbia, gab an, dass ein sauberes Glas dann quietscht, wenn der „Reibungskoeffizient" überschritten wird.

Was das heißt? Der Reibungskoeffizient beschreibt die Kraft, die nötig ist, um den Reibungswiderstand zwischen zwei Objekten zu überwinden. Ein hoher Koeffizient zeigt an, dass zur Überwindung dieses Reibungswiderstands eine große Kraft erforderlich ist, bei einem niedrigen Koeffizienten besteht nur wenig Reibungswiderstand zwischen den beiden Objekten.

Ist z. B. ein Trinkglas fettig oder enthält Getränkereste, oder aber Ihre Finger sind fettig, so wirken diese Verunreinigungen wie ein Gleitmittel, wenn Sie das Glas reiben. Ist das Glas dagegen sauber, entsteht dabei stärkere Reibung, weil die Materialien Haut und Glas in direkten Kontakt kommen. Der reibende Gegenstand, in diesem Fall Ihr Finger, verharrt für einen Moment an der Glaswand, bis die Kraft, mit der Sie ihn bewegen, so stark wird, dass sie den Reibungswiderstand überwindet – um dann wieder zu verharren usw.

Die Reibungskräfte und das abwechselnde Verharren und Kraftausüben bringen das Glas dazu, sich zu bewegen oder zu vibrieren. Werden zwei andere Objekte aneinandergerieben, können auch beide vibrieren. Nicht alle Materialien lassen sich jedoch in Schwingungen versetzen. Wenn die Frequenz der Vibrationen hörbaren Tönen entspricht, vernehmen wir ein Quietschen. Natürlich bestimmen die Stärke der Reibungskraft zwischen den Oberflächen und die Art der reibenden Bewegung Lautstärke und Dauer des Tons.

Bei Glas ist nur sehr wenig Kraft erforderlich, um ein Quietschen zu erzeugen. Der Wissenschaftler Harold Blake befasst sich eingehend mit diesem Phänomen, zum Leidwesen seiner Freunde sogar bei Restaurantbesuchen:

> Selbst in gehobenen Restaurants nehme ich gern mein fast geleertes Stielglas, befeuchte einen Finger und gleite damit langsam über den Glasrand. Wenn mein Finger die optimale Bewegung erreicht hat, ‚springt' er rasch auf und nieder, während er am Glasrand entlangschleift. Dann ‚singt' das Glas in einem hohen, melodiösen und durchdringenden Ton. In einem Restaurant konnte niemand ausmachen, woher dieser Ton kam. Die anderen Gäste schauten sich um, und sogar meine Begleiter am Tisch wollten nicht glauben, dass mein Finger am Glas dieses laute Winseln hervorbrachte.

Was dabei passierte, ist klar: Die Reibung führt dazu, dass der Finger bei seiner Bewegung über den Rand an einem

bestimmten Punkt einen stärkeren Druck ausübt, der bei der weiteren Bewegung wieder nachlässt usw. Auf diese Weise entstehen im Glas Vibrationen. Sie haben die gleiche Frequenz, die Sie hören, wenn Sie das Glas mit dem Fingernagel anschnippen.

Der gleiche Effekt lässt sich bei feinem Tafelporzellan, Fensterglas oder Schultafeln (der besonders liebevolle Druck auf die Kreide ist hier gefragt) erreichen. Sie brauchen nur die richtige Reibungskraft auszutesten, um die erforderliche Serie von zunehmendem und abnehmendem Druck auf der Oberfläche zu erzeugen. Wenn es mit dem schönen Ton mal nicht klappt, stimmt die Reibungskraft oder Oberflächenspannung nicht, oder die Gegenstände bzw. die Finger sind nicht sauber. “

Und jetzt juckt es Sie schon richtig in den Fingern! Schließlich wollten Sie immer schon überprüfen, ob nicht doch in Ihrem tiefsten Inneren ein musikalisches Talent schlummert. Aber auch hier gilt dieser schreckliche Spruch: Nur Übung macht den Meister! Vielleicht reichen Ihre Bemühungen aber wenigstens aus, um gelegentlich Ihre Mitmenschen ein wenig zu nerven oder zu verblüffen.

Harold Blake erinnerte daran, dass bereits seit dem Mittelalter mit „musikalischen" oder „gestimmten" Gläsern musiziert wurde, man sie gelegentlich sogar als Konzertinstrumente einsetzte. Gläser in unterschiedlichen Größen wurden gestimmt, indem man sie mit mehr oder weniger Wasser füllte. Dann spielten die

Wieso schäumt Shampoo so viel besser bei der zweiten Anwendung?

Egal, was wir waschen, wenn es dabei richtig schäumt, fühlen wir uns auf der sicheren Seite: Keine Frage, alles ist sauber! Aber was ist da los, wenn wir unsere Haare mit Shampoo verwöhnen, und das schöne Schaumerlebnis, das uns auch gelegentlich zu neuen Frisurkreationen ermuntert, bleibt aus? Kein Grund zur Aufregung. Die Haare sind nicht unbedingt schrecklich schmutzig – aber fettig, und das geht schnell und ist normal.

Dr. John E. Corbett, Fachmann für Haarpflegemittel, erklärt: „Beim ersten Shampoonieren wird die Schaumbildung durch das Fett im Haar unterdrückt. Spült man das Haar anschließend gründlich, kann das Shampoo beim zweiten Waschgang ungehindert aufschäumen.“

Künstler auf den Glasrändern, vermutlich mit blitzsauberen Händen. Bei allen Saiteninstrumenten beruhen die Tonentstehung und Tonqualität auf den Prinzipien von Reibung und Vibration. Wenn Sie mit einem Violinbogen die Saiten einer Stradivari zum Schwingen bringen, ertönt ein klangvoller, schmeichelnder Ton. Wenn Sie denselben Bogen über die glatte Kante einer großen Zimmermannssäge ziehen, entsteht ein durchdringender Ton, den man bestenfalls als Katzenmusik bezeichnen könnte. Sie werden dann wahrscheinlich sofort Ihre musikalische Aktivität unterbrechen, und das ist auch gut so – für den Geigenbogen!

Warum eignen sich Zeitungen so gut zum Fensterputzen?

Wenn Sie länger als ein paar Minuten in einer Zeitung blättern, haben Sie vermutlich Druckerschwärze an den Händen. Warum aber werden Fensterscheiben spiegelnd sauber, wenn man sie mit Zeitungspapier abreibt? Hierzu wurden Fachleute für Fensterreinigung, Zeitungsdruck und Druckfarben befragt.

Papier für Zeitungen gehört zu den billigsten Sorten – und altes Zeitungspapier ist sicherlich das preiswerteste von allen. Dennoch scheint es keinen einzigen professionellen Fensterputzer zu geben, der Zeitungspapier für seine Arbeit benutzt. Einige wussten aber auf Anhieb zu sagen, warum sich Zeitungspapier möglicherweise gut zum Fensterputzen eignet.

In Bezug auf Saugfähigkeit ist Zeitungspapier unübertrefflich. Theodore Lustig von der Journalistenschule der West Virginia University berichtete:

> Zeitungsdruckpapier besteht bis zu 90% aus Holzschliff und ist daher locker aufgebaut: Zwischen den einzelnen Fasern gibt es einen größeren Zwischenraum. Es enthält außerdem weder Leim noch Füllstoff und besitzt keine Beschichtung. Aus diesem Grund ist es extrem saugfähig und eben auch zum Fensterputzen bestens geeignet.

Jim Patton, Manager bei einem Druckpapier-Hersteller in Pomona, Kalifornien, erklärt dazu:

> Den meisten Papieren wird ein Leimmittel (Harz, Kolophonium) zugesetzt, um sie unempfindlicher gegen Feuchtigkeit zu machen.

Zeitungspapier ist nur minimal wasserabstoßend. Bei einem anderen Papierhersteller, bei dem ich arbeitete, ersetzte Zeitungspapier die Handtücher. «

Zeitungspapier hat diesen einfachen Aufbau, weil es billig sein muss und keine Lebensdauer zu haben braucht. Dass es sich außerdem gut zum Fensterputzen eignet, macht die tägliche Zeitung noch wertvoller. Ein weiterer Kenner der Materie unterstützt die Aussage, dass fehlende Leimung das Zeitungspapier zum Putzmittel prädestiniert. Er merkt noch Folgendes an:

» Beim kurzlebigen Zeitungsdruck ist es kein Schönheitsfehler, wenn die Druckfarbe ins Papier eindringt. Allerdings darf sie nicht auf der anderen Seite durchschlagen. Aber um das zu verhindern, sind wir Drucker da. Wir haben da unsere Geheimrezepte. «

Neben den bereits besprochenen Vorteilen, die Zeitungen mit ihrem einfachen Papier haben, bringen sie gereinigten, trockenen Fenstern auch Glanz, wie Fensterreinigungsexperte Brent Weingard berichtet:

» Soweit ich weiß, wird Zeitungspapier niemals von professionellen Fensterputzern verwendet. Es ist mehr ein Putzmittel für den Hausgebrauch, das aber erstaunlich gut funktioniert. Es fusselt nicht, ist sehr saugfähig und gibt dem Glas schimmernden Glanz. Meiner Meinung nach ist die Ursache für diesen Glanz das, was Sie nach der Verwendung von Zeitungspapier auf Ihren Händen sehen: Druckerschwärze! Ich glaube, die Druckfarbe hinterlässt einen dünnen Glanzfilm auf dem Glas. «

Was sind dann die Nachteile, die den professionellen Fensterputzer davon abhalten, Zeitungspapier zu benutzen? Es gibt wenige, aber die sind entscheidend. Den wichtigsten nennt Richard Fabry, ein weiterer Experte auf diesem Gebiet: „Sicherlich, mit Zeitungspapier werden die Fenster sauber. Aber man braucht sehr viel Zeit dazu. Ein professionelles Wischsystem ist da wesentlich schneller."

Und schließlich erhebt sich die Frage: Wohin mit all dem benutzten Zeitungspapier? Wer möchte schon große Bündel von Zeitungspapier mit an den Ort seiner Aktivität schleppen und nach dem langwierigen Wienern der Scheiben die Papierknäuel schön einpacken und entsorgen? Also lassen wir dem berufsmäßigen Fensterputzer doch lieber sein Hightech-Wischsystem.

Aber vielleicht werden Sie beim nächsten Frühlingsputz das so hochgelobte Zeitungspapier ausprobieren. Auf jeden Fall soll es nach Meinung der Fachleute dem gern verwendeten Küchenpapier weit überlegen sein (Haushaltspapiere fusseln!). Bei Zeitungen haben neue, oft pflanzliche Druckfarben ihre Vorläufer auf Petroleumbasis verdrängt. Daher hinterlässt Zeitungspapier heute auf Glas weniger Streifen (und auch beim Lesen weniger Druckerschwärze an den Händen). Früher, als man noch häufig seinen Fenstern mit der ausgelesenen Zeitung zu Leibe rückte, verschaffte man sich im Eifer des Gefechts manchmal das Vergnügen eines weiteren Putzgangs. Auf weißen Fensterrahmen ist Druckerschwärze nämlich eine ziemlich schmierige Angelegenheit.

Wie kann es sein, dass längs durchgerissenes Zeitungspapier glatte Kanten hat, während quer durchgerissenes ausfranst?

Zunächst eine kleine Einführung in die Papierherstellung: Zeitungspapier besteht aus Holzfasern. Diese kommen als Papierbrei mit 80 – 90 % Wasser auf ein feines Metall- oder Kunststoffsieb, auf dem das Papierblatt gebildet wird. Dem Sieb vorgeschaltet ist eine Schüttelvorrichtung zur Verdichtung des Papierbreis. Außerdem wird der Holzschliff längs ausgerichtet, um dem Papier eine höhere Reißfestigkeit in der Waagerechten zu geben.

In der Siebpartie findet eine erste Entwässerung statt. Es folgen weitere Entwässerungsvorgänge in Walzen. Danach läuft das Papier über beheizte Zylinder und wird endgültig getrocknet. Dies muss aber langsam erfolgen, da das Papier sonst schrumpft. Das fertige Papier wird in lange Bahnen geschnitten und aufgerollt. In Längsrichtung aufgebautes Papier läuft, wie man sich vorstellen kann, problemloser von der Rolle und durch die Druckerpresse.

Ralph E. Eary, Mitarbeiter bei einer großen Zeitungsdruckerei, erklärt: „Alle Zeitungen im Standardformat werden in Laufrichtung auf das abrollende Papier gedruckt." Ein Riss in einem einzigen Blatt gefährdet den gesamten Druckprozess und kostet Zeit und Geld.

Zur Veranschaulichung: Fertiges Zeitungspapier hat eine Laufrichtung ähnlich wie Stoff einen Fadenlauf. (Haben Sie schon einmal bemerkt, wie leicht man ein Bettlaken in die eine Richtung zerreißen kann, wie schwer dagegen in die andere?) Wenn Sie Zeitungspapier längs durchreißen, folgt der Riss der Laufrichtung und hat glatte Kanten.

Warum riecht Hundefutter so scheußlich?

Viel gerühmt wird der ausgezeichnete Geruchssinn von Hunden. Das mit Riechzellen besetzte Schleimhautareal ist beim Menschen etwa 3 cm^2 groß, beim Hund dagegen umfasst es ca. 130 cm^2. Während wir uns mehr auf unsere Augen verlassen, bewertet der Hund Futter und auch andere Lebewesen durch seinen Geruchssinn. Und mit dieser hochsensiblen Nase frisst nun der Vierbeiner etwas, was so miserabel riecht wie Hundefutter? Vielleicht können wir in puncto Geruch Minderbemittelten den Duft von Trockenfutter nicht richtig würdigen, so wie das Bouquet eines guten Burgunderweins so manchen Biertrinker völlig kalt lässt. Aber es ist wohl eher so, dass wir einfach einen anderen Geschmack haben als unsere vierbeinigen Freunde.

Haustierhalter neigen dazu, ihre Hunde wie kleine Menschen zu behandeln. Es ist daher erstaunlich, dass die Hersteller von Hundefutter ihre Produkte nicht auch für die Herrchen und Frauchen so verlockend machen, dass sie am liebsten mit Bello um den Napf konkurrieren würden. Die Tierfutterindustrie beharrt aber darauf, nur das zu tun, was für das Haustier gut ist. Robert Wilbur vom Institut für Tiernahrung erklärt:

> „Tierfutter stellt, im Gegensatz zu unseren Lebensmitteln, für Haustiere eine Komplettnahrung dar, das Produkt muss daher alle wichtigen Nährstoffe in ausgewogener Form enthalten. Zusätzlich muss es auch appetitlich sein und den Geruchs- und Geschmackssinn des Tiers ansprechen. Wie der Tierhalter das Futter findet, ist nicht von Belang.“

Hunde fressen fast jeden Abfall, der auf der Straße liegt, merkwürdigerweise haben sie aber auch empfindliche Mägen. Wie Lucille Kubichek vom amerikanischen Chihuahua-Club bemerkt, könnte der Versuch, den Geruch von Hundefutter für menschliche Nasen angenehmer zu machen, unseren Lieblingen schaden: „Hundefutter riecht nach den enthaltenen Zutaten. Ich bezweifle, dass der Geruch ohne den Zusatz chemischer Mittel neutralisiert werden kann. Diese sind aber möglicherweise schädlich für das Tier." Fett steht oft an zweiter Stelle der Zutaten auf den Etiketten von Hundefutterpackungen. Und meist ist es auch das Fett, das den unangenehmen Geruch verursacht. Ann N. Martin, Autorin eines Buchs über Haustierernährung, beklagt die Qualität dieser Fette:

Wie bleiben Stempelkissen feucht, wenn sie ständig der Luft ausgesetzt sind?

Für Stempelkissen verwendet man Tinte auf Glykol- und Wasserbasis. Diese Mischung nimmt Feuchtigkeit aus der Luft auf. Bei feuchtem Wetter zieht das Kissen daher Wasser an (es ist hygroskopisch), Verluste an trockenen Tagen werden auf diese Weise ausgeglichen.

» Alte Fette sondern einen intensiven Geruch ab, der Hunde dazu verleitet, auch Abfälle zu fressen. Oft stammen die Fette aus den Fettabscheidern von Restaurantküchen. Es handelt sich um ranziges Öl, das für den menschlichen Verzehr ungeeignet ist. Eine der Hauptquellen für die Fette im Tierfutter ist das industriell ausgelassene oder extrahierte Fett aus dem Gewebe von Säugetieren und Geflügel. «

Während die Tierfutterindustrie und ihre Kritiker wie Ann N. Martin sich darüber streiten, ob Fertigfutter für die Tiere gesundheitsschädlich ist, lassen sich die meisten Hunde ihr „Fresschen" schmecken, leeren blitzschnell ihre Näpfe und bitten mit den treuesten Hundeaugen um mehr. Ihr Appetit freut uns, denn je rascher der Hund frisst, umso eher verschwindet der Futtergeruch.

Wieso fühlt sich Aluminiumfolie nicht heiß an, wenn sie aus einem glühenden Ofen kommt?

„Sollten Sie das Wagnis eingehen, in den aufgeheizten Backofen zu greifen und das Aluminium anzufassen, dann werden Sie die leidvolle Erfahrung machen, dass es heiß ist", schreibt uns James Plumb, Pressechef des Aluminium-Verbands. Wenn Sie bei 200 °C eine Kartoffel in Aluminiumfolie backen, zusammen mit einem Hackbraten in einer Keramikform mit Glasdeckel, werden alle Gerichte und Behälter allmählich die auf dem Thermostat angezeigte Temperatur annehmen – aber nicht mit derselben Geschwindigkeit.

Die verschiedenen Stoffe leiten Wärme unterschiedlich gut, d. h., sie erwärmen sich unterschiedlich schnell. Auch innerhalb der Metalle variiert die Leitfähigkeit. So ist Aluminium ein hervorragender Wärmeleiter und wird daher zu Metallfolie verarbeitet. Nur drei andere Metalle besitzen eine noch bessere Leitfähigkeit: Silber, Kupfer und Gold – sie sind allerdings wesentlich teurer.

Aber warum kühlt die Aluminiumfolie so viel schneller ab als die Keramikform oder der Glasdeckel aus dem obigen Beispiel? Generell ist zu sagen: Wärme fließt immer vom Körper mit der höheren Temperatur zu dem mit der niedrigeren Temperatur. Die Aluminiumfolie gibt also ihre Wärme an die kühlere Umgebung ab. Und da Aluminium ein sehr guter Leiter ist, tut es das schnell. Außerdem spielt natürlich die Stärke des Materials eine wichtige Rolle. Jeff Glenning von einem Metall verarbeitenden Unternehmen erklärt:

> „Da die Folie so dünn ist, wird die Wärme ohne große Umschweife an die Luft abgegeben. Aluminium hat keine große Festigkeit und lässt sich daher sogar kalt walzen und ziehen. Es ist das einzige Metall, das in dieser geringen Stärke in der Küche verwendet wird. Töpfe und Pfannen bestehen aus dickerem Metall, manchmal sogar aus Aluminium. Da sie aber viel dicker sind, halten diese Metallobjekte die Hitze über einen längeren Zeitraum. Die hohe Leitfähigkeit und die geringe Stärke der Folie sind also gemeinsam dafür verantwortlich, dass sich Aluminiumfolie so rasch abkühlt. Man könnte meinen, sie hätte sich überhaupt nicht aufgeheizt.“

Laut Jeff Glenning ist noch ein weiteres physikalisches Phänomen im Spiel. Aluminium ist zwar sehr leitfähig, hat aber eine sehr geringe Abstrahlungsrate (die Hitze, die von der Metalloberfläche abgegeben wird). Wenn Sie Ihre Hand wenige Zentimeter über kochendes Wasser halten, wird die Hitze unerträglich sein; wenn Sie die Hand im selben Abstand über ein heißes Stück Aluminium halten, werden Sie nur geringe Wärme wahrnehmen. Wie Jeff Glenning erklärt, wird sich das Aluminium erst dann heiß anfühlen, wenn die Haut in direkten Kontakt mit seiner Oberfläche kommt.

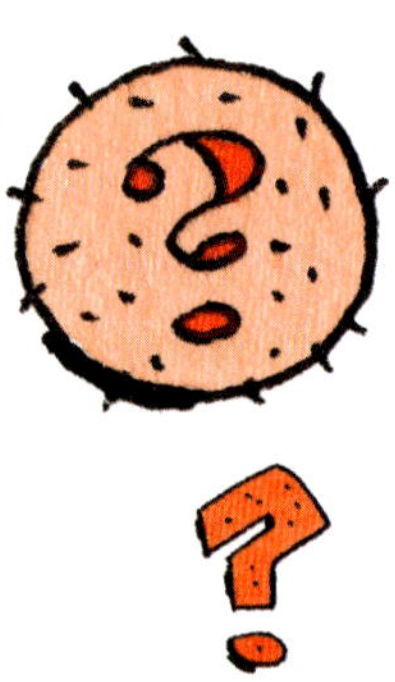

Warum sind Papp- und Plastikbecher am oberen Rand weiter als am Boden?

Ein Anhänger von Fastfood-Restaurants machte zu diesem Thema seinem Herzen Luft – entweder aus grundsätzlichen Überlegungen oder aufgrund von leidvollen Erfahrungen:

» Ich konnte noch nie begreifen, warum Papp- und Plastiktrinkbecher sich nach oben weiter öffnen. Sie sind dadurch kopflastig und fallen leicht um. Wären sie stattdessen unten weiter, hätten sie einen viel sichereren Stand. Ich sehe bei einer solchen Form keinen Nachteil. «

Denkt man über dieses Phänomen nach, so fällt auf, dass z. B. Getränkeflaschen immer schon eine breitere Standfläche und einen schmaleren Hals haben. Und nie hatte jemand ein Problem, sich den begehrten Inhalt einzuverleiben. Die meisten Glasflaschen und auch viele Trinkbecher aus Glas oder Keramik verjüngen sich nicht zur Basis hin, warum also Einwegbecher?

Da gibt es tatsächlich einen wichtigen Aspekt, an den der Verbraucher kaum denkt, der aber für den Trinkbecherproduzenten von großer Bedeutung ist.

John S. Carlson erklärt die besonderen Erwägungen stellvertretend für alle befragten Einwegbecherhersteller:

» Die Becher weiten sich nach oben, damit sie dicht ineinandergestapelt werden können, und zwar sowohl beim Transport als auch im Regal des Händlers und im Schrank des Kunden. Würde man sie nicht in dieser Form herstellen, könnte man sie nur so raumgreifend stapeln wie leere Konservendosen. «

Nicht nur Zeit, sondern auch Platz bedeutet im Handel Geld. In den Regalen müssen so viele Waren wie möglich untergebracht werden. Dass der eine oder andere Kunde seinen Trinkbecher umwirft – damit kann man leben.

Weshalb sinken Trinkhalme in manchen Flüssigkeiten ab, steigen in anderen aber auf?

Die Bewegungen des Trinkhalms hängen zum einen von der Flüssigkeit im Glas und zum anderen von der Beschaffenheit des Halms ab. In sprudelnden, kohlensäurehaltigen Limonaden steigt der Halm meist rasch auf. Der Metereologe Richard Williams erklärt das Phänomen:

» Der Halm steigt schnell auf, weil sich an seinen Außen- und Innenseiten Kohlensäurebläschen bilden und ihm Auftrieb geben. Die

Kohlensäure in der Flasche steht unter beträchtlichem Druck. Wenn die Flasche geöffnet und das Getränk eingegossen wird, kann die Kohlensäure frei perlen. An den Glaswänden und auf dem Trinkhalm bilden sich kleine Bläschen. Diese vergrößern sich und geben nach und nach dem Halm so viel Auftrieb, dass er hochsteigt. “

Gelegentlich aber steigt ein Trinkhalm auch in einem Getränk ohne Kohlensäure nach oben. Roger W. Cappello, Mitarbeiter bei einem Trinkhalmproduzenten, lieferte die Erklärung dafür:

„ Zunächst möchte ich anmerken, dass dieses Phänomen mit dem spezifischen Gewicht zusammenhängt. Das spezifische Gewicht ist das Verhältnis der Gewichtskraft eines Körpers zu seinem Volumen, oder anders ausgedrückt, das Verhältnis der Dichte eines Körpers zur Dichte von Wasser.

Trinkhalme werden heute aus Polypropylen geformt, während sie vor Jahren aus Polystyren bestanden, davor aus Papier und noch früher aus Getreidehalmen.

Wenn man Wasser das spezifische Gewicht von 1 zuschreibt, hat Polypropylen einen Wert von 0,9 und Polystyren einen Wert von 1,04. Ein Polypropylen-Halm wird in einem Glas Wasser aufsteigen, einer aus Polystyren dagegen absinken. In einem kohlensäurehaltigen Getränk wird aber auch ein Polystyren-Halm aufschwimmen, weil sich Gasbläschen an ihm festsetzen, die den kleinen Unterschied des spezifischen Gewichts von Wasser und Polystyren ausgleichen. Ein Polypropylen-Halm wird aus demselben Grund in einem sprudelnden Getränk noch höher aufsteigen. Wenn Sie einen Polypropylen-Halm in Benzin stecken würden (bitte versuchen Sie das nicht), wird er absinken, weil das spezifische Gewicht von Benzin geringer ist als das von Wasser.

Wenn Sie zehn Gläser aufreihen und mit unterschiedlichen Flüssigkeiten bis zur selben Höhe füllen, würden die Trinkhalme darin vermutlich auf ganz unterschiedlichen Höhen schwimmen, und zwar in Abhängigkeit vom spezifischen Gewicht der betreffenden Flüssigkeit und der Menge an Gasbläschen, die sich an den Trinkhalmen festsetzt. “

Warum haben Flaschen Hälse?

Schon im alten Ägypten und in Mesopotamien gab es flaschenartige Behälter. Historiker vermuten, dass dort schon gegen 5400 v. Chr. Wein getrunken wurde – aufbewahrt wurde er aber nicht in Flaschen, wie wir sie heute kennen, sondern in Amphoren. Diese Gefäße bestanden aus Ton, hatten zwei Henkel und einen kurzen Hals. Funde weisen darauf hin, dass sie mit Korken, Gips oder Pech verschlossen wurden.

Vor der modernen Massenproduktion von Glasflaschen gab es keine einheitlichen Größen. Die meisten Flaschen fassten 700–800 ml, 750 ml wurden dann Mitte des 20. Jahrhunderts zum Standard. Langhalsige Glasflaschen sind erst seit wenigen Hundert Jahren in Gebrauch. Dennoch konnte ein bekannter Sammler von Flaschen keine Antwort auf die Frage geben, warum lange Flaschenhälse eingeführt wurden. Er äußerte sich wie folgt: „Diese Frage ist mir in den 44 Jahren, seit denen ich Flaschen sammle, noch nie gestellt worden. Ich kann nur Mutmaßungen dazu anstellen, da ich auch keine schriftlichen Quellen finde."

Nahezu 30 weitere Experten – Flaschensammler, Glasbläser, Flaschenproduzenten und Weinfachleute – zeigten sich überfragt. Vermutungen und Theorien gab es viele, aber nicht die eine, ultimative Antwort. Es ließ sich nicht einmal mit Sicherheit klären, ob der lange Flaschenhals eine Folge der Technik des Glasblasens ist, auf einer ästhetischen Entscheidung beruht oder ein nützliches Detail darstellt. Steve Fulkerson, Manager bei einem Hersteller von Flaschen in verschiedensten Formen, vertritt die erste Annahme:

> Frühe Glasgefäße wurden mundgeblasen, indem man ein Metallrohr – die Glaspfeife – in einen Klumpen geschmolzenen Glases einführte und in das Rohr blies. Während sich die Glasblase ausdehnte, wurde die Außenseite mithilfe eines hölzernen Spatels geformt. Ein Gefäß mit einem Hals war dabei einfacher zu handhaben, weil dieser die Gefahr verringerte, dass der Glaskörper während des Formungsprozesses vom Rohr herunterfiel.

Rick Baldwin, der Direktor einer Vereinigung von Sammlern historischer Glasflaschen, fügt hinzu:

> Der Hals, der am Ende eine dickere Kante haben sollte, bot den Vorteil, dass die Flasche mit einem kleineren Verschluss versehen werden musste. Ein enger Flaschenhals konnte vom Glasbläser leichter und schneller perfekt rund geformt werden.

Viele Fachleute glauben aber auch, der Flaschenhals habe nichts mit den Techniken der Glasbläserei zu tun. Einer von ihnen meinte: „Es gibt viele Gefäße mit weiter Öffnung, die zur Lagerung von Lebensmitteln usw. benutzt wurden. Für den Glasbläser war es überhaupt kein Problem, ein Gefäß so abzuschneiden, dass es keinen Hals hatte."

Zu dem Thema befragte Glasbläser stimmten dem zu und hoben dieselben Vorteile von Flaschenhälsen hervor wie die Historiker:

1. **Flaschen mit Hälsen sind billiger und besser zu verschließen.** Ein Weinkenner und Flaschenfreund gab dazu folgenden Kommentar ab:

> „Ich vermute, man hielt die Öffnung einer Flasche klein, weil ein kleinerer Stopfen billiger ist. Außerdem dichtet ein kleiner Verschluss besser ab. Besonders bei einer so kostbaren Flüssigkeit wie Wein sollte eine etwaige Verdunstung möglichst unterbunden werden."

John Pritchard, Manager bei einem Weinhandel, fügt hinzu, dass Weinflaschenhälse mindestens eine Länge von 6,25 cm haben, um einen 5-cm-Korken aufzunehmen. Sehr verbreitet ist auch eine Länge von 7,5 cm bei einer Korkenlänge von 4,5 cm.

Der enge Hals war früher genauso wichtig für Flaschen, die teure Parfümöle enthielten. Wegen der flüchtigen Bestandteile mussten die Kontaktflächen zur Luft so klein wie möglich gehalten werden, und das konnte nur ein perfekter Verschluss gewährleisten.

2. **Hälse ersetzen einen Henkel.** Rick Baldwin bemerkte, dass früher große zwiebelförmige Flaschen mit langen Hälsen versehen wurden, damit man direkt aus ihnen trinken konnte. Paul Bates, Leiter eines Museums für Trinkgefäße in Tennessee, wies auf einen anderen Vorteil des Flaschenhalses hin: Ohne Hals rutschen Flaschen sehr leicht aus der Hand. Und bei Weinen, die in der Regel horizontal gelagert werden, erlaubt der Hals einen einfachen Zugriff auf die Flasche.

3. **Flaschenhälse erleichtern das Einschenken.** Rick Baldwin gibt noch zu bedenken, dass ein Hals mit seiner engen Öffnung den Inhalt langsamer und gezielter ausfließen lässt, wenn man ein Getränk dekantiert oder es direkt aus der Flasche einschenkt.

Wir konnten uns nie vorstellen, dass eine Flasche keinen Hals hat, und das gibt es auch nicht, denn ohne Hals keine Flasche. Nun haben wir aber erfahren, warum das so ist. Daher wird uns vielleicht in

Zukunft jeder Flaschenhals, ob bei Wein, Bier oder anderen lieb gewonnenen Getränken und ganz gleich, ob schlicht oder edel, auch Respekt einflößen – als erstaunliche zivilisatorische Errungenschaft.

Was ist der Unterschied zwischen Sekundenkleber und normalem Klebstoff?

Es ist vor allem die Zusammensetzung, die Sekundenkleber von anderen Klebstoffen unterscheidet. Sekundenkleber wird aus Cyanoacrylat hergestellt, während die meisten anderen Kleber aus einer Mischung von Naturharzen und Lösungsmittel bestehen. Die unterschiedlichen Inhaltsstoffe führen auch zu einer verschiedenartigen Klebebindung, wie Rich Palin, technischer Berater bei einem Klebstoffhersteller, erläutert:

> Die meisten Kleber schaffen eine mechanische Verbindung, d. h., sie dringen in die kleinen Poren und Unregelmäßigkeiten der zu verbindenden Materialien ein und härten dort aus. Sekundenkleber schafft dagegen eine polare Verbindung: Der Kleber und das Trägerobjekt ziehen sich wie zwei Magnete gegenseitig an. Die mechanische Klebkraft kommt noch hinzu und stabilisiert die Verbindung zusätzlich.

Klebstofffachmann John Anderson ergänzt, dass Sekundenkleber besser als gewöhnliche Klebstoffe geeignet sind, auch sehr unterschiedliche Materialien miteinander zu verbinden, eben weil die Bindung keine rein mechanische ist.

Warum haben Gehwege aus Beton in regelmäßigen Abständen Risse? Wie entstehen unregelmäßige Risse auf betonierten Fußwegen?

Ob Sie es glauben oder nicht: Risse in regelmäßigem Abstand sollen verhindern, dass der Beton unkontrolliert reißt. Wir halten Beton für ein statisches und lebloses Material, aber dem ist nicht so. Beton reagiert sehr empfindlich auf Temperaturveränderungen. Ein betonierter Gehweg z. B. schrumpft bei kaltem Wetter.

Laut Gerald F. Voigt, Experte für Beton, ist dieser Werkstoff sehr widerstandsfähig gegen Druck, hat aber Zugkräften nur ein Zehntel dieser Stärke entgegenzusetzen:

> Es wäre wesentlich einfacher, ein Stück Beton durch Zugkräfte zu zerbrechen als durch Druck. Risse in Beton werden fast immer von einem Spannungsaufbau verursacht. Häufig sind Betonplatten durch Reibungskräfte auf ihrem Fundament fixiert. Dieser Reibungswiderstand führt zu Spannungen, wenn sich die Platten zusammenziehen; wenn der Widerstand stärker ist als die Stabilität des Betons gegenüber solchen Spannungen, entsteht ein Riss – etwas muss nachgeben.

Beton schrumpft beim Trocknen und festigt sich erst mit der Zeit. Deshalb treten Risse in Gehwegplatten am ehesten gleich in der Nacht nach dem Gießen auf. Durch zwei Strategien versucht man, dem zu begegnen.

Arthur J. Mullkoff, Ingenieur beim Amerikanischen Institut für Betonbau, erklärt, dass man häufig Stahlverstärkungen benutzt, um das Reißen der Platten zu reduzieren. Am effektivsten ist es aber, Dehnungsfugen anzulegen. An diesen Stellen kann der Beton „arbeiten", ohne dass Schäden entstehen.

Bei solchen Dehnungsfugen handelt es sich um eine Art von „eingefrästen Fugen". Die in ihrer Position genau berechneten Risse werden in alle Typen von Betonplatten eingearbeitet. Gerald Voigt erklärt:

> Der Beton wird bis zu etwa einem Viertel seiner Stärke eingefräst – es entsteht eine Schwachstelle. Dort wird die Platte brechen. Wie man bei fast jedem betonierten Gehweg sehen kann, wiederholen sich diese Fugen in regelmäßigen Abständen. Hier reißt der Beton kontrolliert in vorgegebenen Fugen. Auf diese Weise werden unattraktive, zufällige Risse vermieden. Bei Betonplatten für Gehwege muss die Tiefe der Fugen mindestens ein Viertel der Plattenstärke betragen.

Erstaunlich dabei ist allerdings, dass man sich so viel Mühe mit der Vermeidung solcher Zufallsrisse macht. Sie schaden nämlich eigentlich nicht weiter. Laut Aussage des Verbands für Fertigbeton beeinträchtigen Risse nur selten die strukturelle Stabilität des Betons. Selbst wenn die Spalten Wasser einsickern lassen, führt das nicht zu einer fortschreitenden Zersetzung des Materials. Die Spalten sind einfach nur unansehnlich.

Weshalb reicht der Erdaushub aus einem Loch nie aus, um dieses wieder aufzufüllen?

Es gibt mehrere Erklärungen dafür, warum die ausgehobene Erde im Allgemeinen nicht reicht, um ein Loch wieder aufzufüllen:

1. **Aushub geht verloren.** Francis D. Hole, emeritierter Professor für Geologie und Geografie an der University of Wisconsin-Madison, berichtete über einen Fall, bei dem ein Geologen-Team in seinem Eifer vergaß, die obligatorische Plane auszulegen, auf der der Aushub gesammelt wird: „So ging uns viel Erde auf dem Waldboden zwischen toten Zweigen und Laub verloren."
2. **Graben ändert die Struktur des Bodenmaterials.** Der Agraringenieur Dr. Lee P. Grant von der University of Maryland erklärt:

> Erde setzt sich aus organischem und anorganischem Material zusammen, luftgefüllten Hohlräumen und Mikroorganismen. Durch die Hohlräume sickert Wasser, und Pflanzenwurzeln bahnen sich dort ihren Weg. Würmer und andere Tiere graben Tunnel und Luftlöcher. All diese Strukturen werden beim Umgraben zerstört.

Francis D. Hole merkte an, dass man meist die zurückgeschüttete Erde durch Feststampfen noch komprimiert, dabei die Hohlräume beseitigt und das Loch zu dicht auffüllt.

3. **Die Erde trocknet während des Ausgrabens und Umsetzens leicht aus.** Laut Aussage von Dr. Lee Grant hat frisch ausgegrabene Erde meist einen höheren Wassergehalt und daher mehr Volumen als getrocknete Erde.

Beide Experten betonten, dass man keineswegs immer zu wenig Aushub hat, um ein gegrabenes Loch wieder aufzufüllen. Manchmal ist am Ende der Aktion sogar noch Erde übrig. Francis D. Hole erklärt:

> Wenn man den ganzen Aushub auf einer Plane gesammelt hat und wieder zurückschüttet, kann plötzlich so viel Erde da sein, dass sich ein regelrechter kleiner Hügel auftürmt.
>
> Beim Ausgraben wurde die Erde gelockert. Wenn man sie wieder einfüllt, entstehen viele kleinere und größere Hohlräume, die vorher so nicht vorhanden waren. Bis zu einem Jahr kann es dauern, bis sich die Erde wieder zu ihrem vorherigen Niveau gesetzt hat. Langer, nicht zu starker Regen beschleunigt unter Umständen diesen Prozess.

Wie kommt es, dass immer nur zwei Teile eines Puzzles zusammenpassen? Ist jedes einzelne Stück einmalig?

Für manche Zeitgenossen ist die Vorstellung, sie müssten das Abbild einer Tomate aus 1000 Einzelteilen zusammensetzen, ein Albtraum. Nun ja, die Vorlieben der Menschen sind zum Glück unterschiedlich. Dennoch möchte sich auch der größte Puzzle-Freund nicht noch damit quälen, dass zwei Teile an dieselbe Stelle passen. Daher müssen die Hersteller von Puzzles eine solche Eventualität von vornherein ausschließen.

Puzzle-Hersteller Milton Bradley hat dafür folgende Lösung: Seine Designer zeichnen von Hand das Puzzle-Bild. Dann wird ein Puzzle-Muster entworfen und eine Blaupause dazu erstellt. Man prüft nun, ob jedes Teil einmalig ist, die richtige Größe hat und sich an der vorgesehenen Stelle einpassen lässt.

Mark Morris, Pressesprecher von Milton Bradley, erklärte uns, dass man nur mit den Augen prüft, ob bei den Teilen keine Duplikate vorkommen. Diese Methode ist nicht hundertprozentig sicher, aber allein durch die Handzeichnung des Puzzles sind „Zwillinge" nahezu ausgeschlossen.

Wenn ein Design genehmigt ist, wird von der Blaupause per Laser eine Stanzform angefertigt. Man braucht sie für den Zuschnitt der Teile. Das Bild wird nun auf eine Kartonunterlage gedruckt und die Stanzform in eine Presse eingespannt. Diese zerschneidet in einem Schritt den Karton in sämtliche Puzzleteile. Der ganze Prozess (einschließlich der Herstellung des Verpackungskartons samt Versiegelung) dauert nur wenige Sekunden.

Damit alle Puzzles perfekt ausfallen, verwendet man für die ganze Produktlinie ein und dieselbe Matrize. Ein Beispiel: Milton Bradley produziert mehrere verschiedene Produktlinien. Alle 550-teiligen Puzzles einer Saison werden mit derselben Matrize gestanzt – laut Marc Morris wird häufig die Matrize gewechselt, weil Puzzle-Freaks sonst bald ein Muster wiedererkennen.

Edaron, ein weiterer Puzzle-Hersteller, löst das Problem eventueller Duplikate auf andere Weise. Die Firma setzt ein geschütztes Computerprogramm dazu ein, die Formen der Einzelteile zu entwerfen. Dieses prüft gleichzeitig, ob die Stücke sich ineinanderfügen und einmalig sind. Dieser Computerentwurf dient als Vorlage für die Matrize.

Edaron benutzt wie Milton Bradley auch dieselbe Matrize für eine Produktlinie. Da er im Auftrag anderer Firmen produziert, kann er von vier verschiedenen Unternehmen Aufträge für 550-teilige Puzzle erhalten; für jede Firma benutzt er eine andere Matrize, aber für die Puzzles eines Auftraggebers immer ein und dieselbe.

Einer der großen Vorteile dieser Lösung ist es, dass alle früheren Puzzle-Designs bequem gespeichert und eventuell zum Zuschnitt einer neuen Matrize eingesetzt werden können. Edaron schneidet seine Matrizen etwa einmal im Jahr nach, weil sie mit der Zeit stumpf werden und die Teile dann nicht mehr so sauber ausstanzen. Unsaubere Kanten an Puzzle-Teilen können beim Zusammensetzen ebenso frustrierend sein wie Duplikate.

Wieso hat Micky Maus vier Finger?

Genauer gefragt, wieso hat Micky Maus drei Finger und einen Daumen an jeder Hand? Warum fehlt tatsächlich nahezu allen Cartoon-Figuren mindestens ein Glied der Hand?

Cartoon-Zeichner und Mitarbeiter der Firma Disney bestätigten allesamt eine verblüffende Tatsache: Micky Maus hat vier Finger, weil das für die Zeichner und Trickfilm-Animateure, die ihn erschaffen haben, einfacher ist. In den frühen Zeichentrickfilmen wurde jede einzelne Szeneneinstellung von Hand gezeichnet – eine akribische und mühsame Arbeit. Kein Teil der menschlichen Anatomie lässt sich schwerer auf Papier bannen als die Hand. Beim Zeichnen der einzelnen Finger passiert es nämlich häufig, dass am Ende die ganze Hand überproportional groß wirkt. Die Künstler, die Micky zeichneten, waren nur allzu froh, mit einem Trick Arbeit sparen zu können. Daher haben bei Disney und in den meisten anderen

Warum liegt Scotland Yard in England?

Scotland Yard, 1829 von Robert Peel gegründet, befand sich ursprünglich auf dem Gelände eines Palasts. Dieser hatte früher den schottischen Königen und Königinnen als Residenz gedient, wenn sie in England Staatsangelegenheiten zu regeln hatten oder Tribut an den englischen Adel entrichteten. Sowohl die Straße als auch der Palast wurden „Scotland Yard“ genannt. Als die Abteilung für Verbrechensaufklärung der Londoner Polizei zum Themseufer und dann in die Umgebung von Victoria umzog, behielt sie ihren Namen. Er war inzwischen zum „Markenzeichen“ für effektive Polizeiarbeit geworden.

Cartoons die Tiere einen Daumen und drei Finger, während menschlichen Charakteren, wie Schneewittchen und Aschenputtel, diese Amputation erspart blieb. Bevor jemand fragt – nein, es ist nicht genau bekannt, welcher von Mickys Fingern den Trickfilmzeichnern zum Opfer fiel. Da die drei Finger neben dem Daumen fast symmetrisch sind, könnte es der kleine Finger gewesen sein.

Weshalb wurden Athos, Porthos und Aramis die Drei Musketiere genannt, obwohl sie doch mit Degen und nicht mit Musketen kämpften?

Dumas' Roman orientierte sich an den *Mémoires de M. d'Artagnan*, einem frei erfundenen Lebensbericht über den „Kapitänsleutnant der Ersten Kompanie der Musketiere des Königs". Es gab tatsächlich im 17. Jahrhundert in Frankreich eine Musketier-Kompanie.

Die Hauptaufgabe der 1622 gebildeten Kompanie war es, den König (Ludwig XIII.) in Friedenszeiten zu schützen. Bei Kriegszügen wurden die Musketiere den Kampfeinheiten der Infanterie und Kavallerie zugeordnet, beim Palastdienst waren sie aber die Eliteeinheit. Ihr Alter lag im Schnitt zwischen 17 und 20 Jahren, sie waren aristokratischer Abstammung, und trotz ihrer Jugend hatten sie allesamt Erfahrung auf militärischem Gebiet.

Laut Dumas' englischem Übersetzer Lord Sudley wurden die Musketiere bei Einführung der Kompanie mit den neuen Zündschloss-Vorderladermusketen bewaffnet, den Vorläufern moderner Gewehre. Zwar war die Muskete stark genug, um die damaligen Rüstungen zu durchschlagen, sie war aber auch äußerst unhandlich. Bis 2,4 m lang und mit einem Gewicht von mehr als 10 kg erwies sie sich für Reiter als zu sperrig. Man konnte die plumpe Waffe nicht an der Schulter anlegen, sondern musste sie auf einem gegabelten Ständer stabilisieren, um richtig zielen zu können. Schließlich verzichteten die „Musketiere" auf Musketen und verließen sich auf neumodische Pistolen und altgediente Degen. Nicht auszudenken, wie sehr Musketen die rasanten Bravourstücke der drei Helden verlangsamt hätten! Es wäre schließlich gar nicht so einfach, einen Waffen schwingenden Schurken zur Strecke zu bringen, während man mit einer Muskete auf dem Rücken am Kronleuchter baumelt.

Warum schauen Teddybären so ernst?

Wenn man bedenkt, dass der Spielzeughandel überschwemmt ist mit zuckersüßen Fantasiegestalten und fast alle Puppen und Plüschtiere zwingend fröhliche Gesichter zeigen, dann wundert man sich schon über die vergleichsweise ernst bis trübsinnig dreinschauenden Teddybären. Die Frage ging zunächst an Künstler, die Teddys entwerfen, an Hersteller, Sammler und Autoren von Teddybärbüchern. Es muss doch schließlich herauszufinden sein, was die Bären so traurig macht.

Merkwürdigerweise kamen die ersten Teddybären fast gleichzeitig in Deutschland und in Amerika auf – im Jahr 1902. Mindy Kinsey, Herausgeberin einer Zeitschrift über Stofftiere, kennt sich hervorragend aus. Wie sie berichtet, sollten die Bären möglichst realistisch aussehen:

> In Deutschland entstanden die Spielzeugbären nach lebenden Vorbildern, die Margarete Steiff im Zoo und im Zirkus beobachtet hatte. Der amerikanische „Erstling" wurde bei einem Galadiner dem Präsidenten Theodore Roosevelt überreicht – zur Erinnerung an einen Bären, den er bei der Jagd verschont hatte. Man nannte das ‚gezähmte' Wildtier Teddy nach dem Präsidenten.
>
> Frühe Teddys hatten wie ihre echten Vorbilder lange Schnauzen, lange Vorderbeine, einen ausgeprägten Nacken und kleine Ohren. Das Maul bildete ein gestickter Winkel, der vielleicht ernst wirkt, aber welcher Bär lächelt schon!

Bei den großen Teddybärherstellern wie Steiff, Gund und Russ Berrie konnte man nicht genau sagen, warum die meisten ihrer Bären so wenig fröhlich aussehen. Sie blicken ja nicht unbedingt finster drein. Aber wenn Sie eine Ausstellung oder ein Spielwarengeschäft besuchen, werden Sie uns beipflichten, dass die klassischen Teddybären im Vergleich zu anderen Plüschtieren eine ordentliche Dosis Stimmungsaufheller gebrauchen könnten. Ebenso wie viele Teddybär-Designer sagt dagegen Mindy Kinsey:

> Heutige Teddybären können breit oder verschmitzt lächeln, mit offenem Mund lachen oder ein wenig schmollen – die Mundform ist nicht festgelegt. Bei manchen findet man immer noch die heruntergezogenen Mundwinkel, aber der Gesichtsausdruck dieser Bären wirkt auf mich nicht finster, sondern weise, nachdenklich, vertrauenserweckend oder einfach ehrlich.

Jo Rothery, Herausgeber eines englischen Teddybärenmagazins, meint, bei den klassischen Plüschtieren sorge Abwechslung für die Würze:

> „Natürlich findet man auch Bären, die eindeutig mürrisch wirken und vom Künstler auch bewusst so gestaltet wurden. Es gibt Sammler, die sich auf solche Charaktere spezialisieren, vielleicht weil sie bei ihnen Erinnerungen an jemanden wachrufen – Väter, Ehemänner, Großväter, Kollegen usw. Andere Sammler, besonders solche von alten Teddys, sind der Auffassung, ein eher trauriger Ausdruck gebe dem Bären mehr Charakter, drücke sein Alter aus und all die vielen Erfahrungen, die er über die Jahre gewonnen habe.
>
> Es gibt auch ausgesprochen fröhliche Bären mit nach oben weisenden Mundwinkeln, bei deren Anblick man unwillkürlich zurücklächeln möchte. Auch diese haben ihre speziellen Liebhaber, aber ich glaube, der Sammler bevorzugt Teddys mit möglichst verschiedenartigem Ausdruck. Vielleicht findet man sogar ein schönes Exemplar mit weit offener Schnauze. Bei dieser Version ist es allerdings sehr schwierig ist, eine ansprechende Miene zu gestalten. Einige Künstler haben dabei Erfolg gehabt. Sie konnten diesen ‚wilden', natürlichen Ausdruck nachahmen, ohne den Bären allzu bedrohlich wirken zu lassen."

Jo Rothery weist noch auf einen besonderen Effekt hin, der sich bei Teddyfreunden einstellt: „Es ist so ähnlich, als wenn man einen kleinen Hund aus einer Welpenschar ins Herz schließt, obwohl doch alle gleich aussehen."

> „Selbst wenn Sie vor einer Reihe identischer Teddys stehen, wird jeder einen etwas anderen Ausdruck haben. Einer wird Sie mehr ansprechen als die anderen und Sie auffordern, ihn mit nach Hause zu nehmen."

Bären scheinen eine ganz besondere Ausstrahlung zu haben, und das selbst in der Vorstellung derjenigen, die sie erschaffen. Linda McCall beschreibt die Entstehung eines Teddybären als einen Prozess der ganz besonderen Art.

> „Manche meiner Bären lächeln, manche blicken finster, und manche sind wirklich ausgesprochen mürrisch! Es hängt ganz davon

ab, was für ein ‚Gefühl' mir der Bär gibt. Das muss für jemanden, der nie einen Teddy gestaltet hat, merkwürdig klingen. Man näht das verflixte Ding zusammen und legt es über Nacht beiseite. Dann schaut man es wieder an und weiß spontan, ob es ein fröhlicher oder ein nachdenklicher Bär werden sollte oder welche Stimmung auch immer von ihm herüberschwingt. Aus diesem Grund gibt es auch unter den von Künstlern gestalteten Bären keine zwei, die sich gleichen. “

Auch Linda McCall ist sich wie viele andere Teddyspezialisten sicher, dass die Tradition des ernst dreinblickenden Bären auf die Absicht zurückgeht, echte Bären zu imitieren. Außerdem sollte man auch noch Folgendes bedenken: Zu der Zeit, als der Teddybär aufkam, war Lachen nicht das, was ein Kinderleben ausmachte. Tugenden, wie Ernsthaftigkeit, Fleiß und Gehorsam, gehörten zum obersten Gebot. Auch die Porzellanpuppen der kleinen Mädchen machten damals ernste bis nachdenkliche Gesichter.

Wenn man genau hinschaut, sehen die Mäuler vieler Teddybären wie ein auf dem Kopf stehendes großes Y aus. Eine Teddy-Designerin verriet uns, dass das umgekehrte Y Nase, Augen und Mund in ein ausgeglichenes Verhältnis bringen soll. Warum nicht – in jedem Fall wirkt das umgekehrte Y ein wenig wie herabgezogene Mundwinkel, und diese verbindet man nicht mit Fröhlichkeit. Jo Rothery bringt noch einen wichtigen Aspekt in die Diskussion ein:

” Das umgekehrte Y verleiht den Teddybären einen nachdenklichen, entspannten Ausdruck. Sie sehen so aus, als ob sie nur zu gerne dasitzen und ihrem Besitzer und besten Freund zuhören wollen, ganz gleich, ob er gerade traurig oder fröhlich ist. “

Ist der Gesichtsausdruck eines Teddys undurchsichtig, kann ein Kind all seine Emotionen auf das Stofftier übertragen. Der Bär wird so zum einfühlsamen Kameraden.

Wissen und Natur

Sterne, Wolken, Bäume – sie können uns Rätsel aufgeben bei dem Versuch, sie als Phänomene zu begreifen. Hier behandeln wir einige der großen Fragen aus Natur und Wissenschaft: Warum sieht man auf Fotos aus dem Weltall niemals Sterne? Warum sind die Meere salzig? Wie konnten die Römer mit römischen Zahlen rechnen?

Wissenschaft und Natur

Wenn Wärme nach oben steigt, warum bildet sich dann Eis auf der Oberfläche von Seen und Teichen?

Jeder, der schon einmal einen Eiswürfelbehälter bis zum Rand mit Wasser gefüllt hat, weiß, dass später das Eis höher in den kleinen Kammern steht als vorher der Wasserspiegel. Und wer darauf noch nicht geachtet hat, weil der Drink wichtiger war, der sollte dieses Phänomen am besten gleich testen.

Wenn Sie in der Schule gut aufgepasst haben, wissen Sie vielleicht auch noch, dass Wasser bei 4 °C seine größte Dichte besitzt. Hier liegt der Schlüssel zu dem Rätsel, warum der Eiswürfel größer ist als der „Wasserwürfel", aus dem er entstand. Und hier finden wir auch die Erklärung dafür, warum Eis auf der Oberfläche von Seen schwimmt. Der Physikprofessor Neal P. Rowell erklärt:

» Beim Abkühlen wird Wasser zunächst dichter. Seine Moleküle rücken immer näher zusammen, d. h., sein Volumen verringert sich. Kaltes Wasser z. B. in einem Teich sinkt zum Grund. Bei 4 °C hat Wasser jedoch seine maximale Dichte erreicht. Wenn es jetzt noch kälter wird, beginnt es sich wieder auszudehnen, sein Volumen vergrößert sich. Wasser, dessen Temperatur zwischen 4 °C und 0 °C (dem Gefrierpunkt von Wasser) liegt, steigt langsam zur Oberfläche. Es ist weniger dicht und damit leichter.

Wenn Wasser bei 0 °C zu Eis erstarrt, kommt es zu einer beträchtlichen Volumenvergrößerung, die durch das sehr weitmaschige Kristallgitter des Eises verursacht wird. Die Eiskristalle haben also eine viel geringere Dichte als Wasser, sind daher leichter und schwimmen auf der Oberfläche.

Die Volumenvergrößerung beim Eis war früher, als die Häuser noch nicht so perfekt beheizt wurden wie heute, immer wieder mal ein Problem. So konnten schlecht isolierte Wasserleitungen einfrieren und platzen. Die beim Gefrieren einsetzende Ausdehnung geht nämlich mit einem großen, nach außen gerichteten Druck einher. Vergessen Sie auch ja nicht bei eisigen Temperaturen den gekauften Wasserkasten im Auto. Diese Nachlässigkeit könnte mit einem Scherbengericht geahndet werden. «

Das Wasser unter der Eisschicht eines zugefrorenen Sees oder Teichs erreicht nur selten den Gefrierpunkt; Eis wirkt wie eine Isolierschicht. Viele Wasserlebewesen

Wenn Wasser schwerer als Luft ist, warum bleiben dann die Wolken oben am Himmel?

Wie kommen Sie darauf, dass Wolken nicht herunterfallen? Das tun sie nämlich ständig. Zum Glück fallen Wolkentropfen in ganz kleinen Portiönchen und nicht mit einem großen Platsch. Dabei legen sie ein wahres Schneckentempo vor: nur etwa 3 mm pro Sekunde. Und Wolkentropfen sind so winzig (ca. 0,1 mm Durchmesser), dass man sie nicht einmal mit bloßem Auge sehen kann.

sind auf eine solche schützende Eisschicht angewiesen, die das Wasser bei einer Temperatur zwischen 0 °C und 4 °C hält.

Die merkwürdigste Tatsache ist aber, dass Wasser, da es bei 4 °C die höchste Dichte hat, sich von dieser Temperatur ausgehend in beide Richtungen – wärmer und kälter – ausdehnt.

Wonach riecht es, wenn es „nach Regen" riecht?

Dies ist nicht gerade die Art Frage, mit der sich Meteorologiestudenten beschäftigen müssen, und es gibt auch keine Abhandlungen in Fachjournalen zu diesem Thema. Dennoch haben einige Experten versucht, eine Erklärung zu geben. Sie teilten sich in zwei Lager:

1. Es ist nicht der Regen, sondern die Feuchtigkeit. Der Biophysiker Joe Doyle meint die Feuchtigkeit, die vor einem Regen in der Luft liegt. Diese ist zwar geruchlos, verstärkt aber andere Gerüche. Alles, vom Abfall bis zum Gras, riecht stärker, wenn es feucht wird. Doyle glaubt, dass wir den verstärkten Geruch der Natur um uns herum als ein Zeichen für nahenden Regen deuten. Richard Anthes vom Nationalen Zentrum zur Erforschung der Atmosphäre fügt hinzu, dass unser Geruchssinn auch viele gasförmige Stoffe bei feuchter Luft verstärkt wahrnimmt.
2. Es liegt am Ozon. Dr. Keith Seitter von der Amerikanischen Meteorologischen Gesellschaft erinnerte daran, dass niedergehende Blitze Ozon produzieren, ein Gas mit einem besonderen Geruch. Nach seiner Auffassung erkennen Menschen in der Nähe eines Gewitters den Ozongeruch.

Meteorologe Kelly Redmond schließt sich dieser Meinung an, allerdings mit einem Vorbehalt. Ozonemissionen sind bei Sommergewittern üblich, nicht aber bei Regengüssen in der kühleren Jahreszeit. Wenn es also im Winter „nach Regen" riecht, geht das nicht auf Ozon zurück, sondern auf die hohe Luftfeuchtigkeit, die die Gerüche von Erde und Pflanzen verstärkt.

Wieso sind Regenwolken dunkel?

Regen ist Wasser. Wasser ist hell und durchsichtig. Regenwolken sind voller Wasser, deshalb sollten sie hell sein. Das ist zwar logisch, aber unzutreffend.

In Wolken befinden sich große Mengen von Wasserpartikeln. Solange diese klein sind, reflektieren sie das gesamte Spektrum des Lichts und sehen für unser Auge weiß aus. Wenn sie groß genug werden, um Regentropfen zu formen, absorbieren sie dagegen Licht und erscheinen uns von unten betrachtet dunkel.

Warum haben Blitze ein Zickzackmuster?

Es ist einfach schön, wenn jemand von seiner Arbeit begeistert ist. Matt Bragaw, Spezialist für Gewitterphänomene bei der Nationalen Wettervorhersage in Melbourne, Florida, ist ein solcher Jemand. Er war so freundlich, ohne großes Hin und Her ein paar Fragen zu beantworten. Zum Thema Blitze bemerkte er zunächst einmal grundsätzlich, sie würden zwar seit jeher als außerordentliche Naturereignisse gewürdigt, viele der wesentlichen Erkenntnisse hätte man aber erst in den letzten 15 Jahren gewonnen.

Bei gewittrigen Wetterlagen kommt es zu den verschiedensten Entladungen von elektrischer Spannung. Das Wetterleuchten – man sieht es nachts entfernt am Horizont – gehört zu den angenehmsten. Wenn es auftritt, ist nämlich das Gewitter noch weit weg und bleibt es vielleicht auch. Das Elmsfeuer kann man vor allem an den Mastspitzen von Schiffen oder an Bergspitzen beobachten – solche Spitzen sind dann gegenüber der Luft positiv aufgeladen. Begleitet wird das Elmsfeuer von einem zunehmend lauten Zischen. Sobald ein Blitz auftritt, sind Lichterscheinung und Geräusch sofort verschwunden.

Wie Sie sich sicher gut vorstellen können, hat man dieses unheimliche Phänomen stets als schlechtes Omen gedeutet. Der berühmte römische Gelehrte Plinius d. Ä. allerdings gab sich mit einer solchen Negativdeutung nicht zufrieden. Er nannte zwei züngelnde Elmsfeuerflammen Glück verheißend – warum nicht, man sollte der Hoffnung immer Raum geben!

Und nun zu den spektakulären Gewitterblitzen. Bei ihnen handelt es sich um sichtbar gewordene gewaltige Entladungen zwischen unterschiedlich geladenen Wolken oder zwischen Wolke und Erde. Typisch für Gewitter sind große, hoch aufgetürmte Wolkenberge, die Haufen- oder Kumuluswolken mit ihrer rasch aufsteigenden Luft. In diesen Wolken häuft sich Elektrizität an, die sich schließlich in einem Blitz entlädt.

Der Mechanismus des Blitzgeschehens ist noch nicht völlig geklärt. Innerhalb der Wolken befördern turbulente Windbewegungen Wassertröpfchen nach oben, während Eispartikel nach unten fallen. Dabei verlieren die Wassertröpfchen Elektronen, die sich an die fallenden Eispartikel heften. Die unteren Wolkenabschnitte laden sich nun negativ auf, während die oberen positiv geladen sind. Schließlich übersteigt die Gesamtladung der Wolke den elektrischen Widerstand der Luft, und es kommt zu einer schwachen Entladung, bei der Entladungskanäle aufgebaut werden. Erreichen sie einen Wolkenpol oder die Erde, dann kommt es zur Hauptentladung – es blitzt.

Bei einer Entladung in Richtung Erde erscheint es uns so, als würde der Blitz in einer einzigen Zickzacklinie herabfahren. Dieser Vorgang läuft jedoch in einzelnen Schritten von nicht mehr als ungefähr 50 m Länge ab. Matt Bragaw führt dazu aus:

> „Während dieses ‚Elektronen-Wasserfalls' verzweigt sich der Führungskanal an vielen Stellen, wird einsträngig und verzweigt sich erneut – das Ganze sieht aus wie ein Astgewirr. Zwischen jedem einzelnen dieser Schritte liegt eine Zeitspanne von ungefähr 50 Mikrosekunden, in der der ‚Kopf' des Blitzkanals nach einem Objekt ‚Ausschau hält', in das der Blitz einschlagen könnte. Gibt es kein geeignetes Objekt, erfolgt der nächste Schritt – dies wiederholt sich so lange, bis der Blitzkanal ein Ziel gefunden hat.
>
> Diese Abstufung gibt dem Blitz seine gezackte Gestalt. Studien haben gezeigt, dass ein einziger Blitzkanal mehr als 10 000 Schritte umfassen kann!“

Wenn der Hauptkanal den Erdboden erreicht, stoppen alle weiteren Verzweigungen ihre Reise zur Erde.

Wie zuvor erwähnt, leuchtet der Hauptkanal zunächst nur schwach, wenn er die Wolke verlässt und sich in Richtung Erdboden bewegt. Warum sind dann aber Blitze normalerweise so blendend hell? Der negativ geladene Entladungskanal stößt alle negative Ladung am Boden ab, zieht aber alle positive Ladung von dort an. In der Folge fließt ein Energiestrom von der Erde hoch in Richtung Wolke. Dieser „Gegenschlag" erfolgt in weniger als 100 Mikrosekunden. Wir können daher die Bewegung Wolke-Erde nicht von der Bewegung Erde-Wolke unterscheiden. Auf Letztere geht jedoch laut Bragaw fast die gesamte Leuchterscheinung zurück, während wir den Eindruck haben, die blendende Helligkeit des Blitzes komme von oben herab.

20–50 Millisekunden (Tausendstel einer Sekunde) nach dem Energie-Gegenschlag von der Erde zur Wolke treten aufgrund von Resten elektrischer Spannung in der Wolke häufig weitere Blitze auf, die in demselben Kanal zur Erde fahren. Da sie einen bereits gebahnten Weg nehmen, entladen sie sich nicht schrittweise, sondern kontinuierlich. Obwohl diese Nachfolger kein Einschlagsziel „suchen" müssen, haben sie dasselbe Zickzackmuster. Bragaw drückt es so aus: „Da der erste Blitz einen Zickzackkanal gebrannt hat, sehen alle weiteren Blitze ebenso aus."

Was genau ist ein Sonnenauf- oder -untergang? Wie wird bestimmt, zu welchem Zeitpunkt die Sonne auf- oder untergeht? Warum gibt es Tageslicht vor Sonnenauf- und nach Sonnenuntergang?

Die Definitionen sind klar. Die Sonne geht in dem Moment auf, da ihr höchster Punkt in Meereshöhe am Horizont erscheint. Sie geht unter, wenn ihr höchster Punkt in Meereshöhe am Horizont verschwindet.

Aber wie bestimmen die Wissenschaftler die Zeiten? Schade, leider stehen keine Meteorologen auf Leitern und verrenken sich die Hälse, um die Sonne zu entdecken. Es finden überhaupt keine Beobachtungen statt – nur mathematische Berechnungen. Die Sonnenaufgangs- und -untergangszeiten lassen sich anhand der Umlaufbahn unserer Erde um die Sonne lange im Voraus berechnen. Richard Williams, Meteorologe beim Amerikanischen Wetterdienst, erklärt, dass die angegebenen Zeiten nur Annäherungen an das darstellen, was wir mit bloßem Auge sehen:

> „Die Zeiten von Sonnenauf- und -untergang wechseln mit jedem Tag sowie mit dem Breiten- und Längengrad. Die angegebenen

Zeiten beziehen sich stets auf einen Horizont in Meereshöhe, irgendwelche Geländeformen sind nicht von Belang. Daher kann die Zeit des Sonnenaufgangs je nach Standort des Beobachters stark von der ‚offiziellen' Zeit abweichen.

Wenn wir einen Sonnenuntergang beobachten, ist die Sonne tatsächlich bereits unter dem Horizont verschwunden. Die Erdatmosphäre bricht die Sonnenstrahlen, sodass sich der Sonnenuntergang optisch um etwa drei Minuten verzögert. Ähnlich verhält es sich mit dem Sonnenaufgang. Wenn wir die Sonne sehen, ist sie eigentlich noch nicht aufgegangen. Ihre Strahlen werden nur von der Erdatmosphäre so gebrochen, dass wir ihr Abbild bereits sehen. Dank dieses Effekts kommen wir täglich in den Genuss von 5–10 Minuten mehr Sonnenlicht. “

Wieso erscheint uns der Tag nach einem Sturm besonders klar?

Ist es Einbildung oder einfach die Freude darüber, dass das Unwetter vorbei ist? Stets halten wir den darauffolgenden Tag ohne die Sturmböen, Wolkengebirge und ausgiebigen Niederschläge für unglaublich schön.

Aber nein, es ist nicht nur Einbildung, erklären die Meteorologen. Der Regen, der Ihre Schuhe durchweicht, reinigt auch die Atmosphäre und befördert Staub und Schadstoffe aus der Luft in den Erdboden. Gleichzeitig verteilt der Wind die in der Luft verbliebenen Smogpartikel in weitem Umkreis, sodass Menschen in besonders belasteten Gegenden aufatmen können. Dafür ist es nun außerhalb solcher belasteten Gebiete je nach Art des Smogs eventuell ratsam, nicht mehr so kräftig durchzuatmen.

Wo die Smogpartikel schließlich hingetrieben werden, hängt von der vorherrschenden Windrichtung ab. Wenn Sie in einer Region mit besonders hoher Luftverschmutzung leben, ist der Wind ohnehin Ihr Freund. Er wird mit hoher Wahrscheinlichkeit stets bessere Luft aus einer weniger belasteten Region mit sich bringen.

Warum sprechen die Astronomen vom Mond im ersten oder letzten Viertel, wenn er für uns wie ein Halbmond aussieht?

Eine verzwickte Frage, denkt man zunächst. Robert Burnham, Herausgeber eines Magazins für Astronomie, meint jedoch, sie sei kinderleicht zu beantworten.

Wenn Astronomen von den Mondphasen sprechen, beziehen sie sich auf die Umlaufbahn des Mondes um die Erde, nicht auf sein Erscheinungsbild. Alan MacRobert, Mitherausgeber eines anderen Magazins für Astronomie, erklärt:

> „Der Mond ist zur Hälfte beleuchtet, wenn er ein Viertel seiner Umlaufbahn zurückgelegt hat. Die Zählung beginnt, wenn der Mond in etwa zwischen Erde und Sonne steht (in der ‚Neumond'-Phase). Im ersten Viertel steht der Mond, wenn er von dieser Position aus ein Viertel der Umlaufstrecke absolviert hat. Er ist voll nach der Hälfte seiner Bahn, und er steht im letzten Viertel, wenn er drei Viertel der Umlaufbahn vollendet hat."

Wissenswert ist hierbei noch, dass der Mond eine elliptische Bahn um die Erde beschreibt und dass er der Erde stets nur eine Seite zuwendet. Warum? Er braucht für die Drehung um seine eigene Achse genauso lange wie für die Umrundung der Erde. Bei Neumond, also wenn der Mond sich zwischen Sonne und Erde befindet, beleuchtet die Sonne die ihr zugekehrte Seite unseres Trabanten, während die der Erde zugewandte Seite im Schatten liegt. Man kann dann den Mond von uns aus nicht sehen.

Früher bezeichnete man als Neumond den Zeitpunkt, an dem die schmale, zunehmende Mondsichel erstmals wieder im Westen erscheint. Aber dann ist Neumond schon 2–3 Tage vorbei. Das erste Erscheinen der Mondsichel nennt man heute „Neulicht".

Weshalb ist der Mond manchmal auch bei Tag sichtbar?

Diese Frage wäre sehr einfach zu beantworten, wenn sich Sonne, Mond und Erde einmal träfen und einen einheitlichen Stundenplan absprechen könnten. Da sie dies aber hartnäckig verweigern, geht Astronomen und Astrologen die Arbeit nicht aus.

Dennoch, hier ist eine einfache Antwort. Der Mond leuchtet nicht selbst, sondern er reflektiert das Sonnenlicht. Man sieht ihn tagsüber, wenn Mond und Sonne von uns aus in derselben Richtung am Himmel stehen. Während sich der Mond auf seiner etwa 29-tägigen Umlaufbahn fortbewegt, steht er zu bestimmten Zeiten gegenüber der nicht von der Sonne beschienenen Erdseite, dann sehen wir ihn nachts.

Wie wir wissen, dreht sich die Erde einmal in 24 Stunden um ihre eigene Achse – der Mond braucht für eine Erdumrundung dagegen eine etwas längere Zeitspanne, nämlich rund 29 Tage, und bis das System Erde-Mond einmal die Sonne umlaufen hat, vergeht sogar ein ganzes Jahr. Uns scheint es so, als ob der Mond auf- und untergeht, tatsächlich entsteht dieser optische Effekt aber durch die Rotation der Erde um ihre Achse. An einem einzigen Tag verändert der Mond nur wenig seine Stellung in Bezug zur Sonne oder zur Erde, während wir aufgrund der Rotation unseres Planeten in diesen 24 Stunden einen vollen Tag-und-Nacht-Zyklus erleben.

Die Sichtbarkeit des Mondes ist auch abhängig vom Zustand der Erdatmosphäre. Wir sehen tagsüber die Sterne nicht, weil das gestreute Sonnenlicht so hell ist, dass es ihr relativ schwaches Leuchten überdeckt. Der Mond ist dagegen nach der Sonne das zweithellste Objekt am Himmel, daher wird er auch tagsüber blass sichtbar, wenn er von uns aus gesehen in der Nähe der Sonne steht. An sehr dunstigen oder wolkigen Tagen bleibt er unsichtbar, besonders kurz vor oder kurz nach Neumond.

Auch wenn es häufig so aussieht, als stünden Mond und Sonne im gleichen Bereich, ist die Sonne stets etwa 400-mal weiter entfernt von der Erde als der Mond. Wir sehen tagsüber den Mond nur, wenn er relativ nahe bei der Sonne steht. Kommen sich Sonne und Mond jedoch so nahe, dass sich der Mond zwischen Erde und Sonne befindet, bleibt er unsichtbar, weil seine zur Erde weisende Seite nicht von der Sonne angestrahlt wird.

Wenn der Mond sichtbar hoch am Himmel steht, ist bei uns Nacht, weil sich die Sonne auf der anderen Seite der Erde befindet. Nur wenn Mond und Sonne im richtigen Winkel stehen, ist der Mond auch tagsüber gut zu sehen – Sonne, Mond und Erde stehen dann in einem großen Dreieck, die Sonne beleuchtet die von uns aus sichtbare Mondseite, und für uns ist es Tag, weil die Sonne hoch über uns am Himmel steht.

Verwirrt? So schlimm kann es nicht sein! Vielleicht hilft Ihnen dieses Beispiel des Astrophysikers Tim Kallman von der NASA:

> Stellen Sie sich die Sonne als große Glühbirne und den Mond als einen Spiegel vor. Manchmal sehen wir die Glühbirne nicht, aber deren Reflexion im Spiegel. Dies ist der Fall, wenn nachts der Mond am Himmel steht. Wir sehen die Sonne nicht direkt, weil die Erde uns die Sicht darauf blockiert. Manchmal haben wir aber auch die Glühbirne und den Spiegel gleichzeitig im Blickfeld – bzw. die Sonne und den Mond, und bei dieser Konstellation sehen wir den Mond tagsüber.

Warum erscheint der Mond größer, wenn er am Horizont steht?

Diese Frage hat die Menschen seit Urzeiten beschäftigt und ist von Astronomen lange diskutiert worden. Auch die Sonne wirkt am Horizont viel größer als an ihrem höchsten Punkt am Himmel. Und Sternbilder scheinen sich immer mehr zu verkleinern, je höher sie am Nachthimmel aufsteigen. Selbstverständlich ändert keiner dieser Himmelskörper seine Größe oder Form, warum aber wirkt es so?

Man ist sich nicht ganz einig, aber die Astronomen glauben, dass sich dieses Phänomen mit den drei folgenden Überlegungen erklären lässt:

1. Wie Alan MacRobert, Mitarbeiter bei einer Zeitschrift für Astronomie, erläutert, „erscheint uns in der Nähe des Horizonts auch der Himmel weiter entfernt als der Himmel hoch über uns". In einem Artikel erklärt der Astronom Jim Loudon:

   > Offensichtlich nehmen wir den Himmel nicht als Halbkugel, sondern als einen Sphäroiden wahr, das ist eine an den Polen abgeplattete Kugel. Mit anderen Worten: Der Horizont scheint uns weiter entfernt zu sein als der Himmel über uns. Ein Himmelskörper auf diesem Sphäroiden erscheint uns in der Nähe des Horizonts größer.

   Warum? Weil das Objekt in unserer Vorstellung am anscheinend entfernteren Horizont genauso viel Platz einnehmen müsste wie am näher vermuteten Himmel.
2. Sind im Vordergrund Bezugspunkte vorhanden, erscheinen entferntere Objekte größer. Wenn Sie den Mond durch die Silhouetten von Bäumen aufsteigen

sehen, wirkt er größer, weil Ihr Gehirn unbewusst seine Dimensionen mit denen der Zweige im Vordergrund vergleicht. Sehen Sie den Mond dagegen hoch oben am Himmel, haben Sie als Bezugspunkte winzige Sterne im Hintergrund – er wirkt dann entsprechend kleiner.

Künstler spielen oft mit solchen Sinnestäuschungen, indem sie entferntere Objekte mehr in den Vordergrund rücken. Peter Boyce von der Amerikanischen Astronomischen Gesellschaft fügt hinzu, dass Bezugspunkte, die sich in der Nähe befinden und deren Größe uns gut bekannt ist, am ehesten zu einer falschen Größeneinschätzung anderer Objekte führen. Die Größe eines Baumstamms kennen wir, die Größe von Himmelskörpern aber nicht. Wollen wir Beides in Bezug zueinander setzen, spielt uns unser Gehirn einen Streich bei der Einschätzung der Dimensionen eines Himmelskörpers, der sich hinter dem Baum befindet. Jim Loudon stellt fest, dass elf Vollmonde zwischen die hinteren Sterne des Großen Wagens passen, eine Tatsache, die wir niemals durch Beobachtung mit bloßem Auge bestätigen könnten.

3. Das Phänomen des Riesenmonds am Horizont könnte teilweise auch damit erklärt werden, dass die Lichtbrechung durch die Erdatmosphäre das Bild vergrößert. Aber die Astronomen, die auf diesen Aspekt hinwiesen, meinten selbst, dass Lichtbrechung als Ursache für unsere verzerrte Wahrnehmung nicht ausreicht.

Ein paar Skeptiker glauben fest daran, dass der Mond am Horizont größer ist als oben in der Himmelskuppel. Vermutlich sind es dieselben, die nicht davon abzubringen sind, dass die Erde nur eine Scheibe ist und dass Astronauten niemals auf dem Mond gelandet sind. Auch für diese Unbelehrbaren hielten die Astronomen einige Gegenargumente bereit:

1. Fotografieren Sie Sonne oder Mond sowohl in Horizontnähe als auch hoch in der Himmelskuppel. Die einzelnen Himmelskörper werden in ihren unterschiedlichen Positionen gleich groß sein.
2. „Verdecken" Sie den Mond mit einer Fingerspitze. Falls Ihre Nägel nicht so schnell wachsen wie beim Struwwelpeter, verdeckt diese Fingerspitze immer in gleicher Weise den Mond, ob er nun hoch oder niedrig steht.
3. Wie leicht unsere Wahrnehmung zu täuschen ist, macht am überzeugendsten folgende Methode klar: Beugen Sie sich nach unten, und schauen Sie kopfüber durch Ihre gespreizten Beine den Mond an. Wenn unsere Perspektive sich so ändert, werden alle Bezugspunkte und Größenvergleiche hinfällig. Wir merken dann, wie sehr sich unsere Wahrnehmung bei der Einschätzung von Entfernungen und Größenverhältnissen auf Erfahrungen stützt und wie viel weniger auf die Sinnesorgane.

Da es sich bei diesem wissenschaftlichen Experiment um eine echte körperliche Herausforderung handelt, sollten Sie es nicht alleine durchführen. Ein Mitstreiter Ihres Vertrauens wird Ihnen bei Balanceproblemen und eventuellen Schwindelattacken eine große Hilfe sein. Und er wird auch besorgten Mitmenschen gegenüber bestätigen können, dass bei diesem sonderbaren Auftritt alles seine Richtigkeit hat.

Wieso scheint einem der Mond zu folgen, wenn man in der Nacht unterwegs ist?

Hier geht es wie bei der Beantwortung der vorherigen Frage um die Erkenntnis: Unsere Augen können uns täuschen.

Sie kennen alle das Phänomen: Wenn Sie am Tag auf einer Schnellstraße fahren, sausen die nächstgelegenen Objekte an Ihnen wie im Flug vorbei. Fahrspurbegrenzungen werden zu verschwommenen Linien. Einzelne Häuser oder Bäume am Straßenrand lassen sich bereits besser unterscheiden, aber je nach der Fahrgeschwindigkeit werden Ihre Augen beim Hinschauen noch irritiert. Entferntere Bäume und Häuser gleiten bei gleicher Fahrgeschwindigkeit viel langsamer vorbei, und weit entfernte Berge erscheinen Ihnen gewaltig und bewegungslos. Hier liegt allerdings eine Sinnestäuschung vor, denn all das, was auf Ihrer Fahrt an Ihnen „vorbeifliegt", bewegt sich nicht. Nur Sie bewegen sich. Das heißt, wenn wir eine Ortsveränderung vornehmen, scheinen sich die Dinge um uns herum zu bewegen.

Das in Lehrbüchern oft beschriebene Phänomen wird parallaktische Verschiebung genannt: Die Himmelskörper erscheinen von der Erde aus an die Himmelskugel projiziert. Verändern wir bei der Betrachtung eines Himmelskörpers unsere Position, so verschiebt sich auch der projizierte Ort dieses Gestirns an der Himmelskugel. Aus dem Abstand der beiden Beobachtungsorte und dem Betrag der Verschiebung, einem Winkel, der Parallaxe genannt wird, lässt sich die Entfernung von Himmelskörpern messen.

Zurück zur Bergkette, die Sie von der Straße aus sehen. Wenn Sie sie für weit entfernt und unbeweglich halten, wie müssten Sie dann erst die Distanz zum Mond einschätzen, dessen Entfernung zur Erde 384 000 km beträgt und der größer ist als jede Gebirgskette! Sein Durchmesser liegt bei mehr als 3300 km. Aber wir haben bereits erfahren, dass unsere Wahrnehmung in Bezug auf Größe und Entfernung des Monds trügt. Man müsste eigentlich ziemlich weit fahren, um den Eindruck zu gewinnen, der Mond habe sich überhaupt von der Stelle bewegt. Jeff Kanipe ist folgender Auffassung: In der Nacht, wenn Bezugspunkte, wie eine Straße oder eine Landschaft, kaum sichtbar sind, haben wir den Eindruck, der Mond sei nicht sonderlich weit entfernt. Diese Illusion von Nähe führt zusammen mit dem Wissen um seine wirkliche Größe und Entfernung zu dem Gefühl, der Mond würde uns überallhin folgen.

Warum sieht man auf Fotos oder Live-Aufnahmen von Astronauten im All im Hintergrund keine Sterne?

Es gibt Menschen, die tatsächlich glauben, die „sogenannten Mondlandungen" seien ein Riesenschwindel der NASA. Als Indiz für den Betrug wird oft das Fehlen von Sternen auf den Astronautenfotos angeführt. Doch wir haben es hier schlicht und einfach mit einem kleinen fotografischen Problem zu tun. Wenn Sie das nächste Mal zu einer Abendveranstaltung unter sternklarem Himmel gehen, nehmen Sie doch einmal Ihre zuverlässige Kamera mit, und schießen Sie ein Bild vom Firmament über Ihnen. Erraten? Es wird dunkel sein – keine Sterne zu sehen.

Die Sterne tauchen im Bild nicht auf, denn sie leuchten so schwach, dass sie wegen der kurzen Belichtungszeiten bei durchschnittlichen Aufnahmen keine Spur auf dem Film hinterlassen. Aber sicherlich haben Sie schon viele Fotos von Sternen gesehen. Ohne Zweifel waren das Aufnahmen, die mit extrem langen Belichtungszeiten und hochempfindlichen Filmen gemacht wurden. Jim McDade, Spezialist für Weltraumtechnologie, führt aus:

> „Würde man versuchen, während eines Aufenthalts außerhalb der Raumfähre in erdnaher Umlaufbahn auf der Nachtseite der Erde Bilder von Sternen aufzunehmen, man müsste eine Belichtungszeit von ca. 20 Sekunden einplanen und das noch von einer stabilen Plattform aus. Nur dann könnte man so viele Photonen (Strahlungsteilchen) von den Sternen einfangen, dass die Sterne auf dem Foto sichtbar werden. Außerdem braucht man hochempfindliches Filmmaterial, das für schwache Lichtverhältnisse entwickelt wurde."

Dasselbe Problem ergibt sich auch mit Digitalkameras, Film- und Videokameras, wie Jim McDade erklärt:

> Eine Digitalkamera, eine Filmkamera und auch das menschliche Auge haben alle dieselben Anpassungsprobleme bei der Erfassung so unauffälliger Ojekte wie Sterne hinter einem Astronauten bei dessen Ausflug im All. Das Auge ist dabei aber immer noch weitaus leistungsfähiger als die beste Digital- oder Filmkamera.
>
> Filmmaterial kann nicht extrem starke und geringe Helligkeit innerhalb einer Belichtungszeit aufnehmen. Die Mondoberfläche ist gleißend hell bei Tageslicht. Die Fotos, die die Apollo-Astronauten aufnahmen, hatten Belichtungszeiten von Sekundenbruchteilen. Das Licht der Sterne am Himmel ist dagegen so schwach, dass die Belichtungszeiten mehrere Hundert Mal so lang sein müssten.

Wenn Sie als Städter einmal eine Nacht auf dem Land verbrachten, wo es weitaus weniger künstliche Lichtquellen gibt, waren Sie sicherlich auch schon überrascht über die Sternenfülle am Himmel. Dies können Sie auch zu Hause nachvollziehen: Schalten Sie in einer klaren Nacht die Zimmerbeleuchtung aus, und schauen Sie aus dem Fenster. Mit etwas Glück werden Sie mit dem Anblick eines sternenübersäten Himmels belohnt. Machen Sie das Licht wieder an, schauen Sie noch einmal hinaus – die Sterne sind fast alle verschwunden.

Warum? Helles Licht in unserer Nähe unterdrückt schwache, weit entfernte Lichtquellen wie die Sterne. Im Fall der Astronauten überdeckten die hellen Außenleuchten des Raumfahrzeugs oder der Raumstation sowie die auf den Helmen der Astronauten das schwache Sternenlicht. Vielleicht hätten die Apollo-Astronauten mit anderem Fotomaterial hervorragende Aufnahmen der Sterne gemacht – aber sie wollten den Mond erforschen.

Weshalb funkeln Planeten nicht in der Nacht?

Was verursacht das Funkeln eines Himmelskörpers? Alan MacRobert, Mitarbeiter bei einem Fachmagazin für Astronomie, erklärt:

> Das Funkeln wird durch die leichte Brechung von Lichtstrahlen verursacht – wenn Turbulenzen in der oberen Atmosphäre wärmere und kältere Luft mischen. In einem Moment trifft ein Lichtstrahl Ihr Auge, im nächsten wird er abgelenkt.

Unser Auge meldet dem Gehirn die falsche Botschaft, dass sich der Stern am Himmel bewegt.

Sterne sind so weit von uns entfernt, dass sie auch durch ein starkes Teleskop nur wie Lichtpunkte aussehen. Obwohl Planeten, mit dem bloßen Auge betrachtet, genauso aussehen wie Sterne, zeigen sie sich im Fernrohr nicht punktförmig, sondern als kleine Lichtscheiben am Himmel. Jeff Kanipe, Mitherausgeber einer Fachzeitschrift für Astronomie, sagte uns, dass sich dieses Phänomen bei Venus, Mars, Jupiter und Saturn leicht mit einem Fernglas oder kleinen Teleskop beobachten lässt. Wie beeinflusst dieser Unterschied zwischen Sternen und Planeten ihren „Blink-Quotienten"? Wir sagten bereits, dass Sterne für das Auge wie einzelne Punkte aussehen. Jeff Kanipe erklärt, wie ein Punkt zu einem Blinklicht wird:

» Wenn Sternenlicht etwa 360 km durch die Erdatmosphäre gereist ist, verhalten sich die lichtbrechenden Luftschichten wie Linsen und brechen und verzerren die Strahlen so sehr, dass der Stern zu zittern oder zu wackeln scheint – wir sehen ihn funkeln. «

Alan MacRobert schildert, warum sich die Lichtbrechung bei der Betrachtung eines Planeten anders auswirkt:

» Eine Planetenscheibe kann als eine Ansammlung eng zusammengepackter Lichtpunkte betrachtet werden. Wenn einer dieser Punkte gerade hell zu leuchten scheint, kann ein anderer daneben nur schwach glimmern. Diese Unterschiede gleichen sich für unser Auge aus, und das Licht erscheint stetig. «

Jeff Kanipe drückt es etwas anders aus:

» Das Licht eines Planeten strahlt von jedem Teil der sichtbaren Scheibe aus, nicht nur von einem einzelnen Punkt. Wenn das Licht die Atmosphäre passiert, ist die Abweichung der Strahlen geringer als der Durchmesser der Planetenscheibe. Das Blinken ist daher kaum wahrnehmbar. «

Noch zu kompliziert? Hier ist eine einfache Analogie von Jeff Kanipe:

» Von einem Sprungbrett aus gesehen, scheint eine Münze am Grund des Schwimmbads heftig hin und her zu gleiten. Das

Wasser hat die Wirkung einer gewellten Linse und bricht die von der Münze reflektierten Lichtstrahlen. Ein im Schwimmbad versenkter Gartentisch scheint dagegen seine Position kaum zu verändern, weil das Wasser die von seiner viel größeren Oberfläche reflektierten Lichtstrahlen nicht so weit ablenkt, dass der Tisch nur verzerrt wahrnehmbar wäre. “

Hat der Mond Einfluss auf Seen und Teiche? Wenn nicht, warum beeinflusst er die Gezeiten der Meere? Warum haben Seen keine Gezeiten?

Eine verblüffende Frage und ein echtes Rätsel! Robert Burnham von einem Magazin für Astronomie hatte eine faszinierende Erklärung dafür:

„Selbst die größten Seen sind immer noch zu klein, um Gezeiten zu haben. Bei Teichen und Seen gibt es keine Gezeiten, weil sie zusammen mit dem darunterliegenden Land von der Anziehungskraft des Monds komplett angehoben werden. Auf der Erde bilden sich unter dem Einfluss des Mondes zwei entgegengesetzte Flutberge. Wir bemerken jedoch nichts davon, weil alle Objekte um uns herum von diesem Effekt betroffen sind und es daher keine Vergleichsmöglichkeit gibt. Außerdem sind Teiche und Seen nicht mit anderen, größeren Wassermassen der Erde verbunden, die zusätzliches Wasser zur Bildung eines Flutbergs liefern könnten. Die Meere aber haben deshalb Gezeiten, weil ihr Wasser frei durch die Ozeanbecken strömen kann.

Die Gezeiten sind das gesetzmäßige Heben und Fallen der Wassermassen in den Ozeanen. Ihre Ursache ist das Wechselspiel zwischen der Anziehungskraft des Mondes und der Fliehkraft, die durch den Umlauf der Erde um das gemeinsame Schwerezentrum des Systems Erde-Mond entsteht.

Auf der dem Mond zugewandten Seite der Erde wirkt die Schwerkraft des Mondes auf das Wasser des Planeten, und es entsteht ein Flutberg. Auf der entgegengesetzten Seite der Erde ist die Anziehungskraft des Mondes geringer, und die Fliehkraft überwiegt – sie bewirkt ebenfalls einen Flutberg.

Zwischen diesen Regionen herrscht dann Ebbe, weil von dort Wasser abgeflossen ist, um die beiden Flutwellen zu bilden. (Auch die Sonne verursacht Gezeiten. Sie hat zwar eine millionenfach größere Masse, ist aber von der Erde wesentlich weiter entfernt und hat daher nur 46 % der Gezeitenwirkung des Mondes.)

Einige von Land umschlossene Meere – das Mittelmeer oder die Baltische See – können so gezeitenlos wie ein See wirken, aber aus anderen Gründen. Im Mittelmeer bewirkt z. B. der Gezeitenwechsel nur einen Unterschied des Wasserstands von etwa 5 cm, weil das Meeresbecken nur durch die schmale Straße von Gibraltar mit den Weltozeanen verbunden ist. Die Meerenge ist außerdem flach und verhindert so den zweimal täglichen raschen Zustrom und Abfluss der gewaltigen Wassermengen, die für ausgeprägtere Gezeiten nötig wären. Ebbe und Flut des Atlantiks wirken zwar auf das Mittelmeer, aber die Flutwelle ist stets bereits weitergezogen, bevor sie große Wassermengen durch die Straße von Gibraltar schicken oder abziehen könnte. “

Alan MacRobert von einer Zeitschrift für Astronomie fasst zusammen, dass ein Gewässer über eine sehr große Fläche und ein Becken verfügen muss, in dem es frei strömt, bevor sich Ebbe und Flut deutlich bemerkbar machen können. Er lieferte folgendes einfaches Beispiel:

„ Stellen Sie sich ein Tablett voll Erde mit einigen kleinen Wassertümpeln darin vor – wie eine Landmasse mit Seen. Wenn Sie es rütteln, wird nicht viel passieren. Rütteln Sie dagegen auch nur ein wenig an einem Tablett voll Wasser – einem Ozean –, wird es sehr leicht überfließen. “

Was genau beschreibt der Ausdruck „Meereshöhe“? Und wie wird diese exakt bestimmt?

Die Meereshöhe ändert sich ständig. Wenn man einen Ozean einmal während der Flut und dann

Warum ist das Meer salzig? Wie bleiben die Meere immer gleich salzig?

Der überwiegende Teil des Salzes in den Weltmeeren wurde über Milliarden von Jahren aus dem Gestein der Erde gelöst und herausgewaschen, berichtet der Ozeanograf Dr. Eugène C. LaFond. Dann schwemmten es die Flüsse ins Meer.

Neben der Erosion durch Wasser tragen auch andere geologische Phänomene zum Salzreichtum des Meerwassers bei. So geben z. B. untermeerische Vulkane viele Mineralien und eben auch Salz in die Ozeane ab. Diese Vulkane sitzen an den mittelozeanischen Rücken, die im Dehnungszentrum von zwei auseinanderdriftenden Erdkrustenplatten entstehen. Dort quillt ständig glutflüssiges Gestein (Magma) aus dem Erdinneren und bildet Erhebungen. Untermeerische Vulkane findet man außerdem über den „hot spots", sehr heißen Bereichen des Erdmantels.

Wenn die Ozeane aus so vielen „Quellen" mit Salz angereichert werden, müssten sie eigentlich irgendwann mit Natriumchlorid gesättigt sein, da ja auch ständig Wasser verdunstet. Doch laut Informationen der Internationalen Ozeanografischen Gesellschaft in Miami hat sich die Salzkonzentration des Meers seit etwa 1,5 Milliarden Jahren nicht geändert. Wie verlieren die Meere den Überschuss an Salz?

Zunächst einmal ist Natriumchlorid sehr leicht löslich und konzentriert sich daher nicht in bestimmten Meeresregionen. Manche Salzionen werden mit der Gischt und der Meeresbrise an Land geweht. Zum Teil bindet sich das Salz an feste Partikel, die zum Meeresboden sinken. Am höchsten ist aber der Salzverlust in flachen Küstenbereichen, wo es durch die Verdunstung des Wassers in ausgedehnten Salzfeldern kristallisiert. So bleibt der Salzgehalt im Meerwasser konstant bei ca. 3,5 %.

während der Ebbe misst, wird man zu unterschiedlichen Ergebnissen kommen. Der Wind und Luftdruckveränderungen beeinflussen ebenfalls die Messwerte.

Die Meere sind aber miteinander verbunden, und ihre Höhenabweichungen sind nur gering. Daher versuchen Geodäten (Mathematiker, die sich auf Erdmessungen spezialisiert haben) und Ozeanografen annähernde Werte zu ermitteln. Dabei interessieren sie sich mehr für Höhenunterschiede innerhalb von Zeiträumen als für solche zwischen verschiedenen Regionen. Messungen der Meereshöhe werden überall auf der Erde vorgenommen; es gibt keine allein autorisierte Stelle dafür. Eine Messung der Meereshöhe hat überall Gültigkeit.

Die Amerikanische Geodätische Behörde definiert das Meeresniveau oder Normalnull als „mittleren Ort der Schnittstelle zwischen Ozean und Atmosphäre, gemessen über eine ausreichend lange Zeit, damit zufällige und über kürzere Zeiträume verlaufende periodische Schwankungen im Durchschnitt gegen null gehen". Der US National Ocean Service hat einen Zeitraum von 19 Jahren für die Sammlung von Messergebnissen festgelegt, um temporäre Abweichungen auszuschließen; in manchen Fällen werden sogar stündlich Messungen durchgeführt. Geodäten addieren einfach die Messergebnisse der 19 Jahre, teilen die Summe durch 19 und verkünden das Ergebnis als Meeresniveau.

Der Meeresspiegel stieg während des 20. Jahrhunderts überwiegend an – im Durchschnitt um über 1 mm pro Jahr. Bei einigen wenigen Gelegenheiten stieg er sogar um 5 oder 6 mm im Jahr an, was zwar nicht zu Überflutungen führte, aber darauf verwies, dass hier das Abschmelzen von Gletschern die Ursache war. Wenn die Theorien über den Treibhauseffekt und die globale Erwärmung stimmen, werden die Zahlen über das Ansteigen des Meeresspiegels in Zukunft mehr als eine nebensächliche Wettermeldung sein.

Was hält das Wasser in Seen und Teichen davon ab, in der Erde zu versickern?

Wenn Sie ein Getränk auf dem Küchenboden verschütten, bleibt eine Pfütze, bis Sie es aufwischen. Verschütten Sie Ihren Drink im Garten, ist er in Kürze verschwunden – die Erde hat ihn verschluckt.

Bei Regen passiert das Gleiche. Die Regentropfen fallen auf den Boden, und die Erde nimmt sie auf. Das Regenwasser setzt nun seinen Weg so lange fort, bis es von einer wasserundurchlässigen Schicht aufgehalten wird. In den meisten Fällen handelt es sich dabei um Gestein, z. B. um Basalt oder Schiefer, aber auch stark verdichtete Erde, wie Lehm und Ton, geben eine Barriere für Wasser ab. Sammelt sich das Wasser über einer solchen Schicht, saugt sich die darüber befindliche Erde voll wie ein Schwamm. Die obere Begrenzung dieser mit Wasser gesättigten Erdschicht bezeichnet man als Grundwasserspiegel.

Wenn Sie glauben, beim Grundwasserspiegel handele es sich um eine gleichmäßige, unveränderliche Linie, so sind Sie leider im Irrtum. Es ist so, dass der Grundwasserspiegel vielmehr ständiger Veränderung unterliegt, wie der Ozeanograf Karl Newyear erklärt:

> „Nirgendwo befindet sich der Grundwasserspiegel stets auf gleicher Höhe. Pflanzen- und Baumwurzeln bedienen sich ständig aus diesem Reservoir, und unter Umständen kann das Grundwasser auch zu den Seiten abfließen. Bei Regenfällen kommt Wasser hinzu, und der Grundwasserspiegel steigt.
>
> An manchen Stellen liegt der Grundwasserspiegel sehr hoch. Bei starken Niederschlägen steigt dann das Grundwasser bis zur Erdoberfläche, und es bilden sich stehende Wasserflächen, die nur langsam verschwinden, und zwar erst, wenn der Boden wieder Wasser aufnehmen kann.
>
> Der Grundwasserspiegel muss nicht unbedingt horizontal verlaufen, denn das Gestein liegt nicht schön gerade übereinander. Die Kräfte im Erdinneren haben es verformt, verschoben und gefaltet und tun es immer noch.
>
> Bei einer im Winkel verlaufenden Sperrschicht sollte man erwarten, dass das Wasser abwärtsfließt. Das ist auch der Fall, erfolgt meist aber nur mit geringer Geschwindigkeit. Das Wasser braucht immer auch einen Weg, um sich fortzubewegen; das können Wurmkanäle sein oder Spalten zwischen Erdbrocken. Je nach ihrer Beschaffenheit lässt die Erde das Wasser besser oder schlechter durch – grobkörniger Sand z. B. ist poröser als feine Tonerde. Je durchlässiger das Bodenmaterial, desto leichter bahnt sich das Wasser einen Weg.“

Arved Sandstrom von der Memorial University of Newfoundland drückt es so aus: „Teiche und Seen versickern nicht, weil das Erdreich unter ihnen bereits mit Wasser gesättigt ist." So gesehen, ist ein See oder Teich nicht viel anders als eine Pfütze, wie sie entsteht, wenn die häusliche Badewanne während der begeisterten Reinigungsaktivitäten des „Insassen" ein wenig überschwappt.

Wenn Wasser aus den häufigen Elementen Wasserstoff und Sauerstoff besteht, warum stellt man nicht Wasser her, um Dürren zu verhindern?

Es wäre möglich, durch die Verbindung von Wasserstoff und Sauerstoff Wasser zu produzieren, aber zu erheblichen Kosten und in manchen Fällen auch zum Schaden der Umwelt.

Der Chemiker Brian Bigley teilte uns mit, dass die meisten Methoden, Wasser herzustellen, überhaupt nicht infrage kommen. Der Grund dafür ist, dass riesige Mengen an Wasserstoff und Sauerstoff erforderlich wären, um letztlich nur kleine Mengen Wasser zu erhalten. Diese Elemente in einem solchen Umfang zu beschaffen würde extrem teuer. Hinzu kämen noch die Arbeitskosten und die nötige Ausrüstung, um eine „Wasserfabrik" zu betreiben.

Eine mögliche Alternative wäre laut Brian Bigley die Gewinnung von Wasser als Nebenprodukt bei der Verbrennung von Methan:

> »Aber auch dies wäre eine furchtbare Energieverschwendung. Methan ist ein hervorragender Brennstoff und wird besser als solcher genutzt. Es zur Herstellung von H_2O zu verwenden, wäre so, als würde man Geldscheine zu Küchenpapier degradieren.«

Wieso ist das Erdinnere immer noch heiß?

Wir wissen, dass der Erdkern sehr heiß ist. Genaue Zahlen kennt man nicht, aber es müssen dort Temperaturen herrschen fast wie auf der Sonnenoberfläche.

Zu unserem Glück ist die Oberfläche der Erde wesentlich kühler. Sie verliert Wärme, weil sie in Kontakt mit kühlerer Luft kommt. Der Erdkern jedoch wird ständig durch den Zerfall radioaktiver Elemente aufgeheizt. Die Wissenschaftler glauben, dass die ursprünglich bei der Entstehung der Erde freigesetzte Energie dabei immer noch wirksam ist. Wahrscheinlich wird sich eher die Sonne ausdehnen und uns verbrennen, bevor das Innere unseres Planeten abkühlt.

Als Faustregel galt immer, dass pro 33 m in Richtung Erdinneres die Temperatur um 1 °C steigt. Aber diese Einschätzung basierte auf Entfernungen, die man durch Bohrlöcher messen konnte. Würde diese Temperaturzunahme bis zum Erdkern gelten, müsste man dort mit 100 000 °C rechnen. Die meisten Geologen stimmen darin überein, dass die Temperatur aber wohl im Bereich von 5000 °C liegt.

Warum sind wir besorgt über eine zukünftige globale Erwärmung, wenn der Erdkern selbst so höllisch heiß ist? Die Wärme, die die Erdoberfläche erreicht, kann dort nicht viel bewirken und wird rasch in die Atmosphäre abgestrahlt. In ihrem Buch über physikalische Geologie betonen Brian J. Skinner und Stephen C. Porter, dass die Wärmeabgabe aus dem Erdinneren unregelmäßig erfolgt:

» Der Wärmeverlust ist nicht überall gleich. So wie das geothermische Gefälle von Ort zu Ort variiert, so unterscheidet sich auch der Wärmefluss. Er ist am stärksten in der Nähe junger Vulkane und aktiver heißer Quellen und dort am geringsten, wo die Erdkruste schon alt und inaktiv ist. «

Die Erdkruste bildet eine Isolierschicht, die den Erdkern vor höheren Wärmeverlusten schützt. Bruchstellen in dieser Kruste mit Vulkanen und heißen Quellen sind die wenigen Zugänge, die wir zum Erdkern mit seiner Gluthitze haben.

In den vergangenen Jahren haben Wissenschaftler eine genauere Methode entwickelt, Radioaktivität durch die Messung von „Antineutrinos" genannten Partikeln zu bestimmen. Seit Langem vermutet man, dass Radioaktivität für die Wärmeentwicklung im Erdinneren verantwortlich sein könnte, und die Geologen sind sich ziemlich sicher, dass sie irgendwann genau feststellen werden, wo diese Energie erzeugt wird. Erst vor Kurzem entdeckten zwei Wissenschaftler an der University of California, Berkeley, dass Kalium mit dem Eisen im Erdkern eine Verbindung eingehen kann. Dr. Kanani Lee stellte fest, dass Kalium vielleicht nur zu 0,1 % im Erdkern enthalten ist, „das könnte aber ausreichen, um ein Fünftel der von der Erde abgegebenen Wärme zu erzeugen".

Die Bekanntgabe der University of California, Berkeley, anlässlich der Entdeckung einer möglichen Verbindung von Eisen und Kalium zeigt den aktuellen Forschungsstand:

» Man vermutet, dass die Erde im jungen Sonnensystem bei der Kollision vieler Gesteinsasteroide von vielleicht mehreren Hunderten Kilometern Durchmesser entstand. Als sich diese Proto-Erde allmählich aufbaute, blieb sie durch weiteren Asteroidenbeschuss und durch Schwerkraftkollaps in geschmolzenem Zustand. Schwerere Elemente – insbesondere Eisen – sanken in 10 bis 100 Millionen Jahren zum Erdkern ab. Sie führten andere Elemente mit, die eine Verbindung mit Eisen eingehen.

Allmählich hätte sich die Erde abgekühlt und wäre zu einem toten Gesteinsball mit einem erkalteten Eisenkern geworden. Dies wurde aber verhindert durch die fortwährende Entwicklung von Wärmeenergie beim Zerfall radioaktiver Elemente wie Kalium-40, Uranium-238 und Thorium-232, die Halbwertzeiten von 1,25 bzw. 4 und 14 Billionen Jahren haben. Von tausend Kalium-Atomen ist etwa eines radioaktiv. “

Dies war die ausführliche, wissenschaftliche Antwort. Biophysiker Joe Doyle hatte auch eine spontane einfache Antwort bereit: „Der Erdkern hatte noch nicht genug Zeit, um abzukühlen."

Warum sind historische Stätten in Schichten begraben? Und woher kamen all der Staub und die Erde?

In minutiöser Arbeit werden die Überreste von alten Städten, Befestigungsanlagen, Höhlensiedlungen, Grabstätten usw. von Archäologen ausgegraben. Sie liegen oft unter meterhohen Schutt- und Erdschichten – gelegentlich stoßen die Wissenschaftler auch über oder knapp unter der Erdoberfläche auf interessante Fundstücke.

Zwei erfahrene Archäologen betonten, dass fast immer mehrere Faktoren bei der Verschüttung alter Siedlungen zusammenkommen. Hier einige der häufigsten:

1. Vom Wind herbeigetragener Staub (den Archäologen als „äolischer Staub" bekannt) sammelt sich und begräbt allmählich verlassene Städte. Äolischer Staub kann Vulkanasche sein, vom Wind verdriftete Erde und Sand.
2. Von Wasser angeschwemmtes Sediment sammelt sich und bedeckt mit der Zeit die Ruinen. Oft transportiert Regenwasser von einem höhergelegenen Punkt verwittertes Gesteinsmaterial zur Talsohle. Sand und Tonerde, die von Flüssen bei Hochwasser angespült werden, können eine ufernahe Siedlung unter sich begraben. Häufig transportiert Wasser große Mengen äolischen Staubs und lagert ihn an tiefergelegenen Stellen verlassener Siedlungen ab.
3. Bei Naturkatastrophen kann eine Stadt komplett begraben werden. Dies ist allerdings sehr selten. Die bekanntesten Beispiele sind Pompeji und Herculaneum, die beim Ausbruch des Vesuv 79 v. Chr. von Asche-, Lava- und Schlammmassen meterhoch verschüttet wurden.

4. **Gebäude fallen zusammen** und bilden Schuttschichten. Ursachen sind Hochwasser, Erdbeben oder Feuersbrünste, aber auch gezielte Zerstörung durch Bombardements oder Abriss. Die Menschen müssen offenbar stets massive Spuren ihrer Aktivität hinterlassen. Dr. George Rapp, Professor für Geologie und Archäologie, bemerkte: „Selbst relativ junge Städte wie New York haben schon viel ‚Bodensatz' angesammelt. Das frühe New York liegt heute schon metertief unter dem aktuellen Bodenniveau."
5. **Alte Kulturen** begruben sich gelegentlich auch selbst. B. Wesolowsky, Herausgeber einer Zeitschrift für Archäologie, gibt dafür ein Beispiel:

> Als Kaiser Konstantin d. Gr. um 324 n. Chr. die alte Peterskirche am Fuß des Vatikanischen Hügels erbauen wollte, mussten seine Baumeister einen Teil des Hangs abtragen, um eine Plattform für die Basilika zu schaffen. Sie legten den Bau über einem römischen Friedhof mit der Grabstätte des heiligen Petrus an. So blieb der untere Teil des Friedhofs der Nachwelt erhalten.
>
> Als die alte Peterskirche im 16. Jahrhundert abgerissen wurde, um dem heute bestehenden Petersdom Platz zu machen, verwendete man Teile des alten Sakralbaus als Füllmaterial für Senken in der Umgebung.

George Rapp verweist auf die Tells, uralte Siedlungshügel in Zentraleuropa und dem Mittleren Osten bis hin nach Pakistan:

> Oft sind sie viele Meter hoch. Jede Zivilisation errichtete ihre Stadt auf den Ruinen der vorherigen. Die Häuser waren vorwiegend aus Lehm und Ziegeln gebaut und hielten etwa 60 Jahre lang. Wenn sie zusammenfielen, blieben die Trümmer einfach liegen. So wuchsen diese Ansiedlungen in 2000 oder 3000 Jahren zu hohen Hügeln an, die heute die umliegenden Ebenen überragen. Jede Schicht enthält für Archäologen aufschlussreiche Überreste aus der entsprechenden Siedlungszeit.

Wie man sieht, sorgt die Natur dafür, dass wir uns über unsere Vorfahren ein ungefähres Bild machen können. Auch unseren Zivilisationsmüll, vom Schokoladenpapier bis zur Bierdose, wird sie großzügig – sicherlich nicht gern – zudecken und dem Vergessen anheimgeben. Da werden dann spätere Generationen einiges zu graben und zu staunen haben.

Wie findet Aspirin den Kopfschmerz?

Wenn wir unter Kopfschmerzen leiden und schließlich zu Aspirin greifen, lässt das Übel in Minutenschnelle nach. Wie aber finden diese Tabletten genau die Stelle, wo es wehtut?

Man ist geneigt anzunehmen, dass sich das Schmerzmittel auflöst, ins Blut übergeht und so zum Gehirn transportiert wird. Dort sollten die Chemikalien das Gehirn veranlassen, die Schmerzsignale des Körpers zu blockieren. Stimmt aber nicht.

Weidenrinde wird als Schmerzmittel eingesetzt, seit die Griechen vor fast 2500 Jahren ihre lindernde Wirkung entdeckten. Sie enthält die Salicylsäure, aus der Aspirin ursprünglich gewonnen wurde. Die Firma Bayer war der erste Arzneimittelhersteller, der das Salicylsäurepräparat 1899 auf den Markt brachte, und zwar unter dem Markennamen Aspirin. Die Wirkung des Mittels war offensichtlich, aber bis in die 1970er-Jahre wussten die Forscher nicht, auf welche Weise es Schmerzen stillt. Charles C. Mann und Mark L. Plummer, Autoren eines Buchs über den Schmerzkiller Aspirin, schreiben:

> „Dem Rätsel Aspirin war nicht einfach auf die Spur zu kommen. Es lindert Schmerzen, aber es ist kein Betäubungsmittel ... Es beruhigt entzündete Gelenke, aber es hat keinen Einfluss auf gesunde Gelenke. Wie ‚weiß' Aspirin, ob bereits etwas schmerzt oder welche Gelenke entzündet sind? Die Forscher hatten keine Ahnung. Es war ihnen nicht einmal klar, ob Aspirin peripher, d. h. im Bereich der verletzten oder entzündeten Stelle, wirkt oder zentral, indem es die Fähigkeit des Gehirns und des Zentralen Nervensystems, Schmerzen zu empfinden, lahmlegt."

Erst 70 Jahre nach Einführung des bestverkauften Arzneimittels der Welt kam der Durchbruch. Der Forscher John Vane entdeckte, dass Aspirin die Bildung von Prostaglandinen unterdrückt, Fettsäuren, die von fast jeder Zelle des menschlichen Körpers hergestellt werden. Sie ähneln insofern Hormonen, als sie auch in die Blutbahn wandern. Im Unterschied zu den meisten Hormonen neigen sie aber dazu, in der Nähe ihres „Produktionsorts" zu bleiben. Prostaglandine haben zahlreiche Funktionen. Speziell diejenigen jedoch, die Kopfschmerzen verursachen (bekannt als PGE 2), erhöhen die Empfindlichkeit der Schmerzrezeptoren. Die Prostaglandine scheinen ein körpereigenes Warnsystem zu sein, das auf dem Weg über Unwohlsein, Entzündung, Fieber und andere Beschwerden anzeigt, dass Körperfunktionen nicht richtig ablaufen. Laut Harold Davis vom Verbraucherschutz bei der Amerikanischen Behörde für Lebensmittel und Medikamente erweitern Prostaglandine die Blutgefäße, was zu Kopfschmerz führen kann.

Die Rolle der Prostaglandine bei der Schmerzentstehung erklärte, warum Aspirin nur auf Zellen und Gewebe wirkt, die nicht richtig funktionieren. Wenn Aspirin die Produktion von Prostaglandinen hemmt, können diese auch keinen Schmerz verursachen. Aspirin heilt aber keine Krankheiten; es kann zwar z. B. die Symptome einer Arthritis lindern, aber es bremst nicht das Fortschreiten der Erkrankung.

Ehrlich gesagt, ist den Wissenschaftlern immer noch nicht in allen Einzelheiten bekannt, wie Kopfschmerz entsteht oder ob Aspirin auch noch auf andere Art und Weise Schmerzen lindert. Aspirin wirkt peripher und muss daher die Schmerzrezeptoren nahe der betroffenen Körperstelle erreichen. Die Salicylsäue des Aspirins gelangt in die Blutbahn, diese ist verbunden mit den Prostaglandinen, diese wiederum mit den Rezeptoren und Letztere mit dem Gehirn und dem Kopfschmerz.

Weshalb hat eine schreckliche Droge wie das Heroin so einen „heroischen“ Namen?

Ja, „Heroin“ leitet sich wirklich von dem griechischen Wort „heros“ ab, das einen heldenhaften Halbgott bezeichnet. Obwohl die Heroinherstellung und der Handel damit längst in der ganzen Welt verboten sind, wurde das Morphinderivat ursprünglich als ein zugelassenes Schmerzmittel entwickelt.

„Heroin“ war zunächst der eingetragene Markenname eines deutschen Arzneimittelherstellers für das Präparat. Er wurde absichtlich so gewählt, um positive Assoziationen zu wecken. Das Medikament erwies sich nicht nur als sehr wirkungsvoll gegen Schmerzen, sondern hatte das zusätzliche Plus, die Patienten euphorisch zu stimmen. Heute wissen wir, dass Heroin als illegale Droge ein hohes Suchtpotenzial besitzt, zu Wahnvorstellungen führt und den Tod verursachen kann.

Warum reagieren wir verzögert auf einen Sonnenbrand? Warum ist er nach 24 Stunden oft schlimmer als direkt nach dem Sonnenbad?

Es ist Ihnen bestimmt auch schon so ergangen: Sie gehen zum Strand und vergessen das Sonnenschutzmittel. Sie denken: „Macht nichts, ich bleibe nicht allzu lange in der Sonne." Sie bleiben aber doch lange in der Sonne, die Haut spannt ein wenig, sieht aber nicht verbrannt aus. In der Nacht beginnt sie dann zu prickeln und zu brennen. Am nächsten Morgen schauen Sie in den Spiegel – Ihre Haut ist nun so richtig krebsrot.

Auch wenn wir einen leichten Sonnenbrand meist nicht so ernst nehmen, ist er doch laut dem Dermatologen John R. Cook „eine durch ultraviolette Strahlung verursachte Hautverletzung". Die unsichtbaren ultravioletten Strahlen der Sonne sind auch verantwortlich für die Entstehung von Hautkrebs. Doch ein großer Teil dieser gefährlichen Strahlung wird von der Ozonschicht der Erde abgefangen.

Bei manchen Menschen rötet sich die Haut nach einem Sonnenbad sehr schnell, der Dermatologe Samuel Selden berichtete uns jedoch, dass diese erste Rötung vor allem durch die Wärme in der Sonne verursacht wird. Als Reaktion kommt es zu einer stärkeren Durchblutung der Haut, die Wärme abstrahlt, um die Körperkerntemperatur konstant zu halten.

Diese Erstreaktion ist noch nicht der Sonnenbrand. In den meisten Fällen hat er sich 15–24 Stunden nach dem Sonnenbad voll entwickelt. Eine ganze Serie von Ereignissen führt zu der Hautrötung nach einem zu ausgedehnten Aufenthalt in der Sonne:

1. Um beschädigte Zellen zu reparieren, weiten sich die Blutgefäße und transportieren mehr Blut in die Haut. Dieser Prozess, Vasodilatation genannt, wird durch die Freisetzung von Kininen, Serotoninen und Histaminen eingeleitet.
2. Haargefäße platzen und lassen langsam Blut ins Gewebe sickern.
3. Die Sonnenstrahlung stimuliert die Melaninproduktion der Haut. Melanin ist das Pigment, das die Bräune verursacht. (Dunkelhäutige Personen können sich länger ohne Hautschäden in der Sonne aufhalten und werden eher braun, als dass sie einen Sonnenbrand bekommen).
4. Nach Zellschädigungen durch die Sonne werden Prostaglandine – Fettsäuren – freigesetzt. Sie sind an der verzögerten Reaktion bei einem Sonnenbrand beteiligt, aber die Forscher wissen noch nicht genau, in welcher Weise.

Diese vier Prozesse brauchen ihre Zeit und erklären das verspätete Auftreten der starken Symptome eines Sonnenbrands. Wie schnell jemand bräunt, hängt von seinem Hauttyp ab (der Menge Melanin, die in der Haut gelagert ist), der Wellenlänge der ultravioletten Strahlung, der Dauer des Sonnenbads und der Tageszeit.

Wenn der Sonnenbrand erst einmal da ist, versucht der Körper, ihn zu heilen. Das Schälen der Haut kann z. B. ein wichtiger Verteidigungsmechanismus sein, wie Dr. Selden erklärt:

» Das Schälen nach dem Sonnenbrand ist der Versuch der Haut, sich zum Schutz vor weiterer Sonnenstrahlung zu verdicken. Die Haut verdickt sich und bräunt mit jedem weiteren Sonnenbad. Einige Menschen werden überhaupt nicht braun und erleiden jedes Mal einen Sonnenbrand. «

Der Dermatologe Joseph P. Bark erklärt, dass die verspätete Reaktion auf einen Sonnenbrand für viele ernste Hautschäden bei seinen Patienten verantwortlich ist. Sonnenanbeter sind oft der Auffassung, solange sich die Haut noch nicht gerötet hat, können sie ruhig in der Sonne bleiben. Tatsächlich sind aber bereits zu diesem Zeitpunkt viele Hautzellen geschädigt, wie ein Arzt mit einem Mikroskop ohne Weiteres feststellen würde.

Wieso verursachen Bomben pilzförmige Wolken?

Zunächst müssen zwei Missverständnisse ausgeräumt werden. Viele Menschen sind der Meinung, dass Bomben von Flugzeugen abgeworfen werden, auf dem Boden aufschlagen und auch wegen dieses Bodenkontakts explodieren. Bomben werden aber so konstruiert, dass sie in der Luft detonieren, noch bevor sie den Boden berühren.

Und der sogenannte „Pilz", der an der Einschlagstelle in den Himmel wächst, besteht nicht aus Substanzen, die in der Bombe enthalten sind. Er bildet sich vielmehr aus Staub, Erde und Schutt, die vom Boden aufgewirbelt werden.

Der Experte Todd A. Postma gab auf Anfrage eine Erklärung für die Entstehung der Pilzwolke:

» Bei einer Atombombenexplosion, wie z. B. in Hiroshima und Nagasaki, entwickelt sich ein Pilz aufgrund der gewaltigen Menge von Staub und Schutt, die durch die Explosion in die Luft gewirbelt werden. Die Bombenexplosion ist abwärtsgerichtet, und ihre Energie wird von der Erdkruste zurückgeworfen. Daraus resultiert ein starker Sog, der viel Staub zunächst senkrecht nach oben in die Luft zieht (so entsteht der ‚Stiel' des Pilzes). Befindet sich der Staub hoch oben in der Luft und die aufwärtsgerichtete Bewegungsenergie hat sich verbraucht, blasen horizontale Winde die

Wolke auseinander. Dann übernimmt die Schwerkraft das Ruder, und der Staub schwebt langsam nach unten (dies ist der Moment, an dem die Wolke zu implodieren scheint).

Bei starker Luftbewegung kann der Pilz auch verzerrt werden. Mit fortschreitender Verteilung des Staubs verliert die Wolke dann immer mehr ihre Pilzform.

Auch konventionelle Bomben verursachen pilzförmige Wolken. Bei Atombomben ist dieser Effekt nur durch die Gewaltigkeit der Explosion verstärkt und spektakulärer. Die Entstehung einer pilzförmigen Wolke ist also keine Besonderheit von Atombombenexplosionen. “

Die horizontalen Luftbewegungen, die den „Pilzkopf" formen, werden zum großen Teil von der Explosion selbst hervorgerufen. Bei der Detonation der Bombe breitet sich ein Feuerball in alle Richtungen aus. Er besteht aus heißem Gas, das nach oben steigt und dabei aufgrund der Sogwirkung Staub und Schutt mitnimmt.

Auf der Oberseite des Feuerballs wird seine Ausdehnung durch den Luftwiderstand gebremst, er flacht sich ab zu einer pilzkappenförmigen Gestalt. Gäbe es keine Schwerkraft und keinen Luftwiderstand (wenn die Bombe beispielsweise im Weltraum detonierte), würde sich der Feuerball in alle Richtungen gleichmäßig ausbreiten.

Wo die Explosion die Erde trifft, bildet sich im Allgemeinen ein schüsselförmiger Krater. Diese Parabolform ist Vorbedingung für die Bildung der Pilzwolke, weil alle Objekte, die eine Parabolform treffen, ob TV-Wellen eine Satellitenschüssel, Lichtwellen einen Reflektor oder Bombenmaterial den Krater, senkrecht und parallel zueinander zurückgeworfen werden. So entsteht nach einer Bombenexplosion der senkrecht in den Himmel wachsende „Stiel" des Pilzes.

Wenn eine kleinere konventionelle Bombe abgeworfen wird, ist die Pilzform der Wolke wegen ihrer geringen Größe und der Blendwirkung der Explosion oft nicht zu erkennen. Eine Atombombe entwickelt eine viel größere Wolke, die sich auch über einen längeren Zeitraum entfaltet.

Und was passiert, wenn eine Bombe erst am Boden detoniert? Das ist unvorhersehbar – es entwickelt sich kein gleichförmiges Muster. Die Form der Wolke würde von der Beschaffenheit des Ziels der Bombe abhängen. Wahrscheinlich würde sie mehr wie ein turbulentes Durcheinander aussehen.

Wie führten die Römer Berechungen für Bauwerke und andere Zwecke mit römischen Zahlen durch?

Mit römischen Zahlen zu dividieren sieht nicht gerade nach einem besonderen Vergnügen aus. Können Sie sich vorstellen, CXVII durch IX zu teilen und dann ein Ergebnis zu erhalten, das eher nach einem Geheimtext als nach Mathematik aussieht?

Den Römern blieb solche Qual erspart. Sie verließen sich bei ihren Berechnungen auf den chinesischen Abakus, ein Rechenbrett mit Kieseln als Zahlen. Barry Fells von der Gesellschaft für Inschriftenkunde berichtete, dass solche Rechenkunststücke zu römischer Zeit von sogenannten „calculatores" erledigt wurden.

Sie hießen so, weil sie „calcule" benutzten (lateinisch für Kieselsteine), um zu addieren, zu subtrahieren, zu multiplizieren und zu dividieren.

Warum nennen wir unser Zahlensystem „arabisch", wenn doch die Araber selbst keine arabischen Zahlen verwenden?

Das erste Zahlensystem wurde vermutlich von den Ägyptern entwickelt, aber auch die Sumerer, Babylonier und Inder verwendeten Zahlen bei ihren Handelsgeschäften. Alle frühen Zahlensysteme benutzten für „eins" ein ähnliches Zeichen wie unsere Eins, wahrscheinlich weil das Zeichen einem einzelnen Finger gleicht. In frühen Kulturen benutzte man beim Rechnen leicht zählbare Gegenstände, wie eben Finger, Steinchen oder Stäbe.

Die meisten Schüler in Europa, Australien, Nord- und Südamerika lernen mit arabischen Zahlen zu rechnen, obwohl diese Zahlen niemals von den Arabern verwendet wurden. Das heute praktisch überall gebräuchliche Zehnersystem wurde in Indien mit Einführung der Null entwickelt, und zwar lange vor der Erfindung der Druckerpresse (wahrscheinlich im 10. Jahrhundert), und in der Folge ins Arabische übersetzt. Europäische Kaufleute, die mit Verträgen in ihr Heimatland zurückkehrten, nahmen irrtümlich an, Araber hätten das System erfunden.

Weshalb gehört das weiche Balsaholz zu den Harthölzern? Was ist der Unterschied zwischen einem Hart- und einem Weichholz?

Wer nicht Holzexperte ist, wird nun wahrscheinlich sehr erstaunt sein – Balsaholz ein Hartholz? Es erscheint doch so einfach: Hartholz ist hart, und Weichholz ist weich. Welch ein Trugschluss!

Das Unterscheidungsmerkmal zwischen den Holzarten liegt vielmehr in der Art ihrer Samen. Weichhölzer, wie Kiefer, Fichte oder Tanne, gehören zu den Nacktsamern, Pflanzen, die Samen ohne Hülle produzieren. Die meisten der heutigen Nacktsamer sind Nadelhölzer. John A. Pitcher, seines Zeichens Holzexperte, führte als Beispiel einen Kiefernzapfen an: „Wenn Sie eine der mittleren Schuppen zurückbiegen, sehen Sie innen Seite an Seite ein Samenpaar liegen. Es hat keine weitere Hülle als den holzigen Zapfen."

Harthölzer gehören zu den Bedecktsamern – Bäume, Sträucher und Kräuter, die ihre Samen eingeschlossen in Fruchtknoten, wie Kapseln, Früchten oder Hülsen (z. B. Oliven, Lilien und Walnüsse), tragen. Viele Harthölzer der gemäßigten Klimazonen sind laubwerfend, Weichhölzer dagegen immergrün; in tropischem Klima behalten allerdings auch viele Harthölzer ihr Laub.

Es stimmt zwar, dass Weichhölzer tendenziell eine weichere Konsistenz haben (und leichter verarbeitet werden können), Harthölzer dagegen meist kompakter sind und daher zäher und dichter in ihrer Struktur; dennoch trifft diese Faustregel nicht immer zu. John Pitcher verwies auf eine Broschüre, in der die spezifischen Gewichte der wichtigsten Holzarten für die industrielle Verarbeitung aufgelistet sind. Dort liest man folgende verblüffende Tatsache: „Mit einem spezifischen Gewicht von 0,16 ist Balsa das leichteste Holz in der Liste. Das schwerste ist Guajakholz mit einem spezifischen Gewicht von 1,05. Beide sind Harthölzer."

Warum knallt Holz manchmal, wenn man es aufs Feuer legt?

Noch einmal war der Holzexperte John Pitcher so freundlich, mit einer Antwort Licht ins Dunkel zu bringen:

> Im Holz befinden sich Hohlräume. Sie enthalten Saft, Harz und andere Stoffe, die in ätherischen Ölen gelöst und daher brennbar

sind. Wenn sich die Holzoberfläche erhitzt und entzündet, erreicht die Hitze auch diese Substanzen im Inneren. Sie verflüssigen sich und verdampfen. Die so entstandenen Gase dehnen sich bei weiterer Erhitzung rasch aus und üben einen immensen Druck auf die Innenwände der Hohlräume aus. Wird der Druck in einem Hohlraum zu hoch, platzt die Blase mit einem Knall. “

Wieso knistert ein Feuer? Gibt es einen Grund dafür, warum das gleich nach dem Anzünden am stärksten hörbar ist?

Natürlich steht das „Knallen" in Zusammenhang mit dem „Knistern". Holzexperte John Pitcher erklärt, dass große Hohlräume im Holz mit einem Knall gesprengt werden, viele kleine dagegen mit einem Knistern.

Beim Anzünden knistert das Holz am stärksten, weil sich die dabei verwendeten kleinen Holzstücke und die inneren Safttaschen rasch erhitzen. Letztere platzen sofort unter hellem Knistern. Große Holzscheite brennen langsamer, mit nur einem gelegentlichen lauten Knallen ab.

Wer zum echten Kenner von Holzgeräuschen avancieren möchte, wird an John Pitchers weiteren Ausführungen interessiert sein:

” Es gibt deutliche Unterschiede, wie häufig und wie laut verschiedene Holzarten knallen. Oben auf der Liste steht Lärchenholz. Die meisten Koniferen tendieren zum Knallen. Harthölzer, wie Esche, Ulme und Eiche, brennen dagegen eher ruhig und nur mit einem gelegentlichen, angenehm sonoren Knall. “

Warum wachsen Bäume an einem Hang nicht im rechten Winkel zum Boden empor, wie sie das auf ebenem Grund tun?

Für die Bäume ist es nicht von Belang, ob sie ihr Pflanzenleben an einem Steilhang oder auf einer ebenen Fläche verbringen. Sie richten sich immer nach dem Licht aus und wachsen himmelwärts. Der Botaniker Bruce Kershner berichtet:

Dieser Drang zum Licht ist überlebenswichtig. Mithilfe des Sonnenlichts assimilieren die grünen Pflanzen Kohlendioxid aus der Luft und bauen Kohlenhydrate auf (Fotosynthese). So versorgen sie sich mit der Energie, die sie zum Wachstum brauchen. Der wissenschaftliche Begriff für die Ausrichtung lebender Zellen zur stärksten Lichtquelle hin heißt Fototropismus.

Ein weiterer Tropismus (die unwillkürliche Bewegung hin oder weg von einem Stimulus) kommt ebenfalls ins Spiel: der Geotropismus. Das ist die durch Schwerkraftreize bedingte Bewegung festgewachsener Pflanzenteile. Die zum Erdmittelpunkt gerichtete Bewegung der Hauptwurzel einer Pflanze bzw. eines Baums nennt man positiven Geotropismus. Auch am Hang richtet sich die Hauptwurzel zum Erdmittelpunkt aus, und der Baum wächst zur stärksten Lichtquelle – nach oben.

Es gibt allerdings Fälle, wo ein Baum nicht senkrecht nach oben wächst. Zunächst gibt es Baumarten, deren Stämme sich natürlicherweise neigen, ihre Kronen wachsen aber dennoch nach oben. Bäume, die unter einem Überhang wachsen, werden sich in einem Winkel nach außen neigen, der höchsten Lichtkonzentration entgegen (ähnlich, wie Zimmerpflanzen zum Fenster hin

Wenn an Teflon nichts haftet, wie wird eine Pfanne dann mit Teflon beschichtet?

Teflon und die neuere und beliebtere Variante Silverstone sind eingetragene Warenzeichen der Firma DuPont. G. A. Quinn von DuPont erklärte, dass die Verarbeitung beider Antihaftbeläge ähnlich vonstattengeht:

„Um Silverstone auf eine Metallpfanne aufzutragen, wird zunächst das Innere der Pfanne mit Sandstrahl bearbeitet, dann wird eine Grundierung aufgesprüht und eingebrannt. Es folgen eine zweite und dritte Schicht von Polytetrafluorethylen (PTFE), die wiederum eingebrannt werden. An PTFE haftet eigentlich nur PTFE. Der dreilagige Beschichtungsprozess, den man für Silverstone anwendet, schafft eine unlösbare Verbindung zwischen den PTFE-Schichten, und die Grundierung haftet an der rauen, sandstrahlgeblasenen Metalloberfläche."

wachsen). Außerdem gibt es einige wenige Orte auf der Erde mit natürlichen geomagnetischen Verzerrungen (z. B. Oregon Vortex, Gold Hill, Oregon). Dort wachsen die Bäume mit gewundenen Stämmen und Ästen. Der Einfluss der Schwerkraft ist an diesen Stellen abnormal, nicht aber die Lichtquelle. “

Der Holzexperte John Pitcher ergänzt, dass Bäume Anpassungsmechanismen entwickelt haben, um auf die sich manchmal entgegenstehenden Wirkungen von Fototropismus und Geotropismus zu reagieren:

„ Bäume reagieren bei einer Hanglage auf den Zug der Schwerkraft mit einer besonderen Art des Wachstums. In Steillage wachsen Koniferen (Weichholz) auf der Abhangseite schneller und bilden ein sogenanntes Kompressionsholz, das den Stamm zur Bergseite drückt, um ihn gerade zu halten. Hartholz wächst schneller auf der Bergseite und bildet so Spannungsholz, das den Stamm aufwärtszieht, um ihn gerade zu halten.

Warum Weich- und Hartholz derart unterschiedlich reagieren, ist eines der ungeklärten Rätsel der Pflanzenwelt. “

Wie funktionieren die Geburtstagskerzen, die sich nach dem Ausblasen immer wieder entzünden?

Michael DeMent, Pressesprecher der Firma Hallmark, verriet, dass die Dochte ihrer „unauslöschbaren" Kerzen mit Magnesiumkristallen behandelt sind. Die Kristalle speichern genug Hitze, um den Docht nach dem Auspusten der Kerze erneut zu entzünden. Um die Kerzen endgültig zu löschen, empfiehlt der Hersteller, sie in Wasser einzutauchen.

Michael DeMent verblüffte mit dem Hinweis darauf, dass notorische Witzbolde nicht die einzigen Kunden für die Trickkerzen sind. Einige Geizkrägen betrachten diese eher als wiederverwendbare Lichtquellen. Nachdem die Kerzen erstmalig wieder gelöscht wurden, zwicken sie ein Stück des Dochts ab oder wickeln sie fest ein, damit sie sich nicht sofort wieder entzünden. Dann packen sie die Kerzen zurück in die Schachtel und heben sie für eine weitere Verwendung auf – Geburtstage und andere Ereignisse, die den Alltag überstrahlen sollen, gibt es schließlich immer wieder!

Hält Superkleber auf Teflon?

Es ist wirklich die Frage, ob man eine so hochinteressante Problemstellung einem Hersteller von Sekundenkleber und einem Vermarkter von Teflon unterbreiten soll. Schließlich steht bei der Antwort einiges auf dem Spiel. Es könnte sich nämlich herausstellen, dass entweder die „unwandelbare Oberfläche" (Teflon) oder die durch nichts zu bremsende Kraft (Sekundenkleber) eine übertriebene Werbeaussage ist. Aber man soll vor nichts zurückschrecken:

Kenneth Leavell von der Forschungsabteilung für Teflon/Silverstone bei der Firma DuPont erklärte mit Entschiedenheit, Superkleber würde nicht an Teflon haften, jedenfalls nicht fest und zuverlässig. Hier einige seiner Argumente:

1. Die Kombination von Fluor und Kohlenstoff in PTFE (Polytetrafluorethylen) bildet eine der stärksten und stabilsten chemischen Verbindungen.
2. Die Fluoratome sind inaktiv und bilden einen „undurchdringlichen Schutzschild" um die Kette der Kohlenstoffatome, der anderen Chemikalien ein Eindringen verwehrt. Leavell drückt es so aus: „Klebstoffe müssen sich chemisch oder physikalisch mit der Trägersubstanz verbinden. PTFE enthält keine Chemikalien, an die sich andere Substanzen binden könnten."
3. Kleber müssen die Trägersubstanz entweder benetzen oder in poröse Oberflächen eindringen können. Aber das verhindert die niedrige Oberflächenspannung von PTFE. Es ist wie der Versuch, Öl und Wasser zu verbinden.

Und dann warf er den Fehdehandschuh: „Sekundenkleber klebt nahezu alles, weil er sehr schnell härtet und relativ feste Verbindungen schafft. Als Kleber für PTFE taugt er aber auch nicht mehr als normale Kunstharzklebstoffe."

Richard Palin vom Sekundenkleberhersteller Loctite gab zu, dass Teflon nicht porös ist und daher dem Superkleber keine Haftfläche bietet. Auch räumte er ein, dass aufgrund der niedrigen Oberflächenspannung von Teflon der Kleber vermutlich einfach von einer Teflonpfanne abperlen würde.

Palin ließ sich aber von der Unfähigkeit des Sekundenklebers, an einer Teflonpfanne zu haften, nicht aus der Ruhe bringen. Schließlich gehört ein solcher Klebefall nicht gerade zu den häufigen Ereignissen im Haushalt.

Was passiert mit dem Abrieb von Autoreifen?

Die Beläge Ihrer Autoreifen nutzen sich ab. Nach ein paar Jahren und vielen Kilometern sind sie abgefahren. Auf den Straßen sehen wir aber nichts von

Reifenabnutzung (ausgenommen von gelegentlich in großen Stücken abgeplatzten Reifenmänteln). Die Autobahnen sind nicht übersät von kleinen schwarzen Abriebbröseln. Wohin verschwindet der Reifenabrieb?

Die Autohersteller, die Reifenindustrie und einige unabhängige Experten für Umweltverschmutzung sind seit Langem mit dem beschäftigt, was auf den ersten Blick ein Problem zu sein scheint. Zwei Spezialisten von der Abteilung Chemie des Autoherstellers Ford Motor Company schätzen, dass in jedem Jahr 600 000 Tonnen Reifenabrieb von amerikanischen Autos auf der Straße landen. Sie rechnen damit, dass dieser Staub in winzigen Partikeln in der Luft schwebt und eine potenzielle Gefahr für die Menschen darstellt. Deshalb suchten sie nach einer Methode, um diesen scheinbar spurlos verschwundenen Abrieb in der Luft zu messen.

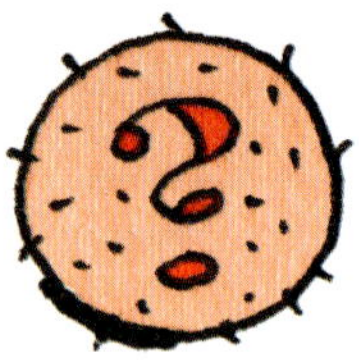

Auf dreierlei Weise versuchte man, die Rückstände von Reifenabrieb in Zahlen sichtbar zu machen, von denen jedoch keine völlig unproblematisch war. Zunächst wurden Labortests entwickelt, um den durchschnittlichen Abrieb eines Reifens zu simulieren. Allerdings tendierte das abgetragene Gummi ohne die natürlichen Wetterbedingungen dazu, auf der simulierten Fahrbahn zu haften. Den Wissenschaftlern war klar, dass dies nicht den realen Bedingungen entsprach, denn die zweite Testreihe auf Autobahnen ergab, dass durch den Einfluss von Wind, Regen und fließendem Verkehr praktisch kein Abrieb auf der Straße bleibt. Zusätzlich wurden die Seitenstreifen der Autobahnen gelegentlich von Wartungstrupps gesäubert. Es war daher unmöglich, über längere Zeit Reifenrückstände auf diesen Flächen zu messen. Die dritte Testreihe wurde in Tunneln durchgeführt, wo man glaubte, die größte Menge an Rückständen finden zu können. Straßenoberflächen in Tunneln verursachen aber weniger Abrieb als offene Fahrbahnen. Zudem macht die Abwesenheit von Wind und Regen die Umrechnung der Werte auf normale Verhältnisse kompliziert.

Dennoch lieferten die Ergebnisse dieser Tests viele Informationen darüber, was genau mit dem Abrieb passiert. Während die häufigste Substanz in den Abgasen das schädliche Blei ist, bildet beim Reifenabrieb Styrol-Butadien-Kautschuk (SBR), der in Belägen meistverwendete Kautschuk-Wasserkohlenstoff, den Hauptanteil. Der größte Teil des Reifenabriebs ist nicht gasförmig, sondern liegt in mikroskopischen Partikeln vor, die schwer genug sind, um zu Boden zu fallen.

Alle Straßen- und Tunneltests wiesen darauf hin, dass die am Straßenrand aufgefundenen Partikel mindestens 50 % des gesamten Abriebs ausmachen, eventuell beträchtlich mehr. Eine Studie zeigte, dass 2 % allen Staubs am Straßenrand aus Reifenrückständen bestand. Eine weitere Studie in Detroit kam zu dem Ergebnis, dass nur 1 % der Staubpartikel in der Luft von Reifenbelägen stammt. Selbst bei Tunneltests machte Reifenabrieb nur 1 – 4 % der gesamten Feinstaubbelastung

Wenn Glas zerbricht, warum passen die Bruchstücke nicht mehr richtig zusammen?

Eine einleuchtende Antwort auf diese Frage gab der pensionierte Ingenieur Harold Blake. Er erinnerte daran, dass Glas zwar unflexibel erscheint, sich aber durchaus biegen lässt und seine Gestalt ändern kann. Wenn Sie einen Ball auf eine Fensterscheibe werfen, wird sich diese zunächst verbiegen, um die Wucht des Balls abzufangen. Wird sie über ihre Belastungsgrenze hinaus verbogen, zerbricht oder springt das Glas.

In dem Moment, da das Glas zerbricht, befindet es sich in einem verformten Zustand. Der Bruch hat glatte Kanten, und die Stücke würden in diesem Moment noch perfekt zusammenpassen. Gleich danach kehren die Bruchstücke aber zu ihrer früheren, unverbogenen Form zurück.

Nun passen die Bruchränder nicht mehr exakt zusammen. Ähnlich verhält es sich bei menschlichen Beziehungen: Nach einem Bruch ist das Verhältnis zwischen den Partnern oder Freunden nie wieder ganz so wie vorher.

Blake bemerkt, dass auch andere, unflexibel wirkende Materialien so reagieren wie Glas. Keramik, Tonwaren und Metalle verformen sich z. B. auch und nehmen nach einem Bruch ihre Ausgangsform wieder an. Aus diesem Grund lassen sich die Scherben des wertvollen Wandtellers oder des alten Krugs nicht mehr perfekt zusammenfügen. Da hilft dann nur ein bisschen mogeln durch Zurechtschleifen oder besser der Restaurator.

der Luft aus und liegt damit prozentual wesentlich unter der Belastung, die durch Autoabgase verursacht wird.

Aus der Gesamtheit der Tests lässt sich schließen, dass der überwiegende Teil des Reifenabriebs zu Boden fällt und nicht in der Luft schwebt.

Warum „schwitzen“ Gläser, wenn man sie mit kalten Getränken füllt?

Liebe Leser, das ist elementare Physik. Die Antwort lautet „Kondensation“. Die Wasserperlen mogeln sich nicht aus der Flüssigkeit im Glas heraus nach außen; sie entstehen aus der Umgebungsluft.

Die kalte Flüssigkeit (und Eiswürfel) im Glas kühlt das Glas, seine Außenseite kühlt dann die das Glas in nächster Nähe umgebende Luft. Kalte Luft kann weniger Wasserdampf aufnehmen bzw. halten als warme. Daher kondensiert der gasförmige Dampf in der Luft und wird flüssig – zu Wasser. An der kalten Glasoberfläche schlagen sich nun Tropfen nieder. Dasselbe Prinzip wird in der Natur wirksam, wenn sich Tau niederschlägt.

Der entgegengesetzte Prozess zur Kondensation ist die Verdunstung, bei der Wasser von der Luft absorbiert wird.

Dr. Tom LeCompte, Physikprofessor an der University of Illinois, erklärte, dass die Kondensation umso stärker ausfällt, je kälter die Außenseite des Glases im Vergleich zu seiner Umgebung ist:

> „Wie sehr die Außenseite abkühlt, hängt vom Material des Gefäßes ab. Eine Dose aus Aluminium, das ein guter Wärme- und Kälteleiter ist, ‚schwitzt‘ stärker als ein Styroporbecher, denn Styropor ist ein schlechter Wärme- und Kälteleiter. Es ist durchaus möglich, einen Styroporbecher zum ‚Schwitzen‘ zu bringen, aber das bedarf einiger Anstrengung – man muss ihn mit flüssigem Stickstoff füllen, der immerhin eine Temperatur von -196 °C hat.“

Besten Dank, da bleiben wir doch lieber bei Kaffee und Cola. Aber immerhin wissen wir nun, warum Gläser wie auch Menschen im Sommer stärker schwitzen.

Weshalb gefrieren manche Eiswürfel milchig und andere werden glasklar?

Ein Anrufer bei einer Show stellte diese Frage. Etliche weitere Anrufer waren dann sehr überzeugt, die Lösung zu kennen – als Problem erwies sich nur, dass sie verschiedene Lösungsvorschläge boten.

Ein Anrufer bestand darauf, dass der Mineraliengehalt des Wassers entscheidend sei. Dies erklärt aber nicht, warum Eiswürfel aus ein und demselben Wasser teils trüb, teils klar werden.

Zwei Anrufer waren sich sicher, dass die Wassertemperatur vor dem Einfrieren der kritische Faktor wäre. Sie konnten sich aber nicht einigen, ob kaltes oder heißes Wasser zu klarem Eis führt.

Ein befragter Experte, Dr. John Hallet, wischte alle diese Erklärungsversuche erwartungsgemäß sofort vom Tisch – die Anrufer waren im Irrtum. Er erklärte, dass der Schlüsselfaktor die Temperatur des Tiefkühlfachs ist. Wenn Wasser langsam gefriert, bildet sich zunächst nur am Rand Eis. Im Wasser eingeschlossene Luftblasen haben ausreichend Zeit, aufzusteigen und zu entweichen. Das Resultat ist klares Eis.

Eiswürfel erscheinen dann milchig, wenn Luftblasen darin eingeschlossen wurden. Das tritt bei einem raschen Gefrierprozess auf, bei dem sich Wasser von allen Seiten gleichzeitig zu Eis verfestigt.

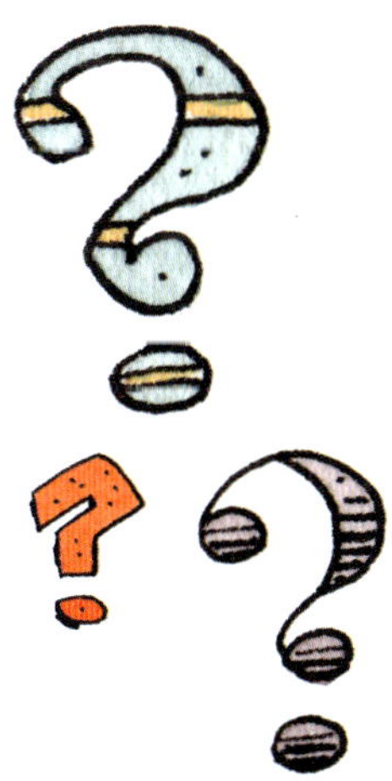

Unsere sportlichen Freizeitaktivitäten scheinen so entspannend unkompliziert zu sein – zumindest bis wir versuchen, sie einem Neuling zu erklären. Also, Sportskanonen, verratet uns: Warum hat ein Golfkurs 18 Löcher? Weshalb sind Tennisbälle wollig? Woher rührt die Tradition des olympischen Fackellaufs? Die Antworten werden Sie überraschen.

Sport

Weshalb hat ein Golfplatz 18 Löcher?

In Schottland, das als Ursprungsland des Golfspiels gilt, wurden die Plätze zunächst mit einer ganz unterschiedlichen Anzahl von Löchern angelegt, und zwar abhängig davon, welches Areal gerade zur Verfügung stand. Wie Janet Seagle vom Amerikanischen Golfverband berichtet, gab es sogar einige wenige Golfplätze mit nur fünf Löchern.

Der Platz des renommiertesten aller Golfclubs, des schottischen Royal and Ancient St. Andrews Golf Club, wies ursprünglich 22 Löcher auf. Am 4. Oktober des Jahres 1764 reduzierte man die Anzahl seiner Löcher auf 18, um die einzelnen Fairways (gemähte Spielbahnen) schwieriger zu gestalten. Als der Wunsch nach Vereinheitlichung der Spielregeln wuchs, diente das Modell St. Andrews mit 18 Löchern als Vorbild für alle anderen Plätze.

Warum verursachen Fehlschläge mit einem Eisenschläger starke und andauernde Schmerzen?

Die grotesk anmutende Flugbahn Ihres Golfballs bei einem Fehlschlag wäre eigentlich schon Strafe genug, aber dann führt ein solcher Fehler noch unweigerlich zu anhaltenden und stechenden Schmerzen in Ihren Händen. Wenn ein Schlag wehtut, ist es Ihnen entweder nicht gelungen, das Zentrum des Balls zu treffen, oder Sie haben, was sogar wahrscheinlicher ist, den Ball nicht mit dem sogenannten „sweet spot" des Schlägers geschlagen.

Dr. John R. McCarroll, der bei einem sportmedizinischen Zentrum tätig ist, erklärt das folgendermaßen:

> „Wenn man den Ball mit dem ‚Zeh' oder der ‚Ferse' des Schlägers trifft, wird die Wucht des Schlags am Schaft entlanggeleitet und auf die Hand übertragen. Das gleicht im Wesentlichen dem Effekt, der auftritt, wenn Sie einen vibrierenden Schlagbohrer festhalten. Die Hände fangen die am Schlägerschaft aufsteigende Wucht der Schläge auf. Die Vibrationen sowie die Kraft, die Sie aufwenden, um die Vibrationen auszugleichen, führen zu Schmerzen."

Wie John Story von der Amerikanischen Vereinigung professioneller Golfer erläutert, hängt es von den Golfschlägern ab, wie schmerzhaft Fehlschläge werden können. So hat ein Fehlschlag mit einem Driver (aus Holz) weitaus geringere Folgen als der Fehlschlag mit einem Eisenschläger, der einen härteren Kopf besitzt und deshalb stärkere Vibrationen erzeugt. Die Vibration, die durch einen Fehlschlag mit einem Driver entsteht, verliert sich im langen Schaft.

Dr. McCarroll zufolge haben Fortschritte in der Herstellung von Golfschlägern die Wahrscheinlichkeit von schmerzhaften Fehlschlägen verringert: „Die neuen Schäfte aus Grafit und Kunststoff verursachen zum Glück weniger Schmerzen in den Händen als der klassische freiformgeschmiedete Metallschaft."

Wieso rufen Golfer „fore“, wenn ein Ball ins Aus fliegt?

Dieser Ausdruck, dem der amerikanische Präsident Gerald Ford zu Popularität verhalf, kam ursprünglich beim englischen Militär zur Verwendung. Der Befehl „ware before" (Kurzform für „beware before") galt den Soldaten in der vordersten Reihe und sollte sie auffordern, beim Feuern hinzuknieen. Auf diese Weise wollte man Verletzungen durch Gewehrsalven aus den hinteren Reihen vermeiden.

„Fore" ist die Kurzform für „ware before" und bedeutet „Vorsicht!", was auch bei einem frei fliegenden Golfball anzuraten ist.

Warum haben Golfbälle „Grübchen“?

Weil Grübchen niedlich sind? Nein. Eigentlich sollte uns klar sein, dass Golfer, die für gewagte Outfits wie orangefarbene Hosen bekannt sind, auf Äußeres keinen Wert legen. Anders als bei glatten Bällen sind Aerodynamik und Kontinuität des Flugs bei Bällen mit kleinen Einbuchtungen besser. Jacques Hetric, Pressechef bei dem Golfausstatter Spalding, gibt an, dass die Einbuchtungen eine kontinuierliche Rotation des Balls nach dem Schlag garantieren, und zwar unabhängig davon, an welcher Stelle der Ball geschlagen wird.

Laut Janet Seagle vom Amerikanischen Golfverband waren eine Zeit lang neben dem Grübchenstruktur-Ball noch zwei weitere Balltypen mit anderer Oberfläche in Umlauf. Die Bezeichnungen lauteten „mesh" (gitterartig) und „bramble" (mit dornenartigen Erhebungen). Doch aufgrund seiner Überlegenheit im Flugverhalten wurde der Ball mit Grübchen zum Favoriten.

Obwohl Golfer gerne vorgeben, an einem akkuraten Schlag interessiert zu sein, streben sie doch eigentlich nach kraftvoller Aktion: Bälle mit Grübchen fliegen weiter und gerader als glatte Bälle. Diese niedlichen „Grübchen" werden so lange die Golfbälle zieren, bis jemandem etwas Besseres eingefallen ist.

Weshalb ist das Punktesystem beim Tennis so eigenartig?

Tennis, so wie wir es heute kennen, ist kaum mehr als 100 Jahre alt. Es geht in dieser Form zurück auf Major Walter Clopton Wingfield aus dem englischen Wales. Der Major hatte es zur Zerstreuung seiner Gäste entwickelt, die zur Fasanenjagd auf seinen Ländereien zusammengekommen waren. Das Spiel machte Furore, und schon bald übernahm es der Wimbledon Cricket Club.

Tennisähnliche Spiele gab es schon im 13. und 14. Jahrhundert in England, Italien, Deutschland und Frankreich. Man traf sich in Hallen und spielte mit der Handfläche. Um 1500 kam dann der Schläger auf. Tennis war so populär, dass man 1596 allein in Paris 250 Tennisplätze zählte. Auch der wegen seines Frauenverschleißes berüchtigte englische König Heinrich VIII. (1509 – 1547) war ein begeisterter Anhänger des Modespiels. Während zunächst auf hartem Boden gespielt wurde (Platztennis), brachten im 19. Jahrhundert die Engländer den Rasen ins Spiel, Regeln wurden formuliert, und von England aus eroberte Tennis die Welt.

Das eigenartige Punktesystem des Rasentennis lässt sich eindeutig von dem des Platztennis herleiten. Zwar wertete man beim Platztennis auch nach einem 15-Punkte-System, jedoch auf etwas andere Weise als im modernen Tennis. Jeder Punkt in einem Spiel wurde mit 15 Punkten bewertet. Beim modernen Tennis zählt man 15-30-40-Game (Sieg), beim Platztennis war es 15-30-45-Game. Im Gegensatz zu den heute üblichen drei oder fünf Sätzen von je sechs Spielen bestanden Platztennisspiele aus sechs Sätzen von je vier Spielen.

Woher kommt das Punktesystem denn nun? Am ehesten leuchtet die Erklärung ein, dass es auf den Sextanten zurückgeht, ein Winkelmessinstrument, dessen Bezugspunkte die Sterne sind. Sextanten werden in der Astronomie und vor allem zur Positionsbestimmung in der Schifffahrt eingesetzt. Ein Sechstel des Kreises beträgt 60°, und 60 Punkte könnten bei einem Platztennisspiel erreicht werden. Weil der Gewinner sechs Sätze mit je vier Spielen gewinnen musste, also 24 Punkte, und jeder Punkt wiederum 15 Punkte zählte, war das Spiel in dem Moment beendet, da der Spieler einen Kreis von 360° „vollendet" hatte (24 x 15).

Beschreibungen des Italieners Antonio Scaino legen nahe, dass das vom Sextanten abgeleitete Punktesystem schon 1555 bekannt war. Wenn der Spielstand mit 3:3 (40:40) Punkten unentschieden beträgt, nennen wir das „Deuce" – die Italiener kannten bereits im 16. Jahrhundert das entsprechende „due". Mit anderen Worten: Man benötigte zwei weitere Punkte, um zu gewinnen.

Im Lauf der Zeit wurde der Bezug auf die Geometrie bei der Bewertung immer weniger offensichtlich. So zählte der dritte Punkt nicht 45, sondern 40 Punkte. Der offiziellen Enzyklopädie des Tennis zufolge wurde er wahrscheinlich verändert, weil die Zahl 40, laut ausgerufen, mit keiner anderen Zahl verwechselt werden konnte. Im frühen 18. Jahrhundert wurde das Platztennisspiel dann auf sechs Spiele pro Satz erweitert. Es hat viele Versuche gegeben, das Bewertungssystem zu vereinfachen und damit neue Interessenten für diesen Sport zu gewinnen. Die „World Pro Championship League" erprobte ein Punktesystem für Tischtennis, bestehend aus 21 Punkten pro Spiel, aber es konnte sich nicht durchsetzen.

Die vielleicht wichtigste Änderung der Wertung beim Tennis erfolgte im 20. Jahrhundert und stellt die Einführung des „Tiebreak" dar. Um lange Sätze zu vermeiden, kann nach einem 6:6 mit 7:6 der Sieg errungen werden oder nach 7:7 mit 8:7. In Amerika hatte man 1968 mit einer solchen Sudden-Death-Regelung experimentiert (so heißt sie in anderen Sportarten; sie bedeutet, dass der erste Punkt in der Spielverlängerung das Spiel entscheidet). Die Profis übernahmen den Tiebreak im Jahr 1970. Er wird heute in fast allen Turnieren gespielt.

Warum haben Tennisbälle eine wollige Oberfläche?

Das Herzstück eines Tennisballs bildet ein Körper aus Gummi, synthetischen Materialien und zehn Chemikalien. Der Körper wird zu einem tonnenförmigen Pellet ausgeweitet und dann in zwei Halbschalen geteilt.

Die Ränder der Halbschalen werden mit einem Latexklebemittel bestrichen, dann zusammengebracht und in einer Presse mit Doppelkammer bei genau festgelegten Temperatur- und Luftdruckbedingungen vulkanisiert. Die innere Kammer wird unter einen bestimmten Druck gesetzt, und unter diesem Druck werden die beiden Ballhälften zusammengefügt. Die Luft im Ballinnern steht dann unter dem gleichen Druck.

Wenn die beiden Hälften verbunden sind, raut man die Oberfläche an, damit die wollige Ummantelung besser haftet. Das Ganze wird dann in eine Klebermasse getaucht und im Ofen getrocknet.

Überzogen wird der Tennisball mit einer Art Filz, einer Mischung aus Woll-, Nylon- und Dralonfasern. Der Filz wird in eine Achterform geschnitten; eine runde Form würde den Ball nicht perfekt umschließen. Dann erhalten die Schnittkanten des Filzes eine Schicht Nahtkleber. Die Filz-Acht wird mit Kleber versehen und am Ballkern befestigt, der Nahtkleber vulkanisiert, und nun sieht das Gebilde zum ersten Mal wie ein Tennisball aus.

Nachdem die Bälle vulkanisiert worden sind, kommen sie in einen Dampftrockner und werden so behandelt, dass sich der Flor aufrichtet (je nach Hersteller in unterschiedlicher Höhe). Nun sehen die Bälle so angenehm wollig aus. Sie werden dann in luftdichten Behältern unter Druck versiegelt, damit die Bälle ihren Druck halten und gut springen.

Das Einzige, was bei der Produktion eines Tennisballs wirklich Geld kostet, ist der Filz. Viele andere Sportarten kommen wunderbar mit weitaus kostengünstigeren glatten Gummibällen aus. Früher waren Bälle aus Leder und mit unterschiedlichsten Materialien ausgestopft, sogar mit Menschenhaar. Warum betreiben die Hersteller also einen solchen Aufwand?

Es gibt vor allem einen Grund für das Aufbringen von aufgerautem Filz: So ausgestattete Bälle fliegen langsamer. Der Amerikanische Tennisverband hat strenge Auflagen für die Sprunghöhe eines Balls geschaffen. Eine Regelung besagt, dass „der Ball eine Sprunghöhe von mindestens 1,35 m und höchstens 1,47 m haben darf, wenn er von 2,54 m auf eine Betonfläche fallen gelassen wird". Je aufgeplusteter der Flor, desto stärker wird der Ball im Flug gebremst. Außerdem reduziert sich seine Sprunghöhe. Ist der Filzflor zu flach, besteht die Gefahr, dass der Ball zu stark vom Schläger abprallt und ins Aus fliegt.

Es gibt noch einen zweiten wichtigen Grund für die weiche Ummantelung der Tennisbälle: Mit einem solchen Flor lässt sich der Ball besser handhaben. Jedes Mal, wenn ein Ball auf den Schläger trifft, drückt sich der Ball für einen Moment in die Saiten. Hätte der Ball eine härtere, glattere Oberfläche, würde er mit höherer Wahrscheinlichkeit unkontrolliert vom Schläger abspringen. Damit wären die

Möglichkeiten des Spielers eingeschränkt. Ein dritter Vorteil des Flors berührt gute Spieler kaum, wohl aber die Angsthasen unter uns, die Hartballspiele wie Squash meiden: Wenn man mit voller Wucht von einem „kuscheligen" Tennisball getroffen wird, tut das weh, aber immerhin hat man das Gefühl, man kann die Attacke noch einmal überleben.

Wie kommt es, dass Kopfbälle bei Fußballspielern keine langfristigen Hirnschäden verursachen?

Eine der grundlegenden Techniken beim Fußball ist der Kopfball, der zur Anwendung kommt, wenn man einen Ball weiterspielen will, der hoch in die Luft geschossen wurde. Kopfbälle entsprechen nicht der normalen Reaktion, denn eigentlich würde man einem fliegenden Objekt in Kopfhöhe ausweichen. Wenn man dann noch weiß, dass Profis den Fußball auf eine Geschwindigkeit von bis zu 100 km/h schießen, dürfte ein Kopfball umso gefährlicher sein.

Studien über Profifußballer, die im Lauf ihrer Karriere Tausende von Kopfbällen gespielt haben, ergaben keine Rückschlüsse auf Schäden, aber das Thema sorgt immer wieder für Schlagzeilen. Im Jahr 1998 verlor Billy MacPhail, ein ehemaliger Spieler von Glasgow Celtic, einen Prozess. Er hatte auf Schadensersatz geklagt mit der Begründung, die vielen Kopfbälle, die er mit veralteten Lederbällen gespielt habe, hätten bei ihm Demenz verursacht.

Dann gibt es den Fall des für seine Kopfballtore berühmten Jeff Astle, der in den 1960er-Jahren in der englischen Nationalmannschaft spielte. Als er 2002 mit 59 Jahren plötzlich starb, sah der zuständige Pathologe die Todesursache in den vielen Kopfbällen, die er im Lauf seiner Karriere gespielt hatte.

Experten betonen, wie wichtig eine gute Kopfballtechnik ist, um Spieler vor eventuellen Schäden zu schützen. Der Rehabilitationspsychologe Michael J. Asken berichtete:

> Wichtig für eine gute Kopfballtechnik sind drei Dinge: Einmal ist der Ball frontal mit der Stirn zu treffen, dann sollte die Nackenmuskulatur unwillkürliche Bewegungen des Kopfs verhindern, und schließlich müssen die Muskeln des Unterkörpers den Rumpf auf einer Ebene mit Kopf und Nacken halten, damit dem Aufprall des Balls Widerstand entgegengesetzt und eine Bewegung des Kopfs zur Seite verhindert wird.

Erstaunlicherweise gibt es nur wenige wissenschaftliche Untersuchungen zu den Folgen von Kopfbällen bei Kindern. Das Florida Institute of Technology arbeitet daran, diese Lücke zu schließen. Dr. Frank Webbe, ein Sportpsychologe an der angeschlossenen Universität gab auf Anfrage die Information, es sei im Moment noch zu früh, diese Frage abschließend zu beantworten. Er ist jedoch bereits zu einigen Schlussfolgerungen gelangt:

» Erstens sollten Kinder ihren Kopf nicht beim Fußball einsetzen, bis die stützende Muskulatur stark und ausdauernd genug ist, um eine solche Belastung abzufedern. Wann dies so weit ist, hängt vom Alter, dem Geschlecht und weiteren individuellen Faktoren ab. Manche Kinder sind bereits mit zwölf Jahren entsprechend gut entwickelt, andere erst mit 15 Jahren.

Zweitens variiert in vielen Ligen die Größe der Spieler in erheblichem Maße. Manche Elfjährige sind so groß wie Erwachsene, manche dagegen noch eher klein und zart. Wenn nun beispielsweise ein kräftig gebautes Kind den Ball mit voller Kraft tritt und ein eher kleines Kind mit noch nicht ausreichend entwickelter Nackenmuskulatur versucht, mit einem Kopfball zu parieren, kann es zu Gehirnerschütterungen kommen.

Drittens sollte jeder, der Kopfbälle spielt, von einem erfahrenen Trainer in die Technik eingewiesen worden sein. Gute Technik hilft, Unfälle zu verhindern. «

Dr. Frank Webbe, der auch als Schiedsrichter und Trainer gearbeitet hat, formuliert folgende persönliche Einschätzung:

» Kinder unter 14 Jahren sollten in Ligaspielen Kopfbälle grundsätzlich unterlassen. Viele werden im Training die Technik lernen und auch anwenden. Kopfbälle beim Training lassen sich jedoch ganz und gar nicht mit Kopfbällen in Ligaspielen vergleichen. Bei den Letzteren sind die Anforderungen ungleich höher, und dementsprechend höher ist auch die Verletzungsgefahr. «

Nur für den Fall, dass Ihnen während eines Fußballspiels ein Ball entgegenfliegen sollte und Sie dem Wunsch nicht widerstehen können, ihn mithilfe ihres Kopfs zurückzuschicken, hält Dan Metcaife, ein englischer Fußballtrainer, folgenden Tipp für Sie bereit:

> „Konzentrieren Sie sich auf Ihre Augenbrauen und auf den heranfliegenden Ball. Halten Sie dem Ball die Stelle an Ihrer Stirn entgegen, die sich einen Finger breit über dem Punkt befindet, wo Ihre Augenbrauen zusammentreffen würden. Das ist der härteste Bereich des Kopfs."

Warum haben Basketbälle Ziernähte? Erfüllen sie einen Zweck, oder sind sie lediglich zur Dekoration angebracht?

Ein Anrufer stellte diese Frage hörbar empört bei einer Radio-Talkshow. Man hatte fast den Eindruck, als wolle er den Ballproduzenten unterstellen, entweder absichtlich Attrappen zu verkaufen oder wenig funktionale Dekoration auf einem Ball anzubringen. Bevor man jedoch den Herstellern von Basketbällen ein völlig überflüssiges Modebewusstsein vorwirft, sollte man berücksichtigen, dass die meisten Basketballspieler jede mögliche Hilfe brauchen, um den Ball gut zu spielen. Ein Basketball ist für die meisten Spieler zu groß, um ihn mit einer Hand zu halten. Die „falschen" Nähte sind dazu da, die Griffigkeit des Balls zu erhöhen.

Basketballhersteller verwenden Nähte mit großer wie auch mit kleiner Stichlänge. Die Profi-Basketballer der Amerikanischen Nationalen Basketballgesellschaft ziehen Nähte vor, die nur geringfügig spürbar sind, während junge Leute im Amateursport auftragende Nähte mit großer Stichlänge bevorzugen.

Wo liegt der Ursprung des Olympischen Fackellaufs?

Der Fackellauf gehört zu den symbolträchtigen Ereignissen während der Olympischen Spiele und „kokettiert" mit der Größe und den Idealen des antiken Griechenland. In Wahrheit finden sich seine Ursprünge in der eher nüchtern gestimmten Moderne – der Lauf fand zum ersten Mal 1936 bei den Spielen in Berlin statt und war sozusagen ein Bravourstück der Nazi-Propaganda.

Reichskanzler Adolf Hitler drückte gegenüber dem Präsidenten des Olympischen Komitees, Dr. Carl Diem, den Wunsch aus, der Welt die Großartigkeit des Dritten

Reichs vorzuführen. Eine der Ideen von Carl Diem, nämlich die olympische Flamme in einem Fackellauf von Griechenland bis nach Berlin zu tragen, fand bei Propagandaminister Joseph Goebbels volle Unterstützung.

Untermalt von überschwänglichen Berichten im Rundfunk – sie waren Teil der goebbelschen Propagandamaschinerie –, wurde die Fackel im Hain von Olympia entzündet und dann von 3075 Läufern ab Griechenland bis ins Olympiastadion in Berlin getragen. Dort entzündete man damit ein gigantisches Kohlebecken. Unter den Zuschauern, die dem lodernden Spektakel jubelnd beiwohnten, befand sich auch „der Führer" höchstpersönlich.

Die Fackeln, die Einheit und Zusammenarbeit unter den Völkern symbolisieren sollten, kamen aus den Fabriken Alfred Krupps. Sein Unternehmen hat Deutschland in beiden Weltkriegen mit Waffen versorgt.

Tony Perrotte schreibt in seinem Buch *The Naked Olympics* (Die nackten Olympischen Spiele):

> Der Fackellauf von 1936 passte den Nazis hervorragend ins Konzept. Die Spiele wurden auf diese Weise zu einer Inszenierung des Deutschen Reichs. Der Ritus mit der Aura der Antike verband den Nationalsozialismus mit der zivilisatorischen Größe des antiken Griechenland, das nach Auffassung der akademischen Elite des ‚Reichs' ein arisches Paradies gewesen sein soll.

Weshalb ist der Speer an beiden Enden mit einer Spitze versehen?

Der Speerwurf ist eine der ältesten athletischen Disziplinen und lässt sich mindestens 3000 Jahre bis zu den Mykenern zurückverfolgen. Antike Speere besaßen jedoch nur an einem Ende eine Spitze, da sie ursprünglich auf der Jagd und in der Schlacht eingesetzt wurden.

Es dauerte dann bis zum Jahr 1954, bis auch das andere Ende des Speers eine Spitze bekam. In diesem Jahr entdeckte Dick Held, ein amerikanischer Ingenieur, sein Interesse an den Stangenwaffen. „Als ich anfing, Speere zu entwerfen und zu bauen, gab es einige klare Regeln. Der Speer war lediglich ein hölzerner Stock mit einem Griff und einer Spitze aus Metall", berichtet Dick Held.

Er ließ das andere Ende des Speers ebenfalls spitz zulaufen, um die aerodynamischen Eigenschaften der Wurfwaffe durch Reduzierung des Luftwiderstands und durch ein geringeres Gewicht zu verbessern. Die Veränderungen erwiesen sich als höchst wirkungsvoll. Plötzlich wurden Speere viel weiter geworfen. Um eine Vorstellung davon zu gewinnen: Im Jahr 1908 erreichte der beste Speerwurf der Olympischen Spiele 50 m, 1956 dagegen wurde die Goldmedaille für einen Wurf von 86 m vergeben.

Athleten brachten die Zuschauer in Gefahr, weil sie ihre Speere bis über die vorgesehenen Bahnen hinaus warfen. Das rief die Internationale Athletenvereinigung auf den Plan, die forderte, die Speere wieder weniger flugtauglich und damit ungefährlicher zu machen. Zu diesem Zweck verlegte man den Schwerpunkt weiter nach vorn und verdickte das Ende des Speers.

Dr. Nathan Schneeberger, ein begeisterter Speerwerfer und Trainer von St. Paul, Minnesota, erklärte, der heutige Speer sei eine einzigartige Mischung aus neuer und antiker Machart:

> Wir verdanken die Metallspitze am Ende des Speers dem Wunsch nach Überwindung größerer Strecken, und wir verdanken die vordere Metallspitze dem Streben unserer Vorfahren nach Funktionalität. Ein Karbonfaser-Speer ist sicher eines der wenigen Objekte aus dem 21. Jahrhundert, das man problemlos mehrere Tausend Jahre in die Vergangenheit versetzen könnte – er würde immer seinen Zweck erfüllen. Mein iPod würde nur als kurios empfunden (besonders dann, wenn die Batterie nicht mehr funktioniert), meinen Speer aber würden unsere Vorfahren sofort verstehen und für gut befinden.

Warum drängen bei Wettbewerben mit gestaffelten Startblöcken die Läufer auf den Außenbahnen sofort in die Innenbahn, statt eine geradere Linie zu laufen?

Bei Läufen von mittlerer Distanz, wie z. B. beim 800-m-Lauf, steht jedem Athleten zu Beginn des Rennens eine Bahn zur Verfügung. Da die Läufer auf den Außenbahnen größere Strecken zurückzulegen hätten als die auf den Innenbahnen, sind die Startblöcke gestaffelt, und zwar so, dass der Startblock für die Innenbahn am weitesten hinten liegt. Am „Break point", also nachdem die Sportler eine Runde absolviert haben und vor Beginn eines geraden Abschnitts, erhalten alle die Möglichkeit, in die innere Bahn „einzubrechen“, um ihre Laufstrecke zu verkürzen.

Sportfan Dov Rabinowitz hat genau beobachtet und schildert die Sache so:

> Meist laufen die Wettbewerbsteilnehmer auf den Außenbahnen am Anfang eines geraden Teils der Rennstrecke in Richtung Innenbahnen. Nachdem sie ein Viertel oder die Hälfte der Strecke zurückgelegt haben, sind sie auf der Innenbahn angelangt, und alle Läufer sind nun dort unterwegs.

Dov Rabinowitz' Annahme zufolge verschwenden Läufer zusätzliche Schritte bei dem Versuch, verfrüht auf die Innenbahn zu gelangen. Ebenso führt ein abrupter Wechsel zur Innenbahn zu einem Geschwindigkeitsverlust.

Vier professionelle Lauftrainer und mehrere Läufer wurden hierzu befragt. Alle stimmten dem Trainer, Läufer und Trainingswissenschaftler Greg McMillan zu, der rät, in diesem Fall einfache Geometrie anzuwenden:

> Jedem Läufer wird eingebläut, in einer Diagonalen auf die Innenbahn zu wechseln, sobald der Zeitpunkt dafür gekommen ist. Normalerweise darf man bei einem 800-m-Lauf nach der ersten Runde anfangen, die Startbahn zu verlassen. Daher ist es das Beste, geradewegs auf den Beginn der nächsten Kurve zuzulaufen (bei den meisten Rennstrecken nach 200 m). Auf diese Weise legen die Athleten die kürzestmögliche Strecke zurück.

Offensichtlich sinken die Chancen auf einen Sieg, wenn man unnötige Meter läuft. Warum tun es Läufer trotzdem? McMillan glaubt, dass hier eine psychologische Komponente eine große Rolle spielt:

> Der Ansatz, in gerader Linie auf die Innenbahn zuzulaufen, scheint logisch, und jeder Athlet würde dies bestätigen. Aber im Wettkampf werden plötzlich andere Aspekte wichtig, und alle guten Vorsätze scheinen vergessen. Die meisten Athleten werden zustimmen, wenn gesagt wird, dass sie sich ‚im Rudel‘ sicherer fühlen. Der Läufer möchte dort sein, wo das Rennen sich abspielt, und fühlt sich allein auf den äußeren Bahnen verletzlicher. Obwohl sich alle einig sind, dass es nichts bringt, ihre Bahn in Richtung Innenbahn abrupt zu verlassen, tun Läufer oftmals

> instinktiv genau das. Einige können diesem Drang einfach nicht widerstehen, andere reagieren weniger emotional.

Roy Benson, Präsident der Running Ltd. mit Sitz in Atlanta, ist seit 40 Jahren Profitrainer. Nach seiner Auffassung denken die meisten Läufer eher in strategischen als in mathematischen Gesetzmäßigkeiten: „Die Läufer auf den Außenbahnen versuchen normalerweise die Läufer zu ihrer Linken zu schneiden und wollen so früh wie möglich die Führung übernehmen."

Andererseits kann es zu regelrechten Verkehrsproblemen kommen, wenn die Läufer zu kurzfristig auf die Innenbahn drängen:

> Sofort auf die Innenbahn zuzulaufen wäre unsinnig und außerdem noch riskant, weil die Gefahr besteht, andere Läufer zu gefährden oder mit ihnen zusammenzustoßen. Bei Langstreckenläufen lässt sich beobachten, dass viele Läufer selbst in den Kurven mal die zweite, mal die dritte Bahn nehmen. Natürlich legen sie auf diese Weise eine größere Strecke zurück, aber manchmal ist das eben aus strategischen Gründen die bessere Wahl.

Es gibt noch einen guten Grund, nicht auf die Innenseite zu wechseln: Man kann dann den Windschatten des Läufers an der Spitze ausnutzen, genauso wie Rennfahrer sich an den führenden Wagen hängen. Bevor man Gefahr läuft, dem Vordermann die Hacken wegzutreten, wäre es allerdings sicherer, an seiner Seite zu laufen. Nach Greg McMillans Auffassung empfiehlt sich das Laufen im Windschatten aber auf jeden Fall an windigen Tagen, weil dann die paar Extrameter bis zu dieser Position schnell ausgeglichen werden.

Keiner der Läufer gab zu, dass psychologische Gründe beim zu schnellen Wechsel auf die Innenbahn ausschlaggebend sein könnten. Alle waren sich der Vorteile eines stufenweisen Einschwenkens auf die Innenbahn bewusst, und einige tadelten sogar ihre Kollegen für einen abrupten Wechsel:

> Jeder meiner bisherigen Trainer wurde nicht müde zu wiederholen, wie viele unnötige Meter man mit dem abrupten Schneiden zur Innenbahn zusätzlich läuft. Keine Frage, dass man die Strecke durch Laufen einer lang gezogenen Tangente abkürzt; es ist immer noch genügend Zeit, zur anderen Bahn zu schneiden, falls die Situation es erfordern sollte. Also es bleibt dabei: Je weiter man bereits von der Stelle entfernt ist, ab der man zur Innenbahn

wechseln darf, desto besser. Viele Läufer entwickeln plötzlich eine ausgesprochene Herdenmentalität und wechseln alle auf einmal die Bahn. Natürlich besteht dann die Gefahr, dass alle übereinanderfallen. “

Und genau vor solchen Situationen haben die Läufer Angst:

„Der Vorgang erinnert etwas an den Versuch, sich auf der Autobahn einzufädeln. Obwohl sich die Fahrstrecke mit der Diagonalen verkürzt, wird die Einschätzung der momentanen Situation unter Umständen dazu führen, dass man sich entschließt, lieber etwas schneller zu wechseln, um eine Kollision zu verhindern, oder man wartet noch etwas – aus demselben Grund. Nehmen wir an, die Läufer befänden sich auf einer Linie und würden allesamt zur gleichen Zeit die Diagonale zur Innenbahn einschlagen – das gäbe einen riesigen Stau! “

Manche Athleten ziehen es in jedem Fall vor, die Führung zu übernehmen – Windschatten hin oder her. Merkt ein Läufer, dass er an der Spitze liegt, er aber auf einer Außenbahn rennt, wird er unter Umständen versuchen, den anderen den Weg abzuschneiden. Er will sofort zur Innenbahn gelangen und damit Konkurrenten zwingen, ihn auf einer der Außenbahnen zu überholen. Läufer wissen aber auch, dass sie bei einem solchen Manöver auf der Innenbahn eingekeilt werden können, vor sich und auf der Nebenbahn Konkurrenten, die ein höheres Tempo verhindern.

Wie können Schiedsrichter bei Wettbewerben im Gehen Regelverstöße durch Laufen feststellen?

Bei einem dieser seltenen Ausbrüche von guten Vorsätzen, die eigene körperliche Fitness zu erhöhen, haben wir gelernt zu gehen, neudeutsch: zu „walken“. Wir haben uns darauf konzentriert, unsere Beine zu dehnen, unseren gewohnten Schritt zu beschleunigen und unsere Arme kräftig mitschwingen zu lassen. Spätestens aber nachdem uns im Park einzelne Jogger überholt hatten, war die Versuchung groß, auch einfach loszurennen. Ist es eigentlich nicht abwegig, zu versuchen, sich mit dieser Lauftechnik so rasch wie möglich fortzubewegen, wenn man mit einer anderen viel schneller vorwärtskäme? Man kann sich nur ansatzweise vorstellen, was es für Wettbewerbsteilnehmer bedeuten muss, treu und brav weiterzuwalken, wenn sie an der nächsten schlecht einsehbaren Stelle durch einen kleinen Sprint locker ihre Zeit verbessern könnten.

Die Schiedsrichter sollen Regelverstöße verhindern, d. h., sie müssen überprüfen, ob die Geher gelegentlich etwas schneller „gehen". Wie aber lässt sich Gehen von Rennen unterscheiden? „Wettbewerbsteilnehmer in der Disziplin Gehen müssen einen ununterbrochenen Kontakt der Füße mit dem Boden sicherstellen. Das nach vorn schwingende Bein setzt mit der Ferse auf, bevor der hintere Fuß den Boden verlässt", so der zuständige amerikanische Verband.

Eine zweite, noch strengere Regel unterscheidet das Gehen als Leichathletikdisziplin vom sogenannten Power- oder Fitness-Walken: Das Knie des vorderen Beins muss bei jedem Schritt einmal gerade durchgestreckt werden. Der begeisterte Geher Justin Kuo erklärt, dass das vordere Bein in einem Winkel von 180° gestreckt werden muss, selbst ein Annäherungswert von 175° ist nicht akzeptabel.

Bei den meisten Wettkämpfen im Straßengehen ernennt der erste Schiedsrichter sechs bis neun Helfer, die in bestimmten Intervallen die Rennstrecke kontrollieren. Allerdings räumen Sportfunktionäre ein, dass auf einer Strecke von 10 km unmöglich alle Teilnehmer beobachtet werden können.

Es gibt jedoch auch Möglichkeiten, mit wenigen Schiedsrichtern effektiv zu arbeiten. Sie müssen z. B. nicht fest an einem Platz bleiben. Chuck Bryant, der selbst an Wettbewerben teilnimmt und auch Strecken kontrolliert, wechselt immer wieder die Position, obwohl ihm der erste Schiedsrichter einen bestimmten Beobachtungsposten zugewiesen hat.

> „Es kann sein, dass ich ca. 800 m vom Start entfernt eingesetzt werde. Ich lasse die Gruppe an mir vorbeigehen, fahre dann zu einer anderen Stelle der Strecke und sehe da fast alle der Teilnehmer noch einmal. Dann kehre ich entweder zu meiner Ausgangsposition zurück oder stelle mich in der Nähe der Ziellinie. Das ist aber nicht immer möglich."

Die Schiedsrichter besitzen keine mechanischen oder elektronischen Überwachungsgeräte, die ihnen helfen, ihre Entscheidungen zu fällen. Sie müssen sich auf ihre Augen verlassen. Allerdings finden die meisten Regelverstöße eher im Verborgenen statt, wie Bryant beklagt:

„Schwierig zu ahnden sind Regelverstöße, wie das kurze Anheben eines Beins um vielleicht 1 cm oder die Krümmung des Knies um 2° im Bruchteil einer Sekunde. Man braucht als guter Schiedsrichter ein geübtes Auge, dazu Zeit und viel Erfahrung. Nicht jeder Regelverstoß wird von den Funktionären bemerkt. Außerdem gibt es immer auch Grenzsituationen, über die gestritten wird. Das frustriert und führt gelegentlich zu Verstimmungen. Aber was soll's, wir sind alle nur Menschen, und die machen immer wieder einmal Fehler."

Da es für Teilnehmer von Wettbewerben im Gehen fast nicht zu vermeiden ist, eine der beiden Grundregeln zu übertreten, werden die Geher nicht gleich beim ersten Regelverstoß disqualifiziert. Schiedsrichter Ken Mattson führt an, dass ein Geher, den man bei einem Regelverstoß ertappt, verwarnt wird (meistens winkt der Schiedsrichter mit einer weißen Karte, die die Art des Regelverstoßes anzeigt). Begeht der Geher nochmals denselben Regelverstoß, kann er die rote Karte bekommen, was einer offiziellen Verwarnung gleichkommt. Zeigen drei Schiedsrichter die rote Karte, wird der Geher disqualifiziert und vom ersten Schiedsrichter aufgefordert, das Sportareal sofort zu verlassen. Geht die Einschätzung dahin, dass der Teilnehmer willentlich einen Regelverstoß begangen hat, indem er z. B. läuft, kann ihm auch ohne Vorwarnung die rote Karte gezeigt werden.

Wie oft wird während solcher Wettbewerbe versucht, die Regeln zu umgehen? Man scheint sich darüber einig zu sein, dass beabsichtigte Regelverstöße die Ausnahme darstellen. Dazu Chuck Bryant:

„Natürlich möchte ich nicht meine Hand ins Feuer legen. Aber ich würde sagen, dass die Mehrzahl von uns Gehern integer ist. Meistens werden bewusste Regelverstöße von Power-Walkern oder Fitness-Walkern begangen. Die verstehen einfach nicht, worum es geht. Sie denken wohl: ‚Hey, ich jogge nicht, also muss das wohl Gehen sein, was ich gerade mache.' Sie wollen einfach nicht kapieren, worauf es ankommt."

Schiedsrichter Mattson pflichtet ihm bei, wenn er sagt: „Alles in allem versuchen die meisten Geher die Regeln einzuhalten. Aber wenn man sich selbst an seine Grenzen bringt, geht das im Sport manchmal auf Kosten der Technik." Schwierig wird es vor allem bei längeren Strecken und beim letzten Sprint in der Nähe der Ziellinie. Dort werden daher auch mehr Schiedsrichter eingesetzt.

Mike McNamee, selbst ein Geher, ist überzeugt, dass durchaus nicht alle Geher den Geboten der Fairness folgen:

> „Die kleinen Betrügereien gehen bis zu dem Punkt, da der Schiedsrichter etwas bemerken könnte. Teilnehmer in Washington D.C. berichten immer wieder von Gehern, die auf mysteriöse Weise schneller werden, sobald sie auf einer Strecke hinter Hecken verschwinden."

Zwar entgehen solche Trickserien anderen Teilnehmern nicht. Und es kann auch vorkommen, dass sie sie zur Anzeige bringen. Dennoch gibt es keine Handhabe gegen die Missetäter. „Lediglich die Schiedsrichter, die bei einer Meisterschaft zugegen sind, können Regelverstöße ahnden und Teilnehmer disqualifizieren. In dem Moment, da Schiedsrichter etwas übersehen, gibt es keinen Regelverstoß und auch keine Disqualifikation. Das ist genauso wie bei allen anderen Sportarten."

Ändern Stabhochspringer ihre Technik, wenn sie nach einem 5,5-m-Sprung 5,6 m anpeilen?

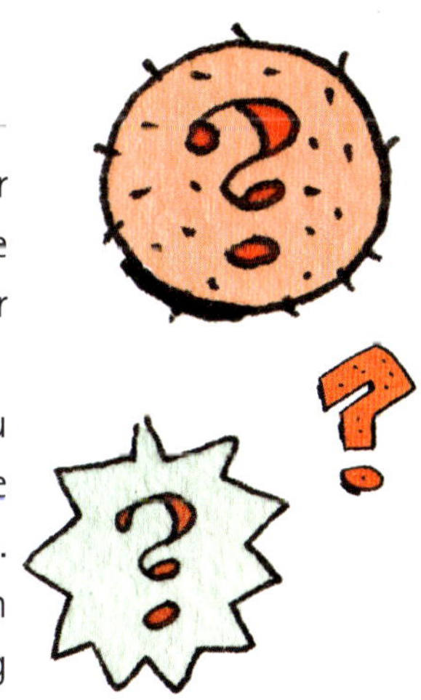

Beim Weitsprung stehen dem Athleten sechs Versuche zu, um einen möglichst weiten Sprung zu schaffen. Wer am weitesten springt, gewinnt – ganz einfach. Aber Stabhochsprung funktioniert anders. Auch hier gewinnt natürlich derjenige, der die höchste Latte überspringt, es kann aber vorkommen, dass ein Stabhochspringer nicht die ihm zustehende Anzahl Sprünge unternimmt.

Jeder Sportler in dieser Disziplin hat drei Versuche, um eine gesetzte Höhe zu überspringen, bevor er ausscheidet; jeder hat aber auch die Möglichkeit, eine Marke auszulassen und es gleich mit einer höheren Einstellung zu versuchen. Wenn man sich entschlossen hat, eine Höhe nicht wahrzunehmen, und dann beim Versuch scheitert, die nächsthöhere Latte zu überspringen, gilt für die Bewertung natürlich nur der letzte erfolgreiche Sprung. Bei internationalen Meisterschaften wird die Latte stets um 10 cm, bei mehr als 5,80 m um 5 cm heraufgesetzt.

Es stellt sich die Frage, ob und wie Stabhochspringer bei den einzelnen Versuchen ihre Technik modifizieren. Immerhin gibt es den schnellen Sprint, die langen Stäbe und die mitunter schmerzhafte Hebelwirkung, mit denen Springer fertig werden müssen. Warum überspringen manche, die beispielsweise 6 m schaffen, die Latte bei der 5-m-Marke nicht einfach um 1 m? Können Stabhochspringer ihre

Sprünge so fein koordinieren, dass sie auf veränderte Anforderungen wie z. B. 5 cm mehr oder weniger reagieren?

Die befragten Experten sind sich alle darin einig, dass es vor allem drei Möglichkeiten gibt, einen höheren Sprung anzuvisieren:

1. **Stäbe auswechseln.** Viele Stabhochspringer bringen zu einer Meisterschaft zwischen zwei und sechs Stäbe mit. Diese haben alle das gleiche Gewicht, die gleiche Länge und den gleichen Durchmesser, unterscheiden sich aber in ihrer Flexibilität.

   Für die höheren Latten benutzt man Stäbe, die sich nur wenig biegen, die flexibleren Stäbe sind für die ersten Versuche auf geringerer Höhe bestimmt. Stabhochspringer unternehmen ihren ersten Versuch 45 cm unter der Höhe, die sie am Ende überspringen wollen. Die sogenannten weichen Stäbe geben dem Springer eher das Gefühl, die Kontrolle zu behalten. Sobald aber die Messlatte nur noch 30 cm unter der Höhe liegt, die sich der Springer als Herausforderung gestellt hat, kommt der weniger flexible Stab zum Einsatz.

   Scott Huffmann, der früher den US-Rekord im Stabhochsprung hielt (mit einem Sprung von 5,97 m), benutzt Stäbe von 5 m Länge und 3,6 kg Gewicht, die für Athleten mit 84 – 92 kg Körpergewicht bestimmt sind. Er selbst wiegt allerdings nur 75 kg. Er wechselt den Stab während einer Meisterschaft oft nur einmal: „Mir ist es wichtig, baldmöglichst meinen größten (d. h. am wenigsten flexiblen) Stab einzusetzen." Ein anderer Elite-Springer der USA, Jim Drath, arbeitet mit längeren Stäben. Was das Wechseln der Stäbe betrifft, denkt er aber genauso wie Scott Huffmann.

2. **Den Stab an unterschiedlichen Stellen greifen.** Mindestens so wichtig wie Länge und Flexibilität des Stabs ist die Greifhöhe. Offensichtlich fassen alle Stabhochspringer den Stab umso höher, je höher die Latte gelegt wird. Die Greifhöhe wird berechnet von der Boden-Stab-Linie, bis zur Hand, die oben den Stab umfasst. Je höher der Sportler greift, desto höher kann sein Sprung ausfallen.

   Scott Huffmann verlagert seine Greifhöhe im Verlauf einer Meisterschaft von ungefähr 4,78 m auf 4,83 m. Bei dem Versuch, die 5,79 m hohe Latte zu überspringen, ist er auch bei der maximalen Greifhöhe angelangt. Der größere Jim Drath liegt bei Greifhöhen zwischen 4,80 m und 4,95 m. Jim Drath ist überzeugt, dass ihm die Veränderung der Greifhöhe nur dann etwas bringt, wenn er seine Sprungtechnik nicht verändert.

3. **Den Anlauf bis zur Latte ändern.** Es gibt drei Möglichkeiten für den Anlauf zur Latte: schnellerer Anlauf, veränderte Schrittzahl, unterschiedliche Schrittlängen. Erstaunlicherweise erklärte jedoch keiner der Stabhochspringer, er würde seinen Anlauf im Hinblick auf die Sprunghöhe unterschiedlich planen. Jim Drath berichtete:

> Ich arbeite bei Wettkämpfen immer mit der gleichen Schrittfolge. Egal wie hoch die Messlatte liegt – ich laufe 18 Schritte. Beim Stabhochsprung sollte man nicht zu viel variieren, denn der Erfolg steht in engem Zusammenhang mit einer ganz persönlichen, ausgefeilten Technik. Ich verlangsame meinen Anlauf nicht bei geringerer Lattenhöhe. Wenn ich 5,18 m hoch springe, werde ich beim Anlauf genauso wie immer beschleunigen und versuchen, den bestmöglichen Absprung hinzulegen. Ich würde auf jeden Fall eher die Latte um 30 cm überspringen, als meine persönliche Technik aufgeben.

Zu Scott Huffmanns Anlauftechnik gehören genau 18 Schritte bei einer Strecke von 43,3 m. Er glaubt jedoch, dass er nach einer gewissen Zeit die Strecke für den Anlauf auf 43,6 m verlängert und auch etwas schneller wird.

Viele Stabhochspringer üben ihren Anlauf so oft, dass sie nicht mehr bewusst darüber nachdenken. Nur der frühere US-Top-Athlet Joe Dial scheint als Einziger seine Technik von Sprung zu Sprung variiert zu haben. Außerdem hatte er die Tendenz, die Latte nur knapp zu überspringen, selbst bei geringen Höhen.

Scott Huffmann sagt zu diesem Thema abschließend:

> Meine Technik bleibt stets gleich, egal ob ich 5,18 m, 5,49 m oder 5,79 m springe. Gleiche Anlauftechnik, gleicher Rhythmus. Das Einzige, was sich verändert, sind die Länge der Stäbe und die Greifhöhe. Für mich bedeutet jeder Sprung höchsten Einsatz, ich gebe stets alles.

Jim Draths höchstes Ziel vor einem Wettkampf besteht darin, einen Zustand zu erreichen, den er die „technische Freizone" nennt: Dann sind mechanische Abläufe fehlerfrei, er ist gedanklich klar und völlig ausgeglichen:

> Manche Meisterschaften dauern zwischen zwei und vier Stunden. Springen und Ausruhen wechseln sich ab; man muss lernen, sich

immer wieder neu zu konzentrieren und präsent zu sein. Ja, ich versuche so wenige Sprünge wie möglich zu machen. Um zu gewinnen, brauche ich eigentlich nur den einen Sprung.

Bei den ersten Versuchen ist es wichtig, entspannt zu sein und auf diese Weise Kraft zu sparen; trotzdem betreibe ich immer den gleichen Aufwand beim Springen. Investiert man weniger als 100 %, dann sollte man es besser gleich bleiben lassen.

Offenbar sind für Stabhochspringer bei einem Wettkampf die Anforderungen im psychischen Bereich ein größeres Problem als die körperliche Belastung. Laut Eric Jolpat, ehemaliger Stabhochspringer für die Ohio State University, wissen die Sportler genau, dass sie zu Beginn einer Meisterschaft Fehler machen können, ohne gleich die Latte zu berühren. Aber im Lauf des Wettkampfs verstärkt sich die Angst davor, mit einem nicht ganz so gut vorbereiteten Sprung beim nächsten Versuch zu scheitern. Es erhebt sich außerdem die Frage, ob bei der mentalen und körperlichen Vorbereitung auf die nächsthöheren Sprünge körperliche Erschöpfung negative Auswirkungen haben kann. Scott Huffmann ist überzeugt, dass das für ihn kein Problem darstellt:

Ich absolviere ein extensives Fitnesstraining und mache nur in den seltensten Fällen körperliche Erschöpfung für Fehlsprünge verantwortlich. Wettbewerbe an hoch gelegenen Orten könnten da eine Ausnahme darstellen. Eigentlich ist es eher so, dass der Adrenalinstoß bei jedem Sprung mir dabei hilft, im Verlauf einer Meisterschaft immer besser zu werden.

Nachdem der Erfolg in dieser Disziplin nicht so sehr von immer ausgeklügelteren Techniken bei bestimmten Höhen abhängt, könnte man annehmen, dass immer auch das Glück eine Rolle spielt. Dem würden die Sportler nicht widersprechen. Scott Huffmann bringt die Sprache auf einen Sprung von 1990, bei dem er erstmals 5,79 m übersprang, und sagt dazu Folgendes:

Ich glaube, das war mein bis dahin bester Sprung; ich bin dabei sogar effektiv höher gekommen als bei dem Sprung von 5,97 m, mit dem ich vier Jahre später den amerikanischen Rekord gehalten habe. Nie hätte ich gedacht, dass es zu einem solch gigantischen Sprung kommen würde. Er hat sich in gar keiner Weise angekündigt – irgendwie hat alles gepasst.

Huffmann ist der Meinung, dass sein ausgewiesener 5,79-m-Sprung eigentlich über 30 cm höher ausfiel. Er hat aber überhaupt keine Erklärung dafür, warum dieser Sprung so gut wurde. Ähnlich ging es ihm, als er vier Jahre später den US-Rekord gebrochen hat – nichts in seiner körperlichen Verfassung wies auf einen so großartigen Tag für ihn hin.

Warum „laufen" viele Weitsprung-Athleten nach dem Absprung mehrere Schritte in der Luft?

Für den Weitsprung haben sich verschiedene Techniken entwickelt. Beim sogenannten Hocksprung zieht der Sportler nach dem Absprung die Beine zur Hocke an und wirft sie für die Landung vor. Beim Hangsprung führt er einen Schritt in der Luft aus und kommt dann aus einer Hangposition zur Landung.

Die oben gestellte Frage bezieht sich auf den beliebten Laufsprung, bei dem vom Athleten 2 – 3 Schritte in der Luft ausgeführt werden. Wer zusätzlich noch einen Hitchkick einbaut, führt kurz vor dem Aufsprung noch die Unterschenkel nach vorn. Der Laufsprung hat den großen Vorteil, dass durch die Vorwärtsbewegung während des Sprungs das natürliche Abdriften des fliegenden Körpers zur Seite abgeschwächt wird.

Führen Sie sich am besten die letzte Sportschau vor Augen, in der auch Weitsprung gezeigt wurde. Da ist der beeindruckende Sprint auf der Anlaufstrecke, dann das abrupte Aufsetzen eines Fußes auf dem Absprungbrett. Das Bein bremst plötzlich für einen Moment ab, während das andere Bein und der Oberkörper weiter in der Bewegung bleiben.

Ed Luna, seines Zeichens Weitsprungtrainer an der University of California, Riverside, erläutert, dass Springer in der Vorwärtsbewegung bleiben wollen. Sie können dann ihre Beine so weit wie möglich nach vorn strecken, bevor sie im Sand aufkommen:

> „Die Sportler rudern während des Sprungs mit Armen und Beinen, und zwar deshalb, weil sie einer Beugung nach vorn entgegensteuern und die Balance halten wollen. Sie müssen sich außerdem in eine optimale Position bringen, um mit den Füßen weit vorn vor dem Körperschwerpunkt zu landen. Der Hitchkick ist ein zusätzliches wirkungsvolles Mittel, um der Bewegung nach vorn entgegenzuarbeiten."

Warum trägt der Spitzenreiter der Tour de France ein gelbes Trikot?

Die Antwort findet sich auf eben demselben Trikot – die Buchstaben „HD". Das sind die Initialen von Henri Desgrange, der die Tour de France 1903 ins Leben gerufen hat. Damals war Desgrange der Herausgeber und Eigentümer von *L'Auto*, einer täglich erscheinenden Sportzeitung. Er wollte das Rennen dazu benutzen, die Verkaufszahlen seiner Zeitung zu erhöhen.

Die Konkurrenz war damals groß auf dem Zeitungsmarkt. Damit sie sich voneinander abhoben, wurden die verschiedenen Tagesblätter in unterschiedlichen Farben gedruckt. *L'Auto* erschien auf gelbem Papier. Die Tour de France dauerte 20 Tage und erfreute sich zunehmender Beliebtheit. Für die Zuschauer wurde es daher immer schwieriger, in dem Knäuel von Radfahrern stets den Etappensieger zu entdecken.

Die Beschwerden häuften sich, und schließlich, mitten im Wettkampf des Jahres 1919, hatte Desgrange eine unternehmerisch geniale Idee: Gib dem Spitzenreiter ein gelbes Trikot – gelb wie die Seiten von *L'Auto.*

Am 19. Juli 1919 durfte der Franzose Eugène Christophe zum ersten Mal das gelbe Siegertrikot tragen. Voilà! Die Bezeichnungen Gelbes Trikot, yellow jersey (engl.), maglia gialla (ital.), maillot jaune (franz.) hielten Einzug in die internationale Sprache des Radrennsports. Damit war eine der ältesten und beliebtesten Traditionen im Bereich Sportkleidung geboren.

Wie kam es zu den unterschiedlichen Farben der Gürtel in Judo, Karate und anderen Kampfsportarten, und wofür stehen sie?

Der Kampfsport hat im ostasiatischen Raum eine lange Tradition. Das Ju-Jutsu, früher auch Jiu-Jitsu genannt, gelangte aus China nach Japan und wurde dort von den Samurai, den Rittern und Vasallen des Shogun, betrieben. Mit dieser Kunst der waffenlosen Selbstverteidigung sollte der Gegner kampfunfähig gemacht werden. Meist verlor der Unterlegene dabei das Leben. Aus dem Ju-Jutsu entstand der Kampfsport Judo.

In der zweiten Hälfte des 19. Jahrhunderts entwickelte dann Jigoro Kano, ein japanischer Pädagoge, die moderne Art des Judo. Er wollte aus dem bisherigen Kampfsport eine Sportart machen, in der Wettbewerbe ausgetragen werden

Woher kommt der Schmetterlingsstil der Schwimmer?

Der Schmetterlingsstil kam in den 1930er-Jahren auf und ist somit die jüngste Disziplin bei Schwimmwettkämpfen. Olympische Disziplin ist er aber erst seit den Spielen von 1956.

In den 1920er-Jahren verwendeten japanische Olympiatrainer Unterwasserkameras, um Schwimmbewegungen zu studieren. Ihre Mühe machte sich bezahlt, denn 1932 holten japanische Teilnehmer bei den Spielen in Los Angeles fünf von sechs Goldmedaillen im Schwimmen der Männer. Damit wurden die anderen Schwimmsportler wachgerüttelt, und einer der besten amerikanischen Trainer, David Armbruster von der University of Iowa, begann selbst zu filmen. Armbruster suchte nach Möglichkeiten, den Brustschlag effizienter zu gestalten. Er wusste, dass die Unterwasserbewegung der Arme nach vorn Brustschwimmer verlangsamt. Also entwickelte er eine Technik, mit der man die Arme über dem Wasser nach vorn bringen konnte. Der verbesserte Armschlag führte zu einer deutlich höheren Geschwindigkeit, David Armbruster behielt den Beinschlag bei.

Im darauffolgenden Jahr entwickelte Jack Sieg, ein Schwimmer aus Iowa, eine spezielle Technik. Er schwamm auf der Seite und bewegte beide Beine synchron, ähnlich wie einen Fischschwanz. David Armbruster sagt in seinem Buch über die Geschichte der Olympischen Spiele:

> „Jack Sieg probierte den gleichen Beinschlag mit dem Gesicht nach unten. Außerdem koordinierte er die Beinbewegung und die für den Schmetterlingsstil charakteristische Armbewegung: Auf zwei Beinschläge führte er einen Armzug aus. Sieg zeigte, welch ein Potenzial in dieser Technik lag: Er schwamm 91m in 60,2 Sekunden. Man erklärte jedoch den Delfinbeinschlag wegen der vertikalen Bewegung der Beine für unerlaubt."

Der reine Schmetterlingsstil wurde weitere zwei Jahrzehnte lang nicht zugelassen, erst anlässlich der Olympischen Spiele in Melbourne 1956 erhielt diese anspruchsvolle und ästhetische Disziplin ihre offizielle Anerkennung.

konnten, und führte verschiedenfarbige Gürtel ein, um dem Können der Sportler eine Bewertung zu geben.

Judo bedeutet „der sanfte Weg". Und hier liegt der Unterschied zu den früheren, keineswegs sanften Kampfsportarten, bei denen es um echten Kampf ging und der Gegner ausgeschaltet werden sollte.

Im modernen Judo liegt das Hauptaugenmerk nicht auf einer Schwächung des Gegners, sondern auf seiner Stärkung: Seine Kraft soll zu ihm selbst zurückgelenkt werden. Durch Judo sollen Körper und Seele zur Harmonie finden. Selbstbeherrschung, Konzentration und sicherer Umgang mit dem Kontrahenten bzw. Mitmenschen gehören zum Ziel dieses Sports ebenso wie Körperkraft und Gesundheit. Jigoro Kano verbreitete seine Überzeugungen im Kodokan (Schule zum Studium des Wegs), den er 1882 in Japan eröffnete.

Bevor es den Kodokan gab, trug der Schüler einer traditionellen Kampfsportart ein „gi", einen locker sitzenden Anzug, der normalerweise in der Taille mit einem Stoffgürtel gehalten wurde. Der „gi" war weiß wie auch der Gürtel. Jigoro Kano kam auf die Idee, Schüler je nach dem Stand ihrer Erfahrung und ihres Könnens mit Gürteln unterschiedlicher Farbe zu belohnen. Das erleichterte den Schülern, Übungspartner auf gleichem Kenntnisstand zu finden, unterschied Schüler von Lehrern und stellte ein Statussymbol dar, eine für alle erkennbare „Trophäe" für das Erreichte.

Das ursprüngliche Gürtelsystem Jigoro Kanos war recht einfach. Der Anfänger trug einen weißen Gürtel, es folgten der grüne, braune und schließlich der schwarze Gürtel. Innerhalb der Leistungsgrade gab es noch mehrere Zwischenstufen, z. B. 10 Dan-Grade, Zwischenstufen für den schwarzen Gürtel, vom 1. bis zum 10. Dan.

Mit der Zeit übernahmen viele andere Kampfsportarten und die zahlreichen Ableger dieser Judoschule Jigoro Kanos Gürtelsystem. Keine Art Dachverband forderte so etwas wie ein allgemein verbindliches System für die Vergabe der Gürtel. Auf diese Weise entstanden mehrere Varianten von Kanos System. Es gibt bis heute noch keine internationale Organisation, die eine Einteilung der Farben und ein verbindliches Bewertungssystem für die erzielten Fähigkeiten vorgenommen hat.

In manchen Schulen kann man den nächsthöheren Gürtel nur durch Teilnahme an einem Wettkampf erwerben, in anderen werden Prüfungen durchgeführt. In manchen Schulen verleiht der Lehrer den Gürtel, in anderen übernimmt ein Komitee diese Aufgabe.

Die fehlende Einheitlichkeit bei der Verleihung der Gürtel hat selbst bei seriösen Judoka zu einigen Absonderlichkeiten geführt. Manche Schulen haben sogar so laxe Standards, dass der schwarze Gürtel käuflich ist. Das Judo-Komitee der Olympischen Spiele hat versucht, die unterschiedlichen Schulen auf einheitliche Standards zu verpflichten, damit faire Wettbewerbe garantiert werden können. Das ist allerdings nicht immer möglich, wie man in Bruce Tegners Judobuch nachlesen kann:

> Das Judokomitee der Olympischen Spiele erkennt eine Anzahl von Judovereinen an. Deren Mitglieder sind damit berechtigt, bei Wettkämpfen Gürtel zu tragen, die den Rang des Teilnehmers anzeigen. Andere Kämpfer müssen den weißen Gürtel der Novizen tragen ... Die Anerkennung eines Vereins durch das Komitee sagt aber nichts darüber aus, ob Vereine ohne eine solche offizielle Zulassung nicht ebenso perfekte, wettkampftaugliche Judokas ausbilden können.

Nach Angaben von Kampfsportschülern werden an einigen Schulen die verschiedenen Gürtel in willkürlich gewählten Farben vergeben. So mochte beispielsweise der Gründer einer Judoschule kein Schwarz. Die Gürtel für die unterschiedlichen Dans in Tang Soo Do sind daher dort stattdessen nachtblau. Der Anhänger einer chinesischen Judovariante berichtete, dass in seiner Schule alle eine schwarze Schärpe tragen, nur der oberste Lehrer trägt sie in Gelb. An manchen Schulen werden auch nur die Gürtelspitzen gefärbt.

Der Schweizer Meister Jürg Ziegler („die Blitzfaust") trägt den 8. schwarzen Dan in chinesischem Kung-Fu und koreanischem Hapkido und besitzt zahlreiche Kampfschulen auf der ganzen Welt. Er vertritt die Meinung, dass Unterscheidungen der Gürtel nach Farben vor der Einführung des Judos unnötig waren:

> In den frühen Zeiten gab es nur Schüler und Lehrer und keinerlei Einordnung nach dem Grad des Könnens. Der Titel, den man trug, richtete sich nach ‚Alter und Generation' im Kampfsport, und der Name der Person stand für das Können. Es gab keine Unterscheidungen in Grade und Gürtel. Das war nicht erforderlich, weil die meisten Kampfstile nur an wenige weitergegeben wurden, oft lediglich innerhalb einer Familie.

Es gibt zwar keine allgemein akzeptierte einheitliche Regelung für die Vergabe von farbigen Gürteln, dennoch kann man sagen, dass die meisten Judo- und auch Karateschulen einem bestimmten Vergabesystem folgen. Es entspricht im Großen und Ganzen dem von Raymond

L. Walters, Präsident der USA-Korea-Karatevereinigung. Hier eine Zusammenfassung der Gürtel, die in Walters Schule vergeben werden:

Weiß – Noch keinerlei Wissen
Gelb – Erlernen der Grundlagen
Orange – Erweiterung der Grundlagen
Grün – Weiterentwicklung des Könnens
Violett – Beweis des Könnens
Blau – Bemühen um Wissen
Braun – Verfeinerung neuen Wissens
Rot – Sich selbst verstehen
Rot auf Schwarz – Geführte Selbstlenkung
Schwarz – Endlich der wahre Schüler

Wie ist man zu der Zuordnung der Farben gekommen? Die weitgehend akzeptierte Erklärung ist folgende: Bevor Judo entstand, trugen die Kampfsportschüler weiße Kleidung. Jürg Ziegler zufolge waren Schüler damals gehalten, ihren Anzug nach jedem Unterricht auf eine genau festgelegte Art und Weise zu einem kleinen, festen Bündel zu falten, das mit dem Gürtel gebunden wurde. Mit der Zeit verfärbte sich der Gürtel. Es war jedoch nicht erlaubt, die Kleidung zu waschen:

> „Nach einer Weile nahm der Gürtel eine schmuddelige gelbgrüne Farbe an. Wenn dann später Wurftechniken und der Kampf am Boden geübt wurden, nahmen Gürtel und Anzug langsam, aber sicher eine grünlich braune Farbe an … Nach ein paar Monaten intensiven Trainings sah der Gürtel dann schwärzlich aus – so sind die Gürtelfarben zustande gekommen."

Diese wenig beflügelnde Erklärung wird von anderen Kampfsportschülern, wie z. B. Gary Donahue, abgelehnt. Er legt Wert auf die spirituelle Bedeutung der Farben:

> „Weiß steht für den Status des puren Seins ohne jedes Wissen über die Kunst des Kampfs. Mit dem schwarzen Gürtel dokumentiert man, dass die Seele befleckt ist vom Wissen um Töten und Verstümmelung. Von nun an ist man verpflichtet, stetig zu üben und ein höheres Verständnis dieser Kunst zu erreichen, um dann an einen Punkt zu gelangen, von dem aus man

seine Kunst nicht anwenden muss, weil man sich im Frieden mit dem Universum befindet. “

Viele Kampfsportler halten sich an Beispiele aus dem Bereich der Natur, wenn sie die Bedeutung der Gürtelfarben erklären wollen. Raymond Walters schreibt darüber, wie seine Taekwondo-Schule die Farbordnung der Gürtel sieht: „Ein Schüler des Taekwondo gleicht einem Baum in seinem stetigen Wachstum, beginnend mit dem Einsetzen des Samens in die Erde ..."

So steht beispielsweise der weiße Gürtel für die Wachstumskraft, die dem Samen innewohnt, noch bevor er in die Erde gelegt wird. Der gelbe Gürtel soll zum Ausdruck bringen, dass sich ein Spross entwickelt hat, der zum ersten Mal die Sonne erblickt. Der braune Gürtel bedeutet, dass sich die Wurzeln des Baums ausgebreitet haben, um ihm Kraft und Standfestigkeit zu verleihen. Der schwarze Gürtel zeigt an, dass aus dem gepflanzten Samen ein Baum gewachsen ist, aus dem wieder neue Bäume entstehen werden.

Andere Quellen legen dagegen nahe, dass diese spirituellen und poetischen Erklärungen für die Farben der Gürtel purer Unsinn sind. Dafür macht sich John Soet, Herausgeber einer Karate-Fachzeitschrift, stark:

„ Es gibt diesen Mythos vom weißen Gürtel, der mit der Zeit immer schmutziger wurde, bis er schwarz war und das Können eines Kämpfers symbolisierte. Die Realität ist leider viel profaner. Jigoro Kano, der das moderne Judo entwickelt hat, war Lehrer. Er hat nach Möglichkeiten gesucht, die unterschiedlichen Stufen des Könnens seiner Schüler kenntlich zu machen. Deshalb kam er auf die Idee, unterschiedliche Stufen durch unterschiedliche Farben der Gürtel zu dokumentieren.

In den damaligen chinesischen Sportschulen zeigten die Farben der Anzüge, in welchem Ausbildungsjahr sich die Schüler befanden. In den Schwimmklassen trugen die Schüler folgende Farben: Weiß im ersten Jahr, Grün im zweiten, Braun im dritten, Schwarz im vierten Jahr. Jigoro Kano entlieh ganz einfach diese Farbskala für sein ursprüngliches Vier-Farben-System: Weiß für Anfänger, dann Grün und Braun und schließlich Schwarz für Meister. Diese einfache Farbskala wurde erweitert und verändert. Die US-amerikanischen Vereine fügten noch eine ganze

> Reihe von Farben hinzu. Sie gehen zurück auf Ed Parker, einen hawaiianischen Karatelehrer, der in den 1950er- und 1960er-Jahren in diesem Kampfsport aktiv war. “

Eine recht plausible Erklärung für die drängende Frage nach den Gürtelfarben kam von Jim Coleman, dem Herausgeber eines Judo-Fachmagazins. Die Geschichte von dem durch Gebrauch schwarz gewordenen Gürtel kommentierte er erst gar nicht. Er meinte dazu nur ganz lakonisch: „Na ja, auch nicht schlechter als andere Versionen, oder?"

Warum wird die quadratische Boxarena „Ring“ genannt?

Selbst ein völlig ausgeknockter Boxer bekommt noch mit, dass sein Arbeitsplatz quadratisch ist. Woher rührt dann die Bezeichnung „Ring"?

Des Rätsels Lösung ist folgende: Anfangs stand die Bezeichnung nicht für die Arena, sondern für die ringförmige Ansammlung der Zuschauer um die Kämpfer. Wahrscheinlich geht der Faustkampf auf den ersten Zweijährigen der Weltgeschichte zurück, der in seinem jüngeren Bruder den Rivalen entdeckte. Dennoch: die ersten belegten, öffentlich ausgetragenen Faustkämpfe in unseren Breiten fanden im England des frühen 18. Jahrhunderts statt (allerdings hatten auch schon die alten Griechen ihre Freude an Faustkämpfen).

Boxkämpfe wurden zunächst mit bloßen Fäusten ausgetragen, ohne Absperrung, ohne Zeitvorgaben, Leine oder Schiedsrichter. Gewinner war derjenige, der am Schluss noch stand. Blutdürstige Fans bildeten den Ring, der die Boxer umschloss. James Figg legte um 1700 Regeln für den Boxkampf fest und gründete 1719 in London eine Boxakademie. Welche Begeisterung die Engländer für diesen neuen Sport entwickelten, zeigt ein alter Stich mit dem Titel „Boxkampf der Fischhändlerinnen", sicherlich ein Ereignis der Sonderklasse.

Als Boxkämpfer mit ihren Auftritten mehr und mehr Geld verdienten, wurden kleinen Arenen gebaut mit einem Ring, der durch hölzerne Barrieren oder schwere Seile abgetrennt war. Nachfolger ist der heutige Ring mit vier (manchmal auch drei) Seilen, die mittels Spannvorrichtung an Pfosten befestigt werden.

Noch einmal zu den Regeln, die bei diesem reichlich brutalen Sport von fundamentaler Bedeutung sind, aber dennoch üble Verletzungen nicht ganz verhindern können. Im Jahre 1743 entwickelte der Engländer Jack Broughton neue Vorgaben für das Boxen, nach denen ca. 100 Jahre lang gekämpft wurde. In den 70er-Jahren des 19. Jahrhunderts gab der Marquess of Queensberry dann dem Boxsport die bis heute noch gültigen Regeln. Erstaunlicherweise nannte er das Boxen eine „edle Art der Selbstverteidigung". Wenn das nicht die feine englische Art ist, die Dinge zu sehen!

Wieso schnauben Boxer so, wenn sie Faustschläge verteilen?

Verfolgen Sie einmal aufmerksam einen Boxkampf. Sie werden immer dann ein Schnauben hören, wenn zum Faustschlag ausgeholt wird.

Schnauben ist nichts anderes als hörbares Ausatmen. Eine gute Atemtechnik ist fundamentaler Bestandteil fast aller Sportarten, und den Boxern wird oft geraten, bei jedem Faustschlag stoßweise durch die Nase auszuatmen. Der Präsident des Internationalen Verbands der Boxveteranen, Scoop Gallello, erklärt, dass der heftig ausgestoßene Atem, der einen Faustschlag begleitet, dem Boxer das Gefühl vermittelt, mit größerer Kraft zuzuschlagen. Gallello fügt hinzu: „Es ist allerdings nicht erwiesen, dass diese Verfahrensweise dem Boxer wirklich größere Kraft für seine Schläge gibt."

Der Präsident und Beauftragte des Internationalen Boxverbands sagt dazu:

> „Durch das Schnauben wird ein Boxer in die Lage versetzt, all seine Kraft zu mobilisieren. Dennoch verliert er dabei nicht zu viel Energie. Ich bin mir nicht sicher, ob es funktioniert. Aber viele, die mehr davon verstehen als ich, verwenden diese Technik nach wie vor, und deshalb neige auch ich dazu, sie für sinnvoll zu halten."

Unter den Experten herrscht kaum Einigkeit in dieser Frage. Donald Hull jr., der Geschäftsführer des Internationalen Boxverbands, äußerte folgende Meinung: „Das Ausatmen ist wichtig für kraftvolle Bewegungen insgesamt, weniger für den Faustschlag an sich, aber im Prinzip kommt es aufs Gleiche heraus."

Jeder, der jemals ein Video mit Jane Fondas Aerobics gesehen hat, weiß um die Bedeutung des richtigen Atmens während des Aerobic-Trainings. In Disziplinen, die so unterschiedlich sind wie Gewichtheben und Yoga, wird stets auf die Notwendigkeit hingewiesen, Einatmung und Ausatmung bewusst zu beherrschen.

Warum konnte dann nicht einer der Boxexperten erklären, warum oder ob überhaupt das Schnauben einem Boxer hilft?

Ira Becker von der berühmten Gleason-Trainingshalle in New York formuliert sehr bestimmte Ansichten zu diesem Thema:

> „Wenn der Kämpfer schnaubt, atmet er lediglich aus. Das ist ein reichlich dummes Verhalten, denn er wird nur ein Minimum an Kohlendioxid los, dafür aber auch einiges an wichtigem Sauerstoff. Es ist wesentlich klüger, einzuatmen und es den Lungen zu überlassen, das Kohlendioxid abzugeben, den Sauerstoff jedoch zurückzuhalten."

Anders als bei den meisten Sportarten folgt beim Boxen das Training eher traditionellen Vorgaben als den Ergebnissen wissenschaftlicher Untersuchungen. Obwohl den meisten der angehenden Boxer noch geraten wird zu schnauben, ist man sich offensichtlich noch nicht einig darüber, ob auf diese Weise Energie erzeugt oder abgebaut wird.

Weshalb sind Skistöcke für Abfahrtsski gebogen?

Beim Slalomski stützt man sich mit den Skistöcken ab und steuert den Schwung, um die Hindernisse möglichst eng zu umfahren. Beim Abfahrtsski haben die Stöcke vor allem die Funktion, die Ski in Bewegung zu bringen und zu beschleunigen; dann geht der Skifahrer in die Hocke, und die Stäbe dürfen nicht mehr im Weg sein.

Laut Tim Ross von der Vereinigung der Amerikanischen Skitrainer liefert die Biegung der Stöcke dem Rennläufer einen zusätzlichen aerodynamischen Vorteil. Das kann bei den mit hohen Geschwindigkeiten gefahrenen Abfahrtsrennen ungeheuer wichtig sein. Bei den Abfahrtsläufen entscheiden Hundertstelsekunden über den Sieg, und das bei Geschwindigkeiten, die zwischen 100 und 120 km/h liegen. Die Biegung der Stöcke verläuft nicht einfach symmetrisch, sondern folgt genauen Berechnungen. Dave Hamilton vom Amerikanischen Skilehrerverband berichtet, dass Skifahrer der A-Klasse mit Stöcken fahren, die ganz individuell auf ihre Bedürfnisse zugeschnitten sind. Freizeitskifahrer beginnen ebenfalls mit gebogenen Stöcken zu fahren. Tim Ross zufolge haben manche Sportgeschäfte Abfahrtsskistöcke mit bis zu drei und vier unterschiedlichen Biegungen im Angebot.

Wie lenkt man einen Rennrodel um die Kurve?

Natürlich immer sehr vorsichtig! Rennrodler sausen mit Geschwindigkeiten von bis zu 135 km/h die Rodelbahn entlang, und zwar auf dem Rücken, das Eis 8 cm unter ihnen und ohne jede Bremsvorrichtung. Die winzigste Unachtsamkeit oder das kleinstes Nachlassen der Konzentration kann zu einem knochenbrecherischen Sturz führen.

Rodelexperten sind sich darin einig: Der gefährlichste Moment ist das Durchfahren der Kurven. Das gilt natürlich besonders für den Wettkampf. Mit gutem Lenken kann man bei 14 Kurven und einem Zeitkontingent von 50 Sekunden sehr viel Zeit einsparen. Für die Uneingeweihten sieht es allerdings so aus, als würden die Rodler überhaupt nicht lenken.

Laut Aussage von Walter Corey, Direktor des Kanadischen Rennrodlerverbands, sind die beim Lenken gegebenen Impulse so fein dosiert, dass ein zufälliger Beobachter sie kaum wahrnimmt. „Es ist fast wie Skifahren, und unserer Meinung nach haben es auch gerade Skifahrer beim Rodeln leichter." Der Rennrodel wird mit den Füßen gelenkt, und zwar durch Druck auf die Hörnchen, die vorderen, leicht gebogenen Abschnitte der Kufen. Wie Walter Corey erklärt, erfordert dies eine präzise Kombination aus Einsatz des Körpergewichts, Druck mit den Schultern und Körperbewegung.

Auflageflächen für die Füße in den Hörnchen erleichtern dem Fahrer des Schlittens das Lenken. Der Körpereinsatz des Rodlers wirkt der in den Kurven auftretenden Fliehkraft entgegen und sorgt zusammen mit der Schwerkraft für eine maximale Geschwindigkeit. „Man kann ganz wunderbar darüber reden", meint Walter Corey, „aber wirklich nachvollziehen lässt sich dieses fein abgestimmte Spiel aus Bahnverhältnissen, Fahreigenschaften des Schlittens und Körpereinsatz nur durch Ausprobieren, da gibt es keinen anderen Weg. Es ist wahnsinnig spannend." Ja, genauso muss es wohl sein.

Wie schaffen Eiskunstläufer ihre Pirouetten ohne Schwindelattacken? Hilft es, mit den Augen einen Punkt zu fixieren?

Diese Frage ist in gleicher Weise interessant für Astronauten, die im Weltall unter der Raumkrankheit leiden. Carol Shulman vom Verband der Profi-Eisläufer gab darauf folgende Antwort:

„Vor einigen Jahren führte die NASA Tests durch, um eine Antwort auf genau diese Frage zu finden. Untersuchungen zeigen, dass bei einem geschulten Eisläufer die Pupillen beim Drehen nicht mitwandern, wie das bei Anfängern der Fall ist. Es sind die schnellen Bewegungen der Augen, die den Schwindel verursachen, wenn sie versuchen, die Objekte in Sichtweite zu fassen.

Die Augen eines geschulten Eisläufers fixieren während der schnellen Drehbewegungen keinen bestimmten Punkt. Sie konzentrieren sich vielmehr, ohne sich zu bewegen, auf den Raum zwischen dem Läufer und dem nächstliegenden Objekt. So ähnlich schaut man wohl beim Tagträumen.“

Wie bringt man Eisläufern bei, kein Objekt in ihrem Gesichtsfeld zu fixieren? Eislauf- und Motivationstrainerin Claire O'Neill Dillie fordert ihre Schülerinnen auf, eine „verschwommene Konstante" an einer imaginären Linie rund um die Eisbahn zu fixieren. Die imaginäre Linie kann entweder entlang der Sitze verlaufen oder entlang der Barrieren. Bei schnellen Drehungen, die mit zurückgebogenem Kopf und Körper ausgeführt werden, hilft auch eine imaginäre Linie an der Decke. Das Wichtigste ist, der Eisläufer hat das Gefühl, zentriert zu sein. Sogar bei ausladenden Bewegungen von Armen und Beinen sollten in der Vorstellung des Sportlers Kopf, Schultern und Hüften in einer Linie ausgerichtet sein.

Eiskunstlaufanfänger erleben den Schwindel nicht dann am stärksten, wenn sie die schnellen Drehungen ausführen, sondern erst nach dem Ende dieser Bewegungen. Ganz ähnlich verhält es sich, wenn wir nach einer Achterbahnfahrt das Gelände auf wackeligen Beinen verlassen. Eiskunstläufer vermeiden den Schwindel dadurch, dass sie am Ende der Drehung den Kopf in die andere Richtung wenden.

Erstaunlich war Folgendes: Die vorgestellten Strategien zur Vermeidung von Schwindel standen im genauen Gegensatz zu dem, was Balletttänzer offensichtlich tun. Tänzer suchen sich einen Punkt, den sie bewusst fixieren. Bei jeder Drehung zentrieren sie sich, indem sie mit ihrem Blick diesen Punkt festhalten. Dabei drehen sie ihren Kopf erst im allerletzten Augenblick und folgen somit der Bewegung ihres Körpers, während Eisläufer Kopf und Rumpf in einer Linie halten.

Warum funktioniert die Technik der Tänzer nicht auch bei Eiskunstläufern? Wir befragten Ronnie Robertson, Träger einer Olympiamedaille, der einen besonderen Rekord aufgestellt hat: Keiner hat jemals schnellere Drehungen auf dem Eis geschafft als er. Auf der Höhe seiner Laufbahn erreichte er sechs Umdrehungen pro Sekunde. Er erklärte, dass die Technik der Tänzer im Eiskunstlauf nicht anwendbar ist. Auf dem Eis erfolgen die Drehungen so schnell, dass die Sportler unmöglich einen bestimmten Punkt fixieren können. Am ehesten sind sie in der Lage, jene „verschwommene Konstante" zu sehen, die Claire O'Neill Dillie erwähnte, und an dieser festzuhalten stellt sowohl eine geistige als auch eine visuelle Leistung dar.

Ronnie Robertson, der von Gustav Lussi, einem Spezialisten für Drehungen, trainiert wurde, führte solche Figuren mit geschlossenen Augen durch. Er ist davon überzeugt, dass man das Problem vom Kopf her angehen muss. Seiner Meinung nach ist es wichtig, die Wahrnehmung visueller Reize auszuklammern, die Schwindel erzeugen könnten.

Er erklärt, dass bei einer Drehung die Auflagefläche der Schlittschuhkufe auf dem Eis schon fast einem Punkt entspricht. Wenn sein Körper optimal ausgerichtet war, fühlte er sich selbst bei einer extrem schnellen Drehung entspannt, erklärt Ronnie Robertson. Genauso ist ein Kreisel am stabilsten, wenn er seine höchste Drehgeschwindigkeit erreicht.

Warum erneuert man die Kunsteisflächen mit heißem Wasser?

Das Problem ist Folgendes: Eisläufer hinterlassen Rillen auf dem Eis, die schmut zig werden und die Eisfläche uneben machen. Je mehr Läufer auf dem Eis unterwegs sind, desto schadhafter wird die Fläche.

Der Retter in der Not hieß Frank Zamboni. Er erfand die Zamboni-Eisflächenmaschine, mit deren Hilfe er zunächst nur sein eigenes Problem lösen wollte. Er besaß nämlich eine Eishalle, und es ärgerte ihn, dass so viel Zeit und Arbeitskraft daran verschwendet wurden, die Eisfläche zu fegen und abzuspritzen – eine Arbeit, für die drei bis fünf Männer durchschnittlich eineinhalb Stunden benötigten. Bei Eishockeyspielen waren sogar sechs bis acht Angestellte erforderlich, um zwischendurch das Eis zu glätten.

Im Jahr 1942 beschaffte sich Frank Zamboni, der eine enorme Begabung als Mechaniker hatte, einen Jeep und versuchte ihn zu einer Maschine umzubauen, mit der sich die leidige Arbeit automatisieren ließ. Nachdem er sieben Jahre lang experimentiert hatte, entstand eine frühe Version der Zamboni-Eisflächenmaschine, die er in seiner Eishalle für sich arbeiten ließ. Sonja Henie, damals die berühmteste Eisläuferin der Welt – sie gewann Gold bei den Olympischen Spielen von 1928, 1932 und 1936 –, sah 1950 Zambonis Maschine und bestellte ein Exemplar für ihre nächste Tournee. Die Sportlerin zeigte das von Frank Zamboni eigenhändig angefertigte Wunderwerk der Technik während ihrer Tournee mit der Folge, dass die Eishallenbetreiber überall nach dem praktischen, Arbeit sparenden Gerät verlangten.

Zambonis Maschine ist einfach genial: Mit einer Fahrt über das Eis kann die gesamte Arbeit erledigt werden. Sie koordiniert vier unterschiedliche Arbeitsschritte:

1. Ein planes Messer kratzt eine Schicht vom vorhandenen Eis ab.
2. Das abgeschabte Eis wird entfernt und kommt in einen großen, 2800 l fassenden Tank, den „Bauch" der Maschine.
3. Auf das bearbeitete Eis bringt die Maschine Wasser auf. Ein spezielles Gerät zieht das Wasser auf dem Eis glatt, und ein Sauger befördert dann das Wasser wieder in den Tank. Auf diese Weise entsteht zwar keine neue Eisschicht, aber das Eis wird wieder völlig eben.
4. Dann wird frisches Wasser in einem dünnen Film auf die Eisfläche verteilt. Der Frischwassertank fasst ungefähr 750 l; man benötigt allerdings nur etwa 250–450 l für eine normale Überarbeitung der Eisfläche.

Warum aber muss dieses frische Wasser heiß sein? Lässt heißes Wasser nicht Eis an der Oberfläche schmelzen und verlangsamt damit den Gefrierprozess?

Es ist ein Erfahrungswert, dass heißes Wasser im Vergleich zu Wasser mit Raumtemperatur eine bessere Verbindung mit dem bereits vorhandenen Eis eingeht. Es taut zwar die Eisfläche etwas stärker an, füllt dafür aber die Risse besser und sorgt für eine stabile Verbindung zwischen altem und neuem Eis. Auf diese Weise entsteht die glatte Eisoberfläche, die die Sportler brauchen.

Raoul Lopez von der Culver-City-Eisarena in Kalifornien hat in seiner Eishalle eine Eiswiederaufbereitungsmaschine der amerikanischen Firma Olympia. In der Bedienungsanleitung steht neben Bekanntem ein weiterer interessanter Aspekt zum Thema Wassertemperatur:

> „Um eine optimale Wiederherstellung der Eisfläche zu erreichen, braucht man eine Wassertemperatur von 85–95 °C. Das Wasser fließt in die Risse der Eisfläche, kühlt ab und gefriert. So kommt es zu einer optimalen Verbindung zwischen alter und neuer Schicht. Heißes Wasser bindet weniger Sauerstoff als kaltes und lässt deshalb ein dichteres Eis entstehen. Das harte Eis wird nicht so leicht beschädigt und muss daher nicht so häufig und so intensiv behandelt werden. Alles in allem bedeutet das eine Zeitersparnis und weniger Belastung für die Maschine, die seltener eingesetzt wird."

Trotz dieser überzeugenden Hinweise in der Bedienungsanleitung von Olympia verwendet der routinierte Raoul Lopez in seiner Eishalle kein heißes Wasser, es sei denn, der Zustand der Eisfläche macht eine solche Behandlung dringend erforderlich, oder es steht eine starke Beanspruchung bevor. Es ist ihm selbstverständlich klar, dass heißes Wasser auf jeden Fall der bessere Weg ist. Nichtsdestotrotz hält er die Kosten, die beim Erhitzen entstehen, für zu hoch und im Verhältnis dazu die Vorteile, die sich durch das Erhitzen ergeben, für zu gering. Hier haben wir es womöglich sogar mit umweltfreundlichen Erwägungen zu tun. Ansonsten schlägt sich die Energieersparnis auch im Portmonnaie nieder. Wie dem auch sei, die Eiskunstlauffunktionäre und Profi-Teams der Nationalen Eishockey-Liga sind da anderer Meinung: Für sie ist heißes Wasser das Mittel der Wahl.

Gibt es eine Logik hinter der Anordnung der Zahlen auf einer Dartscheibe?

Die Standard-Dartscheibe, die für alle internationalen Dartturniere verwendet wird, hat einen Gesamtdurchmesser von 45 cm. Der Teil, auf dem die Felder für die Punkte angebracht sind, misst 35 cm. Im Zentrum der Scheibe befinden sich zwei kleine Kreise, der Innenkreis, auch „Double Bull" oder „Bull's Eye" genannt, zählt 50 Punkte, der äußere Kreis, einfach „Bull" genannt, zählt 25.

Die Scheibe ist wie eine Torte in 20 Felder unterteilt, die mit den Punktzahlen von 1 bis 20 beschriftet sind. Zusätzlich weist sie zwei konzentrische Kreise von 1 cm Breite auf. Der eine befindet sich am äußersten Rand der „Tortenstücke", und wenn man ihn trifft, wird die angegebene Punktzahl verdoppelt. Der Zweite liegt etwa auf halber Strecke zwischen dem äußeren Ring und dem Zentrum der Scheibe und verdreifacht die Punktzahl. Ein Treffer im 20er-Abschnitt dieses Rings ergibt also 60 Punkte – zehn mehr, als auf dem „Double Bull" erzielt werden können.

Die Bewertungssysteme für die Dartfelder sind nicht immer so einheitlich gewesen. Zweifellos wurden die Dartpfeile ursprünglich als Waffen und nicht als Spielutensilien benutzt. Nach einer Legende wurden die ersten Dartpfeile für einen Sachsenkönig gefertigt wurden, der zu klein gewachsen war, um Pfeil und Bogen verwenden zu können. Er ließ einfach die Enden der Pfeile absägen und erhielt auf diese Weise Projektile von etwa 30 cm Länge.

Das Dartspiel als Sport ist seit dem 15. Jahrhundert nachweisbar. Es wird berichtet, dass Soldaten Pfeile absägten und sie gegen die Deckel von Weinfässern warfen. Das Spiel hieß „the butts", und die abgesägten Pfeile wurden „dartes" genannt.

Der englische König Heinrich VIII. liebte diesen Sport, und Anna Boleyn verehrte ihm ein Set juwelenbesetzter Dartpfeile zum Geburtstag – eigentlich eine schöne Geste, die sich aber nicht auszahlte. Als sie ihm statt des ersehnten Thronfolgers „nur" eine Tochter gebar (die spätere Elisabeth I.), ließ er die erst 29-Jährige im Jahr 1536 kurzerhand enthaupten.

Aufgrund der stetig zunehmenden Popularität des Dartsports suchten die Spieler nach besseren Zielen als Weinfässer und kamen schließlich auf Baumscheiben, vor allem von umgestürzten Ulmen. Die gut sichtbaren, konzentrischen Jahresringe boten sich als natürliche Felder an, denen man dann Punkte zuordnete. Risse, die beim Austrocknen des Holzes entstanden, ergaben radiale Linien und bezeichneten weitere Punktfelder.

Mit der Zeit erhielten die Dartscheiben neue Einteilungen, wobei sich in den verschiedenen Regionen Englands unterschiedliche Systeme durchsetzten. Zu Beginn des 20. Jahrhunderts gab es deshalb sowohl Scheiben mit 28 Feldern als auch solche mit gerade einmal zehn.

Schließlich kam man um eine Standardisierung der Dartscheibe nicht mehr herum, und wegen der engen Verbindung von Scheibe und Bier musste auch ein neues Material her. Im späten 19. Jahrhundert verzeichnete das Dartspiel in England einen ungeheure Popularität. Die Dartscheiben aus Ulmenholz mussten über Nacht unter Wasser gesetzt werden, damit sie nicht austrockneten und Risse bekamen. Oft wurden sie einfach in die Flüssigkeit gelegt, die am ehesten zur Verfügung stand – und das war Bier. Allerdings tropfte das beliebte Getränk von den am nächsten Tag wieder aufgehängten Scheiben auf den Boden und hinterließ übel riechende Pfützen.

Ted Leggett schaffte Abhilfe. Er war Chemiker und hatte kurz nach dem Ersten Weltkrieg einen Ton entwickelt, der im Gegensatz zu anderen Tonsorten dieser Zeit keinen Eigengeruch besaß. Er taufte sein Produkt und die Firma, die es produzierte, Nodor von „no odor" (kein Geruch), und gab seine bisherige Arbeit auf, um das neue Produkt an den Mann zu bringen. Seine Tochter Doris Bugler berichtet, dass der Chemiker eines Tages einige Dartpfeile gegen seinen Ton warf, und die blieben stecken. Heureka!

Im Jahr 1923 wurde die Nodor-Dartscheibe erstmals vermarktet; verbreitet waren Scheiben mit der heutigen Einteilung. Es wurden aber auch andere, regional entwickelte Felderformen verwendet.

Als das Dartspiel immer beliebter wurde, entschied Ted Leggett, ein Verband müsse die Wettkämpfe überwachen – er selbst war 1935 der erste Präsident des Nationalen Dartverbands. Von da an wurde die Scheibe, wie wir sie heute kennen, zum Standard erklärt.

Gab es dafür irgendeinen Grund? Keiner der Dartexperten wusste, wer diese Version der Dartscheibe erfunden hat. Barry Sinnett, der seit 30 Jahren im Dartgeschäft ist, fasste das Ergebnis der Recherchen in knappe Worte.

> „Keiner scheint etwas zu wissen. Ich habe einige Reisen nach England unternommen und mit vielen älteren Aktiven gesprochen. Keiner konnte zu dieser Frage etwas sagen, die Mitarbeiter von Nodor eingeschlossen.“

Schon ein kurzer Blick auf die Nummern der Dartscheibe verrät, dass es hinter der Art der Nummerierung ein System gibt. Man beachte, dass hohe und niedrige Punktfelder abwechselnd rund um die Scheibe angebracht sind. Warum sollte man also nicht einfach immer auf das 20-Punkte-Feld zielen, um die höchstmögliche Punktzahl zu erzielen? Zwei gute Gründe sprechen dagegen, wie der passionierte Dartspieler Mike Courtenay ausführt:

> „Viele Leute zielen einfach auf das 20-Punkte-Feld, weil es neben dem ‚Bull's Eye‘ die höchste Punktzahl verspricht. Aber das stellt sich häufig als Fehler heraus. Die Felder zu beiden Seiten des 20-Punkte-Felds ergeben nur 1 und 5 Punkte – im linken unteren Bereich dagegen liegen die Felder mit 16, 7 und 19 Punkten nah beieinander.“

Die Einteilung der Scheibe zwingt den Spieler ständig zu strategischen Entscheidungen. Dem Anfänger mag es sinnvoll erscheinen, immer auf das „Bull's Eye" zu zielen. Wenn man dann aber das Ziel verfehlt, was sehr wahrscheinlich ist, kann man nicht vorhersehen, auf welchem anderen Feld man landen wird. Die Wahrscheinlichkeit, entweder bei 1 oder bei 20 zu landen, ist ungefähr gleich groß.

Weshalb werfen die meisten Frauen anders als Männer?

Die meisten Frauen werfen nicht so weit wie Männer, und nicht nur das, sie werfen vollkommen anders. Wenn Sie einen Mann auffordern, einen Ball so weit zu werfen, wie er nur irgend kann, wird er seinen Ellenbogen heben und seinen Arm weit nach hinten biegen. Die meisten Frauen würden den Ellenbogen nicht bewegen und den Ball mit der Hand nach vorn mehr drücken als werfen, eine Bewegung, nicht unähnlich der beim Kugelstoßen. Wie kommt es zu diesem Unterschied? Diese erstaunliche Tatsache ist für Witzbolde ein schöner Anlass zum Spekulieren. So hörte man von der Theorie, Frauen verfügten über einen zusätzlichen Knochen, der verhindert, dass sie wie ein Mann werfen. Oder war es umgekehrt, und ihnen fehlt ein Knochen? Nun, die Physiologen wissen es am besten, und sie sind sich sicher, dass Frauen und Männer über die gleiche Knochenanzahl verfügen – da sind wir aber beruhigt.

Außerdem kamen noch Spezialisten für Trainingsphysiologie zu Wort, die untersucht haben, warum Frauen beim Werfen meist schlechter abschneiden.

In ihrem Buch über die physiologischen Grundlagen des Konditionstrainings berufen sich Jack H. Wilmore und David L. Costill auf ein ganze Reihe von Studien, die belegen, dass Mädchen und Jungen bis zum Alter von 10 bis 12 Jahren relativ gleich abschneiden, was körperliche Leistung und athletisches Können betrifft. In fast allen Tests liegen die Mädchen nicht hinter den Jungen zurück. Mit Beginn der Pubertät allerdings werden die männlichen Testpersonen stärker, verfügen über größere Ausdauer im muskulären und kardiovaskulären (Herz und Gefäße betreffenden) Bereich und erzielen durchweg bessere Ergebnisse als die Mädchen.

In einem einzigen Test übertreffen Jungen die Mädchen bei Weitem und zwar vor wie nach der Pubertät: beim Softballwerfen. Jungen zwischen 5 und 16 Jahren werfen Softbälle doppelt so weit wie Mädchen in der vergleichbaren Altersgruppe.

Wilmore und Costill beziehen sich auf eine faszinierende Studie, die versucht, dieses Phänomen zu erklären. 200 männliche und weibliche Testpersonen im Alter zwischen 3 und 20 Jahren warfen Softbälle für die Wissenschaft. Das Ergebnis: Die männlichen Kandidaten schlugen die weiblichen mit einem 2:1, wenn sie ihre dominante Hand – meist die rechte – zum Einsatz brachten. Die weiblichen Testpersonen allerdings warfen fast genauso weit wie die männlichen, wenn diese ihre nicht dominante Hand benutzten. Bis zum 10. und 12. Lebensjahr warfen Mädchen mit ihrer nicht dominanten Hand so weit wie die Jungen.

Man kann sich der Schlussfolgerung von Wilmore und Costill kaum verschließen:

> »Gravierende Unterschiede in allen Altersgruppen lassen sich darauf zurückführen, dass der dominante Arm zum Werfen benutzt wurde. Dabei scheint nämlich entscheidend zu sein, dass die männlichen Testpersonen von vorherigen Erfahrungen beeinflusst waren. In dem Moment, da Erfahrung und Gewohnheit keine Rolle mehr spielten, weil der nicht dominante Arm benutzt wurde, schnitten alle Testpersonen gleich ab.«

Das Testergebnis gibt eindeutig Anlass zu der Annahme, dass Mädchen dahingehend trainiert werden können, wie ein Junge zu werfen. Ebenso können sie durch Erfahrung lernen. Ralph Wickstrom ist der Meinung, dass die meisten Kinder, was das Werfen angeht, verschiedene Entwicklungsstadien durchlaufen. Jungen bauen ihre Erfahrungen und ihr Können einfach immer weiter aus, während Mädchen nicht ermutigt werden, Bälle zu werfen. So kommt ihr Lernprozess in dieser Beziehung irgendwann zu einem Ende. Als Beispiel führt Wickstrom an, dass die meisten Rechtshänderinnen den rechten Fuß vorstellen, wenn sie werfen. Es würde schon genügen, ihren linken Fuß nach vorn zu stellen, um ihre Wurfleistung zu verbessern.

Wenn Jungen gezwungen werden, mit ihrer nicht dominanten Hand zu werfen, entsprechen ihre Leistungen denen der Mädchen. Dass sie dann weniger weit werfen, liegt nicht nur an der geringeren Muskelkondition der nicht dominanten Seite, sondern schlicht an mangelnder Übung.

Register

A

B

C

D

E

F

G

Über den Autor

David Feldman stammt aus Mar Vista in Kalifornien. Schon früh befasste er sich mit der Gegenwartskultur, einem Bereich, der ihn enorm faszinierte. Er war ein ausgesprochener Fan von Rock 'n' Roll und bestimmten Fernsehshows, die ihn vor allem auch deshalb interessierten, weil er ergründen wollte, warum und auf welche Weise sie zum Erfolg werden konnten. An der Universität studierte David Feldman Literatur mit dem Schwerpunkt Russland. Daneben besuchte er noch das für seinen hohen Standard bekannte Grinnell College, an dem er sich ganz seinen Studien zur Gegenwartskultur widmen konnte.

Ein Watson-Stipendium führte David Feldman dann nach Europa. Er beschäftigte sich mit Dostojewski und ging im Anschluss an die Bowling Green State University, die seinerzeit als Einzige die Möglichkeit bot, einen zusätzlichen akademischen Grad in Gegenwartskulturwissenschaft zu erwerben. Dort hielt Feldman die erste Vorlesung weltweit über das Thema Soap Opera.

In New York, wo er anschließend seine Zelte aufschlug, arbeitete David Feldman als Berater für das Amerikanische ABC-Fernsehen und gleichzeitig fest als Programmgestalter für das NBC-Fernsehen. Dem Fernsehen galt und gilt Feldmans Hauptinteresse, aber Programmgestaltung liegt ihm im Grunde nicht. So kratzte er all sein Geld zusammen in der Absicht, eine Schriftstellerkarriere einzuschlagen. Doch kam ihm beim Besuch eines Supermarkts plötzlich die Idee der verblüffendsten Fragen des Alltags (siehe Vorwort). Und das war es dann, womit sich David Feldman mehr als 20 Jahre lang befasste.

Heute lebt der Autor in New York. Er ist Single und hat neben seiner Arbeit ein weites Feld von Interessen, die ihn auf Trab halten: Bridge spielen, seine riesige Musiksammlung genießen, gut essen, lesen, Freunden auf die Nerven gehen, sich allen Facetten der Gegenwartskultur hingeben. Und schließlich verfasst er noch autobiografische Sketche in der dritten Person.

Wer hätte das gedacht?

Titel der australischen Originalausgabe
Imponderables

Deutsche Ausgabe
Thema media GmbH & Co. KG, München
Übersetzung: Dr. Marion Onodi
Redaktion: Regine Radscheit
Satz: Thomas Piller

Reader's Digest
Redaktion: Falko Spiller (Projektleitung)
Grafik: Cornelia Hammer
Bildredaktion: Christina Horut
Prepress: Andreas Engländer
Produktion: Thomas Kurz

Ressort Buch
Redaktionsdirektorin: Suzanne Koranyi-Esser
Redaktionsleitung: Dr. Renate Mangold
Art Director: Susanne Hauser

Operations
Leitung Produktion Buch: Norbert Baier

Reproduktion: Meyle + Müller GmbH + Co. KG, Pforzheim
Druck und Binden: Mohn Media, Gütersloh, Germany

AU 0612/IC

Printed in Germany

ISBN 978-3-89915-557-0

Besuchen Sie uns im Internet
www.readersdigest.de